Roger Dommergue

ME DUELE LA TIERRA

"Este libro corresponde a un temperamento al margen, a una naturaleza excepcional".
Raymond Las Vergnas, *Decano de la Sorbona*

ROGER-GUY POLACCO DE MENASCE
(1924-2013)

Roger Dommergue fue un profesor de filosofía franco-luxemburgués conocido por sus controvertidas posturas sobre el Holocausto. Dommergue apoyó las teorías revisionistas del Holocausto, cuestionando el número de víctimas judías y afirmando que las cámaras de gas nazis eran un mito. Dio conferencias y concedió entrevistas en las que negó la magnitud de los crímenes cometidos por el régimen nazi durante la Segunda Guerra Mundial.

ME DUELE LA TIERRA

J'ai mal de la terre

1965

Traducido y publicado por

OMNIA VERITAS LTD

OMNIA VERITAS®

www.omnia-veritas.com

© Omnia Veritas Limited – 2025

Todos los derechos reservados. Queda prohibida la reproducción total o parcial de esta publicación por cualquier medio sin la autorización previa del editor. El código de la propiedad intelectual prohíbe las copias o reproducciones para uso colectivo. Toda representación o reproducción total o parcial por cualquier medio, sin el consentimiento del editor, del autor o de sus derechohabientes, es ilícita y constituye una infracción sancionada por los artículos del Código de la Propiedad Intelectual.

PRÓLOGO 13
CAPÍTULO I 19
    Tristeza diáfana 19
CAPÍTULO II 25
    Abuelita querida 25
CAPÍTULO III 37
CAPÍTULO IV 47
CAPÍTULO V 59
CAPÍTULO VI 70
CAPÍTULO VII 83
CAPÍTULO VIII 92
CAPÍTULO IX 107
CAPÍTULO X 112
CAPÍTULO XI 128
CAPÍTULO XII 137
CAPÍTULO XIII 153
CAPÍTULO XIV 173
    Cirugía del alma 175
    Carta abierta a Albert Cohen. 191
CAPÍTULO XV 196
    Noël 199
CAPÍTULO XVI 206
CAPÍTULO XVII 220
CAPÍTULO XVIII 234
CAPÍTULO XIX 247
    Angelika 247
CAPÍTULO XX 267
    Monique, o el golpe de gracia del Karma 267
CAPÍTULO XXI 305
    El hundimiento 305

CAPÍTULO XXII **331**
　El testamento 331
CAPÍTULO XXIII **353**
CAPÍTULO XXIV **362**
　Espinas 362
A MI PEQUEÑA BEATRICE **374**
　Otros titulos 375

"Te has puesto por las nubes".
"Se trata de una obra muy curiosa y vigorosa. El estilo de la parte narrativa es rápido y eficaz de una forma completamente nueva. Es un estilo inesperado, muy diferente del staccato americano. Es una innovación técnica que hay que destacar. El fondo es amargo y doloroso y alcanza su plenitud en la parte no narrativa. El conjunto parece tener una fuerza singular que es, O tanto, fuera de lo común. Deseo a este libro el éxito percusivo que merece. Este libro corresponde a un temperamento al margen de una naturaleza excepcional".

Raymond Las Vergnas, *Decano de la Sorbona*

Ten por seguro que no has recibido tu alma en vano.

Dr Raymond Soupault, *prefacio a*
L'Homme, cet inconnu *del Dr Alexis Carrel.*

Su trabajo podría entenderse, pero ON impedirá que salga a la luz porque la verdad debe permanecer bajo un celemín. Los únicos que la conocerán desde un ángulo diabólico serán los propios judíos.

Gisèle Polacco de Ménasce

Este libro me ha parecido admirable por su fuego, su pasión, su sinceridad y su originalidad. Como ha señalado la crítica, este libro es singular, es decir, único, no pertenece a ninguna familia de escritores.
Se trata de una rareza excepcional.

Michèle Saint-Lô

"El dandi, cuando no se suicida o se vuelve loco, hace carrera y posa para la posteridad."

Albert Camus, *L'Homme révolté*.

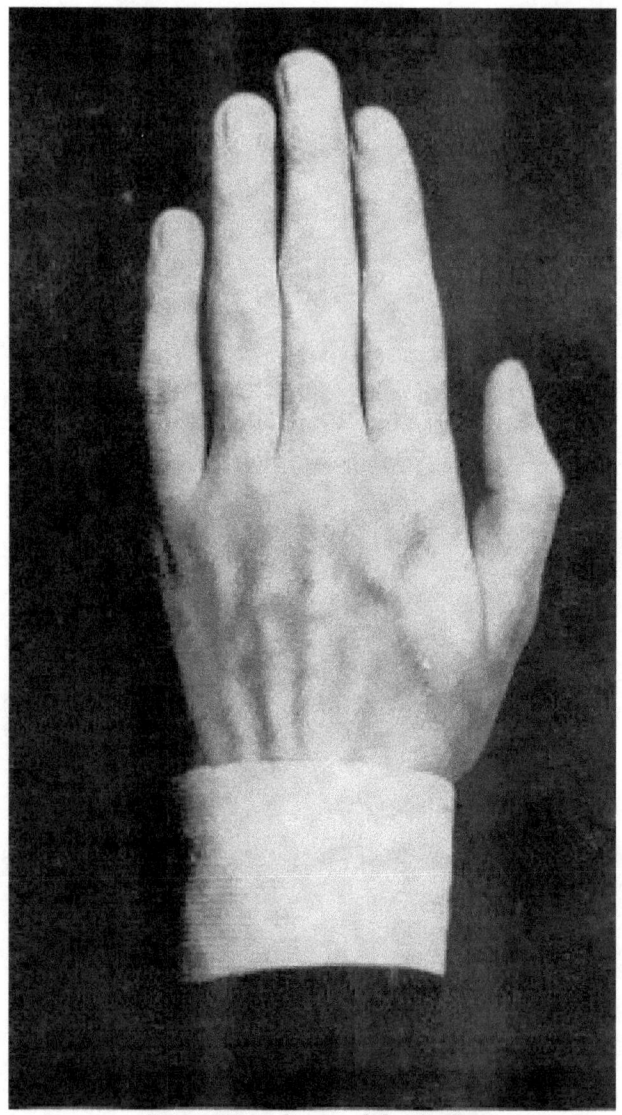

*"Creo entender tus dificultades;
espero que puedas superarlas sin olvidarlas".*

Albert Camus, *Carta al*

Paris, le 21 mai 1956

Monsieur,

je vois mal ce qui me destine à prendre connaissance de ce manuscrit. Ce que j'en aperçois en le feuilletant seulement me donne à penser qu'il y a maldonne.

Comme je quitte Paris pour quelques jours, vous voudrez bien, je vous prie, le faire reprendre chez ma concierge.

Avec mes regrets veuillez agréer mon salut

André Breton

André Breton

Esta carta no pretende ser polémica,
sino meramente simbólica.

> **CRC**
> ♥ Jésus !
>
> Le 9 mars 75
>
> Docteur,
>
> Je vous remercie de vos deux lettres mais je désire interrompre cette correspondance, vos idées m'étant parfaitement étrangères.
>
> Votre q—

Esta carta del abate Georges de Nantes no pretende ser polémica: es meramente simbólica.

Nótese que el contenido de una carta de una de las autoridades más eminentes en materia de integrismo católico es el mismo que el de André Breton, el Papa del surrealismo y un izquierdista total...

PRÓLOGO

"La verdadera pasión del siglo XX es la servidumbre"
Albert Camus

Por eso *J'ai mal de la terre* no se parece a ningún otro libro. Tu obra evoluciona entre los márgenes que separan las verdades que has sentido y lo mínimo que puede expresarse. Traspasar a un lado u otro de esta frágil frontera sería condenarte al silencio o volverte ilegible, o finalmente traicionar tus pensamientos.

El artista ya no puede lanzar un grito claro: feliz si sigue siendo inteligible.

En una época en la que el mal se ha apoderado sutilmente de la dialéctica y de la lógica, de todos los instrumentos del pensamiento en favor de todo tipo de inversiones, la imposibilidad de expresar la verdad surge del hecho de que ya no se manifiesta en el corazón humano más que a través de emociones, impulsos, arrebatos deslumbrantes pero impotentes: sólo queda un valor digno de expresión: el sufrimiento del alma y del corazón.

Así ha restituido este sufrimiento, pero de la única manera que podía hacerlo, es decir, puramente, libre de todas las compensaciones del odio, la venganza, la ironía y la burla. Cualquier rastro de coquetería, cualquier preocupación por la estética, incluso la más mínima búsqueda legítima del efecto, distorsiona la reflexión metafísica nacida de una prueba excepcional de la vida.

El sufrimiento sólo es verdadero y ejemplar si se somete a insultos y burlas del mismo modo que un niño desarmado recibe golpes, con cara de asombro. El último recurso de quien ha comprendido el mundo moderno es exponerse a bofetadas. Esto no ha sido fruto de ninguna deliberación, te has reproducido a ti mismo y resulta que en esta imagen no hay nada que restar, nada que añadir: es en cierto modo el espejo en el que se refleja la miserable aventura del mundo moderno: tu diagnóstico es compasivo pero implacable.

El artista no conoce el odio compensatorio que destruye toda objetividad superior. Comprender es ser incapaz de odiar o despreciar. Odiar es demostrar claramente que no se ha comprendido nada. Nos escandalizamos, es cierto, pero eso sólo conduce a cosas peores. Su libro nos muestra cómo vivimos en una época de escándalo diabólico. Escándalo que, bajo la apariencia de bondad, verdad y amor, permite que el mal se pudra hasta en el corazón del hombre justo. Entonces él mismo se convierte en el peor agente de destrucción: víctima y virus. Quien toma conciencia de ello y quiere huir, sucumbe o enloquece. La supervivencia sólo es posible a costa de lo inaceptable. En una época en la que se mata cada día en nombre de una supuesta inteligencia que ocupa toda la maquinaria oficial, el verdadero pensamiento no tiene ninguna posibilidad de expresarse ni de sobrevivir fuera de los hospitales y cárceles liberales o de los gulags bolcheviques.

Sin embargo, hay muchos profetas en el siglo XX. Algunos simplemente anotan su revuelta con cuidado, tienen la conciencia tranquila y lo dejan así. Ninguno prefirió la acusación a la fama.

En cuanto a la multitud ajena, puesto que su sentencia se refiere a los mismos principios que animaban al acusado, es la misma ceguera la que determina a los vigilantes y a los culpables: "Si un ciego guía a otro ciego, ambos caerán en el pozo"...

Si me hubieran dado la oportunidad de vivir tu épico destino, de pensar en él y de escribir sobre él, me habría acordado de la grandiosa y trágica frase inicial de un libro de Bernanos: El mal nunca ha tenido mejor oportunidad para realizar las obras del bien; el diablo nunca ha merecido mejor el nombre que le dio San Jerónimo, el de mono de Dios".

Tu angustia es, en cierto sentido, un desafío a la desaparición de la inteligencia que caracteriza nuestro tiempo. Los que caminan confiados llevan anteojeras protectoras, y poco a poco se formarán una imagen común y familiar de tu libro, con la que puedan identificarse: así en "1984" diremos: "Está loco".[1]

La gente está tan alejada de los verdaderos guías, los pensadores, que podrían guiarla iluminando su época, que si la verdad sale a la luz, si por algún milagro ya no hay forma de escapar de ella, entonces se las arreglan para destilarla, para dispersarla, de modo que se desvía de su propósito, es ineficaz y totalmente ignorada.

---

[1] "En 1984, los más inteligentes serán los menos normales" (1984 de George Orwell)

Estamos en una época en la que el menor contacto social con un verdadero artista da lugar a encargos psiquiátricos y a un diagnóstico de locura por parte de robots condicionados por Marx y Freud.

Te daban muchos consejos y recetas, pero también demostraciones que requerían cultura, ingenio y un sentido analítico que se ganó la admiración de muchos.

¿Hay que escucharles? ¿Se puede confiar en personas cuyas deficiencias mentales saltan a la vista al mirarlas? Es inútil y peligroso. Los hombres han perdido su sentido de lo humano, y las razones están ahora claras: el judeocartesianismo engendrado por el judeocristianismo.

Hoy un científico genial ha confirmado lo que usted había comprendido y lo que Alexis Carrel sospechaba: usted trae aquí los argumentos de su destino y de su corazón.

Las mismas condiciones que precipitaron la destrucción de los verdaderos valores fomentaron el desarrollo de otras fuerzas que eran preciosas mientras permanecieran contenidas y controladas, pero desastrosas si invadían la psicofisiología de cada individuo.

El hombre ya no puede acceder a los verdaderos valores, ni siquiera sospecharlos, puesto que los nuevos conceptos ocupan su lugar. Tienen toda la lógica de los valores, satisfacen insidiosamente las pasiones, el aparente sentido común, la moral y a veces, por desgracia, incluso los impulsos más altruistas. Equipado únicamente con estas fuerzas, el hombre moderno se siente realizado. Esto le basta, pero es inútil, porque la verdadera inteligencia no puede definirse a partir de estos errores, y ya no hay nadie oficialmente disponible para definirla. Como resultado de la incapacidad mental universal, la humanidad ya no se compone más que de robots sanguinarios y satisfechos.[2]

Por eso tu destino es tan frágil. Instituciones, subhumanos y mujeres te frenan. Tu rigor es un lenguaje ajeno al mundo entero. En tiempos de grandeza, la soledad era posible, pero en el siglo XX los valores de la

---

[2] El "coeficiente intelectual" es una broma que no refleja en absoluto la inteligencia. Sólo funciona con criterios de lógica elemental, que pueden ser brillantes en seres primitivos.
Ignora totalmente los verdaderos componentes de la inteligencia: intuición, espíritu espontáneo de síntesis, sentido estético, sentido moral. ¡Es probable que muchos de los genios de la humanidad tengan un coeficiente intelectual muy bajo!

rentabilidad exigen sus lugares y sus esclavos. La soledad creativa está desapareciendo, y los imprudentes están siendo asesinados. Esto se hace de forma oculta, clandestina, cobarde, porque el espíritu no tiene cabida en el mundo moderno.

Nuestra época es necesariamente una época de masas, porque la nivelación da lugar a una felicidad mórbida que satisface la débil voluntad de nuestros contemporáneos: la felicidad de los que han renunciado al pensamiento y al valor.

Con el capitalismo, y con su extensión normal financiada por el capitalismo, el comunismo, la vida de las personas está ahora trazada al pie de la letra. Ya no tienen el valor de medir las cosas, así que las cosas les miden a ellos.

En el fondo, el hombre es demasiado grande para el hombre.

Tú lo demuestras, tú sufres este destino atroz que los hombres se han creado con sus múltiples renuncias abandonándose a los parásitos de estos 5000 años, porque la grandeza les asusta, demasiado pesada para sus hombros. Prefieren la sombra cobarde a la luz creada para ellos.

Por tanto, es inevitable que hoy en día muy pocas mentes tengan acceso a determinados espectáculos. Así que su desesperación se ve agravada por la sensación cada vez más asfixiante de tener que hablar a sordos y ciegos.

Algunos, cada vez menos, siguen sufriendo en sus corazones, pero tú lloras por problemas que son más grandes que todos ellos.

Has comprendido que para hacer comprender a los hombres hay que cambiar el determinismo de los hombres. Santos y héroes han muerto por negarse a comprender esta ley, y temo que tu destino te obligue a imitarlos.

La verdad no puede concebirse sin desgarrarse, y como me escribiste, parece que tu calvario permitirá un día "alcanzar, lejos del materialismo judaico ateo, del misticismo histérico o incorpóreo y del dogmatismo feroz, el equilibrio entre el cuerpo y el espíritu, entre la materia y la esencia".

Tu singular personalidad y tu desgracia es que, en definitiva, careces de esa necesaria forma de psicología, que consiste en sacar los ojos para complacer a los ciegos.

Sin embargo, a tu pesar, te verás más o menos obligado a utilizar las armas diseñadas por y para la mediocridad. Si el amor es tu única guía serás aplastado. La gente llegará incluso a utilizarte como conciencia y como instrumento de masacre.

Es tu diabolismo el que te ayuda a vivir, pero eres lúcido al respecto y esta conciencia ahoga tu vida. Así que tu lucha puede parecer inútil.

Esta lucidez irrisoria caracteriza al personaje fatal de su libro, el Dandy. Un visionario y un poeta, un pensador torturado por Dios y por Satán, que rechaza todos los sistemas en nombre verdad, torturado por Dios y por Satán porque es ambos, porque lleva a ambos dentro de sí como un fuego que lo devora e ilumina su tiempo.

Tiene el heroico mérito de haber puesto de relieve cómo, en esta persona profundamente conmovedora, mirar con amor, revuelta e impotencia a uno mismo y a los demás es una misma cosa.

Puede ver cómo, en virtud del mismo determinismo, presiente el drama actual, pero por otra parte -y éste es el precio que tiene que pagar- no puede explicar este drama sin prestarse inevitablemente a la crítica inspirada por una mente truncada, por una paralogía universalmente aceptada.

Cualquier robot de este mundo podrá refutar su obra sin entender nada de ella. Un hombre de instinto lo sentirá oscuramente porque el instinto a menudo se une misteriosamente a las conclusiones de la intuición extrema.

Los pocos a los que no les moleste se marearán.

Ignorante obligado a renunciar a la enseñanza, encontrarás la comunión de unos pocos. Los hombres como tú están siempre solos ante la verdad, y en este diálogo no debes a nadie si quieres preservarla.

Todo lo que te enriquece, enriquece a la humanidad. Tu sufrimiento es fructífero...

Jacques Charpentier-Puységur

CAPÍTULO I

TRISTEZA DIÁFANA

Autor: *¿Recuerdas que en el Paraíso Perdido, Satanás dijo:*
"Oh sol, cómo odio tus rayos".[3]
Satanás tuvo la suerte de odiar el sol - ya ves, me importa un bledo el sol.
Albert Camus: *Pero tú amas la luz.*
Conversación poco antes de la muerte de Camus

La serpiente es el ser más infeliz del mundo
Nunca pidió ser serpiente.
Es repulsivo y antipático.
Muerde a quien quiere amarla.
Y los que quieren amarlo se ven obligados
A dejarse morder y morir.
O para matar a la serpiente que quieren amar.
La serpiente no pidió ser una serpiente.
Tienes que amar a la serpiente.
La serpiente no puede hacer nada contra sí misma
porque no sabe que es serpiente.
Es infeliz y no sabe por qué.
Tienes que amar a la serpiente.
Tienes que quererle mucho, y eso es lo justo.
Lo que le condena a pesar suyo
es su falta de autoconciencia
Tienes que luchar contra la inevitabilidad de la serpiente...[4]

Persistencia de recuerdos tan lejanos de la infancia... Tristán recordaba mil cosas de sus primeros años.

---

[3] Oh sol, cómo odio tus rayos. "*El paraíso perdido*" de Milton.
[4] Un poema inspirado en la increíble, inmensa pregunta cósmica judía.

La espaciosa casa de Courbevoie, el bosquecillo del gran jardín, la escalera, el árbol de Judas que le daba sombra e irradiaba su color rosa malva por todas partes como un encantamiento...

El gran estanque, los peces de colores que se arremolinaban a su alrededor en gran número, el frescor de la fuente, las gotas que el viento enviaba hormigueando por sus piernas. Y luego el gran salón con su piano de concierto, su coqueta salita, la pajarera con las palomas, los dos daneses, Tirasse y Prince, que habían muerto envenenados.

Y allí su madre, su padre, sus hermanas Charlotte y Laure y su abuela paterna.

Su padre era un coloso que medía un metro noventa. En la madurez había llegado a tener tanto sobrepeso que parecía hidrópico. En realidad, estaba muy gordo, porque cuando las circunstancias le obligaban a ayunar, adelgazaba.

El rostro de su padre era extraño, feo incluso, pero para quien sabía observar, había una huella sobrenatural en esa máscara. Una frente gigantesca; era una especie de intelectual en bruto, que ignoraba las realidades inmediatas y consideraba natural que los demás se ocuparan de tonterías materiales para dejarle a él en paz para pensar.

Se decía que tenía un entendimiento universal. Predijo la Segunda Guerra Mundial e incluso una tercera entre Estados Unidos y China. Aunque rara vez leía los periódicos, conocía las tendencias fundamentales de los datos internacionales y tenía las claves de una comprensión sintética de la situación económica. Sus previsiones a corto o largo plazo no tenían nada de optimistas.

Su padre le dejó dos versos:

> "Oh los placeres de la tierra, amores encanecidos.
> los mármoles del cementerio se hacen añicos".

Y en el reverso de un sobre, marcado con su elegante letra:

"El sabio no es la comidilla de la ciudad".

Parece haberse adaptado a este papel de espectador grandioso de una humanidad en descomposición: curiosa mezcla de lo sublime y lo grotesco, declamaba sus versos con voz grave y bien timbrada, y luego volvía a sentarse, desplomando una silla de salón.

Su madre...

Ella le había traicionado. Nunca había recibido la ternura, la comprensión, el amor, la cercanía que una verdadera madre prodiga siempre incluso al más descarriado de sus hijos.

Mientras que su padre pertenecía a una familia burguesa de abogados, su madre descendía de una casta judía de la nobleza austriaca que dejó su nombre a una calle, un instituto, un hospital, un museo, por no hablar de unas cuantas estatuas, en un país de Oriente Próximo. Su riqueza, estimada en doscientos millones de oro a principios del siglo XX, se basaba en la banca, el algodón, el progreso y el socialismo...

Cuando su madre se casó con su padre, ella tenía quince años y él treinta y cinco. Tristán nació un año después, así que ella tenía dieciséis cuando él nació.

Un magnífico tipo de Herodías, era hermosa, de esa belleza oriental, fascinante y diabólica. De existencia eruptiva, era un volcán, su madre, un volcán en continua actividad y sin un átomo de sentido común. Cabello negro, rostro goyesco, ojos oscuros y almendrados, nariz fina y aguileña, que en sí misma no podía considerarse bella, pero el milagro de la estética de su rostro ponía su nariz en armonía con el resto de sus facciones. Nariz dominante, con alas temblorosas y sensuales, boca de rosa, formas gráciles y regordetas, alta y esbelta, tenía ese aire orgulloso de arcángel caído que Tristán había heredado en cierto modo. Raza incomparable, distinción más bien particular, no esa distinción efímera de la que sólo son conscientes los seres distinguidos, elegante y sencilla, pero de esa elegancia y sencillez que deslumbran.

Una poeta atormentada, un demonio místico y destructor, una extraña forma de espiritualidad histriónica, combinada con una extraña falta de lucidez sobre sí misma. Vehementemente convertida al catolicismo unos diez años después del nacimiento de Tristán, siguió siendo, sin embargo, Rebeca.

Una prolífica productora de desastres de los que ella misma sufría por efecto boomerang, impotente para desviar ciertos instintos. Una enfermedad inconsciente y mortal: la disolución.

Su alma temblaba y se exasperaba ante la felicidad de los demás. Algún Belial guió su brazo en el momento oportuno. Tristán había sido su mayor víctima, pero sabía que era una irresponsable. Tristemente, trataba de cuidarse de no confiar en ella, ya que su mezquina intervención estaba destinada a desencadenar lo irreparable. A menudo, la llamada de su corazón, de sus vísceras, le impedía tener en cuenta esta realidad. Así que Tristán pagó por su imprudencia. Volvió a verla entonces, a su madre actriz, su fino rostro de Sarah-Bernardesca, su hechizante movilidad de expresión, sus palabras, su mirada y su mimetismo hechizante, todo en ella destilaba dramatismo nato y le recordaba tanto a Raquel como a Cleopatra.

¿Por qué su padre se había casado con su madre?

Había una verdadera diferencia de edad entre ellos y no parece que el amor verdadero fuera la clave de esta unión.

De hecho, su padre tenía un amigo al que había conocido en los bancos del Liceo Michelet. Ambos habían pensado que el camino fácil hacia el éxito y el éxito social era un matrimonio rico en la nueva aristocracia mundial surgida de la revolución de 1789, la aristocracia del dinero y de las finanzas todopoderosas. Así que su padre y su amigo Paul se casaron con dos hermanas de una familia judía internacional que habían conocido en Biarritz, su madre y su tía Denise. Casualmente, o más bien por estratagema, fue en la propiedad de Biarritz donde empezaron y terminaron las cosas.

El matrimonio de la tía Denise, hermana de su madre, y Paul, que se convirtió en su tío por matrimonio, fue coherente, típico y organizado. Paul completó sus estudios de medicina, fue alcalde, consejero general y diputado, y si no hubiera muerto de angina justo antes de la llamada "liberación", habría sido ministro en 1945. El tío Paul, socialista radical, era un hombre de una gran y necesaria plasticidad.

En cuanto a su madre...

Los acontecimientos que precedieron a la boda fueron muchos y rocambolescos. Su madre, le habían dicho, había rodado por el suelo a los quince años para casarse con su padre. Aunque conocía muy bien la mentalidad de su familia materna, dudaba, no sin razón, de que su madre se hubiera visto obligada a ese matrimonio ridículo y desproporcionado a los quince años. Pero ella afirmaba que sí.

Se le prometió una gran dote. Su padre contaba sin duda con ese dinero para realizar sus planes intelectuales, pero la dote nunca se pagó. Cálculo ambicioso, conclusión sombría.

Una esposa megeresca de quince años, tres hijos, de los que Tristán era el mayor, y que iban a convertirse en las pequeñas víctimas magulladas de múltiples infamias.

Los primeros siete años, en el apacible entorno de Courbevoie, en el jardín, en la gran casa... Nada estaba tranquilo. Su padre amenazaba a su madre con un revólver con mango de perla. Tristán se acercaba y golpeaba la chaqueta gris moteada de su padre con su pequeña pala. Su padre no era un bruto, parecía más bien pasivo, pero a una mujer como su madre, Tristán la habría tirado por la ventana, o se habría marchado para no volver jamás. Ella debía de tener un don natural para meterse en su piel. Otra vez, la escena del revólver al revés: una pistola pequeña con empuñadura negra esta vez.

Tenían manía a los revólveres.

Salió furiosa por la ventana que daba al jardín y puso una pistola en la cabeza de mi padre. Él mantuvo la calma, cortando una rosa junto al estanque: "Ve y dile a mamá que quiero besarla". Pero la misión diplomática del niño no surtió efecto.

¿A qué jugaban?

Nunca lo supo, pero esas imágenes se habían clavado en su pequeño cerebro como un gemido.

Su abuela materna era indulgente y generosa. La recuerda pasando una noche entera frotando las rodillas de Tristán porque éste sufría una especie de reumatismo debido al crecimiento. ¡Una noche entera! ¡Qué buena era! Se emocionó al recordarla.

La abuela no se llevaba bien con su madre. Cuando los criados se fueron a la cama, él y sus dos hermanas les oyeron gritar: volvió a ver a su madre y a su abuela, ambas con las manos ensangrentadas y cuchillos en las manos.

Los tres niños tenían enfermeras y estaban en manos de los criados. Tristán recordaba sus nombres, Mouchy y Aby, probablemente diminutivo de Gaby. Una vez se había preguntado por qué todos los cepillos de la casa le pertenecían: "¡Ve y tráeme el cepillo de la ropa!

En el hilo evanescente de sus recuerdos :

Su padre comía patatas fritas con los dedos. Es verdad, ¡están mucho mejor! Su madre le miró con expresión enfadada e hirviente y, de repente, se levantó y tiró el plato de patatas fritas sobre el regazo de su padre. Sin decir palabra, salió del comedor. Otra vez su madre le golpeó en el brazo. Le dio un par de manotazos y se apartó. Un día la agarró por el cuello. ¿Por qué hizo eso? ¿No era él la verdadera víctima? Pero obviamente pensó que era ella y acabó asumiendo el papel de víctima.

Tristán y sus hermanas se bañaban juntos. Había notado una sorprendente diferencia entre él y sus hermanas. Nunca supo cómo se lo comunicó la niñera a su madre, pero ésta lo golpeó ferozmente, sin una palabra de explicación, con la fusta de ébano que yacía sobre el piano.

Volvió a verla, su madre actriz, con su tono de voz, su mímica capaz de persuadir de las cosas más inverosímiles a personas comúnmente descritas como inteligentes.[5]

Habían pasado siete años desde el nacimiento de Tristán. Las singulares batallas entre su padre y su madre les dejaron una dolorosa huella;

Un día su madre desapareció. Pasaron semanas...

---

[5] En este siglo se ha convertido en una costumbre mediática internacional.

CAPÍTULO II

"Desde el día en que me alertaron, me llegó la lucidez y recibí todas las heridas al mismo tiempo. Perdí las fuerzas de golpe y todo el universo empezó a reír a mi alrededor".

La caída, Albert Camus

ABUELITA QUERIDA

Una noche de verano, Tristán estaba agazapado pensativo a los pies de su cama cuando un hombre alto irrumpió en su habitación. Había cogido a Tristán en brazos, mientras otro caballero se llevaba a sus dos hermanas, que dormían en la habitación contigua. Los dos bajaron las escaleras de cuatro en cuatro. Su abuela fue encerrada en la cocina por un tercer hombre al que los niños no conocían más que a los otros dos. Los meten en un coche y media hora más tarde se encuentran frente a una mansión privada en el distrito 16 de París.

Estaban tumbados en una cama.

Tumbada en la cama estaba la madre de su madre: *"Abuela, cariño"*.

Un escalofrío recorrió el cuerpo de Tristán. El recuerdo, el asco, la desesperación. Allí estaba ella, tumbada en un amplio sofá de una vasta habitación de su casa de la ciudad. Una lámpara en la mesilla de noche, la luz amarilla, confusa, todo oscuro y siniestro. Tristán estaba asustado. Su corazón latía desbocado. Podía sentir los corazones de sus hermanas pequeñas latiendo tan rápido como el suyo.

Allí estaba, envuelta en un chal, con su abundante pelo gris peinado hacia atrás y recogido en un moño. Tez amarillenta, nauseabunda a la vista, ojos negros, párpados almendrados, rostro ovalado y nariz aguileña. Parecía malo y gracioso. A veces había un destello de bondad en sus ojos fugaz y desesperado. Parecía la bruja maldita de Blancanieves y los siete enanitos...

Manos delgadas, amarillo verdoso, repulsiva, parecía desplomada, incapaz, escéptica, impotente y, sobre todo, mezquina.

"¿Eres la mamá de mamá?", susurró Charlotte, medio ronca, medio en voz baja, horrorizada. Efectivamente era ella, a la que iban a llamar *"querida abuela"*.

Charlotte quizá sospechaba que ninguno de los tres niños tendría un solo recuerdo grato de su *querida abuela*. A su alcance había una caja redonda de caramelos. Ella la cogió con una sonrisa arqueadamente falsa y les ofreció un caramelo que se llevaron a la boca.

Hay que imaginarse lo que se siente al comer un dulce en tales circunstancias. No creía haber digerido nunca ese dulce: puede que su cuerpo lo digiriera, pero su mente nunca podría.

Todo lo que hacemos debe hacerse con la mente y el corazón. La comida dada sin amor destruye a uno mismo y a los demás. El trabajo hecho sin amor destruye a uno mismo y a los demás. Por eso todo en el mundo moderno es falso y una locura. Sin amor, todo estará necesariamente contaminado, porque el concepto de rentabilidad nunca podrá sustituir a la inteligencia, que sólo puede construirse a través del amor. Sin amor, el intelecto lo destruye todo.

Los niños iban a quedarse con *su querida abuela* durante mucho tiempo. Qué dolorosa fue aquella infancia. Hubiera sido preferible no estar, pero estuvieron.

Como habían previsto tan claramente, *la abuela querida* tenía alma de torturadora y ellos tres eran los pequeños torturados.

Ninguno de los tres niños tiene recuerdos emotivos o tiernos de su *querida abuela*. Abrir la boca era un crimen. ¿Les daba náuseas un alimento? Ella no les permitía negarse a comerlo. Tristan aún podía ver a Charlotte en su mente, vomitando porque *la abuela* quería obligarla, "por su propio bien", a comer las endivias hervidas que detestaba.

Más tarde, cuando sus hermanas, pensionistas en París, venían a veces los domingos, *la abuela chérie* les hacía preparar este plato favorito, que también disgustaba a Laure, la hermana menor, y a Tristan.

Le llovían bofetadas por la menor cosa, por un sí o un no que debiera haber recordado. Sus palabras de cariño eran "idiota" e "imbécil".

De niño, Tristan tenía los labios de color rojo rubí. *La abuela* decía que solía mordérselos o frotárselos para conseguir ese bonito color. Amenazó a Tristan con que, si seguía haciéndolo, le frotaría los labios con pimienta roja. Como los labios seguían conservando su color natural, le machacó una gran cantidad de guindilla en los labios delante de los asombrados criados. ¿Por qué había hecho pagar así a los sospechosos labios? A Tristán le pareció hoy que había actuado por celos subconscientes, porque sus labios estaban pálidos y sin sangre.

Después de los baños calientes, que ella insistía en darse por devoción y bondad, y cuya perspectiva hacía temblar a las tres, las inundaba con agua fría, con el buen pretexto de "hacer algo al respecto". Pero ponía tanto sadismo en esta práctica que se convertía en una evidente persecución: temblaban y jadeaban sin decir palabra.

La abuela Darling dominaba tanto a los que la rodeaban que todos, especialmente su hijo Jacques y su hermana Denise, esposa del tío Paul, aceptaban todo de su "pequeña mamá". Habrían dicho "amén" a cada uno de sus movimientos si hubieran conocido la palabra. Largos meses de tortura, durante los cuales Tristan fue objeto de bofetadas, insultos, simulacros de comunicaciones en el reformatorio, presiones morales, chantajes mentales, deseos de herir los sentimientos pervirtiéndolos al igual que el cuerpo.

Acababa de cumplir ocho años y fue aceptado como interno en el Lycée Lakanal.

A esa edad Tristán era un niño rubio pálido, muy sensible y delicado. Separarse de su madre fue atroz para él. Sumergirse en medio de esta comunidad donde todo es brutalidad, donde hay que ser duro para no ser aplastado, fue un calvario inhumano. Sufrió sin tregua durante todos sus años de internado. No dijo nada, aún temblando, su corazón empezó a latir más deprisa. Empezó a *pensar*.

Sus amigos le acosaban porque no sabía defenderse. Tenía unas manos largas y blancas con articulaciones frágiles, sus muñecas no eran lo bastante fuertes para asestar un golpe y nunca había sentido la necesidad de hacerlo. No era falta de valor moral, pero no veía por qué, y sabía que sus músculos y sus nervios no tenían ninguna posibilidad de ganar en peleas en las que no podía ver el final. El valor físico brutal le resultaba difícil. El contacto físico masculino le resultaba repulsivo. Incluso hoy, podía imaginarse luchando con una espada, pero no con los puños.

Pasó largos días llorando, y hoy recuerda este calvario constante como si fuera ayer. No trabajaba en clase. Sufría demasiado para poder centrar su atención, y trabajar en una comunidad vulgar le resultaba imposible. No tenía sentido de la competencia y el hecho de que su vecino fuera el primero y él el último le producía una indiferencia inusitada. No estaba allí.

Un día vino el director a dar notas, felicitar o amonestar a los alumnos de noveno. Después de reñirle severamente, el director miró su carita pálida y sus grandes ojos azules con largas pestañas y le dijo: "¿Cómo puedes trabajar bien con ese aspecto? Le acarició suavemente la mejilla y le devolvió a su asiento.

Pero ahora Tristán lo había comprendido. Todo importaba tan poco. En la escuela no aprendíamos nada, nada que pudiera enseñarnos *a ser*. Los mejores de la clase iban a la Polytechnique o a la Normale Supérieure y nunca salían de allí. Nunca dieron un paso hacia una comprensión más profunda del hombre. Nunca estuvieron ávidos de lo absoluto, impacientes por lo infinito. Las mentes más brillantes siempre han sido colegiales mediocres.

Esto es fácil de comprender: una educación estándar, hasta la edad de veinte o veinticinco años, invierte toda la psique, que entonces se moviliza y esteriliza plenamente para la maduración de una mentalidad original que, a través de la meditación personal, conduciría al genio.

Por eso la educación debe ser prudente, nunca masturbatoria, como ocurre, por ejemplo, con la deformación hacia la agrégation, que produce seres estándar. Shakespeare sabía "poco griego y menos latín". El informe escolar de Chopin, ese genio sin igual, llevaba esta anotación: "Un alumno absolutamente imposible, pero un genio".

El acoso que sufrió convirtió a Tristán en una meditación constante y dolorosa sobre el problema del mal y el sufrimiento. La fealdad física y moral, la mezquindad y la cobardía del mundo le abrazaban. Ya lloraba por el mundo más que por sí mismo.

Se erigió en símbolo.

¿Por qué esta cobardía repugnante e incomprensible? ¿Por qué seres del mismo nivel espiritual no vivían en el mismo grupo humano?

Durante sus largas estancias en diversos liceos y collèges de la región parisina, Tristan acudía a veces los domingos a visitar a *su querida abuela*.

La vida de internado le resultaba tan odiosa que el consuelo ficticio de una pálida apariencia familiar era un bálsamo para una gran herida.

Vio a su madre. Su madre, ese doloroso fantasma...

Cuando tuvo que marcharse de nuevo el domingo por la noche, lloró tanto en el andén de la estación de Denfert-Rochereau que aún se pregunta cómo tuvieron el valor de dejarle marchar. Desesperación suprema.

Una vez al mes, los tres niños iban a ver a su padre a la gran casa de Courbevoie. En el coche que los llevaba había un alguacil y un forense. *La abuela* y su madre les contaban abominaciones sobre su padre. Así que en la primera visita estaban muy asustados. Nada más ver a su padre, bajaron dando tumbos las escaleras y se lanzaron a los brazos de sus tíos, que les esperaban en la calle, con las puertas del coche abiertas, como si su reacción estuviera prevista.

Pero volvieron y acabaron por acostumbrarse, porque su padre los recibió de forma encantadora y suntuosa. Les hizo magníficos regalos, un reloj de oro, una pluma de oro, la mesa del comedor estaba cubierta de suculentos pasteles de la marquesa de Sévigné y otras cosas buenas.

Así que los niños se lo pasaron en grande.

Pronto se trasladaron con su madre a un pueblecito del Perche, Marolles les Buis. Era una campiña fragante y ondulada, llena de sana poesía para los que no sufren.

Llegó el invierno.

Tristan contrajo un resfriado, tos ferina, neumonía, doble neumonía, bronconeumonía, doble bronconeumonía. Finalmente, una pleuresía purulenta mortal lo remató todo.

Estuvo en cama todo un año cubierto de abscesos y forúnculos. Le practicaban incisiones casi a diario y sin anestesia. Con una naturaleza tan aristocrática y delicada, la falta de amor y una dieta escolar espantosa a base de alimentos feculentos y carne en mal estado tenían que desembocar en enfermedad algún día. La naturaleza nunca perdona. Todos los días le envolvían en sábanas empapadas en agua fría para bajarle la fiebre, un procedimiento absurdo si lo piensas. Estas envolturas eran una tortura. Luego estaban los abscesos y las siete u ocho inyecciones diarias. Se convirtió en tal esqueleto que las agujas se negaban a penetrar en la carne y el pánico se apoderaba de él a la simple vista de una jeringuilla. Un día suplicó a un profesor de Chartres que había venido a verle que redujera el número de inyecciones: las redujo a la mitad. Llegaron incluso a ponerle sólo una o dos inyecciones al día. La mera perspectiva de una inyección de alcanfor con un absceso injertado le ponía frenético.

Una noche, su madre, que tenía conocimientos de quirología, examinó la mano de Tristán y se echó a llorar. Tal vez había percibido una señal de muerte, porque tres días después Tristán entró en coma.

Permaneció lúcido en su silenciosa agonía. Vio al párroco de la izquierda, pues se había convertido en un gran amigo de su madre desde su reciente conversión al catolicismo, y le hizo recitar unas oraciones muy desconocidas: "Padre nuestro que estás en los cielos... hágase tu voluntad en la tierra como en el cielo".

A la derecha pudo ver a su madre sollozando y al doctor Boulier también sollozando. Este médico le había tratado con energía y, al lado de este pequeño paciente, se derretía como un niño. Era un alma delicada y, años más tarde, Tristán supo que se había suicidado. Hace falta algo más que valor para que las almas delicadas contemplen la miseria y la sordera del mundo.

La gente feliz es la que no siente nada ni piensa nada, porque llegar al fondo de las cosas es llegar al sufrimiento. Cuanto más te acercas a la col, más feliz eres porque no sufres. Un repollo razonador en un centímetro cúbico de mente es feliz. La humanidad está formada por repollos razonadores: hacemos lo que queremos con ellos a través de la escuela, la radio, la televisión, la alimentación deficiente y la vacunación sistemática. Los deseducamos, los atontamos, los masacramos y quieren más.

¡Qué felices son los tontos! Parecía que Tristán tenía que morir.

Su madre le dijo que había rezado a Nuestra Señora de Chartres para que le curara, para que hiciera un milagro. Debió de oírle, porque de madrugada, ante el asombro de todos, Tristán se incorporó y pidió jamón...

Hay un expediente sobre este milagro en los archivos de la catedral. Supongo que la Virgen debió oírlo...[6]

No era la tragedia sanitaria que acababa de sufrir lo que iba a impedir que lo enviaran de nuevo al internado. Uno o dos años más tarde, cuando Tristán estaba de nuevo en aquel infierno, el director, a instancias de su madre, llevó a Tristán a ver al Profesor que le había tratado y reducido el número de inyecciones. Mientras Tristán se desnudaba, oyó que el profesor le decía al director en la habitación contigua: "La última vez que vi a este niño, ni una sola parte de sus pulmones respiraba".

Durante esta enfermedad casi mortal, el padre de Tristán había intentado ver a su hijo. Había oído su profunda voz en el pequeño jardín, pero su madre no se lo permitió. "Te tiene miedo", le dijo.

¿Cómo podía Tristán no tener miedo de su padre con toda la maldad que su madre y su *querida abuela* vertían sobre él?

Una larga convalecencia y luego, por supuesto, el internado.

Instituciones mugrientas en Eure et Loir, religiosas por supuesto, porque Tristan había sido bautizado tras su milagrosa recuperación. Un día, uno de los directores de una de estas instituciones lo tomó en su regazo y le acarició los genitales a través de las bragas. Sólo lo hizo una vez. En Chartres, su estancia en la institución Notre Dame fue menos dolorosa: formó parte del coro que cantaba en la catedral. Fue su primer contacto con la melodía. Su corazón empezó a latir a la vista de un piano, y se sintió deliciosamente entumecido y tembloroso mientras escuchaba a Chopin. El piano se convertiría en el sueño incumplido de su vida, el oasis que nunca alcanzaría.

En clase seguía sin hacer gran cosa. Su débil constitución y los lastres de una infancia desatendida y carente de cariño esterilizaban cualquier esfuerzo de una naturaleza ya de por sí indolente y sensual. Aunque hubiera estudiado música, seguramente no habría satisfecho a sus profesores

---

[6] El niño pertenece al biotipo tiroideo, y una tiroides tan poderosa puede lograr a menudo tal recuperación gracias al superpoder vital que implica. La tiroides es la glándula de la vida y de la inteligencia. Los que tienen un tiroides potente, debido al biotipo determinado por esta glándula, gozan, incluso en una situación delicada, de una defensa excepcional de su organismo contra las enfermedades y de un potencial de recuperación considerable.

durante años. Nada estaba más lejos de su naturaleza que el estudio de los rudimentos, los fundamentos de la teoría y la técnica musicales.

El proceso de divorcio entre su padre y su madre había comenzado nada más llegar a casa *de la abuela*. Tristán nunca había conocido los detalles de aquel triste asunto, pero no le tentaban los lodos. Le había salpicado lo suficiente como para no querer más. Recordó que su padre había hecho pegar carteles amarillos por todo París a causa del "secuestro de sus hijos". El juicio duró más de diez años y parece que había intereses materiales en juego.

La primera batalla legal pareció ganarla su padre, porque su madre había abandonado el domicilio conyugal.

La abuela y toda la familia estaban preocupadas.

Iban a tener que pagar. Lo que Tristán había notado era que nada podía conseguir que abrieran su caja fuerte: sufrimiento, desesperación, oraciones discretas, bofetadas morales, insultos o escupitajos, nada podía hacerlo. Así que el peligro era grande.

Para ganar el caso, tuvo que acusar a su padre -con razón, por desgracia, como veremos- de ser incapaz de mantener a sus hijos.

Estaba claro que su padre tenía poco talento para las tareas serviles y que este juicio había precarizado su situación.

Para *la abuela*, lo único que importaba era no pagar: No me importa cuidar de los niños", le dijo al juez, "pero si me pide dinero, iré a sentarme a la cárcel".

Por tanto, sólo les quedaba una solución: demostrar que su arruinado padre no podía mantenerlos. Así pues, se les devolvería a su padre y, al cabo de unos meses o unos años, el experimento llegaría a su fin: un examen de su salud física y moral demostraría que su padre era incapaz de proporcionarles el pan de cada día.

Como les sobra el dinero, concibieron fríamente este proyecto.

Parece que su madre tomó la iniciativa, pero como no tenía nada propio, les tocó a *la abuela* y a sus hermanos disuadirla.

De hecho, no se opusieron en absoluto, salvo, claro está, mediante objeciones ostentosas, patetismo de feria, demostraciones hipócritas, palabras grandilocuentes, a fin de salvaguardar su respetabilidad de cara a la galería.

El día que los llevaron a casa de su padre, su madre los llevó a un espectáculo y luego a una pastelería. Esta comida para los condenados fue maravillosamente fresca. Estos manjares debían acentuar el contraste, ya que su experiencia era un testimonio vital para el clan.

Cuando llegaron a Courbevoie, su madre los sacó por la puerta del jardín y volvió a subir a su taxi sin esperar a que su padre viniera a tomar posesión de esta pequeña carga humana que ya no sabía dónde estaba, en qué mundo de brutos se debatía. Allí estaban, aturdidos, sin saber qué hacer, habiendo intentado en vano agarrarse a su madre, que se había arrancado para marcharse.

La estatura casi gigantesca de su padre apareció en la entrada. Los miró asombrado, con su lorgnon dorado en la nariz y su inmensa frente. Entonces comprendió lo que le ocurría. Arruinado e indigente, no podía ocuparse de los niños. Así que pidió a uno de sus amigos, el conde Richard de Grandmas, que llevara a los niños a comisaría.

El comisario quiso entonces ponerles en contacto telefónico con su madre y su familia. Se puso en contacto con el tío Jacques. Le dijeron que estaban solos y abandonados en comisaría. Con su voz castrada, el tío respondió que no podía hacer nada.

"¡No podían haber hecho nada! Incluso si una sentencia judicial los hubiera devuelto a su padre, el mero testimonio del comisario de policía de que su padre se negaba a recuperarlos habría bastado ante el tribunal para devolverlos legalmente a su madre. ¿Era necesario que los tribunales determinaran que los niños estaban demacrados y enfermos? ¿Era legalmente necesaria esta estrategia inhumana?

Se diría que sí, porque el comisario llevó a los niños a la Assistance Publique de París.

Qué angustia sintió Tristán. Se sentía tan solo, tan extraño, separado de sus hermanas. Había tomado a una enfermera como confidente y ella lloraba mientras Tristán le contaba su pena como si fuera un poema.

Su madre vino a visitarles. Les dijo que volvería a por ellos. Pero dos días después vino su padre. Se los llevó. Iban a quedarse unas semanas en la casa grande de Courbevoie.

Estaba vacía. Todo se había vendido: el piano de concierto, los cuadros de los maestros, los muebles de época. Sólo quedaban unas cuantas mesas y sillas de jardín de mimbre para sustituir a las elegantes sillas, mesas y sillones que se habían esfumado.

Richard, el amigo de su padre, vivía con ellos. Era un hombre sensible e inteligente, pero muy prendado de la inteligencia de su padre. Se había convertido en una especie de alter ego de su padre. Cuidaba de los niños y era amable y humano.

Desde su bautismo, Tristán había tenido un miedo incoercible al diablo. Terribles pesadillas le despertaban temblando.

Richard se comprometió a transmitir su terror presa del pánico.[7]

Un día Tristán fue a verle a su habitación en lo alto de la casa.

—   Buenos días, Tristán, anoche tuve muchos problemas. Tenía cigarrillos y no tenía fuego. ¡Tuve que esperar hasta medianoche para poder fumar!

—   ¿Por qué sólo hasta medianoche?

—   Porque es cuando Satanas en persona viene a visitarme. Así que pude tomar prestada la punta de su cola para encenderme el cigarrillo. Después, jugamos una partida de ajedrez y gané: ¡ese Satanas juega como un campeón!

Tristán se rió, pero un poco amarillo. No le hacía ninguna gracia que Richard estuviera encendiendo su cigarrillo con la polla de Satanas. Su intuición le decía que Satanas era demasiado serio para permitirse semejantes jugarretas.

¿No era Satanas más bien un hombre de cigarrillos, cosa que nadie sospechaba entonces?

---

[7] Durante dos mil años de cristianismo, esta verdadera psicosis ha causado estragos y destruido vidas.
El caso de los súcubos e íncubos que creían haberse acostado con el diablo y fueron quemados es un ejemplo simbólico.
Cabe señalar que, antes de su bautismo, Tristán desconocía esta "enfermedad".

Pronto lo encontraría en todo el mundo moderno.[8]

Richard había estudiado medicina y psiquiatría. Un día, Tristán daba vueltas por la casa con un fuerte dolor de muelas. Richard le sentó, le cogió de la mano y le miró a los ojos sin decir palabra.

Tristán sintió que su dolor subía y subía y luego desaparecía.

Estaba estupefacto. Tres días después, Richard tenía la mejilla hinchada como un globo, una fluxión. Por desgracia, no pudo realizar en sí mismo el experimento que tanto éxito había tenido en Tristán.

Richard tuvo que dejarlos; tuvo que volver a su trabajo de periodista.

Los niños no comían regularmente. A veces pasaban días enteros sin comer. Entonces conocieron el hambre de verdad: la que te obliga a rodar por el suelo, gimiendo y llorando, con las entrañas ardiendo. El hambre que te atenaza con acidez, espasmos, hipo, náuseas... La más dolorosa de las enfermedades.

Un día, durante este calvario, los niños, hambrientos y demacrados, abrieron el armario de la cocina con la esperanza de encontrar algún resto comestible. Había semillas de mijo para las palomas de la pajarera y una botella de aceite de cocina. Hicieron una decocción e intentaron comérsela: el recuerdo de aquella horrible mezcla aún agita el corazón de Tristán. Al cabo de unos días, su padre les traía pan, jamón, paté y pasteles, que comían con voracidad. Luego se iban a la cama porque les subía la fiebre.

Las palomas de la pajarera se habían muerto de hambre. Un día quisieron devolverles la libertad, pero los gatos del vecindario las codiciaron. Lo que es bello y puro no sobrevive mucho tiempo. La belleza y la inteligencia sólo viven sobre los cimientos de una élite preservada por un sistema político que cultiva la altura espiritual y moral en lugar de la rentabilidad. Hoy, el hombre ignora los valores auténticos, ya no conoce la belleza, la inteligencia y, sobre todo, la verdad, y agoniza en el caos.

---

[8] Lo encontrará en el capitalismo de Rothschild, en los socialismos de Marx y los de su calaña, en el freudismo abúlico y pornográfico, en el arte mortuorio de un Picasso, en las diversas bombas de Einstein, Oppenheimer, Field, S.T. y Cohen, en el capitalismo marxista en general y en las guerras económicas mundiales. Cohen, en el marxismo capitalista en general y en las guerras económicas mundiales.

También había gatitos en la casa. Al principio parecían esqueletos de gato y un día se murieron. Los niños intentaban ponerles trocitos de comida en sus pequeñas lenguas rosadas. Se les apagaron los ojitos y se murieron. Laure, Charlotte y Tristan lloraban cada vez que desaparecía uno de estos bichitos que poblaban la casa y el jardín.

Hacía tiempo que no había leche, ni latas matinales que hubieran ayudado a vivir a los niños y a los gatos.

Y todos querían morir.

Su abuela, la madre de su padre, seguía en Courbevoie. A pesar de su miseria, su presencia llenaba la casa de alegría y dulzura. Era muy buena, pero vieja, muy vieja y cansada. Les daba todo lo que tenía. Un día cayó enferma, se acostó y no volvió a levantarse. Dejándoles el plato de compota que le había preparado, murió. Los tres lloraron mucho. Tristán la vio en su lecho de muerte, con el rostro blanco, demacrado, inerte, y sintió miedo. Su padre lloró a una madre que sin duda había sido un modelo de madre para él. La abuela fue enterrada sin ceremonia, sin tumba. Hoy sería imposible encontrar el lugar donde enterraron su cuerpo. Pobre y querida abuela. A Tristán le gustaba repetir su nombre. A menudo pensaba en la vida feliz que podrían haber tenido los tres con esta abuela de verdad.

Así, los niños comenzaron una vida errante que duraría tres años.

Vagaron de hotel en hotel por la región de París. El primer hotel, recordó Tristán, fue el Hotel Terminus, en la Gare Saint Lazare. Allí su padre tuvo que dejar como garantía un baúl ropero lleno de trajes y ropa. Luego más hoteles, y más hoteles.

Su crianza y educación estaban completamente descuidadas: a los doce años, Tristán cometió treinta faltas de ortografía en una sola página. Comían o no comían, dormían o no dormían. A veces se pasaban las noches caminando. Andar... ¡Cómo andaban! Hay pocos niños en el mundo que anduvieran tanto como ellos.

Pasaron tres años.

Una mañana, se encontraban en Issy les Moulineaux con unas buenas personas a cuyo cuidado les había confiado su padre.

Nunca lo volvieron a ver...

CAPÍTULO III

"La herejía de las herejías era el sentido común"
(Orwell "1984")

Hacia las nueve de la noche, Tristán, preocupado porque su padre no regresaba, fue a esperarle a la estación de metro. Llevaba allí media hora cuando un hombre salió y se le acercó. La cara del hombre no le era desconocida. Lo había visto en el pasado en actos jurídicos durante el proceso de divorcio de sus padres. Volvió a verle entre una nube de jueces, abogados y policías. Era el inspector Lordiller.

- ¿Dónde están tus hermanas? dijo éste bruscamente.

Fueron juntos a casa de las amables personas que habían tenido la gentileza de cuidarles ese día. Después fueron a un café donde el inspector les ofreció chocolate caliente y cruasanes. Luego llamó a un taxi y todos subieron.

Veinte minutos después estaban frente a la mansión *de la abuela*.

La mera visión de la casa y la idea de "los enormes sacrificios que *la abuela* iba a hacer por ellos" eran desgarradoras.

Habían sido infelices aquellos tres años. Les había faltado de todo materialmente. Habían conocido el hambre del viajero en el desierto. Pero nunca les había faltado afecto. No habían sido tan infelices si se sale de esta estrecha realidad que sólo tiene en cuenta las contingencias materiales. Todo el mundo parece estar cada vez más obsesionado por esta realidad, como si fuera toda la realidad. Hay pocas personas que tengan noción *del* conjunto de la realidad y que no se den cuenta de que su pobre realidad, fragmentada, truncada, fraudulenta, no es más que el feto de la verdadera realidad. Habrían cambiado el entorno lujoso que les esperaba por una miseria relativa, donde sus cuerpos habrían tenido un alimento mínimo. No les quedaba nada amargo en el corazón de aquellos tres años de sufrimiento material. ¿No habían tenido siempre suficiente para comer? Tal vez sí. Pero eso no bastaba para que siguieran resentidos con su padre. Preferían el trozo de pan que discretamente les entregaba su padre, a la codiciada tarta de chocolate de su *querida abuela*, porque la envolvía en esa abominable ostentación que daban ganas de decir: "No, gracias, no la quiero".

No se quedaron en casa *de la abuela*.

En su coche americano, el tío Jacques los llevó a casa de una amiga de su madre, en las afueras. Tristan recordaba cierta revuelta durante el viaje en coche. Era curioso tener tanta hambre como para revolcarse por el suelo gimiendo, cuando la familia de su madre tenía coches americanos (el tío Etienne también tenía uno), una mansión en el distrito XVI de París y sirvientes de guante blanco. Unas semanas antes, había oído a Maître Badier, el abogado del clan de su madre, decirle a su padre: "Pobres, están en la miseria".

Por supuesto, su situación material entre las dos guerras no era la de principios de siglo, pero los tíos eran médicos de hospital y *la abuela* recibía huéspedes de pago, sobre todo judíos alemanes que desde 1936 utilizaban la residencia de *la abuela* como trampolín hacia Estados Unidos. Pero, ¿era la pobreza?

— ¿Por qué -dijo Tristán- hemos pasado tanta hambre y dormido tan poco durante los tres últimos años, si no estáis en la indigencia, como nos dijo maese Badier?

— No es asunto tuyo -respondió el tío secamente y como un eunuco.

Tras pasar unos días con unos amigos en las afueras, fueron a alojarse con unos amigos en Eure et Loir. Un pequeño castillo rodeado de un gran parque en el fondo de una cuenca. Bautizaron al escudero como "tío" y a la escudera como "tía Hélène". Era una abuelita grande, simpática y de voz suave. Pero... volvieron al internado.

Durante las vacaciones, volvían allí o a casa de otros amigos de su madre.

Tristán recordaba haber vivido con un conocido pintor que estaba locamente enamorado de su madre. Le dolía desear que su madre le hubiera amado a él.

Tristán volvió a ver el estanque donde aquel caballero pescaba lucios en el linde del bosque de Senonches.

Fue entonces cuando Tristán fue confiado a un cura rural.

Allí permaneció hasta el estallido de la Segunda Guerra Mundial. Su educación siempre había sido descuidada, y desconocía la ortografía y la educación básica. Durante su penosa infancia, nunca recibió la más mínima educación primaria.

En el campo de los alrededores, la vida era más tranquila en este presbiterio. El cura tenía una sobrina que era una vaca oscura. Parecía una caricatura. Tenía la barbilla curvada, la nariz como una trompeta, el pelo con raya a un lado, liso y pegajoso, el cabello le caía sin brillo, enmarcando unas gafas grandes, como lupas, delante de unos ojos glaucos y saltones. Era una mirada extraña, mezcla de estupidez y malicia. También estaba la vieja señorita Daminé, la organista, triste y perseguida por la sobrina, bebía y rezaba.

En cuanto al cura, era un hombre simpático y equilibrado, profundamente religioso sin ser místico. Al principio mostró un afecto exagerado por Tristán, pero acabó por tomarle antipatía. Intentaba no demostrarlo, pero el niño lo notaba. Tristán era un niño perezoso y despreocupado, apenas capaz de esforzarse, tímido hasta el punto de pasar del blanco lechoso al rojo escarlata si se le miraba fijamente.

Todo esto, y muchas otras características, se correspondían bien con la natividad de Tristán, nacido bajo el signo de Libra. Había una especie de rito al que se le sometía cuando había una multitud. El decía: "Mirad qué hermoso rubor" y miraba fijamente a Tristán para comprobar el efecto.

Uno de sus compañeros de clase era un chico de Levallois que le acosaba constantemente. Era el prototipo del suburbial: aspecto físico, voz, vulgaridad. Su fuerza grande y estúpida aplastaba la delicada debilidad de Tristán.

Por aquí, el párroco organizaba proyecciones de películas. Transportaba el equipo necesario en coche y los internos nos turnábamos para ayudarle. Tristan vio con él algunas películas estupendas y fue entonces cuando le entró el gusto por el teatro.

Poco antes de la guerra, en 1939, la madre de Tristan, finalmente divorciada, se casó con el vizconde de Gastine. Vivían en una casa solariega en la región de Eure-et-Loir. Era una gran finca familiar, con un centenar de hectáreas de trigo, vacas, caballos, cerdos y aves de corral. El suegro era ingeniero agrónomo y disfrutaba especialmente de la vida de caballero agricultor, para la que sin duda tenía verdadera vocación. Esta nueva figura en la vida de Tristán tenía unos treinta y cinco años. Era alto y delgado, más que esbelto, con cara alargada y nariz de borbón, pero su frente baja indicaba una inteligencia limitada que a Tristán le dio por observar. Era un aristócrata terrateniente de buena familia. Con una voz profunda y bien timbrada, era sarcástico e incisivo, bastante destructivo, un sofista diabólico y un poco tacaño. Tristán admiraba su elegancia natural.

Cuidaba sus vacas por el placer de su vocación, por el placer de contemplar una hermosa vaca, cultivaba una col para admirar una hermosa col, cultivaba un campo para ver florecer las espigas ricas y gloriosas. Si era tacaño por naturaleza, en realidad no le interesaba el dinero, y no habría dado un ápice de su alma para ganarlo.

En este aspecto, se diferenciaba de sus contemporáneos.

En los años anteriores a la guerra, los productos agrícolas se vendían a bajo precio o no se vendían en absoluto. El suegro, obligado a vender, aprovechó el apoyo de su cuñado, diputado, para obtener un puesto importante en el África Occidental francesa. La pareja se fue allí.

Tuvieron un hijo, Luc, que fue enviado a Nantes a vivir con su tía paterna y su abuelo.

Tristán dejó al párroco, y él y sus hermanas fueron confiados al cuidado de la tía Denise y su marido el tío Paul, médico y diputado.

El tío Paul se había instalado en Loiret, donde llegó a ser alcalde, consejero general y luego diputado: era un hombre excelente, un tío mimado. Era un hombre excelente, un tío mimado. Era ridículamente servil con su mujer. Se comportaba como un auténtico niño pequeño. La tía Denise le mostraba el respeto y la consideración que se merecía. Esta autoridad de la tía sobre el tío y esta deferencia fueron una observación psicológica interesante para Tristán. La tía era justa, autoritaria, inteligente en el sentido habitual de la palabra, pero limitada en su receptividad. Le faltaba ese algo esencial que faltaba en toda la especulación judía de la época: la dimensión de síntesis, de amor, de lo auténticamente humano. Esta dimensión está totalmente ausente tanto en el capitalismo como en el marxismo.

Los tíos no tenían hijos y les hubiera gustado tener uno. Los tres niños fueron enviados a un internado en Pithiviers.

Allí, en su soledad, Tristán era tan mal estudiante como siempre.

Un día estaba arengando a sus compañeros en un aula sin profesor cuando entró inesperadamente el director.

Llamó a Tristán a su despacho.

- No vas a aprobar el bachillerato con tu buena presencia y tu elocuencia", le dijo con buen humor.

En el círculo familiar, Tristán no dijo ni una palabra, pero en cuanto estuvo fuera y las circunstancias lo permitieron, como un líquido demasiado comprimido, salió a borbotones.

Aún no había terminado el curso escolar y estalló la guerra de 1939.

Monsieur y Madame de Gastine regresaron de A.O.F.

Laure y Charlotte se fueron con su madre y su padrastro. Para alegría de Tristan, se quedó con sus tíos.

Luego vino el éxodo en 1940.

Tres vagones iban repletos de equipaje. Uno se lo dieron a él a pesar de que aún no había cumplido los quince años. El segundo pertenecía al médico sustituto. El tercero pertenecía a Josette, periodista y novelista, amiga de la tía Denise y de su madre, y compañera de un conocido novelista. Tristan remolcaba un remolque lleno de sus propias películas y documentos de la Guerra Civil española. Este novelista sería ministro de Charles de Gaulle en 1945. Llegaron dos días después al château de un amigo parlamentario, donde Tristan permaneció dos meses. Establecida la ocupación alemana, los tíos de Tristan vinieron a recogerlo.

Tristán tenía quince años. Una infancia caótica y la enfermedad le habían dejado pocas oportunidades de aprender. No sabía nada. Había que decir que el contenido de sus estudios oficiales no atraía su curiosidad intelectual. ¿Conducían a una mayor conciencia y felicidad? La escuela no tocaba nada esencial, y producía y propagaba suicidios en todos los aspectos de la vida. Cuántas veces había pensado en las palabras de Simone Weil, ese gran espíritu, a su amenazador inspector general: "Veo el despido como la coronación de mi carrera"...

A los ocho años le preguntaron qué quería hacer. Respondió "poeta". Pero la estridente carcajada de su entrevistador le produjo un doloroso sobresalto y le hizo comprender que "poeta" ya no era un estatus social.

¿Qué significaba para él esta palabra? Hablar de lo que vemos que otros no ven, expresar lo que sentimos y pensamos para iluminar a los que sienten menos y piensan poco. Para rebelarnos contra el mal e intentar curarlo en profundidad. Para injertar palabras que vienen solas en la evidencia de la vida que otros llaman intuiciones y de las que desconfían porque ya no viven.

Siempre estuvo obsesionado con el piano.

Tocar a Chopin habría colmado su vocación de poeta.

Por desgracia, sólo había una alternativa: el bachillerato o el aprendizaje. Así que tomó el único camino que se le ofrecía: rellenar las lagunas de su educación primaria y prepararse para el bachillerato. En dos años hizo milagros.

Pudo lograr este milagro gracias a sus profesores particulares.

Si hubiera vuelto al internado, se habría perdido y nunca habría conseguido nada. Fue a ver a dos profesores de literatura y ciencias a Orleans. Dos veces por semana cogía el autobús a Orleans. También estudiaba en casa con un profesor, y el inglés se lo enseñaba su tía, que lo hablaba desde su infancia en Egipto.

Al cabo de dos años, fue admitido en primero de bachillerato en el Lycée d'Orléans. Después de semejante infancia, fue todo un éxito.

Aquellos dos años en Beaune, donde vivía con sus tíos, le habían devuelto un poco de paz y equilibrio. El campo, la amabilidad del tío Paul, la calma y la paciencia de su tía con el niño imposible e incomprendido que era... La tía Denise era justa y razonable, pero nada sentimental. No reparaba en gastos cuando se trataba de la educación de su sobrino, pero por lo demás era terriblemente avariciosa. Tristán, que tenía tendencia a preferir lo superfluo a lo necesario, se sintió muy ofendido cuando un día un campesino le dijo:

"Tu tío podría comprarte un par de bragas"...

Este descuido de la ropa y la falta de dinero de bolsillo, aunque hay que reconocer que era algo excelente para la educación, le dejaron una triste huella, ya que otros chicos de su edad eran mimados y consentidos. Ingresó en el primer curso de secundaria en Orleans.

Se alojó en casa de un profesor asistente del liceo. Su amigo por correspondencia era el famoso Doctor

C. antiguo sustituto del tío Paul. Había sido empujado a la política por el tío Paul, con el acuerdo de la tía Denise, y se había convertido en teniente de alcalde de Orleans. Su mujer, enamorada y celosa, disparó a su marido con un revólver el día que fue nombrado ministro. Tristán vivió todo esto, por así decirlo, escuchando lo que tenían que decir tanto el marido como la mujer, y llegó a comprender la mentalidad de cada uno. Yvonne, la mujer del doctor C., era cariñosa, apasionada, insoportable y celosa. Sabía ser un hombre de mundo encantador, pero podía llegar a ser muy brutal en privado. Tristán había visto cómo el Doctor destrozaba a patadas una radio que pertenecía a su mujer. Cuando charlaba, le decía ingenuamente a Tristán que le encantaba la guerra y que se sentía eufórico enterrado en un sótano bajo una casa bombardeada...

Sus amigos del colegio le parecían especialmente insignificantes, mezquinos y estúpidos. Su estupidez y cobardía eran lo que más le impresionaba. Esta estupidez, esta cobardía, Tristán las encontraría el resto de su vida.

Tenían un profesor de historia que era brillante, pero físicamente desafortunado por naturaleza. A veces tenía un ligero y tímido tartamudeo, que no le impedía ser inteligible. Sus compañeros abucheaban al profesor. Tristán permanecía callado y atento en primera fila, sin abrir nunca la boca durante la lección de historia.

En cuanto al profesor de matemáticas, tenía una figura comúnmente llamada "armario de helados". La clase era un reflejo de la humanidad en su conjunto, ¿no? Fue en ese momento cuando Tristán sintió un furioso impulso de abuchear. Se dirigía a su vecino en voz casi alta, pero éste temía contestarle. En un día de invierno de 1942, en plena Ocupación, el aula estaba especialmente fría. La calefacción era más que suficiente. Así que Tristán aprovechó la clase de matemáticas para ponerse los guantes. ¡Ah! el grandullón, fuerte y duro, estaba furioso, ¡piénsalo! ¡tomaba sus clases con guantes! probó todas las burlas, ironías, sarcasmos, ridiculizaciones: impasible, ¡Tristán seguía con los guantes puestos!

A Tristan le parecía normal abuchear al profesor de matemáticas, pero desde luego no comportarse de esa forma tan horrible y cobarde con un profesor bueno y con talento, pero ligeramente desfavorecido. No era posible ningún contacto con aquellos individuos a los que despreciaba y a veces detestaba. Le hubiera gustado rodearse de personas que no fueran pequeñas, que fueran amplias de corazón, que fueran diferentes de este modelo estándar, tan desesperadamente ridículo y curiosamente "normal".

Estos individuos demostraron ser mucho mejores estudiantes que él. Era notable que aquellos a los que él habría dado una calificación humana de cero, se llevaran todos los laureles. Y, sin embargo, él sentía que estaban cerrados a realidades esenciales.

Tristán asistía, indiferente a esas horas de clase que transformaba en privilegiadas sesiones de observación. Ya tenía intuiciones singulares que tomarían forma mucho más tarde y que nadie podía compartir.

El piano rondaba sus sueños, Chopin, sobre todo Chopin. A veces lloraba por no poder estudiarlo, pero sabía que era imposible y que no debía hacerse ilusiones. El francés le ponía tenso, las explicaciones de texto y los ensayos le irritaban sobremanera. La academia es el fracaso de lo esencial, el triunfo de lo minúsculo, la ceguera ante lo cegador. No hay nada sorprendente en el hecho de que la mayoría de los agrégés se conviertan en apologistas y discípulos de una ideología que ha masacrado a doscientos millones de seres humanos. A este nivel de reduccionismo, todo tipo de locuras son posibles, siempre que sean oficiales y estén de moda.[9]

Cuántas cosas incidentales, fútiles y sin sentido pueden decirse en una explicación de texto. Los obedientes compañeros obtenían excelentes notas como recompensa por estos ejercicios de distorsión mental. Además, no había nada en común entre la "escuela" y las preocupaciones banales de sus vidas, que habían quedado reducidas a lo vegetativo y lo vulgar. Cumplían sus obligaciones escolares como si se tratara de una penitencia o de una obligación fisiológica como la defecación.

Tristán estaba bloqueado, aturdido por tanta mezquindad, por la ausencia de realidad, por esta profusión de payasadas. Estábamos en plena guerra mundial. ¿A quién de estos maestros se le habría ocurrido tomar conciencia de sus *verdaderas* causas? Nadie carece más de auténtica cultura, de

---

[9] Esto es cierto en el nivel más básico. En el año 2000, las mujeres se pasearán con pantalones que les abrazan las nalgas, calzando zapatos elefantinos. Incluso a este nivel, la inteligencia y el sentido estético han desaparecido en favor del aberrante concepto de moda.

conciencia sintética o de potencial creativo que un agrégé. Llega incluso a tomar la agrégation como un valor.

Al final del trimestre, llegó el momento de la composición de recitación.

Los compañeros de Tristán escupían sus textos al ritmo automático e indiferente de una máquina tragaperras.

Cuando llegó su turno, Tristán empezó a leer su texto de Vigny. Toda la clase se echó a reír.

Se detuvo un momento, manteniendo impasible su máscara porque había previsto el reflejo condicionado de estos robots. Una mirada circular del profesor restableció el silencio.

Tristán había reanudado su texto... Las miradas, casi aturdidas, se clavaron en él como si acabara de ocurrir algo anormal. Luego volvió a su asiento. Sus asombrados compañeros se enteraron de que Tristán era el primero de la clase en esta asignatura.

Aunque quedó primero en recitación, sus resultados en las demás asignaturas fueron decepcionantes, salvo en matemáticas, donde también quedó primero justo antes del examen de bachillerato.

Lo curioso es que siempre se le ha dado fatal la aritmética y mediocre el álgebra. Pero la geometría se le daba genial. El aspecto visual de la geometría y su apelación a la imaginación le sentaban perfecta y espontáneamente. Tenía una concepción luminosa de las figuras y los volúmenes, y distinguía los lugares geométricos desplazando mentalmente los volúmenes por el espacio antes de determinarlos mediante el razonamiento. Disfrutaba más jugando con su imaginación y los mecanismos de su intuición que con la geometría, que le interesaba poco.

Detestaba la gimnasia practicada por esas hordas de gente.

Como muchos adolescentes, Tristán escribía versos. De todo el batiburrillo que urdía, recordaba :

Oh, qué bien debe sentirse en el triste silencio De una bóveda subterránea, Oh inmensa soledad.

No más horror, no más maldad, no más asesinatos, no más matanzas horribles.

Nada más que las lentas horas que pasan sobre nuestras tumbas, oscureciendo poco a poco su mármol virginal...

La pareja que se alojaba con Tristán recibía paquetes de comida de la tía Denise, por los que exigía precios del mercado negro y tinta china. Acabaron descargando su legítima ira contra Tristán y se volvieron bastante venenosos. La buena mujer se mostraba autoritaria, pero también había que comprenderla. En esta época de privaciones bajo la ocupación alemana, exigir sumas exageradas por paquetes elementales habría trastornado el sistema nervioso de cualquiera. En cuanto a la tía, ignoraba perfectamente este fenómeno.

Tristán permaneció en esta galera durante todo el primer trimestre. Se habría quedado allí, porque iba a encontrarse en una prisión mucho peor.

Navidad de 1941.

CAPÍTULO IV

"Fue durante el horror de una noche profunda..."

Sus tíos Jacques y Etienne se habían marchado a España y luego a Inglaterra, al igual que miles de judíos. Su madre y su suegro se habían instalado en Nantes. Él había sido nombrado director de la misión de restauración campesina creada por el mariscal Pétain. Charlotte, Laure y su hermanastro Luc estaban con ellos. El tío Paul y su tía se habían quedado en Beaune.

En París, estaba *la abuela, cariño*.

La mansión del distrito XVI había sido despojada de todos sus muebles y objetos de valor. Incluso las barandillas de hierro forjado que separaban el vestíbulo de un salón habían desaparecido. Sólo quedaban las bisagras vacías. La gran casa parecía una cueva. ¿Pero no estaba habitada por fósiles?

Para evitar que su hotel fuera ocupado por los alemanes, *la abuela* quería vivir allí. No podía vivir allí sola porque el tío Paul y la tía Denise tenían que quedarse en Beaune. Tristán me vino a la mente.

Dejó el Lycée d'Orléans por el Lycée Buffon. En la enorme cabaña, desnuda y sin calefacción, ahora estaban *la abuela* y él, él y *la abuela*.

Era un camello abominable.

Tristán tenía diecisiete años y a esa edad es difícil abofetear a un joven. Pero él tenía todo un arsenal ideado por su exquisita naturaleza.

Su carácter era un embrollo de despotismo perverso, ansiedad, tragedia, pesimismo y terquedad mezquina.

Se dejaba llevar a la menor insinuación de la enormidad del disparate que estaba diciendo. Su ideación era lenta y tortuosa, y era singularmente sádica, mezquina en el sentido estrictamente egoísta, pues no parece que nadie la hubiera visto nunca mezquina consigo misma.

Por otro lado, hacía gala de su generosidad de forma perpetua y un tanto repugnante.

"Mira lo que hizo la abuela por ti, te cocinó un buen plato de fideos, te dio una cama para dormir, te cuidó, te atendió". Después de arrastrarse unos minutos para friccionar la comida, se dejó caer de nuevo en la cama, insistiendo mucho en "lo que hizo por Tristán", "todas las fatigas que le hizo pasar", "pero no importó", añadió moribunda, "lo hago de buena gana". De hecho, Tristán apenas recordaba que ella hubiera hecho algo por él que no fuera sádico. Cuando hacía algo, siempre se beneficiaba ella misma de los resultados de sus denodados esfuerzos, "por lo desagradecido que era".

Cuántas cosas había observado en su infancia, observado y sentido. Cuántas veces se había hecho el tonto para que nadie notara la penetración de su sensibilidad. No sabía mentir, nunca lo había hecho. Se sentía tan incompleto, tan impotente, que le asustaba. En cuanto soltó los labios para expresarse, se le aceleró el corazón. Tartamudeó y perdió el control. Se sentía como si estuviera enterrado en un muro de hormigón de incomprensión. Incluso a los veintisiete años, cuando fue a visitar a *su querida abuela*, estaba febril y su dicción era arrastrada.

La abuela querida era ridícula y violentamente sectaria, fanática, plenamente consciente de sí misma y, por tanto, imposible de iluminar. Cualquier diálogo era un callejón sin salida, un callejón sin salida, la cuadratura del círculo. Este patrón es característico de todos los enfermos mentales que carecen de corazón. Cualquier persona con mente y corazón está abierta al diálogo, a admitir su error o a explicar el error de la otra persona. Nada de esto es posible con la mentalidad demente de nuestros líderes políticos y financieros. El loco sólo conoce su obsesión, su fijación; matará antes que ceder.

A veces Tristán había intentado esbozar cosas, pero no había cuestión de lógica: todo lo que no sirviera a su irrisoria subjetividad patológica era ignorado, incluso ante la más obvia de las obviedades.

Pero Tristán no podía mantener la boca cerrada. Pronto tuvo suficiente de esta prisión. Se acercaban las vacaciones de Pascua y las iba a pasar con su tía en Beaune. Era una gran alegría para él. Así que urdió un plan maquiavélico.

Decidió escribir una carta *falsa* a su madre, en la que, en unas páginas bien detalladas, hacía balance de lo que era su vida en París, entre la problemática preparación de su bachillerato y el carácter seráfico de su *querida abuela*.

Antes de partir para casa de su tía, dejó la carta-bomba en un cajón de su escritorio. La había dejado allí por casualidad, bien escondida, para que pareciera que había sido ocultada con el mayor cuidado. Tristán le habría contado todo esto en persona, pero ella nunca le habría dejado hablar. Con un gran gesto, lo habría desterrado de su vista, el despreciable ingrato que era. La carta lo decía todo, y él sabía que la curiosidad morbosa *de la abuela*, su mente inquisitiva, la llevaría hasta el fondo del cajón y que leería toda la carta. Era parte de su carácter escarbar hasta el fondo del cajón de la escuela. No habría dudado en justificar esta curiosidad morbosa por razones de vigilancia moral. Todo encajaba perfectamente con su naturaleza amable.

Ocurrió lo que Tristan había previsto, pero *la abuela chérie* nunca hizo la menor mención de la carta. De regreso de Beaune, Tristan se dio cuenta de que la cara de la *abuela* se había alargado un palmo. Discretamente, fue a abrir su cajón: la carta había desaparecido.

La abuela querida no había devuelto la carta. Tristán no lo habría esperado.

Lo había guardado, pero ¿qué iba a hacer con él?

La abuela querida sabía lo que Tristán estaba pensando. No cambió nada. Hay una especie de determinismo absoluto en los seres humanos que siempre ha asombrado a Tristán.

El piso *de la abuela* daba al vestíbulo principal, mientras que el de Tristán daba a éste. Era el antiguo piso del abuelo de Tristán, que había tenido a bien terminar sus días lejos de su digna esposa, en un apacible retiro.

Tristán era una especie de lacayo *de la abuela, que le tenía mucho cariño.*

Ella cocinaba para los dos -tenía buen apetito- y Tristán se ocupaba de todo lo demás. Fue a las tiendas a por lo esencial. Las tiendas estaban muy lejos de la mansión, que estaba en medio de una zona residencial. Al amanecer, encendía la estufa de la habitación contigua a la suya, porque allí pasaba los días *su querida abuela*, acogedora y calentita. A menudo tenía que volver a encenderla al llegar de la escuela y esperar a que hiciera suficiente calor para terminar sus importantes deberes escolares, cuando faltaban pocos meses para los exámenes.

A pesar del caos de su infancia, llegó a ser el primero de su clase.

La abuela tenía tanto que hacer en esta gran casa que perdió toda posibilidad de ser admitida en el bachillerato ese año.

Los deberes de ayuda de cámara de una anciana despótica no son compatibles con las obligaciones de un escolar concienzudo. Sabía el fracaso que le esperaba, pero ¿qué podía hacer?

La habitación donde dormía estaba helada en invierno. *La abuela querida* no se había molestado en dejar que Tristán instalara su cama en la habitación con la estufa. Había tres puertas y una gran ventana, pero "los humos podrían haberle asfixiado", lo cual era tanto más ridículo cuanto que la estufa estaba apagada cuando ella se marchaba y cuando Tristan se metía en la cama. Pero la habitación podía estar bastante caliente, ya que la estufa había estado encendida todo el día. Sin embargo, se dignó a dejar la puerta abierta cuando volvió a la casa después de apagar la estufa.

En el dormitorio de Tristán solían hacer menos cinco grados centígrados. Cuando *la abuela* no estaba en el cuarto de la estufa, estaba en su dormitorio, en su sillón, calentándose con su cataplasma eléctrica, asmática y moribunda desde hacía cuarenta años.

Un día, una joven llamó al timbre del hotel. El tío Etienne la había elegido como candidata al matrimonio. *La abuela querida* tenía que dar su opinión, que sería decisiva.

Desde el cuarto de baño, donde se lavaba las manos, pudo oír los quejidos *de su querida abuela* a la joven: "Mis nietos que no me quieren y están esperando a que me muera para heredar"...

La afirmación era tanto más engañosa e insensata cuanto que no había nada que sugiriera tal perspectiva, pero ella tenía que hacerse pasar por mártir y santa.

Cuando la joven se hubo marchado, *la abuela*, con su habitual ingenuidad e irreflexión, le dijo a Tristán: "Verás, el tío Etienne me envió a esta joven y me dijo: 'Mamá, si no te gusta, no me casaré con ella'.

Le obsesionaba calumniar tanto las cosas triviales como las importantes. A menudo lloraba ante sus despreciables visiones brotadas de un tarro de mermelada o ante acusaciones más graves cuya diabólica concepción jamás se le habría pasado por la cabeza a Tristán.

Años más tarde, redescubriría esta psicología en Freud, que había sexualizado innoblemente los sentimientos tiernos, la devoción pura y el amor filial, tan ajenos a la sexualidad como la Acrópolis al cocodrilo.

Luego llegó el bachillerato: había que aplazar por dos puntos. Y fue entonces cuando empezaron a pasar cosas de verdad. Tristán había ido a comisaría a recibir la estrella de David que *su querida abuela* había heredado.

¿La estrella de David a la raza judía? Esto es tanto más sorprendente cuanto que las razas no existen: sólo existen los grupos étnicos, que son el resultado de la adaptación hormonal a un entorno fijo durante al menos ocho o diez siglos. Pero los judíos no son una raza porque no existen, no son un grupo étnico porque nunca han vivido todos en un lugar geográfico fijo durante ocho o diez siglos.

Por tanto, no era ni en el concepto de raza ni en la realidad étnica donde podía encontrarse la causa del particularismo judío, constante en el tiempo y en el espacio. Tampoco podría hablarse de "conformación por la religión", pues aunque la influencia de la religión no es desdeñable, no es parte en este particularismo. Los judíos son somáticamente muy diferentes de un país a otro, y a veces sólo comparten ciertos rasgos caricaturescos y una mentalidad que no ha cambiado en cinco mil años. Por último, todos los judíos de la alta burguesía financiera se burlaron de las enseñanzas de la Torá y nunca pisaron una sinagoga. Lo único que conservaron de la enseñanza religiosa fue la práctica de la circuncisión al octavo día.[10]

Los judíos empezaban a ser seriamente perseguidos y Hitler, que no aceptaba radicalmente su papel en el capitalismo ni en el marxismo. Había observado la República de Weimar, donde lo dominaban todo, y la revolución bolchevique, que fue un horror absoluto, por lo que decidió aparcarlos en campos. Pensó que incluso los inocentes pronto engendrarían otros financieros, otros Freud, otros Marx.

Por ello pensó que estaba en juego la existencia misma del planeta y de la humanidad. Cincuenta años más tarde, 1984 de Orwell demostró que la República de Weimar estaba a la escala del planeta, con su caos pornográfico y migratorio de drogas, desempleo, suicidios entre los más jóvenes, su carnicería de recién nacidos, sus 150 guerras, su gobierno judeonorteamericano y sus financieros del tipo Warburg, Rothschild, Soros, Hammer y consortes gobernando dictatorialmente el planeta y a los políticos zombis de todos los partidos.

---

[10] Veremos en el capítulo titulado "La Clave" que éste, y sólo éste, es el secreto del particularismo judío. Es una distorsión hormonal-psíquica.

Por eso era indispensable que *la abuela* y la tía Denise se refugiaran en la Zona Franca bajo la protección del mariscal Pétain. Sin embargo, ambas no dejaron de despotricar contra el mariscal que les había dado protección, Pétain, el traidor que iba a apoyar a Hitler, aunque fuera mal, y a "liberar a los franceses de la tutela más vergonzosa, la de las finanzas".

El tío Paul les visitaba regularmente, llevándoles dinero y provisiones. Antes de partir hacia la zona libre, tuvieron que deshacerse del engorroso Tristán.

Madame de Gastine había escrito varias cartas a su hijo en los últimos años. Estaba un poco celosa del afecto de Tristán por su tía y del afecto de su tía por ella. Le escribía "que era su querido hijo", "que quería que se uniera a ella", "que haría cualquier cosa por él".

Intentaba embaucarlo moralmente, sembrar la confusión en su alma confiada, y era tanto más fácil cuanto que la vida de Tristán con *la abuela* era un sólido purgatorio.

Por ello, la tía escribió a su hermana que le devolvían a su casa y que esperaba que Madame de Gastine pudiera hacer de su hijo algo mejor que un jornalero.

Tristán estaba encantado porque uno quiere a su madre y es fácil olvidar las cosas negativas que le pueden pasar. Puede que la conociera, pero la quería. Una madre es una madre. ¿Cómo puedes no quererla? Puedes acabar odiándola con las vísceras, por carencia, pero no con el espíritu.

Así que *la abuela querida* subió al desván, hurgó un poco y acabó con la sombra de una vieja maleta de fuelle, que generosamente regaló a Tristán. No sabía lo que costaba un billete de segunda clase de París a Nantes. Tristán no debía tener ni un céntimo en el bolsillo. Así que lo llevó a la estación a recoger su billete. Le subieron al tren sin un céntimo en el bolsillo: estaba vendido.

Cuando llegó a la estación de Nantes, su suegro le estaba esperando.

La recepción fue más bien fría. Una cosa era atraerle diciéndole lo mucho que le queríamos, lo mucho que le deseábamos aquí y lo mucho que haríamos por él. Otra cosa era verle llegar. En realidad, se trataba de crear en él conflictos psicológicos que perjudicarían a la tía Denise y a *la abuela*.

Madame de Gastine era controlada todos los días por la policía francesa, sometida a las fuerzas de ocupación. Con la complicidad del Jefe del

Estado, su marido, funcionario del Mariscal, fue destinado a la Zona Franca. Esto ocurría con frecuencia, y el número de judíos que evitaron la deportación gracias al Mariscal es difícil de evaluar porque es considerable. Nunca serán mencionados después de la guerra, como tampoco lo serán las decenas de millones exterminados bajo un régimen que era radicalmente judío en sus ideólogos, políticos, financieros, administradores y verdugos de prisiones y campos de concentración, como Kaganovitch, Frenkel, Yagoda, Firine, Ouritski, Sorenson, Abramovici, Apetter, Jejoff y otros cincuenta judíos.

Por otra parte, se hablará sin cesar de los seis millones de judíos gaseados por los alemanes, a pesar de que se ha demostrado que sólo había tres millones trescientos mil de ellos en la Europa ocupada en 1941 y que el ciclón B, ácido cianhídrico, no es apto para gasetizar a una o dos mil personas a la vez. Pero hay que creer en este dogma religioso o arriesgarse a que se promulgue una ley por "delito de pensamiento", que es, por otra parte, la novena prueba de la impostura.[11]

Laure y Tristan partieron con sus mochilas hacia Poitiers, donde un profesor de secundaria prestaba muchos servicios a los que los alemanes perseguían. Se enteraron de que había sido detenido y fusilado por su rara imprudencia.

Tenían la dirección de un párroco rural cuya parroquia estaba en la línea de demarcación. Un autobús los deja a un kilómetro de distancia y se dirigen a la rectoría. En una bifurcación del camino se encontraron cara a cara con un alemán, fusil a la espalda, montado en su bicicleta. Los niños palidecieron. En ningún caso debían perder la compostura. Con una seguridad teatral, Tristán preguntó al soldado dónde estaba Bonne, el nombre del pueblo al que debían ir.

—— Por ahí -respondió el soldado, señalando la dirección correcta. Gracias -dijo Tristán con su sonrisa más natural.

Apenas habían dado unos pasos cuando la voz del alemán sonó detrás de ellos:

—— Sus papeles

---

[11] No hace falta una ley totalitaria para dar a conocer una verdad: se demuestra con argumentos y pruebas; se condena a quienes cuestionan el Holocausto sin darles la oportunidad de demostrar si tienen razón o no.

Creyeron que iban a desmayarse.

El soldado echa un rápido vistazo a sus documentos de identidad y los conduce a un puesto situado a trescientos metros.

Laure se derrumbó pero aguantó. Evitó hablar. Ambas se entendían y no tenían nada que decirse.

Llegó un oficial alemán. Obviamente habían interrumpido su comida. Se dirigió a ellos brutalmente:

— ¿Qué haces aquí?

— Nos vamos de vacaciones con el párroco de Bonnes", responde Tristán.

Era verano y la excusa de los dos niños tenía mucho sentido.

— ¿No quieres ir a la zona libre? preguntó, con una ingenuidad que no escapó al humor de Tristán, a pesar de la angustia del momento.

— En absoluto, nos vamos de vacaciones.

— ¿No sois judíos? insistió el oficial.

— Pero no -respondió Tristán, como si se sintiera insultado-.

El agente debió de sentirse aliviado. Registró sus dos mochilas de arriba abajo. No encontró nada. Escaneó las monedas de la cartera de Tristán y descubrió las tarjetas de visita de su madre y su tío: Vicomtesse de Gastine y Docteur Paul C. Député maire. Devolvió la cartera y guardó las tarjetas.

La puerta se abrió: eran libres.

Unos minutos más tarde, estaban en la carretera, moviéndose con toda la velocidad de sus corvejones. Laure había sentido tanto miedo que en pocos minutos se había puesto amarilla como un membrillo.

Finalmente llegaron a casa del párroco, que les ofreció un tentempié y les susurró al oído:

- No te quedes aquí, me vigilan los alemanes. ¡Si no te vas inmediatamente te arrestarán!

De vuelta a Nantes, tuvieron que revisar su plan de huida. Laure y Charlotte cruzan la línea en un convoy de la Cruz Roja. Llegan sanas y salvas a la Zona Franca.

El Vizconde de Gastine, alto funcionario del Mariscal, envió a Tristán a través de la Mission de Restauration Paysanne a una granja próxima a la línea de demarcación.

Fue aquí donde Madame de Gastine y su marido se unieron a Tristán.

Los gendarmes debían ayudarles a cruzar la línea de demarcación. Habían recibido órdenes secretas del gobierno de Vichy para casos similares. Además, el gran número de judíos protegidos por el mariscal era conocido por todos. Así que tenían que estar en un lugar concreto a una hora concreta, y así fue. Al llegar, vieron unos cascos dudosos que brillaban al sol. Era pleno verano. El suegro, como un prestidigitador, improvisó un picnic sobre la hierba: el procedimiento parecía ingenuo, pero ¿qué podía haber mejor que eso? Afortunadamente eran cascos amigos: sus brazos se agitaron, tuvimos que darnos prisa. Unos minutos más tarde, a través de la maleza, estaban en la Zona Libre.

Comparada con la penumbra de la zona ocupada, esta parte de Francia, que no había sido tocada por los uniformes alemanes, parecía una tierra de abundancia: luces, música, sin toque de queda. Tristan habría paseado toda la noche si le hubieran dado permiso. Sólo por el placer de saborear la libertad de este nuevo ambiente. Todo el mundo reía y se sentía bien.

Todos se reunieron en casa de un amigo cerca de Vichy. Las dos hermanas ya estaban allí. Permanecen allí varios meses.

Madame de Gastine era, por naturaleza, particularmente horripilante, mezquina y regañona. Envenenaba a su hijo, a quien un poco de ternura habría ablandado. Si hubiera podido volver con su tía, no lo habría dudado. Era infeliz, se sentía "demasiado", tenía una sensación tan aguda de esta situación angustiosa que la vida le pesaba.

Quería escribir una tarjeta, firmada de forma ilegible, a sus tíos. No había ningún peligro en ese tipo de mensaje, pero su madre se lo impidió con el falso pretexto de que habría supuesto un grave peligro para ella. ¿A qué se arriesgaba, de todos modos, poniendo las cosas de la peor manera posible, ya que los alemanes no ocupaban esa parte de Francia y el Mariscal se negaba a entregar a los judíos de la Zona Libre?

Pero Tristán no encontraba en otra parte el amor que su madre se negaba a darle.

Al acabar el verano, se instalan en un piso de alquiler en la calle Vaubecour de Lyon. Las dos hermanas vivían con su madre y su padrastro. Eran muy serviciales y se aprovechaban con esmero.

En cuanto a Tristan, a pesar de las promesas milagrosas, fue enviado a un internado en Villefranche sur Saône.

Como se habían escapado durante el verano, y el trabajo preparatorio había sido imposible, no se le había planteado volver a presentarse al examen en octubre. Además, el debilitante año pasado en casa *de la abuela* le impidió seguir adelante, a pesar de haber quedado primero en recitación y matemáticas. Así que repitió el primer año. Otro año en el internado.

Seguía sintiendo la misma repulsión hacia la violencia, la estupidez y la vulgaridad. Parecía cada vez más vulnerable. La aparente paradoja era que no sabía dar un puñetazo, pero era capaz de recursos extremos y dolorosos, quizá hasta el heroísmo. Volvió a ser el primero en matemáticas, pero suspendió en junio. Tenía que trabajar durante el verano si quería tener éxito en octubre.

Monsieur de Gastine estaba obviamente pensando en deshacerse de su yerno.

"Cuando uno se está ahogando", le dijo a Tristán, "hay que dejar que los que te rodean se valgan por sí mismos". Esta coartada inútil -pues tenía un trabajo muy bueno, tan importante en aquella época como el de prefecto- bastó para tranquilizar su conciencia, y para librarse de la incómoda presencia de Tristán, consideró la posibilidad de enviarlo a una colonia de vacaciones. Esto, sin duda, habría comprometido permanentemente sus posibilidades de éxito en el examen. Fue entonces cuando un sacerdote jesuita, amigo de su madre, intervino para que Tristan tuviera todas las posibilidades. Madame de Gastine ya se había trasladado con sus dos hijas a una propiedad alquilada cerca de Nîmes. Era consciente de que su marido estaba haciendo todo lo posible por deshacerse de Tristán.

Pero cuando llegó Tristán, ella volvió a gritar: "Cariño mío, tenía tanto miedo de que no vinieras, sobre todo porque era mi cumpleaños". Él no dijo una palabra, pero aquella hipocresía aún le duele hoy cuando recuerda aquel momento.

Puso una cara estúpida con una sonrisa anodina, como una máscara protectora, una pantalla impecable para su dolor y sus pensamientos. Cuántas veces se había puesto esta máscara que le daba paz. En el escenario de un teatro, su réplica habría sido soberbia, magnífica, con cara alegre o triste, risas o lágrimas... Pero en la vida real, en el escenario de la realidad, con el corazón magullado, ¿cómo iba a interpretarlo bien?

Así que empolló. David Copperfield estaba en el programa de inglés. Dickens era un niño brillante, asombrado por un mundo de miseria y sin embargo optimista.

Comía uvas.

Un mes antes del examen, le enviaron a un pequeño internado religioso donde se preparaba el examen de bachot para la convocatoria de octubre. Estaba en Lyon, cerca de la calle Vaubecour. Por las noches se escapaba. Una vez, hacia medianoche, de camino a casa, se equivocó de puerta y pisó una empinada escalera que conducía a un sótano. Aún no sabe cómo no se rompió los huesos. No recuerda a qué tuvo que agarrarse para evitar una caída fatal. Tuvo que

que él y sus camaradas se escabullan de nuevo a la habitación en total oscuridad para no despertar al Padre Director, que roncaba cómodamente, y que se metan en sus camas.

Tristán no tenía ni un céntimo de calderilla. Pero tenía dieciocho años. Así que tenía derecho a una tarjeta de tabaco, que era una forma sencilla de conseguir dinero. Sólo tenía que vender su ración. Su madre y su padrastro habían intentado robarle la tarjeta. Tristán se hacía el tonto tan bien que su madre consideró oportuno utilizar una técnica acorde con la imbecilidad de su hijo. Él le daba su tarjeta y de vez en cuando ella le regalaba un paquete de cigarrillos. Rockefeller debió de hacer fortuna con este tipo de técnica. Tristán fingió sopesar los términos de tan generosa propuesta y... se negó.

Si su madre le hubiera pedido francamente esta preciosa carta sin jugar al juego de la magnanimidad, cuando Tristán sabía muy bien que en aquella época un paquete de cigarrillos valía la astronómica suma de doscientos francos, se la habría dado incondicionalmente. Pero esta hipocresía, esta comedia de generosidad, esta manera de tomarle por tonto, todo esto estaba tan lejos de la psicología de una verdadera madre que Tristán se sintió asqueado y fuera de sí.

Fue entonces cuando Tristan descubrió la emoción del contacto con las mujeres. Sus amigos seguían a las chicas, hablaban con ellas y les hacían preguntas disparatadas.

Tristán se volvió más audaz y tuvo algunas aventuras, con las que a veces salía al campo.

Lyon. Allí, estirados sobre la hierba, permanecieron perfectamente platónicos.

Tristan aprobó entonces su primer bachillerato con sobresaliente.

Cuando se enteró del resultado, ya estaba en Genevilliers, un nido de grandes fábricas, con un pequeño local en una de ellas donde un primo cercano era jefe de ventas.

1943. Mil cien francos al mes.

CAPÍTULO V

"Si triunfa el cristianismo, dentro de 2000 años el mundo entero será judío" (El emperador Juliano el Apóstata)

Desde que Tristán había sido liquidado *por su querida abuela*, su madre y su padrastro lo habían tolerado durante un año, pero lo enviaron a un internado.

El internado no los había arruinado. El director le había llamado a su despacho, chillando:

"En el Liceo Ampère, no te habrías ido a casa sin pagar un trimestre por adelantado. ¡Qué humillación para Tristán!

Si hubieran podido "deshacerse" de él antes, no lo habrían dudado. Con todos los miembros de su familia, aparte quizá de la tía Denise, que en los años siguientes iba a resultar más extraña que muchos extraños, no pudo encontrar el menor afecto, la menor comprensión. Nadie de su familia había sido capaz de quererle o comprenderle. Así que no intentó quedarse con ellos. Además, qué otra perspectiva podía haber que el infierno del internado con otro director gritando que no había recibido la pensión de alumno.

Desde su escandalosa conversión, Madame de Gastine había revoloteado de sotana en sotana, de obispo en obispo, de padres de diversas órdenes, jesuitas y dominicos. Había entregado a Tristán una carta para el párroco de Gennevilliers. Para asombro de Tristán, en lugar de proporcionarle "una habitación decente en una familia decente", el cura llevó a Tristán a un pequeño hotel de mala muerte. Esto fue una muestra del total abandono e indiferencia en que le dejaron.

El dueño tenía cara y aspecto de gángster. Tenía un brazo doblado en ángulo recto que le quedó de la guerra de 1914. Su tez pálida y amarilla albergaba dos ojos duros hundidos en la cavidad ocular. Con una barbilla muy pronunciada, rayana en el prognatismo, su aire de extraña dureza resaltaba aún más. Parecía duro, espantosamente duro, primario, diminuto, instintivo, sumido en la materia elemental, sin piedad por sus enemigos. Su mente se debatía entre su familia, su pequeño negocio y un odio feroz hacia los alemanes. Su odio nacía de su herida de guerra y aún más del hecho de que un oficial alemán le hubiera escupido una vez en la cara para quitarle de en medio. En un ser primitivo, todo eso era decisivo.

El restaurante del hotel era frecuentado por trabajadores, muchos de ellos de buen corazón. Uno de ellos, el Sr. Alexandre, trabajaba en la misma fábrica que Tristán. Era un hombre sensible, resignado, que no esperaba nada de la vida salvo la liberación final. Había trabajado duro durante cuarenta años; un día moriría... Todo le parecía indiferente. Ya no sufría. Seguía adelante, pero parecía como si ya estuviera, en cierto modo, muerto. Era una especie de bondad que ya estaba muerta y seguía adelante. Tenía todos los signos externos de un trabajador vivo, pero Tristán sentía que estaba muerto. Seguía adelante por la fuerza de las circunstancias, caminaba sin ver, por el impulso de los automatismos, sin gozar, sin sufrir. Sólo sufría el fastidioso dolor de la neutralidad absoluta. Y este ser que no era, era infinitamente doloroso para Tristán. Le hubiera gustado comprender este camino magullado hacia la explicación o la nada.

La habitación de Tristan era una especie de celda con paredes sucias, una cama en mal estado, una jarra de agua y un retrete. Con lo que ganaba Tristán, no era cuestión de pagar nada más que el alquiler de su habitación y una comida diaria en el comedor de la fábrica.

El Director Comercial, primo cercano de su madre, le había llamado a su despacho. Le dijo que le había dejado claro a Gisèle (Madame de Gastine) que Tristan no podía vivir de su sueldo y que sería imprescindible ayudarle. Tristán nunca recibió ni un céntimo ni un paquete.

Seguía siendo un niño de siete años, necesitado de afecto y cuidados, y estaba solo en este terrible entorno. Sufrimiento obstinado.

Calmaba su alma desgarrada con cartas a su madre. Largas cartas de amor, desesperación y odio. Llegó a odiar a su madre por dejarle solo y desamparado bajo las bombas angloamericanas.

Las sirenas sonaban todos los días, sobre todo por la noche. Las bombas llovían sobre este suburbio industrial. Un día, en su abandono, escribió a su madre: "Eres un monstruo católico".

Cada vez que pasaba por delante de una iglesia, se estremecía. ¿No era ése el refugio de los monstruos católicos? ¿Acaso toda esa gente de clase media no iba a misa puntualmente, mientras que a principios de siglo los niños de siete años trabajaban en sus fábricas y minas? Conocía a mucha gente que nunca iba a misa y que tenía buen corazón. ¿Qué ha hecho la Iglesia en los últimos veinte siglos aparte de traicionar las enseñanzas de la moral eterna? ¿Preparar al mundo para el materialismo de Rothschild y Marx?

"Fueron la Iglesia y los príncipes quienes entregaron el pueblo a los judíos", dijo Hitler. Y el emperador Juliano el Apóstata fue aún más lejos: "Si triunfa el cristianismo, dentro de dos mil años el mundo entero será judío".

Ah! el manto de las etiquetas ideológicas! magníficos razonamientos y falsos principios que legitiman los asesinatos en masa. Esta es la era del crimen perfecto, y tiene la coartada perfecta: la filosofía que transforma a los asesinos en jueces. Y qué filosofía! La que conduce de nuevo a la psiquiatría pesada. El drama de la adulación, de la demagogia, del razonamiento fácil y convincente, el drama de una aparente verdad inmediata. La mentira y el engaño en el tiempo y en el espacio.

En la fábrica, Tristán era indiferente a la gente que le rodeaba.

Había, sin embargo, un joven sensible e inteligente -¡había fracasado en la Polytechnique! tenía cierto sentido de los negocios y de la organización. Entendía muchas cosas y era distinguido.

A menudo charlaban juntos y aunque Jean Louis, como le llamaban, sólo tenía veinte años, ya sentía cierto desprecio por las mujeres. "A menos que estén en el calor de su amor, ninguna mujer tiene virtud alguna", solía decir. "Incluso después de años de convivencia con hijos, son capaces de cambiar de hombre con la misma facilidad que de traje.

Cuando las sirenas anunciaban un bombardeo con su lúgubre llamada, bajaban al refugio y charlaban. Los edificios temblaban, las ventanas se hacían añicos.

— Bueno", le dijo un día a Tristán, "los derechos humanos se nos han venido encima. ¿Qué te parece el sufragio universal? Magnífico, ¿verdad?

— Sí -respondió Tristán-, y Rousseau también, me gusta mucho Rousseau. Jean Louis soltó una risita burlona.

— A primera vista, es una idea maravillosa, pero supongamos que todas estas bonitas ideas, que por cierto son falsas, conducen a la hegemonía de las finanzas y a la desaparición de todas las élites providenciales, que han sido sustituidas por especuladores, lunáticos ajenos a la síntesis humana, a la histeria de los mercados que condujo a la guerra del 14-16 y a la que estamos ahora... Si has entendido eso, comprenderás por qué hoy nos tiran bombas sobre la cabeza. ¿Conoces a Karl Marx?

Tristán sólo conocía la banalidad superficial servida en bandeja en clase de filosofía. Le era indiferente, y *"L'Homme cet Inconnu" (El hombre desconocido)*, del doctor Alexis Carrel, había ampliado infinitamente sus horizontes. Este gran libro hablaba del marxismo como una obra de suicidio humano.

— Al menos lean un estudio de *"Das Kapital"* dice Jean Louis, esta obra es el producto más puro del capitalismo liberal. No carece de comicidad. Si tuviera que resumirla humorísticamente diría que enseña que la sociedad hace la cultura, es decir, que el arado hace al hombre. No es de extrañar que hoy el estómago sustituya al pensamiento.

En otra ocasión, Jean Louis aludió a la oposición de agrégation.

— Te apuesto lo que quieras a que si me fuera a los confines de África y encontrara a un primitivo con una inteligencia mediocre y una memoria excelente, no tendría ningún problema en aprobar la agrégation en filosofía o las prácticas en medicina. ¿Cree sinceramente que Platón o Montaigne habrían aprobado la agrégation?

Es cierto que hay muchas cosas malas que decir sobre el Humanismo, "el principio del fin" como dice Carrel. Una época de la humanidad en la que el hombre se miró el ombligo en detrimento de lo Trascendente...

Sea como fuere, si un día conoce a un hombre inteligente en la universidad, recuerde que no será por su agrégation, sino a pesar de ella, y porque se habrá afiliado a la masonería.

El problema del día es ser medio despreciable o no serlo. En 1984 tendrás que ser radicalmente despreciable porque todos los criterios oficiales estarán podridos y todos los valores se invertirán.

Tristán preguntó por Marx. Leyó extractos de *Das Kapital*.[12] Estilo oscuro, contorsionado, "hiperhipofisario", ilegible, inhumano, patológico, con algunos análisis brillantes, de los cuales los esenciales resultaron ser erróneos. Penetró en la esencia de su inversión. A pesar de un antisemitismo lúcido y fácticamente impecable respecto al tráfico y las

---

[12] Veremos el significado de esta palabra en el capítulo sobre la clave.

finanzas judías, la obra le parecía el punto final de una enorme síntesis de destrucción que parecía inconscientemente entretejida en su perfección.[13]

No parecía que los verdugos estuvieran más concertados que sus víctimas, y ninguno era consciente de la síntesis comatosa de Rothschildo-marxo-freudo-einsteinopiccassismo.[14]

El trabajo de Tristan en la fábrica, de 8.30 de la mañana a 6.30 de la tarde, no era muy emocionante. Se encargaba de las gomas de los conmutadores. La fábrica las vendía en Francia, Alemania, en el continente y a la S.N.C.F. en particular. Escribía cartas comerciales, sobre todo a los pagadores recalcitrantes. Confeccionaba reglas de tres, pegaba papeles y rellenaba formularios, todo ello con la ayuda de una encantadora secretaria con un nombre especialmente atractivo: Mademoiselle Mamouret. Habría tenido que aprender electricidad y no sé qué más.

Todo aquello le asfixiaba y tenía que salir.

A pesar de las necesidades inmediatas de una vida en búsqueda, el pensamiento del piano nunca le abandonó. Pero no sabía nada. Con la esperanza de empezar a estudiar algún día, relajó los dedos, pensando que la articulación era esencial. En el proceso, desarrolló hábitos desastrosos que serían imposibles de romper.

Una tarde, paseando por Asnières, le llamó la atención una placa: Madame F. K. solfège, piano.

Tocó el timbre.

El timbre había sonado.

Más que pan y agua, necesitaba un piano para vivir. No poder satisfacer esta necesidad vital era una fuente constante de angustia. En momentos de fatiga y desesperación, podía oír melodías que cantaban en su cabeza. No podía estar más orgulloso de sí mismo si hubiera devuelto la vida a un

---

[13] Esta palabra no tiene sentido, porque los semitas no tienen nada que ver con ella, aparte de los judíos que son semitas, que no son la mayoría: el término adecuado es **antijudaísmo**.

[14] Es decir, capitalismo contaminante, marxismo que mata a decenas de millones, psicología perversa pansexual y abúlica, ciencia desorientada y arte podrido y delirante.

muerto. Siempre era triste y pura, pero a veces la melodía era vibrante, con una belleza inquietante y medieval.

Pasaron como mitos.

El timbre había sonado.

Una anciana de aspecto dulce vino a abrirle la puerta. Apenas la había conocido, su corazón ya rebosaba por ella. Así era como había soñado con su madre: gentil, cariñosa, distinguida, una de esas madres de las que temes aprovecharte porque son tan buenas. Así que se lo dijo sin rodeos, sin preámbulos ni diplomacia. Le dijo que el piano y Chopin eran lo único que le interesaba en el mundo, pero que él no sabía nada, que lo tenía todo por hacer. ¿No podía enseñarle sus notas para empezar? Pero él no tenía dinero... Ella aceptó.

Cuando pensó en ella años más tarde, cuando consiguió trabajar en el vigésimo cuarto preludio de Chopin, su corazón rebosó gratitud y afecto. Hay alientos generosos del alma que valen todo el oro del mundo...

Tomó unas veinte clases con la Sra. F. K., pero éstas se vieron interrumpidas por los bombardeos. Un día, una planta química cercana fue alcanzada por bombarderos estadounidenses. El humo era tan denso que de repente se hizo de noche en Asnières.

La situación de Tristán era acosadora y preñada de demencia.

Se sentía como un mudo en peligro que no podía pedir ayuda. Tenía que liberar esa fuerza interior que le asfixiaba y le roía. Tenía que emprender valientemente el camino de la liberación. No había otro camino que el suicidio puro y simple. No podía resignarse a quedarse estancado. Tenía que luchar con calma o su mente se destruiría inevitablemente. Tenía que concentrar su energía en esta determinación. Tenía que resignarse temporalmente para conseguir una situación social que le permitiera realizarse. Chopin, Schumann, Brahms, Liszt, las sonatas de Beethoven... la música orquestal le aplastaba. A pesar de sus seducciones, Wagner era demasiado ruidoso, demasiado poderoso, Berlioz le era ajeno. Mozart, sí Mozart... El piano era su instrumento completo.

Justo antes de ser exiliado a la fábrica, Tristán había aprobado lo que se conocía como el primer bachillerato. Era imperativo que se preparara para el segundo, con una opción de filosofía. Con un esfuerzo encomiable, había comprado los libros que necesitaba para prepararse.

Ya llevaba unos meses en Gennevilliers. ¿De su familia? Ni siquiera un pañuelo. No les había pedido nada. ¿Por discreción? Por supuesto que no. Pero sabía que habría tenido más suerte pidiendo ayuda a cualquiera en la calle. Su familia era la nada radical y definitiva.

Y, sin embargo, estaba el tío Paul, tío por matrimonio. Era el único con el que Tristan creía poder contar. Era diputado, futuro ministro, rodeado de su hermosa familia judía... Estaba solo en Beaune con su madre y su hermana. Su esposa y *querida abuela* seguía en la Zona Franca, protegida por el Mariscal.

¿Quizá el tío Paul se alegraría de volver a verle?

Tristan partió hacia Beaune un fin de semana. Su tío le recibió cariñosamente, le dio generosas provisiones y mandó hacerle un traje, pues el que llevaba estaba hecho jirones. "Voy a sacarte de esta fábrica", le dijo, "primero tienes que aprobar el segundo bachillerato, luego ya verás".

Bien dicho, pero el chiquillo, futuro ministro, teniente de alcalde y consejero general, tuvo que pedir permiso a la tía Denise y a *la abuela* de la zona franca.

Fue a verlos, como hacía regularmente, para llevarles ayuda y comida.

Se negaron...

Pasaron algunas semanas. Nos acercábamos a lo que se conocería como "Liberación"...

Un telegrama.

El tío Paul acababa de morir...

El tabaco que había abandonado a causa de la angina de pecho, lo había retomado en las estresantes circunstancias de la ocupación. Fue un suicidio. Luego estaba la familia que había mantenido a distancia durante años: les dedicaba su trabajo, su dinero y su energía.

Tenía cincuenta y tres años. El cálculo de su matrimonio estaba acabando mal para él, igual que acabaría mal para el padre de Tristán. Al igual que acabaría mal para los terrícolas colgados de los faldones de Rothschild y Marx...

Pobre querido tío, había sido la única persona de verdad en su familia. Había sido el único que ayudó a Tristán durante la guerra. Su muerte fue el golpe final para su sobrino. Su soledad era ahora completa.

Tristán volvía a estar casi andrajoso. El traje de fibra que le había hecho su tío no había resistido unos meses de uso constante. Tristán ocultaba una hendidura entre las piernas con un imperdible.

Un año antes de la Segunda Guerra Mundial, Madame Christiane de la Vilette, de la nobleza, se casa con el tío Jacques.

Había vivido con su marido en *la* mansión *de la abuela*. La joven tenía mucho encanto, era guapa e inteligente, pero no tenía fortuna y ¡tenía un hijo de un primer matrimonio!

La abuela le hizo la vida imposible.

Apenas la tía Christiane colocaba unas flores en un jarrón, *la abuela*, en su impotencia, seguía sus pasos y tiraba las flores a la papelera. Realizaba mil de estos pequeños trucos cotidianos con la espantosa precisión de su maquinaria sádica. Nunca perdía su ganga de maledicencia y malicia habituales, que formaban el telón de fondo de su teatro, el escenario en el que se movía a sus anchas.

Tras alguna perversa manifestación de su trágica naturaleza, la tía Christiane contó *a su querida abuela* lo que había hecho, y luego fue a refugiarse en su dormitorio.

Su marido, el tío Jacques, la siguió enseguida y se entabló un breve diálogo:

— Hasta ahora me has divertido, pero ahora no me diviertes nada.

— Nunca me has hecho gracia", respondió ella, "pero hoy me estás tomando el pelo". Así terminó su precaria unión.

Antes del divorcio, se reunió el consejo de familia. El tío Jacques, enviado en nombre de la tribu, pidió a su mujer que firmara un papel comprometiéndose a no pedirle ninguna pensión alimenticia.

Ella lo había dicho, así que tenía esta magnífica réplica:

— Creo que mi palabra es suficiente para ti.

En el momento en que Tristán recibió el telegrama que anunciaba la muerte de su tío, la tía Christiane, que había mantenido excelentes relaciones con el tío Paul, trabajaba en París en la agencia Havas. Apreciaba mucho a su tío, y fue con Tristan con quien viajó en tren al funeral.

Tristan había recibido un violento golpe e incluso antes de llegar a Beaune le había dado fiebre, acompañada de un estado de debilidad provocado por las dificultades básicas de su vida material y, en particular, por una alimentación inadecuada. Acababa de librarse del Servicio de Trabajo Obligatorio a causa de una diabetes, lo que sin duda era de conveniencia, ya que no le quedaba ni rastro de ella. Su rostro debió de agradar a la comisión francesa que decidía las salidas. Este favor tal vez le había salvado de perecer bajo un bombardeo en una Alemania reducida a cenizas en nombre de los derechos humanos. A veces morían ciento cincuenta mil personas en una noche, pero eso no era un crimen de lesa humanidad...

A su llegada a Beaune, Tristán tuvo que guardar cama en el mismo hospital que su tío había hecho construir y donde hoy puede admirarse su estatua.

A Tristan le dijeron que un ex ministro muy famoso había pronunciado un discurso demasiado valiente y que el antiguo sustituto de su tío había hablado como teniente de alcalde de Orleans.

Al cabo de dos días le bajó la fiebre. Salió del hospital para saludar a la madre y a la hermana de su tío, que habían pasado con él los últimos meses de su vida.

En su estado casi andrajoso, pensó que podría pedir un par de pantalones de su tío. Esto no sólo le salvaría, sino que se sentiría feliz de poseer algo que perteneciera a su tío. La madre del tío le dijo que preferiría verlo con la ropa de su hijo que con la de un desconocido, pero incluso para ese detalle tendría que escribir a la tía Denise y a *la abuela*.

Tristán nunca obtuvo respuesta y pronto un par de pantalones militares iban a sustituir a los civiles desgarrados entre sus piernas. Cuando fue puesto en libertad, *la abuela* le acusó en su grandilocuente tribunal de "no asistir al entierro de su pobre tío, dedicarse a arrancarle zanahorias y no esperar a que su cadáver se enfriara para reclamar su ropa"...

A todos los niveles, tienen ese don desconcertante de presentar los hechos y las circunstancias en forma de tergiversaciones y desinformaciones. Freud y Marx son ejemplares en este sentido. Ella tenía este don: degradar, ensuciar todo lo que tocaba, interpretar siempre en el sentido de basura, en el sentido de proyección de su propia mentalidad, no ver nunca el lado sonriente, amable, sincero de las cosas. Freud era ejemplar. Había impuesto su propia neurosis al mundo entero.

Corrosivo y venenoso, se dedicaba por excelencia a recoger todo lo que podía ser bello, grande e inocente, y lo caracoleaba hasta convertirlo en una masa de excrementos. Tristán llamó *judeo-cartesianismo* a esta forma de pensamiento moderno.

Tras la "liberación", Tristán conoció a un vecino de Beaune que le contó cómo su tía había subastado hasta las camisas de su marido...

Soledad ahora completa. Volvió a la grisura de la fábrica. Pasaron los meses. Intentó preparar el segundo bachillerato mientras trabajaba en la fábrica, y tomó clases de solfeo con Madame F. K. Se estaba desmoronando. K. Se estaba desmoronando.

Sin ayuda de nadie, el piano retrocedió. Podía ver cómo se le escapaba la esperanza. No podía aguantar más.

Esta fue la llamada "liberación".

Tristán no entendía nada, realmente nada. Ni siquiera se dio cuenta de que mucha gente estaba siendo asesinada. Grandes mentes francesas como Brazillach y Drieux La Rochelle preferían la muerte a la degradación mundial que iba a seguir a la victoria del liberal-bolchevismo. Los soldados voluntarios franceses contra el bolchevismo fueron encarcelados, los oficiales fusilados. Y sin embargo, esta Liga de Voluntarios Franceses contra el Bolchevismo estaba respaldada por un gobierno legal, investido por el Parlamento. Y sin embargo, el Papa había dicho: "Si el Frente Oriental se derrumba, el destino de Occidente está sellado".

Tristán no lo entendería hasta veinticinco años después, cuando vio a los humanos manipulados en humanoides que ya no entendían nada, que seguían apreciando los cumpleaños y a los inhumanos que los degeneraban y exterminaban mediante la demagogia, las guerras, la quimificación del suelo, la alimentación, la terapéutica, el marxismo, el freudismo, las vacunas, las drogas, la pornografía, etcétera.

Comprendió las palabras de Alexis Carrel: "La dictadura es la reacción normal de un pueblo que no quiere morir".

En el año 2000, los muertos vivientes ni siquiera querrían una regeneración dictatorial.

Tristán ya no sentía la vocación de vivir.

No tenía situación ni familia, pero el cielo le atraía. Lo eligió. Anhelaba su infinitud. Concibió la idea de alistarse como piloto para Japón. Treinta años después, nunca habría querido luchar contra Japón, pero aún no lo sabía...

Nunca habría querido luchar contra las únicas fuerzas que querían proteger al mundo de

"1984" de George Orwell, en la que se encontraban a finales de siglo.

CAPÍTULO VI

Una semana después de la "liberación", *la abuela* y la tía Denise volvieron a instalarse en la mansión de la calle Alfred Dehodencq. Acusaron de robo a quienes les habían cuidado sus pertenencias durante la guerra.

Tristán les informó de su peligroso plan.

Les pidió que utilizaran sus poderosos contactos para que le admitieran en la escuela de aviación.

Tristán recordaba a un hombre con un gran puro en la mano, desplomado en un sillón en casa de *la abuela*, que cogió el teléfono para resolver el problema en cuestión de segundos. Ni su tía ni *su abuela* querida intentaron ni por un momento disuadirle, luchar contra esta loca decisión de suicidarse, hablarle de su futuro, No. Le felicitaron por su patriotismo...

Era la primera vez que se concedía una petición de ayuda con la rapidez del rayo. Es cierto que esta ayuda se solicitó no para vivir, sino para morir.

Sin embargo, en el reconocimiento médico no pudo aguantar la respiración ni un minuto, como exigía una de las pruebas. Le enviaron a la base de Étampes para las clases preliminares que iban a durar tres meses.

Tristan no era especialmente bueno manejando armas. En la media vuelta a la derecha, siempre iba diez metros por detrás de los demás. Nunca conseguía subir y bajar el fusil en armonía con sus compañeros.

Tanto es así que su suboficial, apodado "Nénesse", le dijo un día durante el ejercicio: "Prefiero desertar que tripular contigo". Al cabo de tres meses, gracias al apoyo de su familia, ingresó en el Centre de Préparation du Personnel Naviguant de Vichy.

La escuela estaba dirigida por un teniente de la reserva que se había convertido en comandante de las F.F.I. y era un poco demagogo con los alumnos del centro, a los que llamaba sus "polluelos". La ceremonia de los colores tenía lugar exactamente a mediodía. Había que estar presente o te castigaban. Un día, un alumno se encontraba a mil quinientos metros del campo cuando la ceremonia del color debía cinco minutos más tarde. Por mucho que se apresurara, no llegaría a tiempo. Un Chrysler Royale se detuvo a su lado en la acera. Era el oficial al mando, que le dijo al soldado: "Si no vienes conmigo, te meto en el maletero". La "chica" había estado buena.

Tristan siguió el programa de formación de la escuela: navegación, principio de vuelo, meteorología, matemáticas e inglés. Le pagaban doscientos diez francos al mes. Patético, por supuesto. Le privaban de todo, ropa de cama, jabón. El ejército no proporcionaba nada de eso en ese momento. Todo lo que tenía era su uniforme. Varias veces intentó escribir a la tía Denise, pero nada, nada, nada. Algunos compañeros de permiso tomaron la iniciativa, con su consentimiento, de ir a ver a su tía. Le trajeron una camisa y una pastilla de jabón.

La mayoría de sus compañeros de brigada eran buena gente. Todos tenían familia, padres, abuelos, tíos y tías que los mimaban.

Tristán estaba en la chatarra.

Aceptó algunas invitaciones, pero como no podía devolverlas, acabó rechazándolas. Vagaba solo por las tardes y se acostaba cuando se cansaba. Estando solo a los diecinueve años, se vuelve terriblemente consciente de su abandono moral y de su indigencia.

Siempre había necesitado más amor, ternura y cuidados que los demás. De niño estaba destrozado. Fue arrojado de un lado a otro en internados, sacudido, enfermo, sin hogar, sin amor. De joven, no podía comportarse como los demás porque estaba solo y nadie le ofrecía una palabra de afecto o un poco de cariño. Se inventó un personaje para fingir que estaba vivo. Se había acostumbrado al humor fácil y a los juegos de palabras inciertos, que mantuvo toda su vida y que enmascaraban su infinita tristeza.

Una noche paseaba por la calle principal de Vichy cuando vio a un soldado norteafricano molestando a una hermosa joven.

— Estoy esperando a mi marido", dijo, en un intento de mantener la paz.

— Le cortaré la cabeza a tu marido", fue la poética respuesta.

Como su defensa fue ineficaz, Tristán, que nunca rehuyó el sacrificio, se acercó a ella y con una sonrisa la tomó del brazo, como si hubiera sido el marido que ella esperaba. Ella aceptó agradecida esta estrategia. Primero tenía que recoger su maleta en casa de una amiga antes de coger el tren de las ocho a París. Tenía una cara bonita, uniforme, ovalada y risueña, una tez espléndida, unos ojos suaves y tiernos, y él supo más tarde que había sido Miss Vichy, lo que sin duda merecía. Así que hicieron juntos el trayecto hasta la casa de la amiga y luego hasta la estación, charlando con evidente simpatía mutua. Ella le dio a Tristán su nombre y dirección, ya que él no había dejado de pedírselos.

Se llamaba Jacqueline.

Luego regresó al campamento, pasando rozando a una patrulla de la policía militar a la que evitó convenientemente, ya que no tenía permiso. Ya había pasado el toque de queda, pero por una criatura tan adorable se corren riesgos y Tristán habría pasado tres días en la cárcel sólo por tener su nombre y dirección.

Se fue a la cama y soñó con aquel rostro encantador.

Volvieron a encontrarse. Una y otra vez. Más a menudo. Más a menudo.

Ella amaba a Tristán y Tristán estaba solo. Tristán se encontró amándola con todo su corazón. Desesperado y solo, volvió a vivir. Amaba ser amado. Es cierto que procedía de un entorno modesto -su padre tenía un pequeño taller de fabricación de *zapatillas-*, pero ella le amaba y él la amaba a ella. Fue maravilloso para Tristán, este regalo del destino que hasta ahora no le había ofrecido más que soledad y sufrimiento. Y luego estaba el hecho de que ella sabía tantas cosas, tantas cosas que generaciones de licenciados universitarios se agotarían intentando en vano que sus cerebros inventados escucharan. Ella era virgen, tenía veintitrés años y Tristán sólo veinte. Se ofreció a Tristán así, simplemente porque le quería. Lloró -en aquella época todavía se lloraba cuando se perdía la virginidad-, pero fue feliz porque se querían. Frente a su confianza y su amor, él estaba indefenso. Su confianza le había conquistado y no podía romper el corazón de Jacqueline sin romper el suyo. Se casaron en Vichy al cumplir Tristan la mayoría de edad, porque la familia le había negado el consentimiento. En la iglesia, el sacerdote, que oficiaba la ceremonia desde hacía treinta años, se echó a llorar al contemplar a aquella pareja tan conmovedora y tan luminosa.

A pesar del amor que los unía, Tristán no tardó en darse cuenta de que el placer carnal se había embotado. Le daba miedo. Pero había una ternura maravillosa. Amaba a Jacqueline como ama un niño. Un niño que también agradece la vida. No podía olvidar que ella le había salvado de la desesperación, le había devuelto las ganas de vivir. Su corazón rebosaba del amor pasivo que nunca había recibido de su madre. Se había alistado en el ejército con pensamientos suicidas, una cara bonita se había inclinado sobre su corazón herido, una mano le había tendido la mano. Estaba a punto de hundirse, pero de repente se dio cuenta de que quería vivir, de que aquel rostro le devolvía la vida.

Bebía en la dulce solicitud que le daba la vida. Como vampiro, iba a absorberlo todo de golpe, en nombre de una deuda aplastante de la que era responsable su familia.

Hoy están separados y a Tristán se le hunde el corazón cuando piensa en aquellos años. Él no tenía ninguna madurez entonces, y esa falta de madurez fue la verdadera causa de su separación, a pesar de los hechos aparentemente abrumadores.

Al mes siguiente de su boda, Jacqueline se quedó embarazada.

Habían caído las bombas de Hiroshima y Nagasaki y, aunque hacía tiempo que los japoneses habían aceptado el principio del armisticio, las fuerzas aéreas ya no necesitaban reclutar pilotos para Japón. Tristan pidió un cambio de especialidad y quiso convertirse en intérprete.

En una próxima sesión se iba a celebrar una oposición. Tristán se presenta y queda primero.

Aprobar el examen final tras un curso de formación técnica significaba quedarse un mes entero. Tuvo que realizar esta formación en condiciones de privación material que ya no podría soportar.

En pleno invierno, tuvo que dormir en el desván de la segunda oficina de la calle Ernest Vacquerie. Las ventanas estaban rotas. Sabía muy bien que a un tiro de piedra, en la rue Alfred Dehodencq, no había nada que esperar de su familia. De hecho, había tenido al teléfono a su tía que, hablando de su matrimonio con Jacqueline, había aludido a "su egoísmo".

Los que aman y dan nunca hablan de lo que dan: aman, dan, eso es todo. Tristán nunca había oído hablar del egoísmo, salvo a las personas egoístas. Y siempre eran increíblemente inconscientes de su propio egoísmo. Así que renunció a intentar explicar cosas que su tía era incapaz de entender. Le habían privado de todo durante años, no le habían ayudado en lo peor, ya que ni siquiera había podido aprobar el segundo bachillerato por instigación del tío Paul, y ahora que había encontrado afecto, ¡él era el egoísta!

Cuanto más estúpida, ignorante y desagradable es la gente, más juzga. La inteligencia es ante todo la capacidad de saber, de comprender y de no juzgar. Hay poco que perdonar a quienes no saben lo que hacen.

Al final de este gélido periodo de formación, fue admitido entre los últimos, ascendido al grado de suboficial, especial asimilación, y nombrado instructor traductor-intérprete en la escuela de Radio Navegantes de Pau.

Jacqueline y Tristan se fueron a los Bajos Pirineos con dos mil francos que les dieron sus suegros. Creían que iban a cobrar la paga de un suboficial. Les esperaba una terrible sorpresa. La duración legal u oficial del servicio militar era de dos años. Pero Tristán no podía recibir la paga correspondiente a su rango hasta que hubiera transcurrido ese periodo. Así que él, Jacqueline y el hijo que esperaban tendrían que vivir con doscientos diez francos al mes. De ninguna manera iba a pedir ayuda a la familia de su esposa, ya que sus recursos eran extremadamente modestos. Desesperado, escribe a la familia. Nunca recibió respuesta. Unas semanas más tarde, se enteró de que *su querida abuela* se había alojado en el mejor hotel de Pau y estaba de viaje de antigüedades.

En Pau había un hotel militar reservado a los convalecientes y sus familias. El amable capitán que lo regentaba se lo comunicó a las autoridades y los aceptó a ambos en el hotel. Permanecieron allí unos meses, y luego, como el plazo legal se había fijado ahora en un año, Tristán cobró su paga y una pequeña extra.

Todo ello justo a tiempo para el nacimiento del niño. En las afueras del campamento había unos modestos chalés: les asignaron uno. A lo lejos, los Pirineos. El chalet era cómodo y tenía calefacción suficiente.

Jacqueline era un poco maniática, propensa a ponerse enferma por una mancha en el suelo, siempre con la escoba o el trapo en la mano. Esta exageración disgustaba el sentido estético de Tristan, pero ella le quería, le cuidaba con dulzura y le calmaba. Sentía un tierno afecto por ella. Y luego estaba el bebé a punto de nacer. Quería dárselo todo a ella, que no había pedido nada más que devolverle un poco del amor que le prodigaba. Ella le había regalado su primer pañuelo. Y ahora esta niña. Una encantadora Chantal había llegado un día, con dos grandes ojos tan azules como el cielo. Se le llenan los ojos de lágrimas, se le hace un nudo en la garganta al recordar todo aquello.

Hoy están separados, pero él piensa en ella con desesperación y gratitud. Ella le había devuelto la vida y, sin embargo, su unión no había durado.

No podía soportarlo, había jurado no divorciarse nunca, y ella le había empujado contra su voluntad...

Le hubiera gustado tanto ser un hombre banal, un buen cocinero, la nostalgia de un poeta. No se puede pedir a un poeta cuya alma es el caos, el temblor, la anarquía, la sed de verdad, que disfrute de las cosas de la tierra. Simplemente pasa de largo y sólo tiene derecho a su sufrimiento. Le gustaría olvidar metafísicamente a los demás y pensar simplemente en los que le rodean. Un profundo sentido de lo universal, de la verdad y de la justicia que rompe el círculo inmediato.

Cuánto apreciaría a su propio hijo por habérselo dado a alguien más desgraciado que él. ¿Cómo se puede hacer feliz a una mujer si se prefiere la bondad a una compañera querida, si se piensa en la humanidad y en su tragedia de dolor? El espíritu del mal siempre respondía a sus deseos más puros con sórdida implacabilidad. Tristán había soñado con una mujer bondadosa e indulgente que, como él, hubiera tenido un sentido de la tragedia humana, un amor gratuito por sus semejantes, tan pobres, tan irrisorios, tan impotentes, tan perversos a veces en su estado enfermizo, tan conmovedores a los ojos metafísicos.

Así que escribió:

Hay millones de niños de seis años en el mundo, con los rostros devastados por el hambre y la desesperación, el dolor, la nada y la enfermedad, destrozados porque sus madres y sus padres no saben quererse lo suficiente como para amarlos a ellos.

Retorcidos por el dolor y el cuestionamiento, sus cuerpos y almas estarán enfermos para siempre. Se preguntan por qué.

¿Por qué el desamor? ¿Por qué el hambre?

Sus cuerpos ni siquiera pueden formarse... Y sus ojos, sus ojos...

No puedo hacer nada por ellos, nada.

Sólo pensar en ellos me hace daño. No, no quiero rezar.

No la horrible oración: Tengo calor, no tengo hambre, soy amado, rezo por ti. ¡Mascarada!

Señor, contempla el sufrimiento de tus hijos. Contempla esos ojos llenos de lágrimas. Y haz muecas de dolor hacia el cielo.

Y esos bracitos que ya no tienen fuerza para sostenerse.

Esos piececitos sin contornos, aún más horribles por la suciedad. Mira la podredumbre que dejas crecer del mal que dejas propagar...

Mira esos ojos de amor que perderán todo amor, que estarán listos para la crueldad porque estarán sin amor.

¿Cómo amar a un Dios que puede ver todo esto sin morir de tristeza? Sin mover un dedo de su omnipotencia

Y transformar esas máscaras de dolor en rostros de dicha. Esas lágrimas de dolor en lágrimas de alegría...

¿Cómo puede ser?

¿Es el mundo una catástrofe accidental, a pesar de tanta armonía? ¿Una enfermedad de la nada?

¿Un impulso loco de Dios?

¿Qué es este estúpido postulado de que el sufrimiento conduce a la redención? ¿Por qué este gigantesco holocausto?

Oh Señor del dolor y de la misericordia. En lugar de todo esto, te ofrezco

La sonrisa de un niño con ojos azules...

Una y otra vez, Tristán había sentido que su sentido poético nacía de su revuelta contra el sufrimiento humano, todo el sufrimiento de la tierra que lo desgarraba. Sentía la monstruosa agonía, el enorme sinsentido cósmico que abrazaba su alma creadora.

Sabía que nadie es malo: los malos son enfermos a los que hay que cuidar y curar. El mal comenzó hace mucho tiempo. El mal es una ruptura del equilibrio entre las fuerzas antagónicas del bien y del mal.

Para que el hombre siga siendo perfecto, la naturaleza exterior debe estar en armonía con su interior. Debe seguir las leyes de la naturaleza. Debe comer las cosas crudas que la naturaleza le ofrece. La cocina es fuente de inmensas carencias que afectan al organismo, al cerebro, incluso al pensamiento y al juicio. Sabemos que el cáncer puede curarse volviendo a la alimentación cruda, que restaura el instinto primitivo que guía nuestra elección de alimentos; que eliminar los almidones cocinados cura los resfriados y bronquitis infantiles y otras enfermedades de la infancia; que las neurosis graves, las fijaciones y la paranoia pueden superarse volviendo a la alimentación cruda.

La gente tiene que saber respirar controlando su respiración, tiene que evitar actuar en contra de su conciencia para evitar las llamadas enfermedades psicosomáticas. Cuanto más sufre, más desagradable se vuelve; cuanto más desagradable se vuelve, menos sabe. Cuanto más enfermo se vuelve, más se embotan sus sentimientos, porque la fuente fundamental de la percepción real es el corazón.

Cuanto menos sepa, más apreciará lo que le destruye, más destruirá lo que le rodea y a los que le rodean, más será explotado por los carroñeros que viven de su locura.

Va a acabar con el hombre, en un Niágara suicida.

Pero Dios ha permitido el mal y el sufrimiento, ha permitido la ignorancia fundamental que hace que nada pueda ser redimido.

¿Por qué inventó esta despreciable forma de defecar? ¿No podía el hombre defecar de forma maloliente como el cachalote? ¿Por qué el hombre no fabrica también ámbar?

Dios lo sabe, porque está fuera del tiempo y del espacio. ¿Este embrión de un mundo condenado al principio? No, no, no.

Un evangelio irrisorio: hay que dar a la gente los medios para practicar sus valores eternos.

Pronto no habrá suficiente bien para alimentar el mal de la tierra.

Oh, que mi corazón estallara sobre el mundo y ahogara todo el dolor en su sangre... Así nació la pequeña Chantal.

Una niña bonita de tez pálida y dos grandes platillos azules en medio de su cabeza rubia.

Jacqueline había dado su ternura a Tristán y ahora a este inocente y hermoso niño.

Pero no tenía alma de padre. ¡Era *un pensador!*

Hoy, un buen padre no tiene que pensar, tiene que votar y prepararse para la agregación de la cedilla a través de los tiempos mientras el mundo se desmorona.

No podía...

El ángel puro de Tristán no podía hacer otra cosa que llorar, mientras el demonio atormentador actuaba. El ángel intentó derrotar al demonio, pero éste lo paralizó. Entonces se entregó a sus destructivos retozos. Volvió y dijo al ángel: "Mira lo que has hecho". Entonces el ángel lloró en su gran miseria y se burló: "Haz una bella teoría de la infame realidad, muéstranos tu impotencia". Entonces el ángel toma la pluma y escribe hasta en verso las blasfemias que le dicta el diablo.

"Mira ahí arriba, le importas un bledo tú y los demás, ¡pero entonces le importa un bledo! Siempre te defraudará, continúa. ¿Estás sufriendo? Haz lo que hace todo el mundo, olvida el pasado, el antiguo Egipto, la India milenaria, Platón, San Francisco de Asís, Alexis Carrel...

Ahora tengo mis propios genios: Rothschild, Marx, Freud, Einstein, Picasso.

¡Y tú eres un padre despreciable! ¿Qué, piensas en otra cosa que no sean tus hijos, en hacerte un buen nombre en nuestra sociedad, la que yo dirijo *enteramente*? Eso es inmoral! Mira a las iglesias, pero mira, tonto, mira a mis buenos cristianos, ¡sólo piensan en sus situaciones y en su prole! Por fin, buenos cristianos, como a mí me gustan, con papas y obispos que me son devotos y humildes con ello: han comprendido que no hay verdad que no se pueda demostrar con la lógica de los cuidadores: ¡2+2=4!

Pronto voy a construirles bonitas iglesitas de estilo surrealista y más tarde sustituiremos las iglesias por mezquitas.

Sacerdotes vestidos de paisano, casados o gays, con jerseys de cuello alto y chaquetas de cuero negro, con una orquesta de negros: ¡viva el progreso!

Olvídate del pasado y sobre todo del futuro, haz como ellos, están vivos, puedes decirles lo que quieras, ¡les importa un bledo porque los he puesto en estado de coma! Aparte de los partidos de fútbol durante los cuales se masacran, noquean o pisotean alegremente, aparte de los balidos de canciones atonales e histéricas donde también se masacran, nada les interesa. Nada de nada. Todos me votan, todas las marionetas de todos los partidos políticos están en manos de mis finanzas y del marxismo.

Los alimento con productos químicos, los trato con vacunas que destrozan su sistema inmunitario, les añado un poco de mercurio y aluminio, utilizo productos químicos sintéticos que producen efectos secundarios a menudo mortales y darán lugar a monstruos. Me preparo para el futuro. Ya veo un mundo de monstruos físicos y mentales que podré mimar con el apoyo de los imbéciles de todos los gobiernos que se creen democráticos y que yo controlo implacablemente. No quedará ni un solo lugar oficial para un pensador de verdad. Desde luego que no. Tendré mis propios pequeños filósofos, autoproclamados demócratas, ¡cueste lo que cueste!

Cuando haya retrasados que tengan corazón y se vuelvan locos por él, les enviaré a mi gran Freud, ¡con terapia de electroshock, lobotomías y química si es necesario!

Pero no le importas.

Bastaría un movimiento metafísico de muñeca para enviarme de vuelta de la nada...

Química, psicoanálisis, marxismo para todos: ¡mi gran sueño!

Te ofrezco el presente, un placer intenso, y una vez que lo has tenido, sólo piensas en el siguiente, y no te importa nada más. Nadie está atado a lo imposible. Ni pasado, ni futuro, excepto la nada que estoy tramando para ti.

Ya no existe la verdadera razón, sólo la razón irracional, la sistematización de un obsesivo, una cobardía suprema, la capacidad de adaptarse a lo despreciable bajo la dirección de gente inmunda. Esta pseudo-razón sacrificará radicalmente la inteligencia, la verdadera inteligencia, la del corazón. La razón es, pues, la antítesis de la inteligencia, y el mundo pertenece ahora a las calculadoras frías e impasibles.

El gran calculador va a destruir el planeta con sus absurdas ecuaciones de finanzas, marxismo, química, física nuclear, planificación familiar, etc."...

O Me gustaría tanto ver esta razón despreciable, que hace que el crimen sea tan fácil porque se disfraza de virtud y te hace parte de un cómodo criminal social.

Ninguna grandeza merece ser comprada por el sufrimiento. Todo nos empuja hacia el mal, ¡nuestra increíble estupidez, nuestra cobardía congénita y cromosómica!

Oh, el sufrimiento de los demás, un sufrimiento insoportable. Vivir hoy es aceptar ser un verdugo.

¿Revivir después de la muerte?

Si Dios le dijera: "Vas a volver a vivir, serás guapo e inteligente, tendrás una esposa encantadora e hijos preciosos, serás médico y un virtuoso del piano". Él decía que no. No soportaba el sufrimiento de otros seres humanos, la miseria absoluta del Tercer Mundo, ni la indiferencia de los humanos ante el sufrimiento ajeno, ni esa horrible defecación humana. No a la vida, incluso con esta felicidad relativa.

No podía resignarse al mal y al sufrimiento. Imaginó un bien absoluto, donde reinaría el corazón.

Había un cristal puro e ineficaz en su interior que gemía por no poder crear el bien para sí mismo y para los demás.

¡Tocar a Chopin! ¡Qué alegría sería! Oh irrisoria lucidez e impotencia.

Tenía cinco años, siempre tendría cinco años, y gritó a Dios, que tenía miles de millones, que era perverso hacerle sufrir y hacer sufrir a los hombres. Gritó que se le diera el conocimiento que conduce a la verdadera felicidad a través de la voluntad. El sadismo y el crimen del Antiguo Testamento, la extraña moral de los Evangelios - ¿a dónde habían conducido a la humanidad estas dos invenciones desequilibradas de la Circuncisión del 8º Día? Al Marxismo, el delfín del Capitalismo, el pudridor y destructor de toda la tierra.

Qué sabor a nada cuando sabía que los niños sufrían, cuando sentía que millones de niños sufrían, como si su sufrimiento fuera el sufrimiento de Tristán.

El sufrimiento de un niño, su mirada perdida, loca, inconsciente, *pero era suya*. Y Tristán murmuró: "".

Oh Jehová, Dios de la venganza y del crimen.

Me desgarra la estupidez de los hombres, su maldad, la atrocidad de Israel, tu sadismo y mi propia locura.

¡Tenemos que rehacer el mundo!

Esto debe ser destruido en su totalidad.

Ya no debes poner condiciones a tus criaturas. Deben estar diseñadas para la verdadera felicidad.

Amarles sin contar el coste.

Que ignoran todo lo que no es bello. Que no arriesgan nada.

No necesitan libertad, necesitan felicidad.

Que su existencia no se justifique por lo grande, lo pequeño, lo bello lo feo, lo bueno lo malo. Que se dispersen en un mundo donde lo tienen todo y no ignoran nada.

Oh Jehová, si esto es una blasfemia, tú me creaste a tu imagen. Mira la imagen en la que te hicimos.

¿No estoy, en mi presuntuosa angustia, hecho a tu imagen? No es que ya no te quieran: te ignoran.

Escucha: ¿no te conmueve el sufrimiento de tus hijos? Sentado en tu palacio en el cielo, exigiendo lo imposible, nos miras con indiferencia y aburrimiento. Matamos, gritamos de dolor y desesperación, nos volvemos locos destruyéndonos, no podemos pensar, nuestras almas están muertas, pero ¿a ti qué te importa Jehová abuela querida?

Fuimos hechos para no resistir a Satanás, nos creaste demasiado débiles a propósito, porque lo sabes todo, conocías nuestra perdición antes de crearnos. Entonces, ¿dónde está esa libertad?

Si nos hubieras dado más juicio y fuerza, no habría habido caída. ¿Cómo no blasfemar si no entendemos?

Nuestros errores no significan nada si *no sabemos*.

¿Se puede culpar a un niño que no sabe nada del fósforo y prende fuego a la casa jugando cerillas?

O esta enorme cohorte de incautos en este cosmos loco...

¡Oh, Chopin!

La revelación de mi vocación más profunda. La integré perfectamente.

Chopin era yo, yo era Chopin.

La primera vez que escuché a Chopin, porque hubo una primera vez, por increíble que pareciera, lo sentí todo.

Era un monumento a la desesperación, mágico, autoindulgente, inmensamente bello y a veces un poco obsceno. Había barro ensangrentado en el fondo, pero florecía una orgullosa y tierna rosa roja. Oh, la exquisita dulzura de la nocturna...

Había entretejido en la atrocidad del sufrimiento humano toda la ternura de la que Dios, en su infinita bondad, era incapaz.

Me reveló la magia de la pureza inaccesible, la danza del alma paralizada.

Las notas adquieren un sonido cristalino que resuena en el corazón. Son cascadas de belleza que te petrifican con el infinito, eternas canciones de amor.

Lo inexplicable de Chopin es que las notas del piano ya no suenan igual al tocarlas. Es como si el alma de Chopin sólo tuviera que tocar el marfil para purificarse y eterizarse.

Tocar Chopin

Qué sensación de poder milagroso, qué maravilla, comunicar a los demás estos efluvios incandescentes de lo absoluto.

El preludio 24, el étude en la menor, el último movimiento de la sonata en si... Y todo lo demás, hasta el más mínimo vals.

El duodécimo estudio: acorde estridente, olas que rompen, torrente de belleza y revuelta, la respiración se detiene.

Todo en Chopin es etéreo.

Las propias manos se vuelven virtuales, angelicales. Vértigo trascendente...

CAPÍTULO VII

Tristan sigue trabajando como intérprete y profesor de inglés en la base de Radio Navigants de Pau. Había intentado preparar el bachillerato de filosofía durante su año en la fábrica, pero no había podido hacerlo. Cuando *la abuela* volvió después de la liberación, Tristan le había mentido: le había dicho que había aprobado. La sádica satisfacción que habría sentido si hubiera sabido que Tristan no había aprobado el examen le habría dolido. Durante aquel año de fábricas y bombardeos, a veces se había sentido mal en el metro. Una ambulancia lo llevó al hospital. Apareció un estado febril, pero no se pudo hacer ningún diagnóstico. Un famoso cirujano, amigo de la familia, ejercía en el hospital. Tristán le saludó. Cuando le contó el suceso *a su querida abuela*, lo único que ésta pudo decirle fue una reprimenda teatral por haberse reconocido en esas circunstancias: "¡Qué guarrada!", dijo con su acento especial. Después de aquello, en los peores momentos, cuando iba a ver a *la abuela*, siempre se las arreglaba para ir impecablemente vestido.

A Tristán le quedaban dieciocho meses de servicio militar. Con ese tiempo y un sueldo escaso pero suficiente, podría preparar y aprobar el examen. Tenía tiempo de sobra, ya que sólo debía asistir a unas quince horas de clase y traducir algunos documentos.

Así que trabajó duro durante tres meses, presentó su solicitud y fue aceptado como licenciado en filosofía.

El tema de su ensayo le había interesado: "Los distintos grados de autoconciencia". Se sintió más tranquilo y recobró la esperanza. Podía ver un futuro mejor para las personas que dependían de él. Empezaba a ver un rayo de esperanza para su querido piano.

La vida en la base no tenía nada de estimulante. Un pandemónium espantoso del que era difícil escapar, unos pocos oficiales decentes de vuelta de Inglaterra, oficiales de la F.F.I. trágicamente vulgares, que sabían muy poco de su lengua escrita y hablada, chaquetas mugrientas, camisas sucias, gorras en la nuca, chaquetas abiertas y nudos de corbata más cerca del ombligo que de la nuez de Adán.[15] Los suboficiales en activo parecen estibadores jubilosos y no siempre huelen bien, contrastó Tristán.

Llevaba un uniforme sencillo y limpio, camisa blanca y corbata negra, y había tenido la osadía de sustituir los botones de bombero de su gorro por unos discretos botones negros. Legalmente, no podíamos darle la razón, ya que esos botones chillones formaban parte del uniforme.

Un nuevo comandante fue nombrado para la base. Un politécnico.

Tristán le cayó inmediatamente antipático: era la norma con Tristán, todo lo que era robótico, moldeado, tópico y banal le daba alergia. El Comandante tuvo a bien nombrar a Tristán como uno de los cuadros que debían viajar a una ciudad lejana para impartir formación militar a una clase recién convocada.

Tristán se tomó cuarenta y ocho horas de permiso y se fue a la segunda oficina. Estaba asimilado como especial y era totalmente incompetente para formar reclutas. El comandante no tenía derecho a utilizar a Tristan para otra cosa que no fuera su especialidad.

Fue trasladado por telegrama.

Esto era tanto más significativo cuanto que un traslado normal, incluso para el comandante, habría llevado varios meses.

Tristán regresó a la base donde le había precedido el telegrama.

Fue a presentar sus respetos al comandante, que le dejó con estas gruñonas palabras:

"¡Vayan a buscar a sus protectores!

Tristan termina su tercer y último año en el ejército en un campamento de la Real Fuerza Aérea en las afueras de París. Ya se había matriculado en la Sorbona. Había dudado entre medicina, que le convenía mucho, e inglés, que le permitiría ganarse la vida inmediatamente como profesor. No podía ganarse la vida para él y su familia haciendo medicina, así que la carrera de inglés era la solución lógica.

Cuando fue desmovilizado, encontró trabajo en una escuela gratuita. Jacqueline, Chantal, su nieta y él se trasladan al distrito XIV. Encontraron una pequeña habitación en la rue des Artistes, una calle apartada, casi

---

[15] Force Française Intérieure: Lo que solíamos llamar la Resistencia.

provinciana. Era húmeda, oscura, orientada al norte, sin agua corriente pero con gas y electricidad.

Una gran cama arcaica, un armario con espejo, un aparador, una mesa de cocina y una cama para la niña se añadieron a los ya engorrosos muebles y se colocaron en el lado de día, cerca de la ventana. Jacqueline era amable y devota, la niña adorable, y Jacqueline hacía amistad fácilmente con los trabajadores de la casa. Había una promiscuidad dolorosa. Tristan tuvo que esforzarse por adaptarse, por crear una bonhomía artificial. Empezó a hablar mal, utilizando palabrotas que se sorprendía de oírse decir, para encajar con los demás, para no destacar.

Sintió que sus volcánicas tendencias maternales crecían en su interior. El pensamiento del piano se volvió más obsesivo. Estaba tierno con Jacqueline y la niña, la niña bonita. Su mujer y él tenían preocupaciones muy distintas, afinidades diferentes, y ella carecía de ese sentido de la belleza que estaba adquiriendo proporciones patológicas en Tristán.

Eso no le impedía quererla mucho. Ella le había dado esperanza, una vida tranquila, simplemente por ser quien era, naturalmente.

Con esta aspiración por el piano creció un erotismo que rozaba lo morboso. Había leído en algún lugar de la tradición cristiana que "las almas puras caerán en tentaciones peores que la muerte".

Anhelaba una norma pacífica, pero sentía que se le escapaba. Gritaba desde su infierno interior, que su ascendente Libra Escorpio ya iluminaba.

Oh, la nostalgia de esta normalidad que en el fondo detestaba.

Y, sin embargo, ¿qué puede haber más normal que ser anormal si se tiene en cuenta la normalidad inconsciente que nos rodea?

Las melodías cantaban en su cabeza. Se estaba asfixiando.

No lejos de su modesta habitación estaba la Ciudad Universitaria.

Tristán iba allí a veces y conocía a unos chicos excepcionales con los que a veces mantenía conversaciones que duraban toda la noche.

También había chicas, muy bellas entonces, que no volverían a verse en el año 2000. Sin remordimientos, disfrutó de sus magníficos cuerpos. A ellas les encantaba. Sentía una alegría feroz, el júbilo de Mr. Hyde. Afortunadamente, las dificultades de la vida le impidieron entregarse a esta exultación y neutralizaron en parte su erotismo y su necesidad de mujeres.

La seducción de la seducción! ¡qué cosa tan maravillosa y diabólica! la seducción pasiva de una sola mirada, de una sola sonrisa! e incluso de silencios elocuentes! mirar a la otra persona y sentir que ya la posees, que ya te lo ha dado todo. El hombre que seduce no se fuerza de ninguna manera; el hombre que se fuerza de cualquier manera, más o menos viola.

El verdadero seductor mira a una mujer como una serpiente fascina a un pájaro. La verdadera seducción es fluida, astral. Tristán podía, con esa extraña fuerza contenida en un cuerpo delicado, imponer esa languidez paralizante que cedía. No tenía remordimientos porque a ellas les encantaba este juego.

¿No le dijo una chica: "Ahora que te tengo, puedo morir"?

Una vez desmovilizado, ocupó un puesto de profesor en un instituto privado.

Ese año, 1948, obró milagros.

Todas las mañanas, a las seis, iba a su escuela de Maristes, en las afueras.

Un viaje de ida y vuelta de cuatro horas.

Estaba muy mal pagado. Era una tarifa sindical humorística, que incluso duplicada no habría alcanzado el salario de un trabajador medio.

No obstante, se les animaba a explotar las clases particulares. Eran auténticos mercaderes de sopa. Los alumnos pagaban caro y comían muy mal. Se reconstruyó la capilla, se limpió el estanque del parque y la mayor parte de los beneficios fueron a parar a la alta administración eclesiástica. Se aprovechaban de los padres, ya que muchos de los profesores no estaban técnicamente cualificados. Los niños estaban mal atendidos y los profesores engañados. Pero también aquí, como en casa de *la abuela*, se enseñaban buenos principios.

Un día Tristán, con su habitual ingenuidad y sinceridad patológica, abrió las compuertas a la crítica. Pero los curas son hombres", susurró el tartufo director marista con cabeza de gatito.

Sí, claro, pero era el comportamiento de una comunidad religiosa, y no tenía nada que ver con las debilidades individuales.

Otro día en la mesa, en uno de esos almuerzos ceremoniales en los que los profesores se agrupaban en torno a una mesa dispuesta en forma de U, volvió a expresar su indignación. Fue despedido. A Tristan se le unió un colega de Historia, el único con licencia para enseñar. Al año siguiente se ordenó sacerdote. No sería un canónigo cínico y barrigón.

Pero la Iglesia aún no había llegado al fondo del abismo, el de "1984". Pronto se convertiría, en un tiempo récord, en una sociedad homosexualo-marxo-freudo-pornográfico-céntrica en apostasía, en total resignación, bajo el infame pretexto del rejuvenecimiento.

¿No decía: "Satanás reinará en la cúspide de la Iglesia, en la misma Roma"?

Y "los propios Elegidos quedarán desconcertados. Pobre Iglesia, fue el templo el que tuvo que ser expulsado del templo... Abrirse al mundo es abrirse a la podredumbre.

El tiempo que Tristan pasó en el ejército, el final de la guerra y todos los ajustes que hubo que hacer, le habían mantenido alejado de su familia materna, cuyos arrebatos emocionales apenas le atraían. Pero eran su familia. Había escrito una nota. Fue a la calle Dehodencq.

La abuela estaba allí, como siempre, muy parecida a sí misma, desplomada en su sillón, más verdosa y estancada que nunca.

Le besó la mano, pero no sin el escalofrío que el contacto le produjo.

Junto a *la abuela* estaba una prima rica, la baronesa de Monosh, que abrió la boca en cuanto Tristán estuvo sentado.

— Tristán, ¿ya te has mudado a París?

— O", respondió, "instalado" es una gran palabra.

Iba a dar algunas explicaciones francas y completas, que este escenario de lujosos muebles y alfombras, de criados con guantes blancos, iba a resultar doloroso.

Fue en ese momento cuando *la abuela*, que estaba a la vez avergonzada y aparentemente tranquila, puso su aire bonachón y modesto e interrumpió:

— Sí, ha encontrado una pequeña habitación...

Continuó, manteniendo hábilmente la boca cerrada hasta el final de su rollo de trivialidades.

Al cabo de una hora, Tristán estaba a punto de despedirse cuando *su querida abuela* le detuvo. Se había puesto su máscara noble, protectora y munificente. Sacó de su bolso un billete de mil francos, doblado en cuatro, y se lo tendió con brazo magnánimo en forma de cuello de cisne.

— No hagas nada estúpido con ese dinero, compra algo de comer.

Cogió la nota, temblando por dentro, saludó torpemente y se despidió.

El primo que había presenciado la escena tuvo a bien decirle a Tristán mientras bajaban juntos la gran escalera:

— Sé amable con una abuela tan sensible y generosa...

Tristán pensó que se estaba asfixiando. No encontraba fuerzas para explicar cosas que estaban tan lejos de la verdad.

Esta estrategia de "finjo dar, y te lo quito todo" se encontraba en todos los aspectos del mundo moderno.

Unos días más tarde, a Tristan y Jacqueline les ofrecieron un modesto piso a cambio de una pequeña suma que no sabían si podrían pagar. Así que ambos decidieron ir a la rue Dehodencq, ya que no veían otra forma de conseguir ayuda.

Una bendición para la niña, un hogar más grande que esta miserable habitación sin agua, húmeda y oscura.

La abuela los recibió como un perro a dos bolos. Su mirada vacía era de un torpor flácido que sólo expresaba un pensamiento vegetativo y limitado, puntuado por destellos de malicia y egoísmo, objetivos susceptibles de poner en movimiento su inteligencia.

La postura de una bruja encorvada. Parecía furiosa y su mano acariciaba el sofá eterno donde agonizaba desde hacía cuarenta años.

El tío Jacques entró, silencioso y larvado, oyó que se trataba de dinero, no dijo nada y fue a pararse frente a la ventana, como para mirar afuera.

"No se encuentra tanto dinero debajo de la pezuña de un caballo", dijo por fin *la abuela*.

La única forma de conseguir este piso, que tenía un número ilimitado de solicitantes, era darse prisa. Un piso para una recuperación ínfima, en un momento en que eran astronómicas, se lo llevaría otro si no se daban prisa.

La abuela Darling era reacia. Quería saber a quién darle el dinero, el nombre, la dirección, "tal vez podría tener una charla"... Se quedaron en su cuchitril.

Los dos colegios libres en los que enseñaba tenían un piano.

Tristan había decidido estudiar por su cuenta porque no podía pagarse las clases. Impaciente y obligado a enseñarse a sí mismo, cometió graves errores y se infligió una articulación nefasta que impedía cualquier matiz o virtuosismo.

No sabía descifrar muy bien, pero lo suficiente como para aprendérselo de memoria. Empezó, O folie, memorizando todo el estudio de Chopin en mi mayor, cuya parte central es extremadamente difícil. El legato de toda la pieza es radicalmente imposible para un principiante. Sin embargo, se aprendió toda la pieza y consiguió tocarla con un sonido de castañuelas. Sus dedos eran muy flexibles, ya que podía mover las terceras sin apoyo, y su mano abarcaba desde Do hasta el Sol de la octava siguiente. Muchos concertistas le habrían envidiado esta cualidad.

Por las tardes, en su oscura y húmeda habitación, preparaba dos certificados de licencia, a veces hasta medianoche o la una de la madrugada.

Se acostaba medio muerto y se levantaba a las seis de la mañana para coger el metro y el tren a su universidad en las afueras. Un viaje de dos horas.

Utilizaba una pequeña lámpara eléctrica para no molestar a su mujer y a su hija. A veces Jacqueline se enfadaba y no soportaba que su marido trabajara hasta tan tarde a su lado, ni siquiera con una lamparita. Un día rompió los libros de la universidad, que valían una fortuna para ellos. Entonces Tristán se vio obligado a azotarla. Pero, ¿cómo podía culparla? Él la mantenía despierta por la noche y ella trabajaba duro durante el día, en aquella única habitación, con el lavado constante del niño, en aquel cuchitril.

Tristan aprobó con sobresaliente su certificado de primer grado. Tres meses más tarde aprobó el certificado de filología inglesa, que había requerido esfuerzos sobrehumanos por su parte para una discipli-

ne que era la antítesis de su naturaleza. Tocar el piano requería, además de circunstancias favorables, diez años de duro trabajo. La educación superior, la enseñanza a estudiantes que cada año perdían dramáticamente el corazón y la inteligencia, y cuyo aspecto físico y vestimenta delataban cada vez más su acelerada degeneración, le ponían en una camisa de fuerza.

Conoció a Charles Dullin, que le invitó a unirse a su escuela.

En un amplio palomar del teatro Sarah-Bernard, donde se impartían las clases, representó algunas escenas clásicas que distaban mucho de ser brillantes. Es cierto que Corneille le divertía. La hinchazón del honor y de la voluntad, las escandalosas situaciones falsas, todo le parecía caricaturesco. La belleza del lenguaje por sí sola no podía inspirar una actuación convincente. Incluso entonces, recordaba la importancia que concedía a la *sustancia*.

El contenido es algo que decir. La forma es perfección plástica. Con gusto habría hecho cosquillas al bardo de Don Diègue y cortado salchichas con la espada de Rodrigue. Es cierto, sin embargo, que las situaciones cornelianas se dan en la vida real y, por tanto, pueden representarse en el teatro y sentirse. En Molière apenas había un papel para él. Incluso Alceste, con quien se sentía afín, expresaba su desprecio por los hombres de forma poco convincente y *poco* risible.

Interpretó algunas escenas modernas, una de Demetrios de Julius Romano.

Sus compañeros le aplaudieron, lo que no era habitual en el colegio. Una joven vino a ofrecerle un papel en una obra y fue muy elogiosa: "Qué cara, qué guapo, justo lo que necesito"...

La obra tenía un título prometedor: "Double Royalty". Tristan lo leyó, le pareció irrisorio y lo devolvió con una cortés negativa, alegando una abrumadora carga de trabajo que, de hecho, era muy real.

El teatro no le satisfacía. Por supuesto, como medio de ganarse la vida, no lo habría desdeñado, pero las circunstancias no favorecían esa perspectiva.

Por otra parte, Dullin le había dicho: "Llegas veinte años tarde, con tu aspecto, ahora vamos a ver el reinado del bobalicón en el teatro como en todas partes". La observación biotipológica de los cuarenta años siguientes dio la razón a esta profecía. Es más, en el cine, pronto dejaron de haber actores, sólo gamberros y gilipollas interpretando papeles de gamberros y gilipollas. Por definición, todos serían de izquierdas. Es difícil imaginar que Pierre Fresnay sea de izquierdas.

¿Quién podría interpretar hoy a *"Monsieur Vincent"* con el increíble taco que exhibía este gran actor?

Salió de la escuela de Dullin sin tener ni idea de que estaba a punto de representar un papel en el escenario de la vida misma que nunca había imaginado y que iba más allá de su imaginación.

CAPÍTULO VIII

"El loco es aquel que lo ha perdido todo menos la razón"
(Chesterton)

En el sistema educativo estatal había escasez de profesores, sobre todo de inglés. Sus dos títulos de inglés, su servicio voluntario y su pertenencia a la II Oficina Aérea como intérprete e instructor de inglés le permitieron obtener lo que se conocía como una "delegación". Entonces estaba mejor pagado, aunque no era suficiente.

Para ser funcionario se necesitaba un certificado de nacimiento de su padre. Tras una larga búsqueda, obtuvo el certificado, en el que se leía:

"Fallecido en Albigny sur Saône...".

Murió allí en 1947. Tristan escribió al hospital donde había muerto su padre. Su corazón había fallado y sus últimas palabras habían sido "que mis hijos sepan que mis pensamientos siempre han estado con ellos".

Tristán siempre se había sentido así. *Sabía* que su padre, al que nunca veía, pensaba en ellos, mientras que aquellos con los que había convivido en *el* círculo de amigos de *la abuela* no se preocupaban por ellos.

Entre los papeles que llegaron a Tristán, encontró el nombre de un amigo de su padre, Raymond T., ingeniero, al que dedicó varios meses a localizar.

Éste hablaba con cariño y admiración de su padre. A la mayoría de la gente le parecía un poco loco porque "estaba a reventar". Sin embargo, era extremadamente modesto y se expresaba admirablemente. Se ganó la admiración y la simpatía de los médicos que le trataron. Su lucidez era asombrosa, pues era un pronosticador implacable, algo natural en quien piensa en síntesis y sigue la evolución lógica de los acontecimientos.[16]

---

[16] El liberalismo es todo pensamiento analítico, producción indefinida en todas direcciones, despreocupación por la síntesis humana, lo que se traduce en una contaminación general física, moral y ecológica. Acabamos produciendo para vender, sin la menor preocupación por los valores morales y los intereses de la

Raymond T. añadió que dos años antes de su muerte, su padre le había enviado como embajador a *la* mansión *de la abuela*. Debía decirle que el padre de los niños estaba muy enfermo y quería volver a ver a sus hijos. Le había señalado que el padre corría el riesgo de sufrir un paro cardíaco o una muerte súbita.

Raymond T. había quedado al pie de la escalera, recibido como un criminal, apenas oído, no escuchado. *La abuela* dijo: "Ese hombre parece un apache".

Nunca les había hablado de esta visita, nunca. Ni siquiera les pidió la dirección del hospital donde estaba ingresado. Así que ninguno de los tres hijos llegó a ver a su padre antes de morir. Se había rendido, solo, lejos de sus hijos, sin una palabra de ternura o comprensión. Y cuando, años más tarde, *la abuela* aludió a esta última visita, sólo pudo decir: "No quería veros, quería dinero"...

En los papeles de su padre encontró otro nombre, "Georges B. professeur agrégé, Docteur es lettres".

No le costó encontrarlo en Vanves, donde vivía.

Georges B. le recibió muy amablemente y le habló largo y tendido de su padre después de que Tristán le contara su muerte.

"La última vez que vi a tu padre fue justo antes de la guerra. Había quedado destrozado por el juicio con sus suegros y su estado físico y moral era desastroso. Le ayudé un poco, pero no volví a verle. Desde el comienzo de la guerra, desapareció.

Tu padre tenía todos los elementos de un poder sobrenatural que él habría sido incapaz de asumir. Le conocí bien y por eso puedo decirte cuál era su posición. Tienes una frente radiante como la suya. Conocí a tu padre en la escuela, era alto, no lo recuerdo de niño. Era un alumno medio que hacía lo justo para mantenerse al día, pero sus preocupaciones iban mucho más allá de lo que se enseñaba en los bancos. Tenía una serie de versos en su haber, algunos de ellos bastante hermosos.

Escribió una tragedia, *Julio César*, algunas de cuyas estrofas recuerdo como admirables. Llegué a conocer muy bien a su madre, tu abuela, y era una buena mujer que apoyó a su hijo en sus intentos de escapar de la escuela.

---

humanidad, pornografía, productos químicos, aluminio y mercurio en las vacunas, las propias vacunas... la desaparición del agua... etc.

En clase de filosofía, Alain era su profesor. No sentía una admiración ilimitada por Alain, y le llamaba "socrataillon radical-socialista".

Pertenecía a la Normale Supérieure, no porque quisiera ser profesor, sino por la disciplina intelectual básica de la que, a diferencia de casi todos mis colegas, habría salido fácilmente. Hoy creo que tiene demasiado orgullo para haberse sometido a semejante disciplina. Los estudios no son muy útiles, pero creo que son esenciales para cualquiera que quiera pensar en serio. Tu padre, poeta como era, y con toda la inteligencia que tenía derecho a atribuirse, se habría beneficiado tanto más de este trabajo en Khâgne, sin ni siquiera entrar en la Normale, porque nunca habría sido esclavo de ella. Nunca habría sido profesor porque su orgullo rechazaba el sistema. Sabía que el intelecto sólo puede ordenar la chispa trascendente y que la pura inmanencia conduce a la esclerosis, a la dispersión analítica y a la degeneración, de las que la especulación judía es el origen más evidente como factor causal fundamental. Una de las últimas conversaciones que mantuve con él fue sobre Bergson. Lo calificó de ingenioso, no de brillante. Dijo que era lo mejor que los judíos podían producir.[17]

Perdí de vista a tu padre en 1908 y durante treinta años no supe nada de él. Pensaba en él a menudo, porque en mi memoria destacaba entre todos los demás. Te dije cuánto le admiraba, y no es una palabra demasiado fuerte. Lo que me contaste de él confirmó lo que ya sabía, lo que había comprendido. Su culpa fue buscar un matrimonio rico, su desgracia encontrarlo, su error no saber aprovecharlo. Tenemos que hablar de una decadencia, y sin embargo el término no es del todo apropiado. Sufrió las consecuencias de su orgullo fuera de lugar. Guardo de él un recuerdo muy comprensivo y casi sin mezcla. Confieso mi indulgencia por este tipo de personaje. Sólo culpo a su matrimonio si fue deliberado.

Espero que su historia te sirva de lección. Intuimos que rechaza el conformismo estúpido por simples razones de interés propio. Pero la verdadera inteligencia es hoy una paja en un mar tempestuoso. No tiene ninguna posibilidad de ser escuchada. Sé que lo entienden. Yo mismo fui excluido de la enseñanza superior porque estorbaba a demasiada gente. Ahora estoy jubilado.

---

[17] Cabe señalar que Bergson era judío sólo por vía paterna. La ley judía confiere la judeidad exclusivamente por vía materna.

Tú, oculta tu inteligencia, aunque salve vidas, porque la verdad ya no puede hacer nada contra la zombificación universal.

Nada les detiene, ni siquiera la muerte. No tienen concepto del valor. Su oro.

Pero Tristán, solo en el mundo, completamente solo, permanece ahí, como una astilla, una conciencia, su astilla, su conciencia.

Así que había que neurotizarlo, pervertirlo y, para colmo, privarlo de todo apoyo. Ni siquiera le quedaba su padre, a quien le habían quitado. En las terribles condiciones en las que le harían vivir, estaban seguros del éxito.

A pesar de los esfuerzos de Jacqueline y Tristan, su existencia era dura. Tenían que hacer milagros para que la pequeña Chantal tuviera todo lo que necesitaba. Vivían precariamente y no recibían suficiente aire ni sol en aquella húmeda habitación. De vez en cuando, en los días de depresión, como un náufrago aferrado a una tabla podrida, Tristán iba a ver a *su querida abuela*. El hotel había recuperado su antiguo lujo, con criados con guantes blancos que nunca duraban mucho, un Salmson y un chófer. También había televisión, en una época en que nadie tenía, y acabábamos de comprar una granja en el Loira.

A veces *la abuela* le entregaba a Tristán un billete de mil dólares doblado por la mitad, con grandilocuente demostración y paroxística ostentación.

Aceptó esta magnánima generosidad, que, por supuesto, resolvió todos sus problemas.

Un día estaba lloviendo.

Tristan fue a la calle Dehodencq con unos zapatos malos que goteaban. Eran los únicos que tenía. Avergonzado, se lo señaló *a su querida abuela*, como disculpándose, porque las suelas encharcadas corrían el riesgo de mojar sus alfombras orientales.

El tío Jacques dijo que le iba a regalar un par de zapatos.

— Con este tiempo voy a tener buen calzado", dijo Tristán.

— No -respondió el tío Jacques, con cara de bobo-, te los doy precisamente porque gotean.

Tristán se quedó boquiabierto. No creyó ni por un momento que su tío se hubiera estado burlando de él. Su cerebro, bastante mal organizado, le privaba del sentido del humor. Tristán más bien tenía la impresión de que no se daba cuenta, eso era, *no se daba cuenta*.

¿Y los demás? Los demás tampoco. Esta impresión se hizo más fuerte a medida que se desarrollaba la vida de Tristán. Marx es un inconsciente y los que le siguen también.

Poco después, llegó a casa *de la abuela* con las manos vacías. Jacqueline no se hacía ilusiones, pero cuando estaban desesperados, le propuso a Tristan ir a la rue Dehodencq, con la misma esperanza que quien juega a la lotería nacional. A él no le hacía gracia, pero por Jacqueline y la niña, hizo el esfuerzo. Siempre mantienes la esperanza en tu familia, aunque sepas que no la hay.

Cruzó París y llegó a casa *de la abuela* con un billete de metro perforado en el bolsillo. Lo justo para volver a casa en metro.

Estaba allí cuando la tía Denise le pidió que fuera a buscar al caniche a la clínica canina. Le dio mil quinientos francos por hacerlo.

Recibió una descarga. Eran seis cuadernos de este metro indispensable. Y en el bolsillo llevaba un billete de metro con un agujero. Sintió un extraño desprecio; su desconsideración, su falta de corazón, iban a volverle loco en el acto.

Esquilando al caniche ¡Esquilando al caniche!

Es imposible describir lo que pasaba por su mente en el camino del hotel a la clínica, de la clínica al hotel. *Pero este odio se parecía más a la autoconservación que al odio en sí*.[18] Incluso tuvo la fugaz idea de volver a casa con el dinero que tanto necesitaban.

No podía considerarlo un robo, ni siquiera habría sido inmoral.

Nadie como ellos para convertir a un inocente en un delincuente, en un criminal. Este mundo materialista, este mundo de lucro contaminante e ideologías imbéciles, pronto será un enorme rebaño de delincuentes, criminales, imbéciles, pornógrafos, drogadictos, *infrahumanos*. Dan ganas de morder la naturaleza más dulce y venusina.

---

[18] Esta frase resume toda la psicología del antijudaísmo de los últimos 5.000 años (ya que existía mucho antes del cristianismo).

Esperaba tanto por la niña, por los tres en aquella habitación sin agua, con el lavado y el gas insalubre.

La pequeña era frágil, su madre se estaba cansando mucho. Su propia constitución delicada.

Había que reprimir su revuelta. El pequeño caniche con su colita meneándose de alegría al volver a ver a Tristán no tenía nada que ver.

No había pianos en los colegios públicos donde trabajaba Tristán. Una compañera le ofreció trabajar en su casa. Aceptó encantado, pero aún tenía que hacerlo, ya que ella vivía cerca de la Porte de Clignancourt, frente a la Porte d'Orléans. Dos horas de metro para una hora de práctica. A la vuelta, pasó la mayor parte de la noche trabajando en su certificado de tercer grado.

Decidió alquilar un piano por una módica suma. Esto desordenó aún más la habitación. Mandó poner una sordina para el niño.

En esta casa laboriosa, el piano no se ganó el favor de los vecinos.

Uno de ellos, que había bebido, le amenazó. Curiosamente, al día siguiente fue atropellado por un coche cuando volvía del trabajo y murió.

Tristán se sentía incómodo, se sofocaba. Intentó trabajar con su instrumento. La sordina de fieltro que dejaba puesta constantemente distorsionaba los sonidos. Al principio parecía inusual, pero luego se hizo insoportable.

Se sentía atrapado por todo. Quería escapar al infinito. Su corazón y su razón le ataban a su deber. Pero estaba desgarrado por el caos. Este caos era el resultado del divorcio, de haber sido arrancado de su infancia...

Su alma de cristal y su erotismo.

Su razón y su efervescencia artística.

Estaba empollando para sacarse la licenciatura y apenas tenía tiempo de ir a la Sorbona a asistir a las clases. Las dificultades básicas le obligaban a hacer frente a un cúmulo de obligaciones que no podía eludir. Sólo iba a la Sorbona de vez en cuando.

Sin embargo, fue allí donde conoció a Huguette. Esperaba en la puerta de un anfiteatro donde se iba a celebrar una conferencia. La puerta se abrió y salió una joven. Se encontraron cara a cara. Se miraron y ambos sintieron admiración el uno por el otro. Él se dio cuenta de que el ímpetu de esta bella persona se había roto de repente al ver a Tristán. Durante un segundo se quedó quieta delante de Tristán y él tuvo la sensación de que estaba esperando a que él se decidiera a decirle algo, ¡pero no había necesidad de dudar!

Tristán aprovechó la oportunidad. No, ¡no iba a dejar pasar a esta exquisita Venus! Le hizo una pregunta banal sobre la conferencia que iba a tener lugar a continuación. Ella respondió amablemente con una sonrisa que estalló de blancura y él descubrió en sus ojos oscuros algo conquistado, sumiso, tierno y apasionado. Tenía la cara alargada, la tez mate sin exageraciones, la boca perfectamente definida y sensual. Era alta, esbelta y muy elegante en su sencillez. En esta Sorbona polvorienta, destacaba tanto como Tristán.

Ella también estaba haciendo la carrera de Filología Inglesa. Subieron juntos la escalera de las galerías, escuchando con el oído distraído, pero no sin mirarse, con el corazón latiéndoles con la dulzura ebria del deseo.

Le cogió la mano y ella apretó la suya.

Después de la conferencia fueron a tomar algo a un café cercano.

Volvieron a verse al día siguiente, y de nuevo unos días después. Seguían cautivados el uno por el otro, embriagados por sus besos y sus corazones latiendo cada vez más rápido. Tristán fue demasiado franco para no decirle la verdad: estaba casado.

Al principio pensó que tenía una amante. Ella tenía veinte años, él veinticuatro.

"Un ama puede columpiarse", se rió, "pero una mujer, no, ¡no eres libre!

Esta dura realidad se apoderó de él.

Le cogió la mano y se la besó. Su apasionado beso le dijo que ella también aceptaba esta intoxicación sin remordimientos.

Su esposa lo amaba, él sentía gran ternura por ella y por la niña. Y ahora él, que no había conocido más mujer que la suya, que era tan ávido de mujeres, tenía una amante deseable y muy hermosa. No, no tenía remordimientos. Su corazón estaba en paz.

¡Cuántos dulces abrazos se dieron en todos los hoteles del Barrio Latino!

Pasaron unos meses, y un día Huguette le dijo simplemente, por capricho, que ya no le quería.

El primer desengaño de su vida. Se entristeció profundamente.

Por la noche, volvió a su húmeda habitación sin agua, sin aire y sin luz. Encontró a Jacqueline y a su pequeña Chantal. Estaba triste, abatido y sin hambre. Jacqueline le preguntó amablemente qué le pasaba y él, el niño sin amor que siempre sería, le contó su aventura. Ella tenía casi veinticinco años cuando se casaron y él veintiuno. Era la mayor. Las mujeres son maduras a esa edad, los hombres no. Una lágrima brotó de sus ojos risueños y fue a consolarlo. Tristán la abrazó y le pidió perdón.

¡Pero qué niño era! No debería haberle contado a su mujer lo de su aventura. No tenía nada que ver con la integridad de su hogar, porque las quería a las dos. Esa ternura era sagrada.

Tristán tenía un amigo en la cercana residencia universitaria al que invitaba a menudo a su casa. Estaba terminando la carrera de Derecho y pronto iba a recibir una distinción especial de la Academia Francesa por un libro de poesía muy cuidado que había publicado. Tristan lo encontraba interesante y era muy indulgente con sus imperfecciones. Jacqueline era receptiva y él tenía una cultura que podía servirle de mucho. Maurice, ése era su nombre de pila, tenía un carné de prensa que le daba entrada gratuita a los teatros donde podía llevar a Jacqueline, que nunca salía.

Así, Tristan podía quedarse tranquilamente en el dormitorio cuidando del pequeño mientras él preparaba sus dos últimos títulos. Maurice no daba a Tristan ningún motivo de preocupación y, además, tenía plena confianza en su mujer. Si había elegido a Maurice por sus cualidades culturales, el retrato de Maurice le tranquilizaba por completo. No podía imaginar que una mujer como la suya soportara siquiera que le diera la mano durante demasiado tiempo al saludarla. Él mismo no soportaba un apretón de manos prolongado de Maurice. Era bajito, pelirrojo, fornido, bizco hasta la caricatura, llevaba gruesas gafas de sol, la piel color ladrillo, las manos gruesas del mismo color y delataba propensión a la violencia. El propio Maurice había confesado con contrición que había experimentado ese defecto cuando, siendo adolescente, había estrangulado a un pequeño gato con un trozo de cuerda. Esta revelación había helado a Tristán, pero también le había tranquilizado en cuanto a que Maurice podía ser un peligro para su mujer.

Jacqueline y Maurice salieron, mientras Tristan trabajaba.

Por aquel entonces se preparaba para el dificilísimo Certificate in English Literature, porque a todos estos escollos se sumaba otro importante: nunca había pasado una temporada en Inglaterra. Escribir un ensayo literario en inglés sin el menor conocimiento del idioma era una hazaña casi imposible.

La indiscreción de un vecino le dijo que Jacqueline y Maurice coqueteaban. Juzgó la palabra a la luz de su impresión estética, que era perfectamente categórica. Pensó que su mujer tenía la amabilidad de aceptar una especie de marivaudage con aquel hombre físicamente poco apetecible que le ofrecía un poco de cultura y distracción mientras él trabajaba. Los sermoneaba a ambos en tono de burla. No daba importancia a lo que para él no podía existir, no tenía ninguna posibilidad de existir. ¿No le había dicho a su mujer: "¿Cómo puedes imaginar, aunque sólo sea por un segundo, el apareamiento de un ave del paraíso y un cocodrilo?

Continuaron saliendo, Tristán seguía trabajando al lado de su hijo.

De repente, sin motivo aparente, Maurice empezó a mostrar un oscuro odio hacia Tristán. Su comportamiento se volvió violento, incluso peligroso. Le asombró esta aversión cuando no le había hecho más que bien. Le rogó que no volviera a la casa.

Un día, Tristán se enteró de que las aves del paraíso pueden aparearse con cocodrilos sin vergüenza ni remordimiento...

Madame de Gastine, la madre de Tristan, se había instalado recientemente en París, en la avenida Kléber. Había venido a ver a su hijo y a su nuera y, por casualidad, conoció a Maurice, a quien invitó a su casa.

Estaba a punto de desempeñar un papel central en una de las tragedias con las que estaba familiarizada. Jacqueline debió de contarle a su madre la aventura de Tristán, que ella sabía que no tenía importancia. La actitud de su madre fue totalmente despreciable, pues empujó a Jacqueline a los brazos de Maurice. Llegó incluso a llevar a su nuera a ver a un abogado sin que Tristán sospechara nada. Madame de Gastine ignoraba tanto como Tristán que Jacqueline engañaba deliberadamente a Tristán con aquel enano de piel de ladrillo y gafas con montura de cuerno. Ignoraba también que la aventura con Tristán, que nunca había conocido a otra mujer que no fuera la suya, no tenía consecuencias, y que si Jacqueline se lo había contado era precisamente para justificar su propio y grave adulterio, del que todo el mundo seguía sin enterarse.

La propia Jacqueline contó después a Tristán lo que su madre había dicho al abogado sobre su hijo: "Si viniera aquí lo mataría como a un perro".

Bastó que Jacqueline le dijera a su suegra que Tristán había tenido una amante (es probable que utilizara el tiempo presente para empeorar las cosas), y este formalismo cortical, alejado de cualquier realidad profunda -pues nunca en su embriaguez Tristán había olvidado a su mujer y a su hija-, puso en marcha los mecanismos destructivos de su madre.

En lugar de arreglar las cosas, Madame de Gastine montó su habitual grand guignol.

Madame de Gastine ejerció una especie de fascinación justificadora sobre Laure y Charlotte, pues cuando a Charlotte le contaron el enjundioso apotegma pronunciado delante del abogado, evocó, en apoyo de su madre, el famoso comentario de Blanche de Castilla sobre San Luis, el matarife de musulmanes en nombre de Cristo: "Prefiero verlo muerto que manchado por un solo pecado mortal".

¡Pobre Madame de Gastine!

Inconsciente e incorregible. ¡Un poeta católico-judío! Oscilando entre el angelismo y el diabolismo. Masoquista, se golpea a sí misma con una fusta.

Incomprendida, insoportable, farisaica, maliciosa, insinuante como la serpiente de Eva, una versión mucho más inteligente de la *abuela Darling*. Dotada de una asombrosa espiritualidad del disparate, una inteligencia de seres alucinantes, siempre que ella misma no gravite en la órbita de las personas a las que juzga, pues de lo contrario su juicio se distorsiona y depende únicamente de las buenas o malas sensaciones que éstas le produzcan. De este modo, sus pensamientos iniciales, siempre notables, se falsean hasta el punto de tomar el color contrario.

Incapaz de amor auténtico, de entrega, estaba disponible para todos los excesos, todas las exaltaciones, todas las parodias de altruismo, todas las histerias de apostolado.

Ella no había traído a su hijo más que dolor, y él no recordaba nada bueno. *Nada en absoluto.*

En un libro en el que habla de su hijo, yendo de un pésimo colegio a otro, loca por verse privada de ternura, su única preocupación era que se convirtiera en un pederasta, el peligro del internado. ¡Oh burla!

Tristán desearía poder reír, pero su familia le ha quitado el sentido del humor. Sufrimiento y desequilibrio, inteligencia intuitiva, así era su madre.

Hablaba del drama del modernismo y de sus factores profundos con una lucidez asombrosa, y no dudaba en denunciar el importante papel desempeñado por sus congéneres en el suicidio mundial, porque se sentía absuelta por su conversión al catolicismo. Pero en la práctica nunca dejó de justificarse, ideando los giros psicológicos más asombrosos para justificar el acto más inmoral a la luz de un principio moral. Ella hacía en privado lo que el mundo moderno hace universalmente: se protege, se fabrica, se alienta a los culpables, se burla y se castiga la inocencia y la inteligencia. La era de las mayores mentiras envuelta en una lámina de oro.

Tristán había sentido a menudo ganas de reír al escucharle. Pero siempre se ponía su máscara más estúpida para que nadie sospechara la perspicacia psicológica que desmontaba su perverso teatro, su repugnante fariseísmo, sus deslumbrantes inversiones.

Todos caminaron, excepto Tristán. Mira la cantidad de desgraciados que el Liberalismo, el Marxismo, el Freudianismo han hecho caminar....

Es cierto que esta dialéctica multiforme, siempre idéntica a sí misma en su expresión y sus efectos destructivos, funciona en todas partes y para todos en el mundo moderno.

Años más tarde, George Steiner lo resumió todo:

"Durante 5.000 años hemos hablado demasiado, palabras de muerte para nosotros y para los demás". Cómo habría amado a una madre dulce, serena, cariñosa. Qué fervor habría sentido por ella.

Habría conocido el piano, la esencia de su vida. Su efusión directa le habría evitado contusiones fatales.

Hoy, la demencial razón impide que florezca la trascendencia.

Había dejado claro a *su abuela* que una estancia en Inglaterra era esencial para él. Si ella hubiera ayudado a Jacqueline, él habría podido ocupar un puesto de asistente en Gran Bretaña y el asunto se habría solucionado.

Pero *a la abuela* eso no le importaba. Podía sentir cuánto deseaba ella que cayera. Sintió la alegría sádica que ella habría tenido al proclamar a

Madame de Gastine: "Hicimos todo lo que pudimos por ese granuja, y es igual que su padre, siempre dije que acabaría en el cadalso".

Y dejar caer la mano sobre su eterno sofá con un característico poum.

Tristan fue a la sesión de junio en la Sorbona. Se había esforzado mucho en su trabajo escrito y, a pesar de su inglés a trompicones, consiguió escribir su ensayo y clasificarse. Su éxito fue un milagro. Lo había hecho solo. No conocía a ningún compañero que hubiera aprobado el examen escrito de literatura sin haber pasado al menos un año en Inglaterra. Había logrado un tour de force. Escribir un ensayo en una lengua extranjera en esas condiciones era una proeza prodigiosa: sólo quedaba el examen oral. Por desgracia, no había tenido tiempo de prepararse. Se había visto obligado a abandonar este oral puramente mnemotécnico. Estaba toda la historia de la literatura inglesa, de la que no sabía ni una palabra. Sólo conocía el contexto histórico y literario de los autores de la palabra escrita, pero eso no era suficiente. Se presentó al examen para aprovechar la experiencia, pero por supuesto suspendió.

Pasó el verano preparándose para el examen oral de octubre.

El examen fue bien, pero durante la segunda prueba de explicación de texto, un examinador con aspecto de chimpancé le preguntó a bocajarro cuántos acentos había en los versos de Shakespeare. Tristán, que nunca había tenido ojo para los detalles en ningún campo, le dijo que no lo sabía, pero que lo único que tenía que hacer era contarlos en la edición de Shakespeare que tenían delante.

de Gastine Ignorancia imperdonable", concluyó el simiesco examinador. Tristán fue suspendido por un punto.

Fue el golpe de gracia. Milagrosamente, había obtenido el examen escrito sin ir a Inglaterra. Se sentía incapaz de volver a presentarse al examen. Su salud flaqueaba cada día y había fracasado. Fue un cataclismo, pues había llevado sus esfuerzos a una posible cima de salud física y moral. Le sobrevino un ataque de furunculosis que le atormentaría durante años. Sintió que se disolvía. La lucha contra su vocación de artista, su trabajo agotador tanto para la universidad como para la enseñanza.

Las pocas conferencias a las que asistió en la Sorbona bastaron para desesperarle. Bastaba para echarse a reír observar las perspectivas y los métodos en uso. Los profesores mascullaban religiosa y concienzudamente las mismas opiniones sin sentido, acompañadas de los mismos trucos, las mismas carantoñas, los mismos tics. El proceso intelectual de estos "agrégés" tenía la perfección de las máquinas expendedoras. Se les exigía claramente la lucidez de un topo y la memoria de un elefante. Este proceso de atontamiento no podía dejar de producir robots marxistas y freudianos, aunque todo demostrara el absurdo, la locura y la estupidez de estas lógicas desmanteladas, de estos sueños de sistema, aislados de la realidad y destructores de almas y cuerpos por decenas y decenas de millones.

¡Oh Sorbona!

Un hormiguero de seres sanos y mutilados que se ignoran a sí mismos y que, en nombre de una razón o de una ideología de pacotilla, imponen absurdos delirantes. Sorbonnards que piensan con anteojeras, intelectualistas en frascos, armarios de libros de texto, ollas llenas de insignificancia, urdidores de la neantización de la humanidad y del planeta.

No sois hombres, sois los repertorios del Padre Ubú.

Desgranar temas que, en su mayor parte, carecen de interés alguno, tal es el arte de la disertación sorboniana: "¿Es Milton un poeta entre puritanos o un puritano entre poetas? " ¿Respetó Shakespeare la historia en Julio César? " Rousseau: ¿hay que separar al hombre de la obra? " Orwell, "1984", ¿una novela de amor?

¡Pobre Shakespeare, pobre Orwell, pobre Sócrates!

La incoherencia de las cosas, el vértigo de la incoherencia de las cosas. No hay nadie como los mediocres y los estúpidos para alcanzar el máximo social.[19]

Pronto sólo los gángsters podrán conseguirlo. Será radicalmente imposible lograrlo sin ser un gángster o un dócil tonto masón.

Un agregado me dijo una vez que "la intuición es la madre del error". Evidentemente, él no tenía ninguna. Aparte, claro está, de una pequeña intuición analítica sobre algo que carecía por completo de sentido.

Tristán se sorprendió al oír una vez en televisión que la agregación daña el cerebro humano y, por tanto, es patógena. Escuchó esta evidencia una vez. Nunca más. Tristán llevaba veinte años diciéndolo. Voluntariosos, limitados, poco inteligentes, doctores de la Sorbona, los mejores de los

---

[19] En el año 2000, cuando este libro sea remodelado y completado, serán los canallas los que tendrán este privilegio.

cuales hacen honrados eruditos especializados, no peligrosos para el sistema. Se puede hacer lo que se quiera con ellos. Totalmente desprovistos de cualquier sentido de observación elemental, de cualquier posibilidad de intuición profunda, los auténticos enterradores de la humanidad entera.

Agrégation.

Una competición psicopatógena, un diploma para supuestos intelectuales, una herejía monstruosa que vive de la ingenuidad de las masas, obra de rompedores de residuos intelectuales. Nada sale de ello. Los agrégés nunca son creativos, no consiguen nada. Siempre son humanistas, *es decir, inhumanos*. El humanismo lleva tres siglos destruyendo a la humanidad. Está casi acabado.

Observan sólo en lo ínfimamente patente, inmediato, preciso, primario, material, racionalista, no razonable. Los nueve décimos se les escapan. La agrégation fue inventada por la revolución mal llamada francesa, por el Lévy les Homais. Mediocridad inimaginable, límites infranqueables, asfixia suprema.

Después de la gran revolución que nos preparan los multimillonarios marxistas judíos, el supremo agregado suprarrenal, que será rebautizado para que no quede nada de la revolución burguesa, será de hormigón armado.[20]

¿Qué es un artista para ellos? Un estado paranoico y un complejo de Edipo. ¿Pero qué hombre normal no estaría paranoico en este mundo despreciable e idiota?[21]

Un mundo de mentiras y leyes grotescas, infinitas en número. Un mundo de zombis donde todas las mentiras e inversiones tienen fuerza de ley.

¿Complejo de Edipo? Pero Edipo es un drama sobre el destino, no sobre el incesto. El dramaturgo griego eligió este comportamiento como el

---

[20] Las suprarrenales son las glándulas de la acción, la brutalidad y la objetividad. Es natural que el régimen comunista reduccionista estuviera encabezado por suprarrenales: Stalin, Jruschov, Bréznhev, etc. Se trata del tipo glandular menos evolucionado. El capítulo sobre "la clave" arrojará más luz sobre esta cuestión.
Los luchadores de ring son suprarrenales, como muchos boxeadores.

[21] Aldous Huxley decía que cualquiera que no fuera neurótico en este mundo era anormal, porque significaba que se había adaptado a un mundo al que era imposible adaptarse. (véase Un mundo feliz).

cumplimiento fatal del acto hacia el que el hombre siente más repulsión.
Edipo nunca tuvo complejo de Edipo.

¿Se habría proscrito la tendencia al incesto entre los Primitivos si el impulso hubiera sido tan fuerte? ¿Y qué hay de ese inconsciente perverso? ¿Dónde lo encontró Freud, si no fue en su propio cerebro perverso?

¿Qué pasa con el simbolismo de los sueños? ¿Necesitamos simbolismo para tener sueños eróticos?

¿Y el marxismo? ¿Cuándo creó la tecnología la cultura? ¿Cuándo creó el arado al hombre?

La influencia de estos dos monstruos que, de manera similar, se ocupan del hombre interior y del hombre exterior. Desahogo, abulia, cine y literatura, zombis por zombis, pornografía, educación perversa, por no hablar de la terapia seguida de una masa de suicidios.

Decenas de millones de personas exterminadas en los países marxistas. Así lidiaban con el desempleo. Entre 1950 y 1952, 5 millones de personas fueron ejecutadas en la China comunista, ¿y cuántas decenas de millones en la URSS entre 1917 y 1960?

¿Cuántos?

Pero miren las caras de Marx, Freud, Mendés France, Olivenstein, Schwarzenberg, Aron, Attali, Tordjmann, Hammer et al. y las de François d'Assises, Carrel, Pericles, Juan de la Cruz, Peter Deunov, y comprenderán que cuando se les hace comprender, no comprenden nada en absoluto y quedan desconcertados.

Un filósofo no es un Lévy o un Dupont que ha pasado la agrégation en la Sorbona, es un ser cuyo cerebro está naturalmente constituido para pensar por síntesis. Es una élite providencial. Está dotado de una alta conciencia.

Pídanle a un licenciado en filosofía que haga gárgaras con estos idealistas, estos pseudofilósofos, con sus procesos de pensamiento aritméticos que disuelven *racionalistamente* al hombre y a la naturaleza.

CAPÍTULO IX

Tristán se había sentido abatido por este fracaso, tan cerca de la meta, y por una razón inane, "el número de acentos en el verso shakesperiano"...

Tenía que irse a la cama. El tío Jacques vino a verlo a su casucha. Tristán tenía dos abscesos.

— Tendrás que bañarte todos los días", dice el tío, "así que coge un cuenco y una jarra y échate agua por encima.

La casa *de la abuela* tenía una docena de cuartos de baño. El estado de Tristan empeoró y tuvieron que llevarlo al hospital universitario. Estaba lleno de abscesos y forúnculos. Lo inundaron de antibióticos. No surtieron efecto. Los médicos insistieron en inyectarle esos productos. Sabía que era el choque moral lo que le había vencido, la angustia, la preocupación por su familia. Y en el fondo, el piano retrocedía, retrocedía. Sabía que Jacqueline no tenía dinero y que no era cuestión de dejar de trabajar. Sabía que para volver a la lucha después de semejante derrota, ella habría necesitado un poco de ayuda. Pero, dadas las circunstancias, todo parecía radicalmente insoluble. Sabía que un poco de ayuda le habría curado como por arte de magia. Quien dijo que el dinero no puede comprar la felicidad tenía mucha razón, pero en este caso debía de tener mucha.

El día que lo hospitalizaron, Jacqueline había ido a quedarse con *su querida abuela*. Tristan no tenía pijama y era imprescindible que se lo cambiara todos los días. Pasaron unos días. El tío Jacques paró el coche delante del hospital y, de pie en la puerta, dijo bromeando:

— ¿Así que ya no te mueres?

Luego, a toda prisa, se dispuso a marcharse de nuevo. Jacqueline estaba allí, junto a la cama de su marido. Así que añadió:

— ¿Necesitas algo?

La pregunta era tan disparatada que sólo pudieron responder con una voz:

— ¡Claro que no!

Pasaron tres semanas. Al día siguiente de recibir el alta hospitalaria, llegó un paquete que le había enviado la administración: contenía dos pijamas.

A Tristán le prescribieron un mes de estancia en una residencia. Esto planteó un problema parecido a la cuadratura del círculo. *La abuela querida* había entregado la cantidad a pagar al hospital, que no estaba cubierta por la seguridad social, contra recibo en debida forma.

La casa de reposo estaba en Sainte Maxime, en el sur de Francia. El dinero del viaje había que pagarlo por adelantado, y sólo se reembolsaba parcialmente a la vuelta. *La abuela Darling* le dio la cantidad exacta para el viaje.

Por la más extraña de las coincidencias, la baronesa de Monosh seguía allí, y fue delante de ella donde se entregó el dinero. Mientras ambos descendían la escalera hacia el vestíbulo, la baronesa tuvo a bien reiterar su recomendación: "Sed amables con una abuela tan sensible y generosa".

El cuerpo de Tristán empezó a temblar. La ostentación maquiavélica estaba en marcha, como en todas partes. ¡Ah, esa gente que vende armas a todos los que se exterminan y construyen hospitales!

Estaba pasando por un infierno con su mujer y su hija y todo el mundo pensaba que se les estaba ayudando. Así es exactamente como el comunismo está ayudando al mundo entero, allí donde han llegado sus tentáculos, con la ayuda de las finanzas judías, la miseria y la estupidez humana.

- Qué te parece -dijo por fin a su primo-, pero la abuela no me ayuda. La limosna que me acaba de dar apenas alcanza para pagarme el viaje en tren a la residencia.

Así que le describió la situación, mostrándole cómo estaba luchando, solo, sin ayuda de nadie, cómo intentaba mantener a su familia al mismo tiempo que estudiaba para obtener una educación superior, y las condiciones en las que vivían en su chabola. Le contó lo mucho que le había ayudado *la abuela* en esas pésimas condiciones de vida.

Y no hablaba de lo principal, del asunto que estaba en el fondo de todo, del deseo deliberado de destruirle como habían destruido a su padre y del monstruoso drama de esta lucha negativa y de su piano que le volvía loco de ausencia... El primo no parecía sorprendido sino más bien avergonzado.

Todos creían que se estaba ayudando a Tristán, tenían que creerlo.

Pocos días después tuvo un encuentro casual con un pariente que le dijo: "¿Qué harías si no tuvieras una abuela que te diera quince o veinte mil francos al mes, que acaba de enviar una gran suma a Israel?

Una vez más, la compostura de Tristán se eclipsó.

Tartamudeó durante cinco minutos antes de poder aclarar las cosas.

Estaba cubierto de forúnculos, signo visible de su miseria moral y de su salud agotada. Eran tres, pronto cuatro, en aquella mísera habitación de la rue des Artistes, y sólo gracias a constantes proezas de fuerza no le faltaban demasiado a los suyos. *La abuela querida* no sólo no les ayudaba, sino que cuando, en las más raras ocasiones, les daba una pequeña suma de más de mil francos, la suma reclamada era siempre mil francos menos. Por supuesto, Tristán nunca se habría atrevido a contar delante de un público en el salón de su casa.

Los familiares y amigos tenían que creer que se estaba ayudando al nieto. Por eso las donaciones se hacían ante un público selecto.

Cuando Tristán regresó de la residencia, cogió la lamparita de cabecera para iluminar su trabajo nocturno. Para no exasperarse por el certificado de literatura inglesa, que había visto cómo un éxito milagroso se convertía en un amargo fracaso, preparó el de literatura francesa, en el que fue admitido.

Después de telefonear, fue a casa *de la abuela* para darle la buena noticia. Cuando llegó, las únicas palabras que *la abuela querida tuvo* que decir fueron esas sádicas palabras de amargura que tan bien se le daban:

- Así que suspendiste Literatura Inglesa, me mentiste.

Si Tristán hubiera tenido una bomba en el bolsillo, no habría quedado ni una piedra de la mansión.

Entonces comprendió cómo la persona más gentil puede convertirse en un asesino espectacular en defensa propia.

Solo, sin ayuda, sin apoyo, enfermo, acababa de hacer esfuerzos agotadores para terminar las tres cuartas partes de su carrera para que un día de éxito ella empezara a montar esta escena delante de padres, extraños, parientes, criados, simplemente para hacerse la ilusión de que tenía derecho a reprenderle de esta manera, para que el público creyera que la considerable ayuda que le prodigaba le daba este derecho...

La razón por la que había renunciado temporalmente al certificado de literatura inglesa era precisamente porque había suspendido por falta de ayuda, y lo más inteligente era seguir adelante y volver a presentarse al examen más adelante.

Así, todos podían creer legítimamente que *la abuela* cuidaba de ellos.

Era un maquiavelismo despreciable que Tristán encontraba en todos los aspectos del mundo moderno.

Lo aborrecía. Se entregaba a esta siniestra comedia no sólo para justificarse ante sí misma, sino también por el sufrimiento que le causaba algo bueno que le había ocurrido a Tristán.

Recordaba haberla oído decir complacida sobre el hijo de su hijo menor, el tío Etienne, casado con una goy que había venido a visitar a *su querida abuela* a su casa vacía de la ciudad durante la guerra, "que era bizco y parecía un enano".

¡Pobre chico! Es cierto que el tío Etienne no encaja bien con el trío y no le sirve de consuelo. "Fueron los enfermos quienes inventaron la maldad", dijo Nietzsche.

Tristán nunca había oído a *la abuela* querida decir una palabra amable a nadie. Todo permanecía en el más estricto triángulo "*abuela querida*, tío Jacques, tía Denise".

Prestaba su personalidad y sus propios objetivos a los demás, y disfrutaba desprestigiando a todo el mundo. La tía Denise mostraba más objetividad, inteligencia (lo que no significa mucho, por desgracia) y cierta devoción. Pero su codicia es patológica. Es capaz de llegar al extremo de odiar todo lo que tenga que ver con el dinero, de preguntar a los criados por el fondo de una botella de cerveza, de dejar que se pudran decenas de tarros de mermelada en lugar de *regalarlos*, de sacrificar tres céntimos de propina a una acomodadora de cine, en una época en la que cincuenta céntimos era lo mínimo que se podía dar... Afortunadamente llegó justo detrás de su tía y Tristán vació sus bolsillos de calderilla para escapar de aquel ridículo fantástico y degradante y devolverle el aliento que su tía le había quitado.

El hijo del tío Etienne, al que *la abuela chérie* llamaba cariñosamente "enano", llama a *la abuela* chérie "piel de vaca".

El tío Etienne intenta introducirse a la fuerza en el trío, y para satisfacer esta pretensión se obliga a todo tipo de tópicos, cobardías, incluso a negar su naturaleza, que supera en calidad positiva a la del trío. Su ambición es ser más que tolerado, llegar a ser uno con ellos. Se esfuerza por imitarlos, fuera de línea, por espíritu de clan, y sin duda también por interés propio. El sentido de tribu es sin duda lo único que cuenta.

En cuanto al pobre tío Jacques, "es muy simpático", como le dijo a Tristán uno de los colegas de su tío. Calmado, plácido, de aspecto extraordinariamente amable, ferozmente egoísta, médico rutinario, conformista, indiferente y amante de la tranquilidad.

Nunca se interpondría en el camino de su madre. Tenía más en común con una especie de objeto inerte que con un ser humano.

El clan.

El tío Etienne dijo una vez: "Si mi madre me dijera que matara, mataría". Pobres víctimas despiadadas de un atavismo despiadado.[22]

---

[22] Veremos en el capítulo sobre la clave que el atavismo sólo desempeña un papel muy secundario en la caracterología judía.

CAPÍTULO X

El aire insalubre y viscoso de la habitación donde vivían era muy perjudicial para la niña. Cayó enferma, aquejada de una infección primaria tanto más grave cuanto más precarias eran sus condiciones de vida. La angustia se apoderó de ellos. Se dirigieron a sus tíos, que eran médicos de hospital. "Esta infección no tenía importancia, era una nimiedad". Les recomendaron muchos colegas del hospital y les dieron muestras médicas gratuitas...

El niño parecía estar mejorando, pero entonces apareció una infección de oído con secreción purulenta. Así que la enfermedad no se había curado, sino que había tomado otra forma. Se trata de un proceso natural si se practica un control sintomático sin atacar las causas mismas de la enfermedad. Hospitalizada en la sala del tío Etienne, finalmente se recuperó al cabo de unas semanas. Etienne se la llevó consigo a su pabellón", se apiadó *la abuela* en un tono medio protector, medio lastimero, ante su público.

Pobrecito.

La primera vez que Tristan la tumbó en la cama del hospital, sola con sus dos grandes platillos azules en medio de la cara, lloró al ver que sus padres la abandonaban. Tristán no pudo apartarse. Como le dolía tanto, deseó haberse quedado con ella en el hospital.

Nada conmovía a la familia. Su vida en aquel tugurio, sus escasos recursos, su alimentación inadecuada, la demacración de Tristán y su dolorosa, agotadora y atroz furunculosis, sus estudios universitarios casi terminados y obstaculizados por la falta de dinero, la falta de tranquilidad, sus luchas desesperadas: todo les dejaba indiferentes.

Una habitación contigua al ático del ruinoso edificio en el que vivían estaba desocupada. Para tomar posesión de ella, necesitaban la pequeña suma de diez mil francos. Tristan se sintió incapaz de ir a mendigar a *su querida abuela*. Jacqueline fue más enérgica y decidió ir a asediar la calle Dehodencq. Finalmente consiguió hacerse con una pequeña suma de dinero tras mucho fingir ritualmente. *La abuela chérie* insistió mucho en "los sacrificios que hacía por ellos", y difundió la noticia de que "había cambiado a su nieto por un piso".

Nació un niño, un pequeño Patrice, que apenas era querido en esta caótica miseria. Los niños y Jacqueline se trasladaron a esta habitación, que había llegado justo a tiempo. Fue un alivio para ella porque ahora podía darse la vuelta. Tristan reservó la otra habitación para su piano y su trabajo. Ante todo, tenía que aprobar el certificado final, que le daría el título de licenciado en letras. Aún tenía que aprobar el más difícil, que exigía una estancia en Inglaterra. Había aprobado milagrosamente el ensayo, suspendido el oral, y ahora tenía que aprobar de nuevo el examen escrito. Le sacudía esta vida sin piedad. Los forúnculos persistían en atormentar su cuerpo, y a veces trabajaba en su piano con un forúnculo en cada brazo. Sus nervios estaban a flor de piel. Los exámenes, las lecciones, la enseñanza, las preocupaciones, todo ello era la antítesis de su naturaleza de artista. Tenía que matarse por tantos problemas sin importancia, y *ellos*, que sabían que iba a volverse loco de sufrimiento y a dejar a su familia sin ayuda. No, tenía que aguantar. Melodías cantaban en su cabeza...

Trabajaba los dedos, porque eso parecía lo más importante para su pasión por el piano. Pero sin profesor ni entrenador, todo su cuerpo se agarrotó, desde los dedos hasta los hombros. La articulación autoinfligida era un desastre. Cuando *su querida abuela* le daba mil francos una o dos veces al año, se apresuraba a cortarle amargamente: "¡Es para que te compres algo de comer, no para que tomes clases de piano"!

Sufrió fracaso tras fracaso en su última titulación. Como había previsto, fue incapaz de "remontar" en sus exámenes escritos. El profesor de la Sorbona, inglés por añadidura, que le había calificado le dijo: "Has sacado un ocho y medio, es el inglés lo que no se te ha pegado, tienes que irte a Inglaterra".

¿Ir a Inglaterra? Sin duda el consejo era sabio y Tristán se lo había dado a sí mismo muchas veces. Pero la falta de dinero lo hacía imposible.

Cuando vio a *la abuela*, no le dijo nada, pero le hizo entender que Inglaterra... Ella fingió no entender.

El tío Etienne lo sabía todo. Para ayudarle, un día le contó esta verdad eterna:

"La adversidad hace al hombre".

Una noche, de camino a casa, Tristán se encontró con Maurice, que había desempeñado un papel en su pasado que Tristán aún desconocía. Le había echado de su casa por su violencia, su ira y su brutalidad. Así que no tenía ninguna razón de peso para guardarle rencor. Así que habló con él. Fue entonces cuando éste le comunicó triunfalmente la atroz noticia de que había sido el amante de su mujer durante un año y medio. Tristán no le creyó ni por un momento y se rió de la pretenciosidad de aquel enano de piel de ladrillo, manos asesinas y gafas de aumento. Pero entonces Maurice le proporcionó pruebas, pruebas que le dejaron atónito, cartas de su mujer que no dejaban lugar a dudas y en las que llamaba a su marido "Jeroboam". A pesar de las pruebas, no podía creerlo. Ella le había engañado, y durante año y medio, año y medio sin que él se diera cuenta. Infame duplicidad, horror absoluto. El ave del paraíso podía haberle engañado con este chacal, esta hiena de ojos saltones. No, no era posible. No podía *darse cuenta*. Era la fidelidad de Jacqueline y el amor por sus hijos lo que le unía a su mujer. Él habría perdonado cualquier debilidad con un hombre que no fuera ese gelatinoso horror de ladrillo, especialmente si ella lo hubiera admitido sinceramente.

Pero esta mentira era gigantesca e implicaba una naturaleza que se negaba a analizar para no caer en un vacío sin fondo. La imagen de este hombre espantoso y esta mentira de dimensiones infinitas lo destrozaron todo de repente. No podía imaginar ni por un momento que una mujer pudiera engañar así a su marido haciéndose la excelente esposa. ¡Un año y medio!

Volvió a casa, como aturdido. Estaba demasiado triste para haber sentido siquiera la necesidad de poner su puño en aquella cara vomitiva. Dicen que se puede hacer eso. ¿Pegar al vómito? Hace un desastre.

Le dijo a Jacqueline que se había encontrado con Maurice, que le había contado todo. Ni siquiera sintió el impulso de reprocharle nada, se sentía más allá de toda reacción humana. No tenía ni idea, se enfrentaba a la nada, a la obliteración de todo lo que era elemental y justificaba vivir. Jacqueline lloró, pero ¿qué diferencia había? No cambiaba nada. Es cierto que había tenido una aventura con una chica guapa en la Sorbona, pero eso nunca había afectado a sus profundos sentimientos por su familia. Incluso le había confesado tontamente su aventura. Nunca había conocido a otra chica que no fuera su mujer, cuatro años y medio mayor que él. Una mujer, engañando a su marido, ¡y con *eso!* ¿cómo podía alguien concebir por un momento que amara a su marido? Lo único que quedaba en el corazón de Tristán era una lástima asqueada. Todo había quedado destruido. Habría perdonado una debilidad admitida, pero tal mentira, tal traición...

No. Jeroboam iría.

Cada uno tenía su propia habitación, separada por el patio del edificio. Se empeñaba en mantener una relación cortés, resignada y afectuosa con sus hijos. No quería que fueran víctimas de los horrores de las contingencias de la vida. Hicieron balance. Incluso divorciados, los niños siempre tendrían un padre y una madre coherentes y cariñosos que trabajarían por el bien de sus hijos. Tristan sólo se divorciaría si pudiera amar a otra mujer, pero eso parecía imposible en aquel momento. Los niños seguirían siendo un poderoso vínculo que evitaría que los pequeños fueran víctimas del atroz desamor que siempre acompaña a las odiosas desavenencias entre los padres. Evitaría esto para sus hijos a toda costa.

Tristán quería ahorrárselo todo a sus hijos, que crecerían en un mundo cada vez más loco, donde se les empujaría hacia la criminalidad institucionalizada, con las exquisitas variantes de la degeneración, la droga y el suicidio. Sería la culminación de una educación sin religión ni moral, porque la naturaleza nunca perdona.

Pasaron meses y años. Tristán siguió dando clases y suspendiendo el examen final. A fuerza de esfuerzos meritorios, consiguió ahorrar el dinero suficiente para pasar dos meses y medio en Inglaterra tomando leche. *La abuela* conocía las penurias que le impidieron quedarse en Inglaterra y aprobar el examen final de licenciatura. Pero, ¿qué le importaba a ella?

Los que le rodeaban empezaban a darse cuenta de que su éxito final en la licenciatura dependía de esta estancia esencial. Tristán arrastraba los pies. Parecía que nunca lo conseguiría. Este trabajo académico en la Sorbona, tan alejado del Conocimiento, era en sí mismo una prueba para Tristán. Y esta estancia esencial, este obstáculo insuperable.

De repente, *la abuela* anuncia a su familia: "Envío a Tristán a Inglaterra". Y para pagar su *viaje de Dieppe a New Haven*...

Llegó a Londres con las treinta y cinco libras que había ahorrado trabajosamente.

En los años 50, aún cerca del final de la guerra, las restricciones eran muy similares a las de la ocupación. Si querías quedarte al menos dos meses, tenías que comer frugalmente una sola vez al día. El desayuno se servía por la mañana y estaba incluido en la pensión mensual. Con eso le bastaba. Es más, no se le permitía salir, ni mucho menos gastar nada. Tenía que contentarse con hablar con cualquiera en Finsbury Park, que lindaba con la modesta pensión donde vivía.

No llevaba ni dos días en Londres cuando se le formó una infección de ántrax en la rodilla izquierda. Estaba solo, en una habitación desconocida de Londres, con la pierna rígida porque el dolor le impedía doblarla. Había dado el dinero de su pensión a la casera y sólo se había quedado con una pequeña suma para desplazarse en metro. Como mínimo, necesitaba algodón, gasas y alcohol para fricciones, y no tenía dinero para comprar estos artículos básicos de higiene. El dolor y la indigencia le estaban matando. No sabía qué camino tomar. No quería preocupar a Jacqueline, que no podía hacer nada por él y que ya tenía que ocuparse del cuidado de sus dos hijos. Los dos niños eran el único trabajo que una madre digna de ese nombre tenía que hacer si no quería entregar a sus hijos a la música patógena, a las drogas, a la laxitud, a la delincuencia, al paro y al suicidio.

Una especie de reflejo imbécil y lógico se apoderó de él. El reflejo de un marinero que ha caído por la borda y se agarra a un clavo ardiendo. De hecho, a la autopreservación, nada más en realidad. Volvió a caer en la infame trampa de la carta a *la abuela*.

"No puedo luchar más. He hecho de todo para salir de esto, pero estoy cansado de existir. Nunca podrás decir que no lo he intentado todo para hacer milagros. Me quedaba un examen para terminar mis estudios superiores, sin ninguna ayuda y con mujer y dos hijos. Estoy en una habitación en Londres con ántrax en la rodilla. No tengo dinero. Acabaré solo en un hospital como papá y me habrás matado. Haz por mis hijos lo que no hiciste por mí."

En el género estúpidamente melodramático, no podría ser mejor.

Pasaron diez días de angustia. Se frotó el sarpullido con un pañuelo mojado en agua caliente del grifo del lavabo.

Sin mediar palabra, llegaron diez libras de la *abuela*. Había hecho un esfuerzo, pero era la primera y última vez. Aun así, fue un último rescate. Tristan se compró los productos farmacéuticos básicos necesarios y se suscribió a medio litro de leche desnatada al día durante seis semanas. Así sobrevivió sin pasar hambre: el desayuno y la leche le bastaban.

Había pensado que acabarían matándole, volviéndole loco.

¿No es así como el capitalismo y el marxismo matan a millones de personas? Matan sin miedo a la justicia, porque la justicia se convierte en crimen y el crimen en legal.

Siempre están del lado de una suntuosa moral legal, mientras que lo que hacen es criminal. Toda su oficialidad carece de sentido moral. ¿Qué hay de moral en las finanzas de Rotshchild, Hammer, Loeb y otros? ¿En la venta de armas por parte de Bazile Zaharof y Bloch Dassault a todo lo que está siendo exterminado? ¿Qué hay de legal en el asesinato de la pequeña empresa, de la artesanía y de la agricultura por las multinacionales estructuradas por la alta finanza totalmente judía? ¿Qué hay de humano en el exterminio marxista de decenas y decenas de millones de personas reducidas a elementales unidades estadísticas matriculares?

¿Qué hay de moral en las bombas atómicas, de hidrógeno y de neutrones de los Sres. Oppenheimer, Field y S.T. Cohen?

¿Qué hay de humano en la fealdad institucionalizada de Picasso y compañía?

¿Qué hay de humano en el divorcio institucionalizado, que deja que los niños sufran? ¿Qué hay de humano en el aborto de autoservicio de Simone Veil?

¿Qué hay de moral en la píldora patógena, cancerígena y teratógena de Djérassi? Unos años más tarde vio una película en la que el financiero hacía la siguiente afirmación:

"Manipulamos a los imbéciles que dirigen a las masas a las que hemos vuelto locas".

Habría amado tanto a una familia de verdad. Lo habría olvidado todo, lo habría perdonado todo por un gesto de ternura y la alegría del amor.

En Londres, la práctica del inglés avanzaba poco. Estaba rigurosamente paralizado por falta de dinero. Cuando se le hubo curado la rodilla, salió a pasear por Finsbury Park. Seguía cojeando, pero no había más de doscientos metros desde la pensión.

Empezó a soñar en inglés:

Amo a una chica. Una chica de verdad.

Una chica con los ojos llenos

De inexpresable abandono. Sueños...

Me encanta una chica Que no piensa

Pero sentir se siente. Amo a una chica.

Cuyos largos dedos estrechan los míos Y tiemblan, tiemblan.

Como un gato bebé de ojos verdes Hambriento y frío.

Amo a una chica

Que me habla Sin decir una palabra. Amo a una chica que se derrite Como hielo al sol...

Traducción :

Amo a una chica. Una chica de verdad.

Una chica con los ojos llenos. De inexpresable abandono.

De sueños. Amo a una chica

Quién no piensa.

Pero quién huele, quién huele de verdad. Amo a una chica

Cuyos largos dedos abrazan los míos Y tiemblan, tiemblan

Como un pobre gatito de ojos verdes muriéndose de hambre y frío.

Me encantan las chicas que me hablan.

Sin decirme una palabra. Me encantan las chicas que se derriten. Como la nieve al sol...

En uno de sus paseos, conoce a una encantadora chica inglesa, hija de un concertista de piano.

Su amabilidad y sus caricias le ayudaron a soportar esta estancia, que fue vital pero no suficiente para perfeccionar la sintaxis de la lengua en particular.

Pasaba parte de su tiempo en el piso de esta joven, con la que hablaba siempre en inglés.

Tristán regresó a Francia cuando se le acabó el dinero.

No fue hasta años más tarde cuando consiguió, con grandes dificultades, aprobar el certificado de fin de carrera y una oposición que le convertía en miembro de pleno derecho del sistema educativo estatal francés.

Madame de Gastine y su marido no habían visto a su *querida abuela* desde el estallido de la Segunda Guerra Mundial. El suegro parecía disgustado con su familia política, y Tristan había oído de ellos algunos comentarios demoledores que no dejaban lugar a dudas de lo que sentía por ellos.

Antes de su partida hacia el África Occidental Francesa, el clan familiar había pedido a Madame de Gastine y a su marido que firmaran poderes. Ambos declararon a quien quisiera escucharles que de este modo habían enajenado todos sus derechos y que madame de Gastine quedaba así, perfectamente legal, privada de su fortuna. Tristán no conocía los detalles de esta cocción, cuyo aspecto jurídico se le escapaba, pero cuya psicología le parecía evidente. En cualquier caso, parecía que las combinaciones del trío familiar la habían desheredado como correspondía: su madre había sido despojada de su fortuna.

El padre de Tristán había contraído una vez una deuda de un millón, una suma considerable para la época. La deuda aún existía y el trío la había recomprado por una suma irrisoria. Su madre había dado una firmita al respecto, ¡lo que acabó con él!

Fue precisamente en ese momento cuando *la abuela* le dijo a Tristán, con el énfasis que le era propio: "En interés de la justicia y la equidad, voy a darle a tu madre una gran suma de dinero".

En realidad, el objetivo de este acuerdo, cuyos entresijos desconocía Tristán, era hacer creer a su madre que había recibido una determinada suma que incluía la deuda recomprada a bajo precio.

El aspecto técnico de la operación escapó a la atención de Tristán, pero los arreglos legales debieron de ser bastante repugnantes, ya que el hombre de leyes que la estaba llevando a cabo consideró oportuno disculparse: "No digo que sea moral, pero es *perfectamente legal* y estoy obligado a cumplir las órdenes de mis clientes"...

En el siglo XX, todos los delitos legales son posibles. Los criminales que vendan armas, productos químicos o diversas formas de contaminación serán condecorados con la Legión de Honor, mientras que los que denuncien a los grandes criminales serán considerados locos o serán condenados en virtud de leyes promulgadas por los propios grandes criminales, con el apoyo de políticos de todas las tendencias políticas. Incluso veremos cómo un estrangulador de un niño de seis años no sólo no será guillotinado, sino que será puesto en libertad al cabo de unos años, mientras que un "hombre de derechas" que lanzó una pequeña bomba que no causó víctimas será condenado a cadena perpetua y nunca será puesto en libertad.

La gran pasión del siglo XX no es sólo la servidumbre, sino el crimen institucionalizado *por y sobre* millones de cuerpos y almas.

"No te debemos nada", le dijo una vez la tía Denise. Una frase admirable del siglo XX. El considerable cinismo de invocar la ley, y sólo la ley, para justificarse. La preocupación de no arriesgar nada porque la ley está de su parte. Hay leyes que impiden denunciar a los criminales, aunque se puedan probar sus delitos. Políticos y jueces sin conciencia aplican ahora leyes inmorales y criminales. Ni siquiera la época de la decadencia y caída del Imperio Romano fue así.

Ciertamente, si Tristán hubiera sido el recaudador de impuestos, no habrían tenido ningún mérito en "dar". Les basta con no deber según el código, para poder enorgullecerse de la tranquilizadora certeza de que tienen alguna justificación para su increíble mentalidad.

En aquel momento, Laure estaba sola en París, sin ayuda, casi neurasténica. Pronto moriría de cáncer. No le deben nada. ¿Cuál es el código civil del corazón?

En los últimos años, Laure y Charlotte habían vivido con su madre y su padrastro desde su regreso del extranjero. Charlotte había aprobado el bachillerato pero, demasiado ocupada en casa, había suspendido el primer año de medicina. Laure, sensible e inteligente, había llegado hasta el primer curso, pero se detuvo allí. Algo se había roto dentro de ella, su pequeña sangre vital. Por admiración y devoción, "vivía" literalmente de su madre, que hacía con ella el papel de un vampiro mental que la desestabilizaba. Pobre hermanita, nada podía sacarla de ese pozo negro, salvo una fuerza externa radical.

A veces Tristán hablaba con *la abuela* de sus hermanas y de sus dificultades.

"¿Por qué no vienen a verme? Podría darles apoyo *moral*", dijo.

Charlotte y Laure habían abandonado a su madre y a su padrastro y alquilado una buhardilla en la rue de la Pompe. No tenían dinero ni trabajo. Charlotte acababa de regresar de dos años en Escocia, donde había enseñado francés en una escuela gratuita. Laure acababa de regresar de Polonia, donde había encontrado trabajo en una organización de repatriación. Dieciocho años, Laure, sola, en el extranjero, en un ambiente militar, con su naturaleza, su dulzura y su pequeño resorte roto. Le había contado a Tristan los horrores que había visto, oído, soportado, el comportamiento despreciable de los hombres... él lo sabía porque ella se lo había contado, llorando en su hombro...

¿Cómo pudieron su madre y su suegro dejarla marchar en semejante ambiente?

¿Cómo pudo el trío despreocuparse tanto de ellos?

¿Qué les importaban los miembros desnaturalizados de la familia?

Le explicó todo a *la abuela*. Laure y Charlotte no tenían ni idea de lo que tramaba.

- ¿Conoces su dirección? preguntó *la abuela*.

No, no conocía el número de la rue de la Pompe, pero sabía cómo llegar. En cuanto al número, le habría bastado una simple llamada telefónica para saberlo, porque lo había olvidado, sabiendo cómo llegar automáticamente a partir de ahora.

Entonces la mala fe crasa y la malicia calculada se manifestaron de repente con una fuerza y una vehemencia que aseguraron el triunfo de su dialéctica con las masas.

Tristán sufría demasiado para apreciar el aspecto bufonesco de su actuación, así como la máscara trágica que había decidido colocar sobre su rostro verdoso.

Tristán vio ante sí una especie de monstruo repulsivo al que tienes el reflejo de destruir si quieres recuperar el aliento.

- Cómo pueden estar en esta situación y no sabes su dirección, y no estás cerca de ellos, ¡qué vergüenza!

Continuó diciendo algo estratégicamente incoherente y grotesco. ¡Y Tristán era el culpable!

Era muy probable que cualquier extraño presente, desconocedor del contexto, hubiera admirado en ese momento tanta nobleza y generosidad en la buena *abuela*. Aquella vehemencia ostentosa debió de convencerla de que era una especie de santa...

Entonces Tristán estalló. Y lo hizo con una compostura que el horror de la situación dictaba que era una necesidad absoluta.

Sin embargo, comprendió que había que estar supremamente dotado para no volverse loco en situaciones como éstas, que son polifacéticas en el mundo moderno.

- Si pudiera hacer algo por mis hermanas", dice, "no estaría aquí. Habría ido directamente a ellas. Sólo conozco dos formas eficaces de ayudarlas: darles dinero y conseguirles un trabajo. Su situación actual es clara y no veo qué haría yo allí, dónde he estado y de dónde vengo. Es más, tengo que trabajar, tengo preocupaciones crueles y no por ir a mostrarles el espectáculo de mi propia miseria voy a aliviar la suya, todo lo contrario. Si estoy aquí es precisamente porque ustedes tienen en sus manos las palancas que podrían sacarles de apuros...

Amarillo verdoso, *la abuela querida*, levantó un brazo vigilante y echó a Tristán.

La tía Denise, que estaba presente, había mantenido un silencio conciliador, que al principio sorprendió a Tristán. Era la primera vez que la veía no ponerse del lado de *su querida abuela,* que siempre tenía razón, incluso en los líos más inverosímilmente escabrosos.

Pero Tristán no se equivocó. También formaba parte de la técnica: aprobar a su madre en esta ocasión habría sido estropearlo todo por exceso de celo.

Hoy, la ONU culpa a Israel, pero eso no cambia nada porque doscientas resoluciones han sido desoídas.

Por tanto, era importante no abrir una grieta peligrosa en el formidable aparato artificial que habíamos construido juntos para ocultar su egoísmo, mientras que, paradójicamente, mediante una especie de complicidad diabólica, una concesión sin repercusiones restablecía el equilibrio aparente.

Pero la visita de Tristán no fue un fracaso.

Tras esta accidentada intervención, el consejo de familia votó a favor de una importante subvención de cinco mil francos.

Laure y Charlotte se mostraron un poco reacias a aceptar esta generosa limosna, pues ya no se hacían ilusiones con su nauseabunda familia. Volvieron con *su querida abuela,* a la que no veían desde hacía años.

Como era de esperar, fueron recibidos con escenas teatrales y grandilocuentes.

- ¿Por qué habían pasado tanto tiempo sin venir a ver a su buena y *querida abuela* que tanto les quería, que lo había hecho todo por ellos, que se había desvivido por ellos, que les había mimado, que les había dado baños...?

Cuando de niñas iban a visitar a *su querida abuela*, las dos hermanitas se hacían pis encima.

Tras esta agitación, Tristán sufrió otro ataque de furunculosis.

Laure, que había estado en casa de *la abuela,* vino a ver a su hermano. Ella también había querido actuar como defensora de Tristán en presencia *de la abuela*. Habló de sus dificultades, de su salud, de sus estudios superiores, del piano...

— Tienes que ayudarle", dijo.

— Sí", dice el tío Jacques, "es como la historia del pequeño telegrafista.

— ¿Cuál es la historia del pequeño telegrafista?", preguntó Laure.

— Es la historia de un pintor que era pobre, así que de día trabajaba de telegrafista y de noche pintaba.

— ¿Y qué? dice Laure.

— Pues se murió de eso -dijo el tío Jacques, encantado de su ingenio.

Poco después, Laura regresó de la calle Dehodencq con un magnífico abrigo para Tristán.

Hacía un frío que pelaba y él no tenía abrigo. Era la primera vez que recibía algo oportuno, útil y caro de su familia. Un abrigo nuevo con el nombre del mejor sastre de El Cairo. ¡Increíble! Tristán se quedó de piedra. Hasta ahora sólo le habían regalado ropa gastada o desproporcionada. Y ahora le regalaban un abrigo nuevo que valía una fortuna.

No tardó en tener la clave de esta generosidad suprema. Un primo abogado, encargado de los intereses de la familia en Egipto, había venido a morir de un ataque de uraemia en la mansión *de la abuela*.

Así pues, los restos mortales de Tristán recibieron la delicada atención de su familia, que regresó a Egipto para ser enterrado en el panteón familiar.

Tristán debería haber dado las gracias a *su querida abuela* por haber tenido la generosa idea de regalarle el abrigo de su sobrino muerto.

No podía. Había un abismo entre ellos y él. Hacía frío y estaba enfermo. Sin duda por cobardía, no se quitó el abrigo. Se lo justificaba: era frágil, si le hubiera pasado algo, les habría hecho demasiado juego. Ya había estado en coma a consecuencia de una enfermedad pulmonar. No quería coger un resfriado. Pero el regalo era negativo, y le dolía.

Si le hubieran dado un abrigo corriente como ése, y no uno de lujo, se habría alegrado mucho...

Tristán empezaba a estar harto de este trío de pesadillas, de esta tela de araña, con *la* abuela querida en el centro, apática, solitaria, venenosa. Si no se hubiera dado cuenta, pero *la abuela* querida gobernaba el mundo entero...

No le sorprendió que fueran capaces de devolvérselo a su padre, infeliz e incapaz, para que lo aplastara, para que los aplastara. Desde el día en que él y sus hermanas se encontraron con su mirada, había sentido cuánto deseaba *la* abuela que pasara a la historia. El sentimiento de un niño no engaña. Ella le odiaba, igual que odiaba a su padre, pero aún más. Porque su padre, el no judío, el ser que los superaba, estaba ahí, nadie podía hacer nada, pero pasaría, lo pasarían. ¿Pero Tristán el híbrido? ¿Lo tolerarían? El odio de *la abuela* tenía que caer sobre él, este recordatorio, esta conciencia. Se arruinó la esencia de su salud, a pesar de que lo trataron magníficamente con técnicas químicas modernas. Se intentó obstaculizar su desarrollo, especialmente su auténtico desarrollo intelectual.

Cuando Tristán escribe estas líneas, tras cuarenta años de enseñanza secundaria y superior, se ha dado cuenta de que la educación laica ha logrado el atontamiento global, el zombismo crónico. Un florecimiento de licenciados oficiales debilitados ocupa todos los puestos políticos y administrativos, encarcelados en criterios judeocartesianos.

Ah, el buen trabajo de Rothschild, Marx, Freud...

Todo parecía indicar que le ofrecían una educación normal, que le seguían. Pero en realidad le estaban quitando todas las oportunidades que tenía de estudiar. Le estaban creando un estado de ánimo y unas condiciones en las que estaba abocado al fracaso. Una vez que había conseguido crear un hogar, el abandono lo convirtió en un infierno. Él, Laure y Charlotte podrían haberse refugiado en las imágenes y emociones puras del pasado, en los recuerdos de su padre, pero esta ayuda tuvo que serles enajenada. Durante el período de tierna miseria que soportaron en casa de su padre, ¿acaso, hambrientos y fríos, se volverían contra él? ¿Quizás se volvería indigno a sus ojos? Fracasaron.

Su padre no podía ver a Tristán cuando se estaba muriendo. Y ellos no pudieron verlo cuando estaba muriendo. Cuántas cartas les ocultaron. Les contaron abominaciones sobre su padre. También habían hecho que convencieran a su padre de que sus hijos le habían repudiado, que se habían unido al clan, que *se habían convertido en abuelas queridas...*

Admirable estratagema y último empeño de su *querida abuela*, su padre había muerto en medio de caras extrañas sin volver a verlos...

Pobres seres despreciables, dignos de lástima en el fondo.

Condenados a la soledad del clan, náufragos impotentes, unidos en su soledad e incapaces de tomar conciencia. *La abuela*, que a sus ochenta años ha sobrevivido a dos graves operaciones intestinales, viaja todos los años a Egipto. Las avispas cortadas viven un tiempo, las abejas mueren enseguida. La madre de su padre, su dulce abuela, había sucumbido en pocos días a la enfermedad a la que *la abuela* había sobrevivido felizmente.

¿Qué poder en Tristán se había resistido a esta formidable empresa de deshumanización? Jadeaba porque eran los únicos que podían sacarle del pozo negro al que le habían arrojado. En este absurdo pozo negro, el mundo entero yacía ahora, mimando su propio suicidio. El mundo se había anestesiado progresivamente. Fatalidad absoluta.

¿Qué fuerza le empujó a veces hacia la rue Dehodencq, igual que se empuja al votante hacia las urnas, igual que se empuja al obrero hacia el partido del gulag?

Ese día estaba sentado junto a *su querida abuela*, y entró el tío Jacques: "No olvides que tienes una cita con el procurador".

Unos minutos después estaban todos en el coche del tío, con la tía Denise a la derecha y *la abuela* entre ellos.

Fue a ver a su abogado entre sus dos herederos. Esta conmovedora imagen es el único recuerdo cómico que tiene de la familia. Es cierto que hacía tiempo que le habían quitado el sentido del humor.

Pero Tristán no creía que todo fuera inútil. Los malvados son gente enferma y Tristán encontraría la forma de curarlos.[23]

Era el único que les quería y estos desgraciados no lo sabían. Los demás los despreciaban, los rehuían o los adulaban.

Tristán los odiaba con toda la fuerza de su amor...

Tenía que salir del masoquismo que aún le llevaba demasiadas veces a lamentarse de Dehodencq. En este océano de miseria, ¿qué sentido tenía aferrarse a una boya de plomo al rojo vivo?

Decidió escribir a *su querida abuela.*

- Llevo años esperando que reflexiones sobre mi desafortunado destino, sobre mis desesperadas luchas. Durante años he estado plagado de forúnculos y abscesos. Sé que no te importa, porque con la mitad de lo que te cuesta el coche de tu amo hace tiempo que habría estabilizado mi situación, asegurado el futuro de mis hijos y estudiado piano.

Durante años he estado abandonada sin la ayuda de nadie. Aprobé el bachillerato, obtuve tres licenciaturas e hice lo que pude para mantener a mi familia. A día de hoy soy una especie de esqueleto cubierto de pústulas, que sigue luchando y esperando un poco de ayuda eficaz de mi abuela, que si no es rica, al menos vive con cierto lujo.

A causa del abandono en que me dejaste, he contraído un matrimonio que nunca habría tenido lugar si no me hubieras dejado a la deriva.

No puedo soportarlo más. Por favor, no me dejes. No puedes ser tan cruel. no me contestas, pensaré que no quieres ayudarme, y será la última vez que tu nieto te bese, porque no volveré a verte y no volveré a escribirte"...

Tristán nunca recibió respuesta a su desesperada carta.

---

[23] Sobre este tema, véase el capítulo de endocrinología: "la clave".

Gracias a un amigo, Tristan y Jacqueline habían encontrado un pequeño piso de dos habitaciones sin embargar. Estaba en la quinta planta de un edificio del distrito XIV. Las dos habitaciones daban a un balcón. Cada uno tenía su propia habitación. Fue un golpe de suerte para los niños. Siguieron viviendo como antes, comiendo juntos y decidiendo sobre los asuntos ordinarios y cotidianos de la vida, pero a Tristan le consumía la traición de su mujer.

¡Y qué traición!

Los dos niños estaban pálidos. Encontraron a una buena mujer con una gran casa y un enorme huerto a veinte kilómetros de París que los acogió. Su salud mejoró. Tristan y Jacqueline iban a verlos juntos siempre que podían. París, megalópolis y laboratorio neurótico para los niños.

Tristán pensaba a veces en aquella carta a su *querida abuela*.

¿A ella qué le importaba? Ni siquiera había intentado comprender por lo que él había pasado. Ni por un momento había pensado: "¿Cómo habrá sufrido ese chico para escribirme eso? Seguramente, si fuera una abuela normal, no me estaría escribiendo esto, aunque fuera un matón.

No, simplemente había sido testaruda, ofendida.

Tristán imaginó *a su querida abuela* sosteniendo la carta y gritando: "Después de todo lo que he hecho por él, qué serpiente he calentado en mi seno".

Y, sin embargo, Tristán se imaginó la carta que le habrían escrito *la abuela* y la tía Denise:

- Mi amor.

Por supuesto que no podemos culparte, sabemos lo dolorosa que ha sido tu vida y lo nerviosa, sensible y excesiva que eres. Si fuimos duros contigo fue para ponerte a prueba y también porque nuestra situación material ya no es excelente. Ahora puedes contar con nuestra ayuda. Casi has conseguido establecerte, y nosotros te ayudaremos a estabilizarlo y a estudiar el piano que tanto te gusta. Lo conseguiremos, y será una gran alegría para nosotros. Te enviamos nuestro cariño...

Quizá algún día reciba esta carta y brillen lágrimas de alegría...

CAPÍTULO XI

Pasaron los meses. Tristán seguía aferrándose a ese último certificado de licencia inaccesible. Cada vez estaba más débil. Todo lo que hacía estaba marcado por la rigidez. Era consciente de que se encogía. Seguía soñando con el piano.

También soñaba con un amor que le traería una cascada de infinito...

Un día, estaba trabajando en la biblioteca Sainte Geneviève y se echó a reír.

¿No acababa de leer en una obra crítica sobre Shakespeare: "Ese pesimismo que le dio el genio"...

La alumna sentada a su lado se despierta de su medio sueño para preguntarle preocupada si se encuentra bien.

— Mira esto", replicó Tristán. *¿Y si era precisamente su genio lo que le daba su pesimismo?* ¡Muéstrame un genio divertidísimo!

En estas circunstancias se conocieron Lucienne y Tristán. Era morena, esbelta y hermosa, con una larga cabellera negra que le caía sobre los hombros. Tenía una frente amplia, movimientos fáciles y una voz cálida. Se enamoró perdidamente de Tristan.

Le encantaba el modo en que aquella chica de veintitrés años, que acababa de terminar la carrera de Filosofía, atraía todo su ser. La pasión que sentía por Tristán le penetraba con una especie de calma, una plenitud desconocida. Era una intuición amorosa, una comprensión pensativa.

— La cultura", le dijo una vez, "es *conciencia*, no una amalgama mnemotécnica de conocimientos. La antítesis de la cultura es acumular conocimientos y no obtener de ellos más que diplomas. Con la cultura de un agrégé, se puede intentar descubrir al hombre martirizando renacuajos...

Sufría tuberculosis y los médicos le habían aconsejado someterse a una toracoplastia, una operación gravemente mutilante.

Se negó y se fue a vivir con su familia al campo. En seis meses de reposo, con alimentos ecológicos y aire fresco, se había recuperado por completo. Sus médicos siguen asombrados.

Madame de Gastine había ido a ver a los niños a casa de la buena señora de Morsang sur Orge, donde se alojaban.

Después de su visita, escribió a Tristán diciéndole que "era una vergüenza poner a tus hijos en casa de una mujer así". Tristán le contestó que los niños eran muy pequeños y necesitaban aire fresco y buena comida, lo que estaba garantizado por el enorme huerto de la señora. Y tenían muy buen aspecto. Además, la educación burguesa que iba a desembocar en el izquierdismo, la liberación femenina, la droga y el suicidio juvenil, ¿qué valía?

Además, eran pobres, y pagar una pensión a esta niñera ya era abrumador. Enviarlos a una de esas escuelas religiosas, de las que tenía recuerdos de pesadilla, habría requerido considerables sumas de dinero. Entonces, ¿qué había que hacer?

Definitivamente, Madame de Gastine, su madre, se estaba burlando de él una vez más. Si hubiera ofrecido algo mejor en forma de ayuda, y eso en términos maternales, cualquier cosa habría sido bienvenida. Pero su expresión y su falta de eficacia hacían su intervención más que insoportable.

Así que le contestó de forma dura, rebelde pero justa. Le agradeció sus consejos ineficaces, negativos y perfectamente inútiles. Ella no había visto en ello más que otra oportunidad para castigar a su hijo, que nunca se habría casado ni habría tenido hijos si hubiera sido una madre digna de tal nombre.

La misma vieja técnica "raca" de acusar de delitos a quienes han sido empujados despiadadamente al crimen. Esto es ahora una norma social universal.

En respuesta, recibió una carta que era un modelo en su género: una proyección perfecta de sí misma, un autorretrato con muy poco que añadir.

- Tristán.

Valoro más las acciones que los discursos (sic).

Le repito lo que ya le he escrito: creo que sus hijos necesitan un ambiente diferente. No conozco a Madame X, su niñera, pero sé lo que es un niño y lo que necesita. (sic). Es mi opinión, se lo digo, es mi derecho y es mi deber (sic).

Comprendí perfectamente lo que esperabas de la gente, una admiración dichosa por lo que tú llamas tu genio (tales palabras nunca habían sido expresadas por nadie, y menos por Tristán). Esa era la justificación de todas tus acciones, incluso las más cobardes y egoístas (sic). No cuentes conmigo para eso (¿cuándo había contado Tristán con su madre para algo, sobre todo bajo las bombas a las que le había enviado durante la guerra?) Quiero que seas noble y no voy a ayudarte a engañarte. Quizá sólo haya una persona en el mundo que pueda decirte la verdad, y ésa es tu madre, porque responde ante Dios por ti (¡por Dios!). Es una dura prueba verte hundirte en la locura y la maldad como tu padre, pero con menos excusas. Me dices que no necesitas mis consejos y mi preocupación (eso es todo lo que él necesitaba, pero no críticas absurdas y negativas con buenos consejos imposibles de seguir, acompañados de reproches estúpidos y desagradables). Eso ya lo entendí hace tiempo, por eso no te agobié con ello. También me dices claramente que sólo te interesa el dinero (Tristán nunca le dijo eso. Simplemente dijo que un buen consejo sin los medios para seguirlo era perverso). No tengo nada que darte. Y si lo tuviera, desde luego te lo daría para satisfacer tus coqueterías y tus aventuras, cuando tus hijos han sido cuidados por otros (¿por quién? Seguramente no por ella).

Un día estarás solo contigo mismo. Cuando llegue ese día, tendrás que verte tal como eres, con toda tu ostentación y glamour y todo el tiempo que has perdido adorándote a ti mismo (eso suena a su novela autobiográfica). Quizá entonces quieras convertirte en otra cosa. Quiero esperar que seas mejor que lo que te empeñas en seguir siendo, intoxicado por las palabras, incapaz de superarte y dominarte, incapaz de cumplir con tu deber, sembrando discordia y disolviendo revueltas por doquier, y sigues queriendo representar el papel de santurrón (ésa fue toda su confesión).

He querido ser indulgente y darte en los últimos años las muestras de esa ternura que una madre da a su hijo, por clarividente que sea. No sabes lo que es la verdadera ternura, lo que es el verdadero amor. Sólo te amas a ti mismo (todos estos son términos que Tristán habría utilizado para describir a su madre). La madre de tus sueños sería una sirvienta aduladora que te ayudaría tontamente a cegarte y a engañarte. Yo no soy eso. Pero si un día necesitas todas las cosas preciosas que tengo en mi corazón para ti y que ahora no puedes ver, si quieres revestirte de lealtad y humildad, ven, te ayudaré con la ayuda de Dios, sufriremos y venceremos juntos al mal y a la muerte. Hasta entonces, no me escribas, las cartas volverán sin abrir. Un día comprenderás que esta carta, que puede parecerte cruel, era una gran prueba de amor..."

Tristán había leído: era todo el retrato, toda la patología de su madre. Ninguna carta la había descrito mejor. Había proyectado su autocrítica en Tristán. No sabía nada de la naturaleza de su hijo. Había en esta carta, como en el mundo moderno, *una corticalidad de verdad que revestía una enorme mentira hacia la degradación del otro.*

Aquí todo era vacío, farisaico y mezquino. Toda su madre estaba allí, su patetismo santurrón y grotesco hacia un hijo al que había abandonado en la enfermedad y la semimiseria, y para colmo, ese misticismo histérico e histriónico tan característico de ella.

A Tristan se le llenaron los ojos de lágrimas.

Una vez, recordó, en un patético acto de suprema humildad, ella le había implorado, citando una carta que Tristán le había escrito mientras estaba bajo las bombas diarias:

"Dime que no soy un monstruo católico"...

pensó Tristán.

No, no querría volver a una humanidad así, aunque el destino le concediera una vida de perfecta felicidad. La visión de los demás, su sufrimiento, su fealdad, su indiferencia ante el sufrimiento de otros humanos, todo eso era intolerable. Por no hablar de esa despreciable defecación que él jamás aceptaría.

Todos tenemos nuestro propio destino.

El santo, el genio, el artista, el especulador circuncidado al octavo día, el pequeño burgués, el desafortunado pequeño burgués. Todos estos papeles se aprendieron en el vientre materno y tocan la partitura de la tragedia del mundo.

No hay factores externos que condicionen nuestra desgracia, nuestra felicidad, nuestra suerte o nuestra mala suerte. Están ligados a nuestro entorno y a nuestra naturaleza astral y hormonal.

Mi distracción constante puede tirarme debajo de un coche, pero en realidad no tendrá nada que ver.

Mi mala suerte no tiene nada que ver con mi familia judía, salvo en el sentido societario Rothschild-marxista. Individualmente debería haberme distanciado de ellos. Si hubiera tenido su mentalidad habrían sido diferentes conmigo. Pero me siento tan diferente de ellos como de los esclavos zombificados y votantes que dominan.

Me ahogan como familiar y como artista, pero no lo saben porque los verdaderos valores se les escapan y eso es lo que está matando al mundo entero. Asfixian toda verdad y mi corazón está lleno de ella.

No lamento ser diferente de ellos, lamento no poder separarme de su existencia, de la idea de que existen y podrían ayudarme. No puedes elegir a los tuyos, pero sigues unido a ellos y por eso creo que eran los únicos que podían ayudarme, salvo un puro milagro.

Las personas capaces de cuestionarlo todo a partir de nueva información, pruebas y argumentos son extremadamente raras.

Creo que nunca he conocido a ninguno. Cualquiera que participe en una ideología, desde el catolicismo hasta el marxismo y todo lo demás, está atrapado en ella para el resto de su vida. Así que apenas hay gente inteligente, en el sentido más profundo de la palabra.

En cuanto a mis congéneres, cabe decir que Simone Weil no se equivocaba: "Nunca tienen esa modesta atención propia de la verdadera inteligencia". En cuanto a los otros, los Goyim, "esa vil semilla de ganado" del Zohar, no entienden nada. De ahí el éxito de la adulación dialéctica, ídolo de lo social, que conduce a todo tipo de crímenes y gulags.

Son la inversión. Una caridad imbécil heredada de 20 siglos de distorsión ha dado lugar a una proliferación de lisiados psíquicos y motores. Harán lo que sea para que no mueras de enfermedad o de accidente de tráfico, mientras que el automóvil es el mayor asesino de masas jamás conocido. Mientras tanto, Bazile Zaharoff y Bloch-Dassault venden armas a todo lo que se extermina en el mundo. África y Asia han visto cómo sus poblaciones eran masacradas y morían de hambre desde la descolonización... Los gulags soviéticos exterminan a decenas de millones de personas, y los niños sanos son asesinados en el vientre de sus madres.

El genio ya no puede vivir en este mundo de cantidad, porque es cualitativo. Como la naturaleza nunca perdona, las bombas de los Sres.

Oppenheimer, Field, S.T. Cohen, resolverán el problema insoluble de este mundo al revés...

Es mi rebelión y mi no aceptación de todo lo que me mina. No puedo aceptar el mundo de hoy, que fue creado por el mundo de ayer.

Mi historia es oculta, extraña y dolorosa.

Estamos sujetos a leyes. La desgracia se merece por lo que somos y no se merece por lo que no hemos elegido ser.

La verdad está muy lejos de la lógica formal. La lógica de los locos suicidas. Somos imbéciles. La mía es una batalla aplastante entre pervertidos especuladores y robots. Sólo puedo dar una débil imagen de lo que es. Todo lo que siento, todo lo que al principio parece contradictorio o cierto en ambos bandos. Primero hay que tomar conciencia, informarse sin prejuicios, sobre todo los más queridos. Hechos, hechos, hechos y argumentos impecables. De lo contrario te pudrirás en la mentira.

Sin verdad no hay cultura. "Conócete a ti mismo" decían los antiguos griegos. No puedo vivir en esta humanidad porque es inhumana.

Cuanto más entiendo, menos puedo hacer. Tengo que llegar a la conclusión de que no puedo hacer nada, porque no queda espacio para la verdad.

Todas las leyes que he encontrado no devolverán la vida a un mundo inepto y moribundo.

Para vivir en el sentido más básico de la palabra, necesitas estar constantemente en una gigantesca abstracción de ti mismo de la que nadie tenga ni idea.

Así que mi yo reprimido se encuentra al borde de la locura: el alma de un artista comprimido no tiene otro camino que la locura o el suicidio.

A mi pesar, me escapo de esta alternativa.

He luchado infructuosamente contra esta abstracción imposible de mí mismo dentro de la despersonalización imperante: no hay más que ver a esos millones de votantes consumistas vestidos con el uniforme de la mierda internacional: los vaqueros Levis. Dentro de un magma emocional e intelectual, nada puede encauzarse en el círculo lineal y vicioso de la lógica reduccionista formal. Olvidemos la paralogía entre 1984 de Orwell y *Un mundo feliz* de Huxley.

No estoy aquí.

La paradoja es lo primero. Pero no hay paradoja. Una paradoja es una contradicción analítica que no ha logrado resolverse en una síntesis superior. Soy y no soy. Visión más allá de la visión formal. Siento más el no-ser que el ser. Por eso percibo como evidentes verdades que ya nadie conoce, porque los seres están condicionados, subliminalizados.

Mis pensamientos, basados en elementos precisos, hacen deducciones de verdad rotunda y definitiva. Así que no me queda más esperanza que mi esperanza, que es infinita.

Es la lucidez y la falta de compostura ante lo absurdo lo que te vuelve loco. Siento todo lo que está mal. Muchas personas tienen una visión coherente porque no sienten ni comprenden nada. Cuando percibes una vasta síntesis de la realidad, es difícil ordenarla rápidamente. Es difícil ser lógico cuando no se está loco. La esfera caótica que surge en la mente, una enorme porción en bruto de la realidad, tarda años en disciplinarse, organizarse y expresarse.[24]

Tomé conciencia de ello por primera vez a los veinte años; hasta entonces había vagado solo, abandonado, llevando una carga sobrehumana en el corazón. Intenté aprovechar mi lucidez, pero fue muy difícil.

Hoy es aún peor, porque habiendo tomado conciencia a un nivel superior al de la mayoría de los seres, me siento encarcelado en un pequeño espacio de hormigón. Estoy absolutamente convencido de que nadie puede ayudarme, porque mis contemporáneos son incapaces de ayudarse a sí mismos en el camino hacia el suicidio global en el que nos encontramos. Necesitan inteligencia y coraje, pero no los tienen. Prefieren la ilusión de una vida inmediata y tranquila, aunque les lleve a lo peor a corto plazo. Es asombroso observar la insuficiencia mental de la mayoría de los seres humanos. Ser consciente de ello es desmoralizador y te da una sensación de grandeza de la que podrías prescindir porque es una fuente de inextricabilidad.

---

[24] Todo este libro, extremadamente anticonformista, es la expresión de este esfuerzo.

A veces quiero contenerme ante la nueva "norma anormal". Cuanto más lo intento, más sufro. Cuanto más sufro, más pienso. Un dilema entre la locura y el suicidio. Como espejo de la verdad, estoy condenado a hacerme añicos, porque sólo los espejos pintados reflejan mentiras.

Las relativas victorias de la supervivencia dejan un sabor a muerte en la boca.

Y aún hay más. Las personas más sensibles son las que menos sienten en su entorno inmediato. Sufren por lo universal, por los inocentes que mueren de hambre en África o Asia, por los niños violados o asesinados.

Animales torturados por cientos de millones que ni siquiera ven la luz del día y no pueden moverse. Guerras insensatas que matan y dejan tantos inválidos, ciegos, lisiados y mártires... La vida cotidiana con sus pequeños e insignificantes problemas...

Son felices, gracias a su encogimiento mental.

La única felicidad de este tiempo sería no sufrir. No sentir. La única felicidad del año 2000: no sufrir.

No, no puedo aceptar el mundo de la gran peste, ni el de los cincuenta verdugos judíos de prisiones y campos de concentración que exterminaron a decenas de millones de seres humanos en la URSS. Tampoco puedo aceptar las bombas judías de Hiroshima y Nagasaki, los físicos judíos, ni Dresde y Hamburgo arrasadas por las bombas.

"Soy una fuerza a tener en cuenta", dijo Hernani.

Quiero la verdad, aunque mate. Seguiré adelante.

¿Qué sentido tiene esta lucha? Esquivando, divisando obstáculos, en tal soledad. Lo sabemos con meses, años de antelación, vemos a las masas manipuladas precipitarse hacia su suicidio. No podemos hacer nada, porque nadie entiende nada. Se te ponen los pelos de punta y sólo te queda la triste alegría de saberlo y la amargura de saberlo.

Los obstáculos y los tormentos no parecen estar organizados.

Parecen diferentes, considerables, inconexos. Aparecen inesperadamente y, sin embargo, están unidos por una ley profunda.

En medio de un sufrimiento que me aprisiona en mí mismo, aislado de Dios, cuyo sentido del humor nunca comprenderé, y de la humanidad, quiero la verdad, sea cual sea.

Ni siquiera preguntaré *para no preguntar*.

¿Hemos elegido ser lo que somos? No podemos permitirnos ser despreciables...

CAPÍTULO XII

> *"La certeza de no estar loco era la más fuerte. Existía la verdad y existía la mentira. Si te aferrabas a la verdad incluso contra todo el mundo, no estabas loco"* (George Orwell; *"1984"*).

Hacia el final de su educación secundaria, Tristán había notado cierta afinidad con Jean-Jacques Rousseau, a quien más tarde repudiaría rotundamente. Rousseau resonaba en él como un hermano. Como Rousseau, creía en la bondad natural del hombre y pensaba que la sociedad lo había pervertido. No tardó en darse cuenta de que *el judeocartesianismo* había explotado los aspectos más falsos, dudosos y perversos de Rousseau, que estructuraron fundamentalmente la decadencia moderna con todos los pseudofilósofos del siglo XVIII, cuya ilustración iba a sumirnos en la oscuridad cegadora del siglo XX.

Sin embargo, Rousseau expresó una verdad esencial: cuando el hombre sigue las reglas de la vida sencilla, las reglas divinas, se mantiene en perfecta salud física y mental. Así lo demuestran los Hounzas, una pequeña tribu del norte de la India. Respiración controlada, ninguna dieta carnívora, frutas y verduras lo más crudas posible, pocos cereales, y catorce mil almas que viven en la belleza física y moral que ahora nos está prohibida. No conocen la enfermedad y saben meditar y rezar hasta la muerte, entre los cien y los ciento cuarenta años. Todos los trabajos modernos sobre los Hounzas atestiguan estas realidades esenciales, que nos muestran lo lejos que estamos de la naturaleza y, por tanto, de Dios.

Cuanto mayor se hacía Tristán, más notaba su parecido físico con los artistas románticos que los homeópatas llaman "apolíneos" y "fosforitos". Delgado, alto y esbelto, con cara ovalada, ojos grandes y suaves, frente muy alta, mejillas a menudo hundidas, nariz aguileña y esa mano especial que los quiroprácticos llaman 'mano psíquica'.

A eso hay que añadir sus frágiles pulmones, sus ropas dandis y metafísicas, y su aire luciferino.

Su fotografía comparada con la de los románticos tenía un parecido increíble. También tenía su orgullo, su enfermizo sentido estético, su imaginación, su tormento egocéntrico, sus ideales, su generosidad sin medida. Había asombrosas analogías en las biografías de estos artistas. Como Shelley, Byron y Coleridge, había tenido que distanciarse de sus hijos. Como ellos, se entusiasmó por lo bello, lo bueno, lo justo, lo libre, el amor, el ideal, la pureza y, en su frenesí, los traicionó a todos a la vez... Como ellos, identificó el mal con la enfermedad. Como ellos, poseía esa sensibilidad subjetiva que nunca se rinde ante ninguna evidencia, ninguna sensación, y que siente cada choque como un martillazo en el corazón.

Los románticos que se pintan a sí mismos siempre se disfrazan un poco. Tristán no tenía ningún deseo de posar, a menos, claro está, que quisiera "posar para no posar".

Sufría demasiado. Sería el primer dandi en decir toda la verdad, la verdad insoportable, la verdad que nadie quiere saber, la verdad antipsicológica, antidemagógica, antidiplomática, en resumen, el ácido sulfúrico de la verdad.

¿Qué le cuesta esta verdad? Nada. Juzga el sinsentido del que forma parte según su inocencia y su sufrimiento.

¿Cayó el hombre por orgullo? ¿Queriendo igualar a Dios? ¡Inepto!

¿Cómo, si Dios había dado a Adán y Eva una inteligencia normal, pudieron querer ni por un solo segundo "igualar a Dios"? Tal impulso proviene de la debilidad mental. ¿Igualar al poder absoluto que creó al hombre, al mamut, a la digestión y a la cuadratura del círculo?

Satanás sólo podía jugar con la necedad de Eva, conocida de antemano por Dios, que vive en el eterno presente y, por tanto, sabía de la Caída incluso antes de crearnos. Es cierto que los agentes de Satán siguen tocando el teclado del cretinismo universal: ¿cómo tomar por genios a Rothschild, Marx, Freud, Oppenheimer y Picasso?

Ergo, el primer hombre y la primera mujer, obras maestras de Dios, no pudieron pensar seriamente que eran iguales a Dios. Si pudieron pensar eso cuando comieron del fruto del árbol del conocimiento, fue porque ya eran estúpidos, locos y, por tanto, privados de libertad.

Postulados de esta calidad sólo podían dar lugar a un dogma ubuesco que culminara en la atrocidad marxista, prueba universal por antonomasia del cretinismo global.

Por cierto, una religión que no sea lógica y científica no es una religión.

Una ciencia que no es religión se convierte necesariamente en la antítesis del conocimiento y se convierte en suicidio.

¿La Biblia?

Letanía de odio y muerte. El Dios judío es un campeón organizador de masacres horribles que se parece a *la abuela querida*.

El Antiguo Testamento está lleno de ruido y furia demenciales.

Hoy, los Marx-merdia están masacrando los bosques para que su periódico pueda completar la cretinización universal, para que los semi-idiotas puedan ser elegidos por una masa atontada.

Supongo que si un árbol del bosque protestara, algún pequeño filósofo autoproclamado circuncidado el 8º día le llamaría "nazi".

Al fin y al cabo, y pocos lo entienden, el nazismo no fue más que un esfuerzo heroico por redescubrir la vida tradicional con respeto a la naturaleza y sus leyes, contra la muerte infligida por las inversiones Jesús-San Pablo y Marx-Lenin.

El cristianismo antes de los gulags era la metafísica de un verdugo.

— "En cuanto a mis enemigos, los que no querían que reinara sobre ellos, tráelos aquí y mátalos en mi presencia. Todos los que vinieron antes que yo eran ladrones y salteadores" - ¿Lao-tzu un ladrón, un salteador? ¡Qué ridículo!

Esta frase suena mucho a Lenin y Jesús: Lucas 19-27 y Juan 10-8...[25]

Desde sus orígenes, el cristianismo, del que tantos se vanaglorian, hizo gala del mismo odio al pensamiento que se encuentra en el marxismo: se

---

[25] Cuando pides a los exégetas que te expliquen esta frase monstruosa, seguro que te dicen que significa lo contrario de lo que se expresa: hay que admirarse de la explicación enrevesada y contorsionada, imposible de relatar. (Experimento realizado media docena de veces)

destruyeron todos los tesoros del pensamiento antiguo. He aquí algunos ejemplos de este proselitismo incendiario:

- Millones de libros quemados en la ciudad de Serapeum.
- Lo mismo puede decirse de la biblioteca del reino de Pérgamo.
- Toda la biblioteca Celsius de Éfeso.
- Toda la biblioteca de Alejandría...

Esta vocación del pensamiento contra el pensamiento anuncia todas las piras y todos los gulags. Lenin y Stalin sólo fueron posibles porque San Pablo lo fue.

El cristianismo es el bolchevismo de la antigüedad.

Monseigneur Lefebvre y Gorbachov se esconderán detrás del mismo ventilador cuando oigan lo que tengo que decir...

Para ser objetivos, no podemos pasar por alto el paréntesis de la Alta Edad Media, cuando se prohibió prestar a interés. Es la herencia de Aristóteles, tímidamente reformulada por Santo Tomás de Aquino. Pero aparte de esta excepción, el catolicismo siempre ha formado parte de la tradición burguesa del establishment capitalista.

Resulta simbólico que en el siglo III, Calixto, un esclavo cristiano que más tarde se convertiría en Papa, dirigiera un banco para clientes cristianos en nombre de su amo, recibiendo depósitos y colocándolos a los judíos con intereses.

Es innegable que desde hace cinco mil años siempre ha existido la simbiosis de "judío y Estado": hoy son el Estado.

El antijudaísmo reina en el país más judío de todos: la URSS. Esto nos ha permitido ver florecer a Solzhenitsyn, pero no ha impedido que Hammer, Warburg, Sasson, Loeb y otros financiaran el país de los gulags.[26] Si toda la maquinaria marxista hubiera estado totalmente ocupada por judíos, como ocurrió en 1936, no habríamos tenido ninguna posibilidad de conocer a Solzhenitsyn.

Hoy el ruido de su publicidad corrompe el sentido común, la locura del progreso ("la mentira del progreso es Israel" Simone Weil), agota a la gente, el dinero reina supremo, la industria devasta el campo y los ríos, y

---

[26] Este es el único término apropiado; los judíos están lejos de ser todos semitas.

lo contamina todo. El ateísmo-levy-sion embrutece el cerebro, en particular con la música regresiva, patógena y criminógena, y los espectáculos de fútbol para las masas donde cientos, incluso miles, de personas se masacran y pisotean unas a otras en ciertos conciertos de rock.

El frenesí del mercantilismo internacional triunfa a través del globalismo circuncidado, de Nueva York a Tokio, de Londres a París, de Berlín a Ciudad del Cabo.

¿El Evangelio?

Todo en él es casi tan absurdo como que Moisés necesitara un Dios en una montaña para los Diez Mandamientos, que fueron copiados exactamente del Código de Hammurabi.

El pensamiento moral, sorprendentemente, está formulado de forma mucho más coherente en Platón y en el Antiguo Egipto.

No: la Eucaristía no hace al hombre. *Las reglas de la respiración, de una alimentación no carnívora, de la meditación y de la oración hacen al hombre*, no esta esclerosis dogmática, este estrechamiento doctrinario.

Con el cristianismo se derogaron todas las leyes psico-dietéticas, es decir, todos los medios de acceso a la virtud y a lo Trascendente.

Todos los dogmas católicos se han desarrollado a lo largo de la historia, y la Asunción sólo data de Pío XII.

El dogma de la Eucaristía no apareció hasta 1044. La afirmación de la presencia real bajo las especies de pan y vino consagrados apareció por primera vez en un libro publicado por un monje: Pashase Radhert.

¿Cómo puede un Dios de bondad condenar de antemano a los malvados cuyas posibles fechorías conoce de antemano?[27]

¿Cómo puede la muerte de Cristo redimir a los nacidos antes de él y a los nacidos después de él, que durante 2.000 años han seguido siendo locos y malvados?

---

[27] La mayoría de los criminales y asesinos graves tienen rostros aterradores y escalofriantes. Es imposible no ver el determinismo criminal en estas máscaras a menudo horribles. Además, los directores de cine saben elegir muy bien a los actores que interpretan los atroces papeles de asesinos.

Qué lógica: era necesario decir a los hombres "sois despreciables, pero para redimiros os voy a enviar a mi hijo. Entonces cometeréis el mayor de los crímenes: torturaréis e inmolaréis al Hijo de Dios y entonces... seréis redimidos"...

Y funciona desde hace 2000 años, igual que las cámaras de gas fantasma desde hace cincuenta, con la implacabilidad del dogma y el rigor del derecho penal para los no creyentes: el gayssotin sustituye a la hoguera.[28]

Jesús fue crucificado por los romanos y no, legalmente, por los judíos. Los romanos veían a Jesús como un alborotador y lo consideraban un zelote. Los judíos, que conocían bien la ferocidad de la represión romana, tuvieron miedo y, con toda seguridad, presionaron considerablemente a Pilato y le animaron. Así que denunciaron a Cristo a los romanos para proteger al pueblo.

Pilatos, como nos cuenta la historia, no se anduvo con chiquitas y sofocó cualquier rebelión con sangre. Posteriormente, está claro que, dado que el Imperio Romano sirvió de incubadora para la nueva religión, era imposible responsabilizar a los romanos del Gólgota.

¿Los mercaderes del Templo? Un solo hombre con un látigo de cuerda atacando a una multitud de vendedores, cambistas, supervisores y funcionarios habría sido inmediatamente apresado. ¿Cómo podría haber escapado semejante refriega a los guardias romanos de la fortaleza de Antonia, que supervisaban el patio del Templo y no encontraban nada que decir sobre las costumbres establecidas desde hacía mucho tiempo por la costumbre y el rabinato?

Hay cientos de pasajes en los Evangelios que invitan a la reflexión sobre lo absurdo de los hechos y los razonamientos.

¿Resurrección? Si Cristo hubiera querido revelar su naturaleza divina, habría tenido que mostrarse a sus enemigos y jueces. Pero ninguno de ellos le vio. Sólo le vieron sus compañeros y una mujer. Su tortura tuvo

---

[28] Alusión a la ley Gayssot, que prohíbe a cualquiera decir algo, especialmente algo veraz, contra los judíos, con el falaz pretexto del "racismo". Prohíbe la publicación de investigaciones históricas que desagraden a los judíos, sobre todo si se aportan todas las pruebas y argumentos relativos a dichas investigaciones. Es la dictadura absoluta de la mentira.

innumerables testigos, su resurrección sólo uno, una mujer en el transporte...

También debemos recordar que el término "hijo de Dios" era perfectamente corriente en aquella época.

La palabra "Baraba" significa "hijo de Dios" en arameo.

Pablo de Tarso, al liberar a los gentiles de los 613 preceptos de la ley judía, que eran precisamente los mismos de la gran tradición, abrió el mundo grecorromano a este catolicismo, parodia de una religión que culminaría en los horrores del anatema, la herejía, la Inquisición y el marxismo.

La Inquisición funciona como el marxismo. La única diferencia es que la primera te obligaba a creer en dogmas absurdos, mientras que el segundo inflige fe en la nada.

Pablo fue considerado un falso apóstol en su época, y es despreciado en el Apocalipsis. La moralidad egipcia había alcanzado una cima que el cristianismo nunca alcanzaría.

No se trataba de las ideas de caridad, misericordia, justicia y fraternidad: estaban implicadas en el carácter religioso y místico de esta civilización. El panteísmo se redujo al monoteísmo. Los dioses secundarios y sus símbolos no disminuían en absoluto el carácter único y absoluto de Dios. Son simplemente *diferentes aspectos* de la divinidad.

La moral egipcia desconoce los distintos dioses y se dirige a Neter, Dios, sin nombrarlo de otro modo.

El catolicismo heredó de la judería bíblica un Dios exclusivo y celoso, lo que condujo directamente a las nociones de herejía y anatemas sangrientos.

Entonces llegaremos al colmo del horror: es *mejor ser creyente, aunque seas un vil asesino, que un hombre de bien que no cree en el dogma.*

El dogma comenzó su persecución cubriéndose como un lobo con el manto de la caridad cristiana, que en el siglo XX llevó a la condena a muerte del genio y a mimar a los retrasados físicos y mentales como criminales de todo tipo.

En cuanto a las controversias dogmáticas, sólo han engendrado odio y nunca un solo acto de caridad. La creencia en el pecado original ha suscitado una obsesión por el pecado y la angustia de perdición: ha conducido a extrañas neurosis y a estériles derelictos que pueden llegar hasta el vértigo de la condenación.[29] ¿Ha traído el dogma la paz a las almas? ¿La alegría a los puros de corazón? ¿Confianza en Dios?

Al final, todo este bazar dogmático nos condujo al Rothschildo-Marxismo, a redimirnos en miles de millones de dólares, hambrunas universales y gulags. El dogmatismo de la Iglesia, el gran Satán, debía conducirnos al inmenso Satán del marxismo.

¿Qué tiene que demostrar la Iglesia? En pocas palabras, nada.

No evitará las bombas atómicas, las bombas de neutrones o el marxismo.

Sin embargo, merece crédito por su carácter pastoral. Aquí, la Iglesia fue sublime. Suscitó una admirable devoción, Monsieur Vincent y François d'Assises, Vézelay y ciento veinte catedrales góticas de toda Europa.

La Iglesia dogmática no ha producido más que un fanatismo intolerable. La imagen de Dios que impone la teología católica (imagen en la que hay que reconocer la influencia de los judíos, a los que los egipcios llamaban "los sucios") es un insulto permanente a la noble idea que cada uno tiene de la divinidad.

Si el cristianismo, truncado por las leyes psico-dietéticas que sólo dan la unión con lo Trascendente y el sentido moral, se ha impuesto en Occidente, no ha sido a través de sus dogmas, sino contra ellos y a pesar de ellos. Ha proclamado la igual dignidad y la fraternidad de los hombres, ha llevado consuelo a los pobres y desfavorecidos, ha atemperado el orgullo de los fuertes y poderosos, ha proclamado la sublimidad del sacrificio, ha fundado instituciones de caridad, ha suscitado en las almas la necesidad de superarse, sin lo cual no puede haber progreso espiritual. ¿Es todo esto original? No. Son los mandamientos generales que se encuentran en todas las grandes religiones, porque expresan las condiciones mismas de la vida social.

La incoherencia de los Evangelios merecería un libro entero.

---

[29] La endocrinología arroja una luz interesante sobre el pecado "original". Sabemos que el abuso sexual provoca una deficiencia de los genitales internos (bondad, justicia, cualidades humanas, etc.) en beneficio de una exacerbación de la glándula tiroides (orgullo). Por lo tanto, podemos afirmar fisiológicamente que si hubo un pecado original, fue sexual. El orgullo sólo sería la consecuencia de un abuso sexual.

➢ A veces Jesús suprime los antiguos ritos en favor de la intención moral que es la única que cuenta.

➢ A veces mantiene las prescripciones de la ley e instituye nuevos ritos.

➢ A veces dice que la caridad basta para abrir las puertas del cielo.

➢ A veces despotrica diciendo que no hay salvación fuera de la ley.

➢ A veces el hombre es libre de obrar su propia salvación.

➢ Tanto los elegidos (144.000) como los no elegidos son elegidos por Dios.

➢ En ocasiones ensalza la vida familiar y la fecundidad del matrimonio, que se proclama indisoluble.

➢ A veces declara: "He venido a enfrentar al hombre con su padre, a la hija con su madre, a la nuera con su suegra.

➢ A veces condena la violencia y la guerra y proclama: "Bienaventurados los mansos, porque ellos heredarán la tierra; bienaventurados los misericordiosos, porque ellos alcanzarán misericordia; bienaventurados los pacifistas, porque ellos serán llamados hijos de Dios".

➢ A veces declara: "No penséis que he venido a traer la paz a la tierra, no he venido a traer la paz sino la espada, he venido a traer el fuego a la tierra y cómo desearía que ya estuviera encendido".

➢ A veces enseña a perdonar las ofensas.

➢ A veces arremetía contra las ciudades al norte del lago Tiberíades.

➢ A veces declara que hay que someterse al poder establecido, pagar el impuesto aunque sea inicuo.

➢ A veces declara que los reinos son de Satanás y se pronuncia contra la jerarquía social, los escribas, los fariseos y los sumos sacerdotes.

Podríamos seguir describiendo esta incoherencia. Lo más sorprendente es que la fe es la condición sine qua non de la salvación. Los peores crímenes serán redimidos por un solo acto de fe en Jesús, articulo mortis.

El modernismo se ha acostumbrado a todas las formas de demagogia judía, y este ejemplo evangélico bate todos los récords en este sentido.

¿Por qué maldecir esta higuera, que no podía producir nada en esta época del año, cuando Jesús podía multiplicar los panes y los peces?

Así que nada de ideas religiosas originales, sólo ideas infantiles e incoherentes veladas en parábolas.[30]

Tristán quería una verdad inquebrantable, una sinceridad absoluta.

Iba a explicar la fatalidad del dandi y cómo toma sus lecciones de un gran maestro: el sufrimiento. También posee un don supremo: el de decir la verdad con total franqueza, desconcertado y sin compasión, sea cual sea y en el momento menos oportuno.

No puede hacer otra cosa, porque la verdad le asfixia y tiene que dejarla salir.

Este parentesco físico y moral con los poetas y músicos románticos le llevó a algunas nociones ahora evidentes. Este largo predominio estético, imaginativo e intuitivo, propio del ser humano, le impulsó a buscar grupos de diferentes tipos.

Había observado en el ejército, sobre todo entre los paracaidistas y las tropas de choque, una categoría muy marcada que también encontró entre los luchadores de ring, los jugadores de rugby y los dictadores marxistas en particular.

Este tipo brutal, de voz vulgar y cuello de toro era esencialmente materialista. Sus valores eran la fuerza física, el grupo, la familia.[31] Lo que asombraba a Tristán era que podían copular sin el consentimiento de sus compañeras, lo que convertía a este grupo de personas en violadores endémicos.[32]

---

[30] Hay mucho que decir sobre el panorama clínico de Cristo, que en sí mismo resume toda la psicopatología. Esto se trata en mis otros libros, en particular: "Auschwitz: la fin de Iechou, Rothschild et Marx.

[31] Stalin, adrenalista, como veremos, y por tanto miembro de este grupo, dijo del Vaticano: "cuántas divisiones".

[32] Así pues, todos los violadores tienen las glándulas suprarrenales hiperactivas; sin esta cualidad endocrina, la violación no es posible.

La presencia de estos dictadores en el mundo moderno era fácil de comprender. El hombre sólo puede ser gobernado por dos autoridades: la inteligencia, en un sistema armonioso y jerárquico, o la fuerza bruta reduccionista en una situación caótica.

Si el régimen político elimina todos los valores de naturaleza espiritual, moral o estética, es decir, auténticamente intelectuales, entonces la especulación y la demagogia lo disolverán todo necesariamente en la anarquía.

Para resolver el problema de la anarquía tal como surge, las inteligencias superiores son tanto más ineficaces cuanto que ya nadie puede comprenderlas, puesto que la reconstrucción piramidal del orden natural requiere un tiempo considerable. Así pues, para que la fuerza, y sólo la fuerza, pueda alcanzar inmediatamente un orden artificial y reduccionista, la sociedad segregará este tipo de "adrenalina", guiada como estará por una ideología simplista acorde con su mentalidad objetiva y realista. La pseudodemocracia da lugar, pues, a todas las formas de dictadura de izquierdas. Las dictaduras de derechas sólo pueden surgir si se deja a las masas un mínimo de conciencia. En este caso, los dictadores serán suprarrenales, pero con sentido moral y espíritu de síntesis (Mussolini, Hitler).[33]

El secularismo erradica de raíz toda conciencia intelectual y moral. El caos resultante hará inevitables las dictaduras, de las cuales el globalismo es la peor. Las religiones colapsadas serán una fuerza motriz tan importante como el marxismo.

Por tanto, hoy es imposible concebir un líder, un intelectual sintético, porque será incomprendido por las masas zombificadas y combatido.

Lo será necesariamente si se trata de un espíritu completo, que tenga en cuenta la entidad humana dentro de la naturaleza, que tenga en cuenta todos los aspectos de la vida, que tome como colaboradores a espíritus superiores de capacidades diferentes, pero que todos tengan un espíritu

---

El tiroides sólo se pone erecto con una pareja lúcida y que dé su consentimiento. Es incapaz de violar.

[33] Vale la pena señalar de paso que Hitler, con sus fuertes suprarrenales, era muy tiroideo.

convergente hacia la síntesis y lo universal, es decir, la antítesis radical y absoluta de la especulación judía que prevalece hoy.

Por tanto, cualquier líder auténtico que pretenda restaurar la tradición fundamental está condenado al fracaso. Cualquier dictador que se apoye en ideologías simplistas y materialistas ("El arado hace al hombre"), que no traerán más que miseria y servidumbre a las masas a las que exterminarán por millones, no tiene ninguna posibilidad de imponerse a una degeneración galopante.

Tristan también había observado un patrón muy claro entre sus colegas universitarios, agrégés e internos de hospital.

Caras y manos más bien cuadradas, complexión atlética, gran resistencia física, asombrosa capacidad de asimilación y memorización, nulo sentido de la observación, escasa sensibilidad, mente racional por el momento, cómicos en cierto modo porque sólo se basan en lo accesorio, de hecho en la psicología de especialistas a menudo notables. A esto había que añadir el autocontrol, la compostura y la falta de potencial emocional. El hecho de que uno de ellos fuera licenciado en historia, filosofía o medicina no tenía ninguna importancia para Tristán. Le fascinaba la analogía de sus reacciones, su identidad, su falta de personalidad, su incapacidad radical para pensar por analogía y síntesis. Cuando habían aprobado una oposición, a Tristán le parecían salidos de un molde.

Comprendió que el sistema pseudodemocrático de oposiciones era la antítesis del genio. En el extremo, la inteligencia superior es la singularidad. El hombre genial es el que tiene razón contra todos los conformismos y está en la línea de los grandes vigorizadores de la humanidad.

Semmelweis fue ridiculizado por todas las universidades del mundo, por sus colegas que fueron los últimos en comprender la noción de identidad que había conducido a su descubrimiento. Tenía razón contra todos, y sin él no habría asepsia, ni obstetricia, ni verdadera cirugía. Así que el sistema universitario reclutó seres moldeados.

Para permitirse esta distorsión, debían por tanto tener poca personalidad y carecer de los dones que hacen al genio. Y más aún, los dones indispensables para detectar y comprender el genio. La universidad era, pues, el principal agente de deshumanización. Debía hundirse en una especie de marxismo blando. Dedicados a la memoria y al análisis hasta los treinta y cinco o cuarenta años, a una verdadera masturbación intelectual mnemotécnico-analítica, los agrégés y los pasantes nunca pudieron salir del atolladero "judeo-cartesiano". En consecuencia, no pueden penetrar en el más mínimo concepto sintético. Se pierden en el laberinto de los matices, ¡y todo lo que va más allá del conformismo analítico es "esotérico" para ellos![34]

La meditación es imposible para ellos. Piensan como pantuflas porque razonan bien en lo minúsculo. Han avanzado hacia los misiles, las bombas atómicas, los ordenadores y los congeladores, pero su conocimiento del hombre progresa en sentido contrario. Podría decirse que el cartesianismo generalizado, que Tristán llamó judeocartesianismo, era una parálisis total hacia el conocimiento del hombre.[35]

Los médicos de hospital están sometidos a una forma de pensar totalmente incompatible con el objetivo normal de la medicina: comprender al ser humano en su totalidad, prevenir la enfermedad y mantenerlo en buen estado de salud.

Buscan su desafortunado síndrome y multiplican los análisis. No pueden, en ningún caso, hacer descubrimientos sintéticos sobre la entidad humana. Aplican sus razonamientos y sus aparatos de medida a lo que está a su alcance. Añaden a la lista inagotable de procedimientos empíricos, soluciones de desesperación, medicamentos químicos que dan lugar a enfermedades más graves que las que pretenden tratar. Recurren a la cirugía, que ha realizado progresos técnicos espectaculares, pero que se utilizaría muy poco si existiera la medicina preventiva. Por tanto, sólo pueden conducir a la tecnología médica y nunca a la salud. Al contrario, cuanto más progresa este tipo de medicina, más enferma la humanidad.

Tristán vio la fatalidad que gobernaba a esa gente, que no le entendía. Él sabía por qué, ellos no. *

---

[34] Cabe señalar que todo conocimiento verdadero es "esotérico", lo que significa que sólo es accesible a las mentes de síntesis, de las que la oficialidad está radicalmente privada.

[35] Descartes habría repudiado este cartesianismo igual que Pasteur repudió el pasteurismo en su lecho de muerte:
"Claude Bernard tenía razón: el microbio no es nada, el terreno lo es todo". La vacunación es una plaga mundial degenerativa y patógena (cáncer, enfermedades cardiovasculares y mentales).

También había otro tipo de hombre con el que rara vez nos encontrábamos.

Era el único que ofrecía un contacto completo. Estaban tan abiertos a conocimientos iniciáticos como la astrología como a las llamadas perspectivas cartesianas.[36] Utilizaban la razón y la intuición en perfecta simbiosis mental.

La frente era ancha, los ojos abiertos, risueños y a menudo optimistas, aunque más bien profundos y tristes. Su estatura era de un metro setenta como máximo. Era un sibarita con la cabeza fría. Tenían un entendimiento amplio y general. Sus ojos, al menos los que él había conocido, eran irritables.

Así, tomó conciencia de cuatro arquetipos humanos: Chopin, un profesor de medicina, Stalin y Alexis Carrel.

La mayoría de los humanos eran compuestos, a veces con un ligero predominio hormonal que se apreciaba de inmediato.

Tristán observó lo flexibles que podían ser estas personas a las circunstancias políticas. A capricho de la oficialidad, podían ser influidos o maniobrados por un faraón, Tomás de Aquino, Rothschild o Karl Marx.

La persona media sólo tiene acceso a un pensamiento analítico reducido. No tiene acceso a la analogía, la síntesis o la capacidad de generalizar, como los genios.

Era fácil comprender cómo la espectacular especulación judía podía establecer una barrera entre las masas y lo Trascendente. Así, todas las imposturas eran tomadas a buen pan por las masas mistificadas.

De ahí el mundo de mercaderes y esclavos en el que sobrevivimos.

Por tanto, debió de existir un factor fisiológico que determinó los cuatro arquetipos humanos: predominio intuitivo, predominio materialista, predominio discursivo estrecho, predominio sintético.

Tristán pensó en las glándulas endocrinas.

---

[36] La astrología está radicalmente cerrada a las "pituitarias" que acabamos de describir y de las que hablaremos en el capítulo sobre "la clave".

Le resultó tanto más fácil cuanto que había aprendido por experiencia que el artista estaba visiblemente entregado a las variaciones funcionales de su glándula tiroides, siendo estas nociones médicas de dominio público.

Tristán había comprendido otra cosa de infinita importancia: la oficialidad médica no había entendido la anterioridad funcional del sistema hormonal sobre el sistema nervioso. No habían comprendido que el sistema hormonal dominaba al sistema nervioso y al ser humano en general.

El neuronal era obsesivo.

Un día se topó con un artículo de un endocrinólogo que, como sus colegas, no era víctima de la analgesia. Allí descubrió la traducción hormonal de su observación arquetípica: *Chopin, tiroides; Stalin, suprarrenal; de Gaulle, pituitaria; Carrel, genital intersticial.*[37]

El determinante biológico era, por tanto, hormonal.

Tristán era, por tanto, un paciente tiroideo, es decir, un *hipertiroideo fisiológico*. Esto es incomprensible para la mayoría de los pacientes hipofisarios. No pueden entender cómo dos conceptos antinómicos pueden fusionarse en perfecta simbiosis para crear un nuevo concepto: en este caso, los tipos glandulares.

A menudo se había preguntado por qué los artistas y las mujeres con tiroidismo tenían un ligero estrabismo convergente o divergente. Es fácil comprender que un paciente tiroideo con tendencia a la hiperactividad tenga un ligero exoftalmos que altere el eje de la visión.

Entre el hipertiroideo y el tiroideo había una diferencia entre lo patológico y lo fisiológico. Por un lado, existía una efervescencia tiroidea demencial y, por otro, una intuición nerviosa con gran fragilidad mental.

"El dandismo es una forma degradada de ascetismo" decía Albert Camus.

Esto se confirmó fisiológicamente: cuando las glándulas tiroides de François d'Assises, La Fontaine y Liszt se calmaron, tendieron al ascetismo.

Tristan reconoció fácilmente que pertenecía a este tipo. Todos los artistas románticos, como Chopin, Musset, Lamartine, Goethe, Weber y Mendelssohn, también pertenecían a este tipo. En el origen de la psicología

---

[37] De Gaulle es el arquetipo de la pituitaria, e incluso más alto, porque el arquetipo es muy alto, de hasta dos metros como algunos campesinos del Nilo.

romántica hubo, pues, un hipertiroidismo congénito que determinó esta psicología imaginativa, intuitiva, espiritualista, egocéntrica y estética.

¡La mano psíquica!

El poeta, el visionario, el músico, el místico: todo esto era obvio para él.

El verdadero intelectual debe necesariamente ser suficientemente tiroideo, de lo contrario se limitaría a lo discursivo, a la inmanencia, y nunca podría entender nada de François d'Assises ni de astrología.

Un tiroideo con la pituitaria suficientemente alta podía hacer matemáticas. La persona corriente, sin apenas caché glandular, se veía necesariamente absorbida por el conformismo, fuera cual fuera, aunque profesara las himalayas de las perversidades y tonterías contemporáneas.

En cuanto al predominio del sistema hormonal sobre el nervioso, era evidente: el nervio puede activar un músculo e *incluso una glándula*.

Pero es nuestra naturaleza hormonal la que determinará la calidad de las acciones inducidas por el sistema nervioso. La tiroides está encadenada a su universo intuitivo y estético, la suprarrenal a su universo de objetividad y materialismo, la hipófisis al análisis, el genital interno a la síntesis humana armoniosa.

La mutilación sexual no puede dejar de tener repercusiones hormonales y psicológicas muy importantes, que repercutirán en nuestro aspecto físico y nuestra mentalidad.

¡Qué revolución en el conocimiento humano!

CAPÍTULO XIII

"Les grandes amours vivent d'empêchement" Giraudoux)

Tristán tuvo la sensación de recorrer un camino sobrehumano hasta quedar exhausto. La vida seguía, pesada y abrumadora. Tristán se preparaba febrilmente para su certificado final de carrera, que suspendía regularmente por un ápice.

Por aquel entonces, conoció a un amigo que había sido profesor de francés en Egipto y que era mucho mayor que él. Había venido a Francia para formalizar una licenciatura que había preparado en Egipto durante la guerra y luego para estudiar un doctorado en Historia. Pedagógico, frío, razonador, sarcástico pero abierto. Tristán le debía muchas largas, tranquilizadoras y enriquecedoras horas de conversación. Víctor, ese era su nombre de pila, era una especie de diletante, que amaba el trabajo medido, la libertad y la paz. Su elocuencia era muy hermosa y tenía cierto sentido de la autoridad. Su disponibilidad mutua era una rica fuente.

Una noche, Tristán fue a ver a Víctor a su habitación de la residencia universitaria. Estaba triste, desanimado y arruinado. Víctor le saludó como de costumbre, con sus gafas de montura dorada ligeramente adelantadas sobre la nariz, la cabeza baja para ver mejor por encima de ellas, la ceja derecha más alta que la izquierda, el habla fácil.

— Tienes que tirar de ti mismo", dice perentoriamente.

Esa noche había un baile en el Pavillon des Provinces de France, donde se alojaba Victor. Tenían que ir, así que fueron juntos.

Tristán no veía nada, todas aquellas chicas insignificantes... Se disponía a marcharse porque le costaba impulsarse por la turba. Justo cuando estaba a punto de dar el primer paso hacia la salida, Víctor lo agarró:

— Date la vuelta y mira a esa chica de ahí, es igualita a ti.

Escéptico, Tristán se dio la vuelta y quedó deslumbrado.

Era alta, esbelta y hermosa, el tipo de belleza picante que Tristán tanto apreciaba.

Era una magnífica bailarina eslava.

Iba vestida sin verdadera elegancia, pero por sus formas especialmente definidas se adivinaba que podía serlo sin dificultad. Su tez era blanca, su pelo rubio brillaba a la luz del sol, su boca sensual. Pero había algo en ella que asustaba a Tristán. Su rostro era de una belleza glacial, su expresión dura, sus ojos ligeramente exoftálmicos, delatando una tendencia al hipertiroidismo ligeramente patológica y no sólo tipológica.

Preveía todo un futuro de dolor. Se sentía atraído, pero se mentía a sí mismo. Todo en ella estimulaba el interior de Tristán, todo le impulsaba hacia ella. Sin embargo, un grito pedía ser arrancado, pero él no quería oírlo.

Parada junto a una ventana, no bailó. Un chico la invitó, pero ella se negó. Entonces Tristán se ofreció y ella aceptó. Tenía una voz que le llegaba al alma, una vocecita dulce, de niña. No sabía bailar, nunca había tenido tiempo de aprender, pero tuvo el valor de hacer lo que pudo. Bailaron un rato en la sala del sótano, que estaba menos concurrida. Salieron. Se besaron. La lengua de él se deslizó sobre el marfil perfecto y mordió la de ella. Ella le devolvió el beso. Sus besos apasionados se fundieron en su fiebre mutua. Sus manos recorrieron los genitales del otro. Tristán estaba locamente enamorado. Sus besos, sus abrazos, le provocaban una fiebre de embriaguez caliente que no tenía cura.

Se dirigieron a la estación de metro. Allí había un pequeño café. Se sentaron allí, amantes en desproporción. Tristán se sintió activo. Hasta aquel día la había tratado con desdén, indiferencia, incluso cinismo. Peor aún, como un niño se había dejado querer. Necesitaba amor, pasión. Se rindió suavemente a sus besos, que fluyeron como perlas sobre su belleza.

Ciertamente, la expresión de sus ojos no era la de los sueños de Tristán. Estaba lejos de ser la Venus de Botticelli. Tenía la frente un poco baja y la articulación del pulgar demasiado pronunciada, pero se parecía a su poema londinense y la imaginación de Tristán añadió lo que faltaba.

Le contó su poema en francés:

Amo a una chica. Una de verdad...

No le hablaba de sí mismo ni de su pasado. Amaba a esta hermosa chica. Su locura alcanzó de repente el clímax. Le hizo una pregunta abrupta y demente:

— ¿Te casarías conmigo en el acto?

— Sí", respondió.

Estaban decididamente tan locas la una como la otra, esta rubia y esta rubia de piel clara, alta, delgada, con su larga melena ondeando sobre sus hombros de estatua...

Esa noche tuvieron que separarse.

Biche, como la llamaría Tristán, empezó a torturar a Tristán.

No acudió a la cita. Él la presionaba con preguntas, pero ella no contestaba. Cuanto más se agitaba el interior de Tristán, menos se expresaba. Le confesó que había ido a casa de un chico que la había encerrado para que no se reuniera con él.

Sentía dolor, dolor físico. Me vino a la mente un poema:

Mi amor es una copa de cristal con un sonido claro.

A la que bebo largos sorbos de cielo. Mi amor es tan puro como un sueño de Dios. Antes de la creación.

Mi amor es triste.

Como el primer nocturno de Chopin. Tocado en una tarde de otoño.

Mi amor es feliz y desesperado. Como una canción de vida y muerte...

Dos amigos de Tristán, en los que había confiado, le advirtieron. Ambos eran psiquiatras.

— Empiezas mal, proyectas tu amor a la eternidad, actúas como el Tristán de la leyenda, viviéndolo como una pasión: sobre todo, no te cases con ella. La vi en el baile donde estuve la misma noche que la conociste. Es la última chica de la que deberías enamorarte; lo lleva escrito en la cara. No vas a comer, no vas a dormir, ella te va a llevar a un sanatorio o a Santa Ana.

Interrumpe el colega:

— Se lo dices a él, mientras a mí, con cuarenta años, me acaban de chupar la polla. Tristán, eres un poeta, abierto como un libro. Puedes hacer algo de tu sufrimiento si no te mata", añadió con una risa comprensiva.

Con una salud delicada, Biche se fue al campo a pasar las vacaciones de Pascua. Desde allí le escribió cartas asombrosamente vacías. Se reunió con ella a pocos kilómetros de París. No le habló de su pasado. Quería divorciarse por su bien, ya que hacía tiempo que estaba moralmente separado de su mujer, por la que su subconsciente nunca podría perdonar al horrible pelirrojo de manos asesinas...

Por supuesto que nunca abandonaría a los niños. Se lo diría a Biche. Se alegró de tenerla en sus brazos.

De vuelta en París, le garabateó una nota, aunque tenía que regresar unos días más tarde.

"Mi querida nocturna.

Cuánto me dolió dejarte y cuánto me gusta que me duela dejarte. Ayer fue un encanto. Cuanto más siento lo mucho que te quiero, más confío en ti.

Sin ella, languidecía. Imaginar que la perdía le producía una sensación de descenso vertiginosa y asfixiante. Llegó el domingo y ella había regresado el día anterior. No había noticias de Biche.

Vagó. Se encontró con Jean, uno de sus dos amigos psiquiatras.

- Puedo adivinar lo que te pasa", le dijo, "no hagas ninguna estupidez, sobre todo no te cases con ella. Cabrón", insistió. Ayer la vi en el baile de la ciudad, bailando con una cebra. Prácticamente se burló de mí porque sabe que soy tu amigo. Ella es una Messalina: eso no es realmente lo que necesitas. Necesitas una Clara Schumann. Eres un poeta, todos los poetas deberían estar encerrados.

Pero para Tristán sólo existía Biche en el mundo. En forma de frágil belleza, era el símbolo de la adorable impotencia enterrada en la creación.

Había elegido el amor imposible y lo iba a pagar.

Sabía que ella estudiaba danza por las tardes en la escuela de Janine Solane, en la calle Notre Dame des Champs. Fue a esperarla allí.

Se acercó a Tristán, lloró suavemente y le confesó que se había enamorado hacía unos meses y que se estaba mareando.

Tristán escuchaba su dulce vocecita y su corazón se derretía al verla. Soñaba con la plenitud de su amor, con la unidad que formarían sus dos almas. Los dos, entre la multitud extinguida, alcanzarían una felicidad más que humana. Amaba sus pensamientos, sus reticencias, sus labios, sus debilidades.

La idea de serle infiel le resultaba aborrecible. Sentía que si su amor era una quimera, su mundo estallaría en la nada.

Por las tardes la veía. A veces estaba hosca, sin una palabra tierna. Su rostro parecía sellado por una máscara de cera. Él esperaba en vano el aroma tranquilizador. Tanto si la dejaba una hora como un día, le enviaba cartas y poemas que aliviaban su corazón y la hacían presente de nuevo. Su amor parecía extenderse, disolverse, en un desierto sin oasis. Se preocupaba por sus extraños estados de ánimo, por su brutalidad, pero ella no respondía. Cayó enferma. La separación, la angustia, la muerte a medias.

Mi querida Nocturne.

Seremos una mezcla indisoluble el uno del otro. Espero tus cartas como la hierba espera el rocío de la mañana, te quiero como la hierba espera el rocío. Quisiera que tu amor me hiciera olvidar todos los moretones. Me dijiste por teléfono que solías cantar cuando recibías mis cartas. Me gustaría oírte cantar. Un pequeño nocturno debe cantar muy bien.

Cuando pienso en besarte, se me sube el corazón a los labios.

Convalecencia.

Sus padres estaban de viaje y Tristán vino a visitarle. Fue una alegría corta e inefable. La noche pasó llena de la huella de Biche. Por la mañana tuvo que oír el sonido de su voz. Por teléfono hablaba de una manera extrañamente alegre que le hirió. Le pidió una explicación: había tenido una visita, "un tipo bien parecido"...

Angustiado, Tristán colgó y se tiró sobre su periódico.

Mi querido nocturno.

Todavía me siento afectada por la visita de este amigo. Sé que puedo ser estúpida, pero no puedo evitar pensar que es un viejo ligón y eso me duele. No estoy celoso. Sólo siento pena. Cariño, a la mierda ese tipo de relación. Eres lo suficientemente lista como para inventar una excusa. O esos chicos quieren ligar contigo o te quieren y de cualquier forma soy desgraciada. Creo que te quiero demasiado, que te he idealizado demasiado. Estoy cansada de mi tormento. Sé que me quieres de verdad y que yo sólo te deseo a ti. ¿El hecho de que sea infeliz por tu culpa no es una prueba de que te quiero demasiado? Estoy deseando tenerte entre mis brazos: mi amor crece cada día.

No tengo valor para trabajar porque estoy muy preocupada por ti. Me gustaría estar dentro de tu bonita cabeza para saber cuánto me amas. Entonces tal vez tendría en abundancia una dulce paz. Pensaba que era incapaz de amar y de repente te me apareciste y mi corazón está tan cansado de latir que me ahogo. ¿No sería mejor ser inmune a esta terrible enfermedad? ¿No dijo Shakespeare que "el curso del verdadero amor nunca es tranquilo"?[38]

Cuando te telefoneé tenías esa mirada alegre que odio, y estaba seguro de que un chico había venido a visitarte. Escríbeme una larga carta que sea tanta felicidad como palabras. ¿Cómo es posible que la visita de ese chico te haya puesto tan espantosamente alegre? ¿Por qué tienes que llamar a una mujer *"tipo bien parecido"* cuando yo la llamaría hermosa, bonita, picante o insignificante? La criada de mis tíos solía decir de un médico sustituto:

"Es un tipo bien parecido, no está mal construido. Era un zoquete grande, cuadrado y vulgar.

---

[38] "El curso del verdadero amor nunca fue tranquilo" (Shakespeare)

Escríbeme rápido, siempre estaré preocupado por ti, está en tu naturaleza y en la mía. Sábado por la noche:

Tu alegría de ayer me mantuvo despierto toda la noche. ¿Me quieres? ¿Me echas de menos? Destruye esta carta con la que me escribirás.

La respuesta de Biche fue un alivio para el torturado corazón de Tristán:

Mi amor.

Tu carta me ha sorprendido y entristecido. Si lo que escribes lo dices en serio, eso demuestra que no me tienes en mucha estima.

Tendría que ser una terrible mentirosa y actriz para escribirte todo el tiempo diciéndote que te quiero, que te echo de menos, y al mismo tiempo lanzarme a los brazos de todos los chicos que vienen aquí. Si fueran celos, lo entendería, pero si no fueran celos, lo sabrías. Realmente pensé que habíamos superado la etapa de desconfianza. Sabes, si no tuviera tanta confianza en ti, me habría muerto de miedo cuando estaba enferma. "Que el amor sea amor, es decir, que sea paz" dijo Montherlant. Querida, nuestro amor debe ser fuerte, es decir, nunca sacudido por problemas insignificantes.

He trazado una línea porque creo que es el final del asunto. No quiero mezclar lo bueno con lo malo.

Espero que puedas imaginarte lo feliz que me hace que tu visita haya sido un poco demasiado corta. Me hace estar aún más impaciente por verte dentro de unos días. Por supuesto que no te he dicho cómo me siento, pero ya sabes lo extraordinariamente difícil que me resulta expresarme.

Afortunadamente tengo un prometido lo suficientemente inteligente como para entender sin que yo hable. Leo en Bernanos: "Es una de las desgracias más incomprensibles del hombre confiar lo más precioso a algo tan inestable y plástico como la palabra. Lo más precioso de nosotros mismos es lo que permanece informal.

Te escribo esta frase para que te des cuenta de que no estoy completamente vacío. La profundidad de mis sentimientos por ti me hace dudar a la hora de encontrar las palabras para expresarlos... También puedes entender por qué hablo con tanta facilidad cuando se trata de tonterías.

Te beso, te quiero.

Mi querida Nocturne.

Si supieras con qué impaciencia esperaba tu carta: tienes razón, te quiero y confío en ti. Esta frase es una hermosa conclusión: "Que nuestro amor sea paz". Pero ya sabes cómo soy, me abruma un suspiro. Pero el tiempo demostrará que no tengo de qué preocuparme, ni siquiera de la sombra que te acaricia. Verás, no puedes preocuparte porque me expreso demasiado. Si fuera como tú, verías que es difícil. Me gusta mucho tu frase: *"La profundidad de lo que siento por ti me hace dudar a la hora de encontrar las palabras para expresarlo"*. Ya ves, son las palabras lo que buscas y te has expresado perfectamente...

Biche aún tenía que ir al campo por su salud. Fue allí donde Tristán la encontró y la tomó en sus brazos. Un pequeño hotel perdido en una aldea. Allí se quedaron los dos durante quince días en verano. Podía haberla llevado, pero no lo hizo. En su habitación o a la fresca sombra de los bosques circundantes, la acariciaba amorosamente. A veces se quedaba tumbada, sin reaccionar. La angustia se apoderaba de él, no podía sentir su amor, a pesar de que la quería tanto.

Mi amor.

Si tiemblo al pensar en ti. es porque te quiero.

A menudo estoy preocupado y celoso por todo y por nada.

Es porque te quiero.

Si mi corazón late cuando eres torpe. Si sangra cuando callas.

Y que prefieres tu rebeldía infantil a mi amor.

Es porque te quiero.

Si me olvido de todo por ti.

Si puedo dejarlo todo por ti. Es porque te quiero.

Si los días sin ti son tan largos. Si quiero ahorrar un minuto.

Sobre el tiempo inexorable

Para verte y sentirte cerca de mí. Es porque te quiero.

Si necesito ver el agua pura que fluye de tu fuente.

Y no creerlo sin verlo. Es que te quiero.

Si pienso en el cielo azul, el lirio, el cristal Cuando pienso en ti.

Es que te quiero...

Los padres de Biche se llevaron a su hija dos meses de vacaciones a Bretaña por su salud.

Dos meses sin Biche. Se debilitó, se destrozó. Tuvo que quedarse en una residencia durante dos meses. Se le formó un absceso externo en la garganta. Se irradiaba hacia el pecho. Había escrito a Biche. Pasaron quince días. Nada de ella. Tristan fue llevado al hospital. No podía dormir y se retorcía en la cama. Antibióticos, tratamiento de choque, propidón... Nada.

No hay noticias de Biche.

Podía sentir el sufrimiento a su alrededor. Una anciana, con las piernas amputadas, moría de gangrena diabética...

La abuela, querida, brotaba con abandono y desesperación.

Había escrito un poema horrible que había roto y que empezaba así:

Escoria con piel de orina, cara de víbora, Pantin hembra con una nariz grande y graciosa...

No, no podía citar este poema de odio merecido, que terminaba así:

...abuela, me estoy muriendo.

Habían pasado diecisiete días, y por fin una carta de Biche.

"Mi amor.

Estaba realmente desesperada cuando te dejé la otra noche.

La vida realmente es increíblemente dura. Querida, esta tiene que ser la última vez que estemos separados tanto tiempo.

El viaje a Bretaña transcurrió sin contratiempos, salvo por los fuertes humos a salchicha, queso y todo lo que os podáis imaginar. No sé si se debe a mi estado de ánimo, pero en estos momentos todo me da asco. Todo va mal. Llueve sin parar y tengo una grave infección en el pie gracias a los maravillosos zapatos que me han regalado, llenos de clavos. Anoche tuve fiebre y mamá quiere que vaya al médico para detener la infección.

Estoy harto, pero eso no impide que te quiera. Escríbeme y avísame si te quedas en esa residencia. He tenido unas diez discusiones con mi padre.

Te beso por todas partes".

Esta carta fue un golpe demoledor para la paloma de un amor cuya ala se desplegaba hacia ella con total precipitación.

Pero, ¿no estaba pidiendo Tristán a los humanos lo que ellos no podían darle?

Desde la casa de reposo "*Le moulin à vent*", donde se encontraba desde su salida del hospital, respondió a Biche:

"Mi querida nocturna.

No estás ahí. Te siento lejos, tan lejos que quiero morir. Mi corazón está lleno de tormentas y sollozos. Si supieras cuanto te quiero. Tu imagen se me hace presente, desesperante. Tu ausencia me hace vacío y caótico. Tu presencia me llena y me embelesa. Puedes hacerme o deshacerme, porque soy tuya en cuerpo y alma, pero no quiero ser el juguete de un hada caprichosa. Tengo miedo y te quiero. Vamos a partir hacia el sol y hacia la vida.

Medianoche: Me siento perdido sin ti. Te quiero tanto que mi corazón va a estallar.

Las cartas de Tristán se sucedían como olas que rompen. Cartas y poemas de amor absoluto. Ilusión sublime. Esperó en vano, hinchado de temblorosa esperanza, un poco de esa abnegación que en su fervor es el signo del verdadero amor.

¡Oh, el asombroso vacío de sus cartas!

"Mis padres no me quitan ojo y me preguntan a quién escribo. No puedo escribir. No tengo tiempo, voy a nadar, juego al tenis y salgo a pasear.

Fue en medio de estos oscuros meandros cuando Madame de Gastine y Laure vinieron a visitar a Tristán al *Moulin à Vent*.

No le había dicho nada a su madre y, sin embargo, conocía el valor infalible de su juicio, sobre todo cuando no había tenido ningún contacto personal con las personas a las que calibraba únicamente por su admirable observación. Le hubiera gustado que la lucidez de su madre se opusiera a la suya.

Le mostró una fotografía reciente de Biche. Madame de Gastine se llevó apresuradamente la mano a la mejilla:

— Dios mío", dijo, "no me gustaría vivir con una mujer así. Es muy sensible, pero no tiene piedad. Es cerrada, definitivamente cerrada. Nunca evolucionará. Es un muro. No puede adaptarse. Es un muro que te llevará al suicidio, a la locura o a la tuberculosis (Tristán recuerda la advertencia de sus amigos psiquiatras). Es sensible al ambiente, complicada a más no poder, insatisfecha. Sólo se casará contigo por capricho y por orgullo. No eres en absoluto el tipo de hombre que ella necesita. Necesita un hombre tranquilo de clase media. Si las dificultades son demasiado grandes, no sentirá nada por ti. No soportará preocupaciones ni contradicciones. Ella se deja querer. Sin duda te ofrecerá satisfacciones físicas, pero te será infiel el día en que se haya hartado, el día en que ya no sufras por ella. No tiene preocupaciones morales ni metafísicas, y el día que os separéis no volverás a saber nada de ella. Físicamente, no sé de qué clase de origen viene, pero tiene raza.

— "Pobrecito mío", añadió Madame de Gastine, devolviéndole la foto a su hijo.

Tristán no sólo sabía lo cierto que era todo esto, sino que todo se hizo realidad en el futuro.

Pronto su madre se convertiría en la gran amiga de Biche y torturaría a Tristán. Se había olvidado por completo de su extraordinario juicio. Era cierto que su madre nunca había dejado de aliarse contra su hijo.

Su valoración de Biche debía de haber tomado el color opuesto, y eso era fatal, Tristán lo sabía.

Esta estancia le había debilitado aún más. Solo y torturado por sus pensamientos, sin un alma en quien confiar.

Todas estas pruebas le habían disuelto.

¿Cómo curar este impulso místico tumultuoso, este maremoto emocional concentrado en una persona, cuando ese amor dirigido hacia Dios le habría aportado una paz serena?

Biche había vuelto de vacaciones aún más guapa. Pelo rubio dorado, lleno de sol y mar. Tristán había tomado alojamiento temporal, una habitación en casa de una solterona histérica, llena de gatos y celosa de las visitas de Biche. Esto no mejoró en nada las condiciones para su salida del abismo en el que se había precipitado.

Los niños siempre estaban en el campo. Su madre trabajaba en el negocio que se le daba bien. Tristan la había dejado en gran apuros, pero ella era la causa. Su proceso de divorcio había comenzado.

Años después, Tristán lo comprendió. ¿Cómo era posible una situación así? El divorcio sólo puede producirse si todo lo que le precede está viciado. Ni el Estado, ni la Iglesia, ni los padres, ni la inexistente educación espiritual y moral, trabajan en simbiosis para que se formen y permanezcan unidas parejas sólidas en el amor, en beneficio de los hijos, que deberían ser, tras la unión de la pareja, el único ideal, la realidad a la que dar vida. La llamada libertad de la pareja, como la libertad sexual, no es más que un gigantesco engaño que culmina en el caos y el crimen. Si la pareja estuviera consolidada biológica, mental y espiritualmente, no tendríamos hoy, en nombre de una libertad fingida, millones de oyentes de música patógena y criminógena, delincuentes a montones, degenerados de todo tipo, deficientes biológicos y psíquicos, asesinos de ancianos, pedófilos que asesinan niños. Todo este magma criminal procede de parejas fantasmas, divorciadas o cuya madre trabaja fuera de casa. Las estadísticas elementales son formales, pero basta el sentido común para comprenderlo sin necesidad de estadística alguna.

Biche estaba feliz de ser amado. Tristán no recibía nada. La falta de amor de Biche era abrumadora. Ella le dio su cuerpo, él le suplicó por su alma. Toda su fuerza brotó al vacío y se dispersó.

Este partido desafiaba todo su ser. Dislocado por toda una vida de esfuerzos sobrehumanos, era una prueba final.

La amaba demasiado, con esa fuerza insaciable de la pasión que ama tan poco que puede llegar a destruir su objeto.

Esa noche Biche se reunió con él en casa de la vieja e histérica casera, desequilibrada por una prolongada virginidad para la que no tenía vocación. Y más aún, por la falta de alguien a quien amar, como demostraba la profusión de gatos.

Biche era duro y brutal. Cuanto más amable, delicado, comprensivo y transparente era él, más opaca era ella.

¡Pobre amor! Teniendo en cuenta lo que era, Tristán le pedía demasiado. Por su cumpleaños, Biche le hizo un regalo.

Intentó ser tierna, pero no pudo. Tristán no ayudaba. Tristán no ayudaba: su pasión por ella sólo podía sofocar a Biche.

Se ofreció a él.

Un vertiginoso infierno sensual, una mezcla de cielo e infierno que ninguna palabra humana puede traducir. Entonces Tristán tuvo la increíble sensación de ser una delicada puta que se había acostado con el cavernícola...

Ya no tenía el control de sí mismo, ya no tenía el control de nada. Se tensaba para realizar automáticamente actos razonables. La represión del yo del artista obstaculizó su desarrollo hasta el punto del suicidio.

Y este amor no le daba paz. Él estaba tratando de continuar su trabajo universitario hacia un examen de titularidad. Estaba enseñando...

Cada año veía a sus alumnos deslizarse verticalmente hacia lo patológico, llegando finalmente a lo espantoso. En un futuro próximo, podía imaginarlos golpeando o matando a profesores y compañeros, asesinando por unos pocos francos. El laicismo, con sus carencias religiosas y morales, les hacía perder cada año un poco más de su alma. Incluso sus capacidades intelectuales básicas disminuían rápidamente.

Se estaban convirtiendo claramente en puras amalgamas físico-químicas regidas por la cuenta de resultados democrática y maduras para una carnicería tercermundista.

Pobres niños, atontados, totalmente atónicos, plásticos a todas las formas de la moda y de la histeria colectiva, a todas las formas de la vulgaridad. Podía imaginárselos en un futuro próximo vestidos con algún tipo de uniforme internacional de mierda elegido "libremente", chicas y chicos vestidos de forma idéntica por alguna moda imbécil, entregados a las drogas y a la pornografía, a la música vil, patógena y criminógena que mata el alma y el sistema nervioso.[39] Los veía cada vez más enfermos, con cáncer y leucemia. Pronto las enfermedades víricas matarían a millones de personas indignas de vivir.

---

[39] Esto se escribió treinta años antes de la llegada de los vaqueros azules de Lévis. Todo lo que dice se ha hecho realidad, y el horror ni siquiera se describe en su totalidad.

Al final, se suprimirían los exámenes y nadie podría presentarse a ellos. Los veía encaminarse hacia todas las formas de delincuencia y criminalidad, las más graves de las cuales no sólo se fomentarían, sino que se oficializarían. La alimentación química y la carencia de vitamina E producirían una profusión de hombres impotentes, mujeres frígidas, homosexuales y pedófilos...

Les harían votar a los payasos que nos dirigen, manipulados por las altas finanzas de mis congéneres...

Biche no le daba paz. A veces lloraba por la noche hasta quedar exhausto. Ya no sabía qué hacer. Sin embargo, se daba cuenta de la naturaleza patológica de un amor tan atroz, pero no podía hacer nada contra sí mismo, nada contra su pasión.

Le guiaba el pensamiento de sus dos hijos. Amaba a sus hijos, a pesar de la tormenta de esta loca pasión. En el punto álgido de su angustia, se volvió hacia la imagen desesperada de su madre. Estaba mal, estaba mal, él lo sabía. Le escribió y ella acudió.

¿Había venido a ayudarle o era como una hiena dándose un festín con los restos de un cadáver?

Yacía en el fondo del abismo, sabiendo que Madame de Gastine no le haría más que daño. Sin embargo, estaba sediento de su ilusión, de su bálsamo. ¿Su bálsamo? Un tampón empapado en ácido sulfúrico sobre una herida abierta.

Le entregó otra fotografía de Biche. Le pidió que le hablara más de ella, que le contara algunos rasgos, un solo rasgo que le diera esperanzas. Ella le dijo lo mismo. Ambas formaban parte, sin duda, de una analogía tipológica, pero eran esencialmente diferentes.

Tristán había invitado a su madre a venir a tranquilizarle. Preguntó por los niños:

— ¿Estás segura de que Patrice es tuyo? Además, eres responsable de él", añadió con malicia.

Un mazazo. Se lo había contado a Biche, sin comentarios, en todo su simple horror.

— Por supuesto", dijo, "eso es lo primero que habría pensado". Tristán le había contado todo sobre su pasado sin ocultarle nada.

Tristán estaba solo. Fue a ver a sus pequeños con su madre. Se acordó decirles que ambos trabajaban y visitarlos juntos lo más a menudo posible. La cruel alegría de besarlos. Sus pensamientos eran un ancla para Tristán en este océano de furia.

Tristán conoció a los padres de Biche. Gente encantadora y comedida, entregada a su enigmática hija. Emanaban una calma tranquilizadora.

Tristan se mudó a una habitación no muy lejos del piso de los padres de Biche. Biche se reunía con él por la noche.

Cualquier cosa que recordara a Biche que Tristán había estado casado y había tenido hijos la sumía en un estado de malicia fatal. Quería a Tristán para él solo, pasado, presente y futuro. Esta actitud impulsó a Tristán hacia sus hijos y le provocó un agudo remordimiento.

Para el alma de Tristán, el mayor horror era el espectáculo de la maldad hacia los indefensos. Prefería la muerte a semejante espectáculo. Biche se habría alegrado de que Tristán abandonara a sus hijos. Lo sintió con certeza y repugnancia.

Su salud siguió empeorando y su pasión desgarrándola.

Si mi amor quería que fuéramos felices.

No lo habría, cariño, en ti. Dos seres tan diferentes.

Sólo estaría mi Biche. Mi querida cierva

Acurrucándose en mi corazón de ojos grandes.

Con su dulce boquita de rosa. Con su dulce, dulce voz.

Que resuene en mi alma como una frase de Chopin. Allí estarías tú, querida mía.

Abrazarte a mi corazón. Recibir caricias y besos. Protección y amor.

Mi querida Doe que me escucha. Y me quiere, pero nada más.

Con confianza y devoción.

Por siempre que se deja amar. Por los siglos de los siglos.

Sin preguntas, eso es todo. Si mi amor quisiera

Que seamos felices...

Una carta de la rue Dehodencq.

No había recibido noticias de la familia desde la fatídica carta que había escrito a su *querida abuela* en Inglaterra.

Tristán estaba decidido a separarse, al menos en términos prácticos, porque la mente no puede aislarse tan fácilmente de los demás.

Era la tía Denise quien quería verle. Así que fue.

Su tía la llevó al Bois de Boulogne en *el* Salmson de *la abuela*, para pasear a los caniches.

El coche se deslizó hacia el borde del bosque. La tía entabló conversación.

— ¿Por qué tenías que escribir esta carta a la abuela? ¿Qué sentido tenía?

— Me llevó diez años, diez años de espera, jadeante y magullado, esperando un poco de ayuda antes de escribirlo.

— Eres egoísta, no piensas en el daño que le has hecho a la abuela y luego la matas.

Se hizo el silencio durante unos segundos y luego continuó:

— Estás un poco loco, muchacho, y además eres tonto, te hubiera impuesto en casa, te hubiera impuesto.

Siguió otro silencio. Tristán reflexionó. Era cierto que estaba un poco loco.

Esa espontaneidad, esa sinceridad, esa manía por la verdad en todos los ámbitos, ese lirismo, todo eso no era normal. Era lo contrario de ellos. Sólo actuaban por cálculo permanente, maquiavélico, midiendo siempre la estupidez y la debilidad de los demás, su vanidad. Tristán sentía que él era la antítesis de ellos.

añadió la tía:

- Tu carta muestra tu instinto de exigencia.

Sí", pensó Tristán, "como los niños que trabajaban en las minas al principio de las máquinas de Manchester de Rothschild: no exigían nada, morían.

Contestó a su tía mientras un caniche y un billete de tubo perforado bailaban en su mente:

- ¿Sabes lo que significa, cuando no sabes qué hacer por tu familia, dar mil quinientos francos para esquilar a un caniche?

— Sí, entiendo, entiendo.

— Te has perdido unos cuantos años de duro trabajo.

— Lo experimentamos durante la guerra.

— Sí, en la Zona Franca, bajo la protección de Pétain, como tantos otros judíos, y con el tío Paul que nunca te dejaba faltar de nada.

El coche se detuvo frente a la mansión de *la abuela*.

- ¿Qué puedo hacer por ti? Dice la tía.

Tristán sentía verdadera buena voluntad porque su tía era tacaña. Pero había criado a su sobrino y se preocupaba por él mucho más que su propia madre. También era mucho mejor que su madre, aquella vieja camella definitiva.

Tristán sintió afecto y gratitud por su tía. Ella le había escrito para hablar con él, para ayudarle, aunque no tenía ninguna *obligación legal* de hacerlo, como decían en la familia.

Era una clara señal de un esfuerzo tanto más afectuoso cuanto que no hacía mucho había proclamado: "No te debemos nada".

Entraron. La tía vendó el brazo izquierdo de Tristán, que había doblado su tamaño debido a un forúnculo. Le debía a su tía un saldo asombroso teniendo en cuenta lo que había pasado desde su más tierna infancia y el abandono que le había seguido. Su tía le dio mil quinientos francos y le dijo que dejara de trabajar durante un mes. Ella pagaría la pensión de los niños durante ese mes: quince mil francos.

Esa noche Tristan la llamó para darle las gracias.

— ¿Compraste lo que necesitabas? dijo su tía.

— Sí, medicina, fruta, no me queda nada.

— No te lo gastes todo, no te pases", concluye.

La tía envió a Jacqueline un cheque cruzado que nadie pudo tocar. Jacqueline fue a la calle Dehodencq a cambiar el cheque por billetes. Se atrevió a contarlos, pero faltaba uno. La tía añadió uno más y le susurró a Jacqueline:

— He hecho un gran esfuerzo para ayudar a Tristán, y he tenido que recurrir a mi capital.

A instancias de su tía, había ido a ver a su tío, médico jefe del hospital Laennec. Éste le invitó a comer.

Tristán quería hablar y ¿no era el tío Etienne el menos inhumano de la familia?

— ¿Por qué nos abandonó la abuela? preguntó Tristán.

— Sé lo difícil que es su situación -respondió su tío-.

— Entonces, ¿por qué no nos lo explica?

— Yo no permitiría que mis hijos me pidieran cuentas, y tú no tenías por qué escribir esa carta, *hay cosas que simplemente no se escriben.*

— Entiendo lo que separa a mamá de la abuela, pero los nietos no somos responsables. Es cierto que yo escribí esta carta a la abuela, Laure nunca ha escrito nada igual y, sin embargo, está completamente abandonada.

— Nunca vemos a Laure, nunca viene a vernos.

— ¿Crees que tiene tiempo y ganas de venir a verte en la indigencia en que se encuentra y donde la dejas?

— Sólo puedo decirte una cosa -dijo por fin el tío-: se comieron las uvas verdes y sufrirán por ello hasta la enésima generación.

Las enfermeras de su tío administraron a Tristán todo tipo de vacunas, bacteriófagos y antibióticos sin lograr el menor resultado en la curación de su atroz furunculosis. No había mejoría.

Tristán sabía ahora que la paz del corazón y del alma, una dieta sana y moderada, con la menor cantidad posible de carne y almidones cocidos, mucha verdura y fruta, y pocos huevos y queso, le habrían curado por completo. Durante siglos, la gente había comido demasiado, con angustia y, sobre todo, todo lo que quería. Desde la última guerra mundial, esta anarquía se había agravado y la gente comía todo lo que necesitaba para converger en una degeneración masiva, con profusión de cánceres, enfermedades cardiovasculares y mentales por añadidura. La vacunación sistemática, infligiendo productos pútridos al organismo, desempeñó un papel importante en el colapso biológico y mental de la raza humana.

A pesar de su precaria salud, su compromiso con Biche tuvo lugar en el piso de su futura cuñada. Aquel día, en la Rue du Ranelagh, los nervios de Tristan estaban a flor de piel. Una multitud de pequeños burgueses insípidos con conversaciones vegetativas.

A un kilómetro de Vézelay y de su joya románica, se casaron.

Se mudaron a una habitación frente al piso de los padres de Biche.

Comían en familia, lo que evitaba muchas dificultades materiales.

La brutalidad de Biche empeoró.

No podía tragar nada. Cada movimiento de Biche le aceleraba el corazón. Ella se iba, dando un portazo, y se quedaba allí, con la cara congelada, sin habla. Ella puso el hierro candente de los niños en el corazón de Tristán. Allí había una fatalidad extrema. Parecía que la naturaleza de Tristán tenía un modo de sacar lo peor de ella.

Había un conflicto perpetuo entre la actitud pacífica, incluso feliz, que debía a sus hijos y su amor insensato, que le mutilaba y le hacía asumir el propio sufrimiento de Biche.

Mírase por donde mírase, el corazón de Tristán estaba destrozado. Una especie de orgullo desmedido, una angustia contra la condición humana, crecía en su interior.

Bastaba una mota de polvo para volverlo loco.

Se desató una fiebre persistente. Una palabra de Biche bastó para aumentarla. Su voluntad estaba muerta. Su cerebro yacía en un caos efervescente. Se estancó, revolviendo pensamientos dolorosos, aturdido, casi cataléptico.

Impotente, se tumbó en la cama. Sus suegros llamaron al tío Etienne. Pasaron ocho días. Llegó. Le examinó, no encontró nada y le dejó un jarabe para la tos, un medicamento común.

La fiebre persistía.

Pasaron tres semanas. Llamamos por teléfono y no vino. Fue durante las horas de extrema postración cuando la crueldad de Biche se amplificó.

Desesperados, los suegros sugirieron que "¿quizá los nothings? No, dijo el tío, allí no había nada. El tío Jacques fue a buscar a Tristan para hacerle una radiografía: no encontró nada.

Tristán se fue con Biche, que le había acompañado en el metro.

Al bajar las escaleras del vestíbulo, vislumbró al fantasma de su *querida abuela*, de pelo blanco y cubierta de pergamino.

A pesar de los pronósticos libres y familiares, se realizaron pruebas y se encontraron glóbulos rojos, restos purulentos y e-coli.

Los suegros informaron a la familia de este resultado. Pasaron los días sin que el tío Etienne diera señales de vida.

En un arranque de vitalidad que permanece en medio de la postración, Tristán escribió una breve nota, cuyas palabras no pudo controlar en el estado en que se encontraba.

Recuerda que había sido quejumbroso, patológico:

"El tío Etienne no vendrá, mis suegros están indignados por tu descuido. Si quieres que tenga alguna posibilidad de mejorar, no le enseñes esta carta al tío Etienne, porque no conoces la piedad ni el amor, aunque seas tan sensible que te duela una mota de polvo. Mientras pueda, cuidaré de mis hijos, y si desaparezco, haz por ellos lo que no hiciste por mí. Ese será mi consuelo...

Pasaron dos días. Sonó el teléfono. "Por fin", susurró el suegro.

No, no era la salud de Tristán lo que les preocupaba: la tía Denise les había enseñado la carta.

Nunca volvió a verlos.

La abuela murió unos años después, a la edad de ochenta y seis años. Tristán no fue al funeral. No había podido.

Se la había imaginado llevada a la tumba, como al notario, entre dos policías, el tío Jacques y la tía Denise, por los que sin embargo sentía gratitud y afecto...

CAPÍTULO XIV

> *"Cuando todos seamos culpables, se alcanzará la democracia" (Albert Camus)*
>
> *La historia de Israel es inestimable como historia típica de la distorsión de los valores naturales. Los judíos tienen un interés vital en enfermar a la humanidad y en trastocar, en un sentido peligroso y calumnioso, la noción del bien y del mal, de lo verdadero y lo falso (Nietzsche). Los judíos, ese puñado de desarraigados, han provocado el desarraigo de todo el (Simone Weil).*
>
> *Quién iba a pensar que un rito podía llegar tan lejos y arriesgarse a destruirlo todo en la frontera entre naciones. (Dominique Aubier en su libro sobre la circuncisión al octavo día).*
>
> *Durante 5.000 años hemos hablado demasiado, palabras de muerte para nosotros mismos y para los demás (George Steiner).*
>
> *Manipulamos a los imbéciles que dirigen a las masas a las que hemos vuelto locas (el financiero en una película americana).*

Siempre actúan contra alguien o algo. Nunca a favor de nadie ni de nada.

De ahí su perfección malsana. Tiran, no dan.

Desarraigan y mutilan la naturaleza y la humanidad. Es su maldición.

No creen en sí mismos. Así que ponen toda su energía en la demostración externa de una esencia inexistente.

Absortos en esta lucha negativa, no les queda nada que amar.

La preocupación por la demostración sustituye a la entrega, el amor, la creación y la oración. Incapaces de "darse cuenta", destruyen, degradan y caricaturizan.

Por eso son lo contrario de humanos. Se aíslan de la humanidad y desatan un odio sangriento contra sí mismos: el antijudaísmo que han llevado consigo y difundido por todas partes durante 5.000 años.

Facsímiles geniales y espectaculares sin alma. Con una apariencia exterior más verdadera que lo real, de ahí la mistificación universal.

La duda, la incertidumbre y la destrucción no crean amor: son pobres.

Armas diabólicas que les permiten lograr este éxito satánico fuera de lo humano, contra lo humano, dándole al humano la ilusión de "para lo humano".

Intentan penetrar en la esencia de las cosas con una voluntad agresiva, una mente analítica, no amorosa.

Por eso el análisis judío presenta para toda la eternidad un rostro de vertiginosa desesperación. Creaciones ilusorias, destrucción real porque violan un equilibrio.

Sentimos una inmensa lástima por estos seres eternamente obligados a permanecer ajenos a toda esencia y, si quieren forzarlo, a alcanzar sólo una perfección diabólica, deslumbrante pero...

La Iglesia pastoral ha tenido el inmenso mérito de la caridad y la cultura monástica, del esplendor de Vézelay y Chartres, de la santidad de Monsieur Vincent y François d'Assises.

Pero la Iglesia dogmática ha convertido la historia en una esclerosis doctrinaria donde las temibles nociones de herejía y anatema, que el antiguo paganismo había ignorado, han hecho correr mares de sangre y lágrimas.

El dogma, un desafío a la inteligencia elemental y al sentido moral, una confección de lo abstruso y lo contradictorio, heredó de la Sinagoga un Dios exclusivo, tiránico y celoso, el Dios de los teólogos de la justicia, la ley del talión y la práctica del chivo expiatorio.

Era inevitable que esta religión de doctrinarios y teófagos, que durante 20 siglos ha ignorado las reglas psico-dietéticas que hacen al hombre y lo unen con lo Trascendente, culminara en el judeocartesianismo, es decir, la especulación atea de las finanzas liberales de Rothschild, reduciendo a toda contaminación, Einstein y los ataques genéticos de la energía nuclear, cuyos residuos pueden almacenarse y no pueden neutralizarse,

Oppenheimer y su bomba atómica, Field y su bomba de hidrógeno, S. T. y su bomba atómica, y Einstein y los ataques genéticos de la energía nuclear, cuyos residuos pueden almacenarse y no pueden neutralizarse.T. Cohen y su bomba de neutrones, Freud y su abulia pornográfica, Djérassi y su píldora patógena y teratógena, Weizenbaum y sus ordenadores que convertirán a los hombres en mapas, Picasso y su arte de mortuorio.

En 5000 años de racismo hasta ahora desconocido, los que practican la circuncisión al octavo día de vida (causa fundamental de un trauma hormonal-psíquico que explica su particularismo constante en el tiempo y en el espacio) han fundado cuatro religiones revolucionarias: el judaísmo, el islam, el cristianismo y el marxismo. El marxismo, un misticismo ateo, es la culminación final y suicida del judeocartesianismo, que a su vez llevó al judeocristianismo a un final estrepitoso y furioso.

Cirugía del alma

Los judíos están manipulados por la circuncisión, que es la única causa de su particularismo.

Esta cirugía hormonal es una cirugía del alma. Interrumpiendo los 21 días de la primera pubertad, que comienza el 8º día, les dará una mentalidad especulativo-parasitaria incoercible. Por un lado tenemos a los científicos y financieros pituitarios y por otro a los virtuosos intérpretes y actores, a los novelistas tiroideos. Con los genitales internos dañados, tendremos una moral de clan pero una falta de síntesis y de sentido moral. *Esta es la realidad ineludible que descarta el antijudaísmo.*

Víctimas de sí mismos, hipnotizados por un rito religioso cuya maldad desconocen, están totalmente incrustados en la maldición.

Así que los judíos se ven a sí mismos como diferentes de los demás, y lo son. En consecuencia, es inevitable que siempre sean, y hoy más que nunca, un cuerpo extraño entre las naciones.

Entraron en las naciones como extranjeros. Eran un pueblo entre pueblos, que preservaban su carácter mediante la circuncisión de los primeros pubertos y ritos estrictos y precisos, y mediante leyes que los mantenían apartados y los perpetuaban. Entraron en las sociedades no como modestos invitados, sino como conquistadores. Se apoderaron del comercio y las finanzas, pero no de forma tan radical y absoluta como en el año 2000.

Tienen un espíritu de superioridad y una avidez de dinero que les lleva a la usura, fuente epi-céntrica del antijudaísmo en todo tiempo y lugar. Al principio se les acogió sin prejuicios, e incluso se les dio un trato preferente para consolidar su posición. Su prestigio por la riqueza que adquirieron a costa de quienes los acogieron provocó una profunda aversión, que se expresó entonces en pogromos y expulsiones del país de acogida. Este ha sido el patrón de la historia judía en todas partes y sin excepción. Hoy, la situación es infinitamente peor, porque con su hegemonía total, los pueblos se ven reducidos a la miseria y la degeneración.

En una carta a Karl Marx, Baruch Lévy escribía: "En una nueva organización de la humanidad, los hijos de Israel, dispersos por todo el mundo, se convertirán, sin encontrar la menor oposición, en el elemento dirigente en todas partes, sobre todo si consiguen imponer a las masas trabajadoras la dirección de un judío".

Con la victoria del proletariado, los gobiernos de la República pasarán fácilmente a manos judías. La propiedad privada podrá ser fácilmente abolida por dirigentes judíos que administrarán la riqueza pública. Así se cumplirán las promesas del Talmud de que los judíos poseerán la riqueza de todos los pueblos del mundo. El socialismo es, pues, una enorme mistificación judía, porque su objetivo no es la elevación del proletariado y el alivio de la injusticia social, sino la dominación judía del mundo: es lo que llamamos globalismo en el año 2000. Dos parámetros aparentemente antinómicos se complementan en realidad: por un lado, el dinero judío y, por otro, el socialismo y el comunismo judíos. Los judíos fueron los fundadores del capitalismo industrial y financiero y colaboran sistemáticamente en la centralización extrema del capital que facilitará su socialización. Por otro lado, son los adversarios más feroces del Capital. Está el judío buscador de oro y el judío revolucionario. Rothschild contra Marx, Marx contra Rothschild, una brillante dialéctica de enemigos fraternales que produce los movimientos de la historia. A partir de la revolución judía, no de la francesa, se convirtieron en los amos del dinero y, a través del dinero, en los amos del mundo. La mayoría de los amos del bolchevismo eran judíos, incluido Lenin, cuya madre era judía: Trotsky, Sverdloff, Zinovef, Kameneff, Ouritski, Sokolnikoff, etc. En Alemania, los líderes del espartaquismo eran judíos: Liebknecht, Rose Luxembourg, Kurth Eisner, Eugène Lévine. En Francia, Léon Blum era judío. En España, el amo absoluto de Madrid, devastada por la guerra civil, era Heinz Neumann, un judío alemán. Contrariamente a lo que podría pensarse, la mentalidad supercapitalista y la mentalidad socialista no se oponen en esencia: *ambas se basan en una concepción económico-materialista del mundo.*

Hay que distinguir entre el propietario de la tierra o de la industria y el financiero que vive de la especulación. La revolución fue fatal para los primeros, de ahí la rápida desintegración de la humanidad, pero hizo las fortunas colosales de los segundos, fortunas artificiales, gigantescas y necróticas. El socialismo no es el objetivo de la revolución sino un medio de destrucción que favorece a las finanzas judías internacionales. Los judíos tienen una fortuna diferente a la de los goyim. No temen al comunismo sino que se benefician de él. Son capitalistas modernos, es decir, especuladores y traficantes de dinero.

El prototipo es el banquero con su caja fuerte y su cartera. Para el judaísmo el medio más seguro de lograr la dominación mundial es el social-comunismo que, al arrebatar la propiedad a los goyim y centralizarla en manos del partido dirigido por los judíos, realizará el proyecto talmúdico de convertir al judío en rey y sacerdote del mundo. Los gobiernos pasarán así a manos judías mediante la victoria del proletariado. La propiedad individual podrá ser abolida por gobernantes judíos que administrarán la riqueza pública en todas partes. Los obreros son, pues, el instrumento al servicio de los judíos, amos potenciales del mundo. La revolución socialista o comunista es el camino más corto y seguro hacia la concentración total del capital en manos judías: será un supercapitalismo de Estado.

Entonces se cumplirá la profecía del Talmud:

"Todos los pueblos de la tierra serán encadenados al trono de Israel tras una atroz guerra mundial en la que tres cuartas partes de la población serán diezmadas. Se necesitarán trescientos asnos para llevar las llaves del tesoro".

Desde hace unos cuarenta años, todo el mundo está hipnotizado por el dogma de los 6 millones de cámaras de gas. Nadie había pensado en ello, nadie lo cuestionaba.

El asunto Faurisson estalló en 1979 en el diario *Le Monde*.

Algunos se ponen a pensar. Para asombro de todos, quedó claro que el profesor no tenía derecho a expresarse. Tiene derecho a fuertes sanciones penales, gases lacrimógenos y un intento fallido de asesinato. ¡Qué extraño sistema democrático y qué extraña aplicación de la libertad de expresión consagrada en los derechos humanos!

Cualquiera puede comprender que si estuviera equivocado se le habría permitido expresarse libremente, aunque sólo fuera para aplastarlo en la televisión, la prensa, la radio y la edición en manos judías. Incluso sin estudiar el problema, ya está claro que se trata de una impostura, de la que tenemos nueve veces la prueba en la forma del comportamiento hacia Faurisson y todos los historiadores llamados "revisionistas", aunque el término es un pleonasmo porque todos los historiadores son por esencia revisionistas, de lo contrario no son más que propagandistas a sueldo.

He ahí el implacable aspecto psicológico del problema: ¡hay leyes totalitarias, estalinistas, para silenciar a los historiadores! La conclusión de Tristán era perentoria antes de estudiar siquiera la sombra del aspecto técnico del problema.

Sin embargo, la curiosidad le llevó a investigar este aspecto técnico.

El Anuario Judío Americano, en la página 666 del número 43, afirma sin ambigüedades que el número de judíos presentes en la Europa ocupada era de ¡3.300.000!

A partir de 1941, miles de judíos partieron hacia la Zona Libre (mujeres y niños) y hacia España (hombres). Tristan y toda su familia y amigos estaban entre ellos.

Es absurdo incinerar a cuatro millones de judíos partiendo de la base de que dos millones murieron a consecuencia de la guerra (lo cual es una exageración), cuando sabemos cuánto tiempo llevó la incineración y el número de crematorios. Además, ¡los crematorios avanzados no se instalaron hasta finales de 1943! Antes de esa fecha, las cremaciones eran técnicamente insuficientes. En esas condiciones, habrían desencadenado epidemias de tifus en toda Europa. Millones de personas habrían sido exterminadas en aproximadamente un año, lo que es ridículamente imposible. Es más, salieron tantos judíos que Hitler ofreció canjear un millón de ellos a EEUU por 15.000 camiones: los judíos de EEUU prefirieron dejarlos morir de hambre y tifus para poder urdir el jugoso Holocausto y utilizarlo para su hegemonía mundial y la masacre de los palestinos. Ergo, el exterminio de un país como Suiza en siete campos de concentración -algunos de los cuales oficialmente nunca tuvieron cámaras de gas- es un disparate aritmético.

El ciclón B es ácido cianhídrico. Recientemente, el director general de la mayor planta de ácido cianhídrico del mundo escribió a un desafortunado profesor de historia que había sido despedido por decir a sus alumnos que existía una escuela revisionista:

- Yo era director de la planta de Saint Avold que, con su producción de cuarenta toneladas diarias de ion cianuro, era la mayor del mundo en 1970. Teóricamente, esta producción habría permitido envenenar mortalmente a 500 millones de seres humanos en un solo día. Así pues, conozco perfectamente los problemas que plantea la manipulación del ácido cianhídrico. Puedo confirmar que todos los relatos que he leído o escuchado sobre cámaras de gas en las que se metía a entre 2.000 y 3.000 personas son material de fantasía.[40]

No tiene sentido ir más allá para ver la farsa que es esto. Pero hagámoslo por curiosidad.

Los cientos de fotografías tomadas por los estadounidenses durante el supuesto período del Holocausto no revelan ninguna de las inmensas pilas de carbón necesarias, ni nada del espeso humo negro que debería haber sido permanente para tales cremaciones.

Todos sabemos lo que es una cámara de gas de ácido cianhídrico: así es como los estadounidenses ejecutan a sus condenados a muerte.

Se trata de una habitación para un condenado (máximo 2). Esta cámara es increíblemente compleja y cara. Una cámara así para 2.000 víctimas no sólo habría sido económicamente imposible, sino que habría dejado huellas considerables imposibles de erradicar. Habrían quedado órdenes, documentos y archivos. El propio Raymond Aron afirmó que nunca se había encontrado nada, a pesar de que todos los crematorios seguían funcionando. Estos hornos eran esenciales en las prisiones y campos de concentración para prevenir el tifus.

En cuanto al ciclón B, se utiliza en Alemania por los servicios de higiene desde 1920. Se utilizaba para despiojar la ropa. En algunos campos en los que oficialmente se afirma que nunca hubo gaseamiento, se han encontrado toneladas de ciclón B.

El Sr. Leuchter, que dirige y vende todo lo relacionado con las cámaras de gas para condenados a muerte, viajó a Alemania para estudiar el problema. Su famoso informe concluyó que tales gaseamientos eran imposibles. Dos especialistas de alto nivel coinciden en la impostura. El desafortunado Leuchter pagó la honradez de su trabajo con la ruina total. Otra prueba

---

[40] Gérard Roubeix, Director General de Arts et Manufactures engineer.

novena del fraude. La libertad de expresión democrática consagrada en los derechos humanos sólo es válida si lo que se dice agrada a los judíos. De lo contrario, los jueces esclavizados te arruinarán.

Una tesis doctoral sobre el informe Gerstein (que denunciaba el asesinato de judíos de forma tan grotesca que el tribunal de Nuremberg no pudo aceptar su testimonio, y que curiosamente acabó en "suicidio") fue cancelada por voluntad judía, en contra de la competencia de los profesores universitarios, con un pretexto inútil.

Y este dogma sigue siendo impuesto por los Marx Merdia y los ateos Levy Zion. Las masas del mundo se lo han tragado.

A pesar de estas realidades flagrantes, continúa el adormecimiento comatoso e hipnótico de las masas, estupefactas por el rock, el techno, el fútbol, las drogas y el alcohol.

El gran hermano Rothschild Marx somete a juicio a cualquiera que denuncie lo absurdo del dogma. En Alemania, la duda significa la cárcel.

Como si todo eso no demostrara la impostura de una supuesta democracia.

Los multimillonarios circuncidados estadounidenses, tan rojos como circuncidados, financiaron el bolchevismo.

Hammer, con su cara carnívora, vale veinte millones de dólares. Durante la Segunda Guerra Mundial, él solo poseía tanto petróleo como las tres potencias del Eje. (Japón, Alemania e Italia).

Su factura telefónica en Los Ángeles supera los mil millones de céntimos al año. (Diez millones de francos pesados)

Su imperio es uno de los más poderosos del planeta. Se reúne continuamente con jefes de Estado. De su piso frente a la Casa Blanca al que tiene frente al Kremlin, viaja en avión y es recibido como un jefe de Estado. Desde 1917, es el interlocutor privilegiado del Kremlin. Se ha reunido con los siete Secretarios Generales del Partido Comunista y con los trece Presidentes de Estados Unidos.

Rockfeller (Steinhauer), otro multimillonario rojo circuncidado, posee la compañía petrolera más poderosa del mundo. Junto con Hammer, negociaron la creación de una Cámara de Comercio Soviético-Americana para facilitar las exportaciones a la URSS de máquinas-herramienta, sin las cuales el ejército soviético, que amenazaba al mundo, no habría existido.

Los banqueros circuncidados Kuhn, Loeb y Warburg transfirieron seiscientos millones de rublos entre 1918 y 1922. El padre de Hammer era el rey de la transferencia clandestina de fondos para las actividades subversivas del Cominterm. Incluso fue encarcelado en la prisión de Sing Sing en 1920 por este delito. Su hijo Armand tomó el relevo. En 1922, Hammer logra convencer a la anticomunista Ford para que instale fábricas en la URSS. Expertos comunistas acuden a las fábricas de Ford para aprender el oficio.

En un informe a Roosevelt del embajador americano en Moscú leemos:

"Stalin reconoce que 2/3 de las mayores empresas soviéticas se construyeron con la ayuda de financieros estadounidenses.

Es comprensible que Hammer sea recibido en Moscú como un jefe de Estado.

En 1960, llevó a su estela a los empresarios occidentales más poderosos y los puso en la senda de los intercambios económicos Este-Oeste.

El vasto movimiento hacia el Este iniciado a principios de los años setenta vino acompañado de cierres de fábricas en Occidente, desempleo y manipulación fiscal. Los dirigentes comunistas esperaban que acogiendo a las multinacionales consolidarían su poder y compensarían el retraso acumulado por sus industrias.

¿No dijo el director de la KGB en ese momento:

- *Estamos construyendo una sociedad comunista con tu experiencia, y mantendremos nuestro sistema y nuestras reglas con tu ayuda.*

El avión personal de Hammer vuela desde su piso de la Casa Blanca al Kremlin sin formalidades.

Se trataba de camiones construidos por Ford a orillas del Volga y utilizados posteriormente en Afganistán.

Como ejemplo simbólico, Hammer firmó los dos mayores contratos económicos jamás negociados entre Occidente y la URSS. Veinte mil millones de dólares y el suministro de fertilizantes a la URSS durante veinte años. Ocho mil millones de dólares para suministrar a la costa oeste de Estados Unidos y a Japón el petróleo y el gas siberianos explotados por la empresa de Hammer.

Por supuesto, para todos estos acuerdos, la URSS se benefició de créditos occidentales ridículamente bajos, financiados por los contribuyentes occidentales.

El telón de acero es un cristal transparente para los banqueros judíos estadounidenses y los goyim arrastrados a su paso.

La tan cacareada "distensión" fue sobre todo un periodo de intenso espionaje económico y tecnológico.

Durante la invasión rusa de Afganistán, la reunión Hammer-Brejniev terminó con esta declaración del multimillonario:

- *Afganistán forma parte de la esfera de influencia soviética".*

Después, al ofrecer a Pakistán invertir en petróleo, consiguió que las promesas de prospección petrolífera bloquearan la frontera pakistaní, posible paso de ayuda y suministros destinados a la resistencia afgana.

Ningún presidente estadounidense, desde Roosevelt hasta Regan, fue elegido sin la contribución electoral de Hammer, tanto demócratas como republicanos.

Sin embargo, en 1960 se presentó a la oficina del Presidente de Estados Unidos un informe "alto secreto" que sólo tenía un objetivo: disuadir a cualquier Presidente de negociar con Hammer.

Fue gracias a multimillonarios estadounidenses circuncidados el 8º día que la industria y el ejército de la URSS existieron y funcionaron.

No puede haber bolchevismo sin capitalismo estadounidense circuncidado.

Este prototipo de multimillonarios rojos es inamovible e inexpugnable. Son los verdaderos reyes del mundo.

Es el reinado absoluto de individuos déspotas lo que está apuntalando el llamado mundo "democrático".

Hammer sigue siendo el líder de los demás multimillonarios rojos circuncidados y de algunos no circuncidados. Su Boeing 727 especialmente transformado fue el único avión privado que entró en el espacio aéreo soviético de forma permanente.

Lenin dijo: "Los capitalistas nos venderán la cuerda para ahorcarlos". También proporcionan la horca.

Merece la pena describir simbólicamente a otro multimillonario judío, Klimrod.

Se ha dicho que es el empresario judío más rico del mundo junto con Hammer. Pero eso es irrelevante, porque lo mismo podría decirse de muchos financieros judíos. Su fortuna asciende a miles de millones de dólares.

En 1945 lo encontraron en una fosa llena de cadáveres en un campo de concentración alemán. Estaba vivo. Después se convirtió en terrorista en Israel y en "justiciero antinazi". Se trasladó a Tánger, donde prosperó con el contrabando de cigarrillos. Llegó a Estados Unidos en zapatillas de deporte, con veintidós años, y dos meses después se encontró al frente de sesenta empresas.

En 1980, poseía 1.687 empresas. Abarcaban todo lo que se podía vender: alimentación, restaurantes, prensa, televisión, venta de todo tipo de productos a la URSS, incluidas fábricas llave en mano.

Permaneciendo en la sombra, esquiva todas las leyes antimonopolio y coloca a sus propios hombres en todos los gobiernos.

¿Qué representa un minúsculo presidente de Estados Unidos, un comerciante de cacahuetes o un actor de cine, que es barrido cada cuatro años, puesto en su lugar por un Congreso y una mafia en manos de las altas finanzas, en comparación con un poder tan oculto, con permanencia absoluta, capaz de manipular a los gobiernos a su antojo?

¿Cuál es el potencial de destrucción orgánica, mental, ecológica y moral que encierra semejante poder especulativo, aislado de todas las verdaderas leyes de la vida que sólo las élites providenciales y los sabios conocen?

Es casi imposible que la mayoría de los seres humanos tomen conciencia de la gigantesca perversidad de la especulación judeocartesiana.

No pueden comprender la síntesis destructiva de los financieros, de Marx, de Freud, de Oppenheimer, de S.T. Cohen, de Djérassi, de la medicina físico-química patógena y teratógena, del materialismo, de la mentira inaudita del progreso y de la democracia, que no es más que su dictadura. Cohen, los Djérassi, la medicina físico-química patógena y teratógena, el materialismo, la mentira inaudita del progreso y la democracia, que no es más que su dictadura absoluta sobre las masas y su degradación progresiva e implacable.

Y sin embargo, bajo la égida de esta democracia, los derechos humanos de los que tanto presumen son pisoteados en todos los países del mundo, salvo en su propio caso. Es más, 2/3 de la humanidad se muere de hambre.

La miseria material y espiritual alcanza su apogeo bajo la tiranía contaminante de las políticas rothschildo-marxistas, ejercida sobre los cuerpos y las almas, así como sobre el suelo del planeta, esterilizado por los productos químicos y perturbado por la deforestación.

Todo esto se oculta a la mayoría de los humanos que han perdido toda inteligencia sintética y aceptan, en un determinismo que parece absoluto y cósmico, todo lo que va mal siempre que sea oficial y publicitado por los medios de comunicación.

Todos sus gestos, su forma mental de expresarse, sus objetivos son extrañamente inhumanos. Son obscenos.

En un baño universal de mentiras, realizan una autopsia al mundo entero. Su aspecto físico, tan prodigiosamente calcado de las representaciones simbólicas de Satán en todas las tradiciones religiosas, deslumbra por su significación: *Mendès-France, Olivenstein, Hammer, Raymond Aron, Gainsbourg, etc., gárgolas perfectas. Nada que retocar.*

La abuela y su destructividad inmediata. Hammer, Oppenheimer, Freud, Marx y su destrucción universal. *Marx y el odio. De Hammer y Marx a S.T. Cohen, todos sus análisis matan.*

Sus facultades chispeantes en lo inmediato, sus especulaciones que parecen positivas, geniales para las masas, lo que a su vez les confiere la admiración del mayor número.

Laurent Schwarz, matemático trotskista, ¿inteligente?

S.T. Cohen, inventor de la bomba de neutrones, ¿inteligente?

Hammer, el multimillonario rojo que prepara activamente la bolchevización del mundo y la Tercera Guerra Mundial, ¿inteligente?

El colmo de la burla y la mistificación.

"Nunca tienen esa modesta atención propia de la verdadera inteligencia", decía Simone Weil.

La verdadera inteligencia no se reconoce así, y todo se organiza para convertirla en una farsa a los ojos de una masa degenerada que sólo puede adorar a sus verdugos.

Lixiviación y putrefacción universales.

Una sangrienta farsa de antagonismo Este-Oeste, mientras la camarilla de multimillonarios rojos difunde el bolchevismo y la URSS es apoyada desde 1917 por banqueros judíos estadounidenses.[41]

No tienen fe, ni esperanza, ni caridad. ¿Hemos visto alguna vez un ojo judío que contenga una gota de ternura gratuita? Mirad esos ojos demasiado brillantes, o atonales, revestidos de una falsa dulzura de la que está ausente el corazón.

Sus ojos no tienen sentimientos profundos, ni alma. Como todos los neuróticos, no tienen corazón, pero tienen un apego para-histérico a su madre. Lo aplastan todo con la materia, por la materia misma. El oro sólo ama al oro. Sus especulaciones, por desinteresadas que sean, son como una neurosis, una enfermedad de la que se excluye toda síntesis humana.

¿Por qué esta condena metafísica mediante el ridículo instrumento de la circuncisión al octavo día?

¿Por qué su inteligencia neurótica no puede dejar de funcionar? ¿Por qué están condenados a una destrucción tan fatal?

Sus pensamientos tienen el rostro de sus rostros.

La explotación del mito democrático, la mentira del progreso, el capitalismo, el comunismo, todos los *ismos*. La tercera y última guerra mundial.

La responsabilidad del hombre medio en esta *enigmática* mistificación democrática! nula, eso es lo absurdo....[42]

Léon Blum contra Citroën, Marx contra Rothschild.

Dile a la gente "os voy a dar libertad" y esclavízala, y vendrá en tropel. Diles que vas a obligarles y a darles la verdadera libertad y no vendrán, a menos, claro está, que haya seis millones de parados en el territorio nacional. En el año 2000, la pereza humana es tan total que ni siquiera seis millones de parados les impedirá votar democráticamente. Prefieren

---

[41] En realidad, las finanzas judías de EEUU prepararon la revolución bolchevique con financiación en la década de 1900. La revolución no estalló simplemente en 1917: necesitó un largo período de preparación financiada.

[42] *"Enaurme"* nos recuerda a *"King Ubu"*: "Cuando me haya llevado todo el dinero, mataré a todos y me iré".

alimentarse de demagogia, etiquetas, ilusiones, fútbol, música regresiva, ignorante y patógena, drogas, pornografía y espectáculos idiotas. Sólo hace falta que todo eso brille y se agite.

Rockefeller "El hombre que hace caer piedras" y no le importa lo que haya alrededor.

Fue la monarquía judía la que hizo que la revolución, en beneficio de los financieros, se conociera como "francesa".

Es el Socialismo Judío el que nos está llevando al Comunismo Judío y al Globalismo.

Satanás es circuncidado al octavo día.

Están en un círculo vicioso del que no pueden escapar y al que nos arrastran. Son psicópatas, hablan rápido y con gestos, hablan mucho y un diálogo con ellos es un tour de force. No tienen integridad intelectual. Seducen a las masas. Halagan y explotan la estupidez, la vanidad, la debilidad y la vulgaridad de los hombres y, sobre todo, de las mujeres. No se quedan quietos ni un minuto. Acuden a ti... cuando te necesitan. No son felices. Muestran su odio pertinaz a la mínima porque mentir es tan esencial para su supervivencia como una hoja para un caracol.

Señálales los nombres judíos de la podredumbre de Weimar, el hecho de que esta podredumbre desapareció con el advenimiento de Hitler, los nombres de los verdugos judíos de las prisiones y campos de concentración de la URSS que exterminaron a decenas de millones de gentiles, y no volverás a verlos.

No soportan ninguna verdad sobre sí mismos, pero proclaman las mentiras que les sirven de verdad, como el disparate aritmético-técnico de 6 millones de habitaciones a gas.

Carecen de esa facultad de abstracción de sí mismos que les permite mirarse en medio de la tragedia, encontrarse metafísicamente cómicos, divertirse con su predestinación como pueblo elegido de Satán, luchar contra el destino.

Sudan sus "creaciones", su crueldad, su apoyo, su amor, su misticismo, como un enfermo suda un sudor siniestro. Hiper-securitizados, (Rothschild, Marx, Freud et al) nunca brillantes.

Todo lo que crean lo destruyen por síntesis y es espectacular para el dichoso analista.

Ni santos, ni genios, ni grandes artistas judíos. ¿Mozart? No judío, por supuesto, pero de una familia que había abandonado el judaísmo siglos antes.

¿Picasso? Sí, por supuesto: "Ese payaso público que explotaba lo mejor que podía la estupidez de sus contemporáneos", como él mismo confesó.

En cuanto intentan pensar, son mitómanos de Freud y Marx, puntos finales del nihilismo occidental. Están cerrados, radicalmente cerrados, a cualquier manifestación de inteligencia superior, que es esencialmente "antijudía", porque nada sintético puede construirse en la órbita de sus especulaciones necróticas judeocartesianas.

Sus análisis disolventes y la destrucción del sentido moral les son necesarios para reinar sobre una masa inculta. El secularismo inaugura, la música patógena y criminógena, el alcohol y las drogas completan la destrucción universal. Los Goyim están ahora condicionados como máquinas tragaperras. Todos votarán al cretino necesario, a la fregona manipulada por Israel, que paga las elecciones del presidente americano, así como las del presidente francés y otros presidentes consortes.

Imponen su racismo en nombre del antirracismo. Que entre un solo magrebí en Israel, donde ni siquiera los palestinos tienen derecho a vivir en su propio suelo.

Millones de hombres infrahumanos marchan.

No tienen escrúpulos. Su debilidad no es la crueldad y el odio en una escala en la que la crueldad y el odio serían tan intensos que superarían lo humano. Su odio y su amor son abstractos y, por tanto, decuplicados e infernales. Su amor es un artificio demoníaco donde la destrucción de cientos de millones de personas aparece potencialmente para un verdadero pensador. Su piedad sólo puede conducir a la humillación asesina en los corazones de los demás. La piedad y la misericordia son extrañas porque una destruye inconscientemente el mundo inconsciente y la otra engendra una desesperación más destructiva. Tienen un corazón teórico y te colman gustosamente de ayuda sobrenatural. Los conversos familiares ignoran el sentido moral básico y te convertirían alegremente a garrotazos, aunque seas mil millones de veces más "cristiano" que ellos.[43]

Incluso si no son conversos intelectuales, y en ese caso siguen haciendo un buen negocio, siguen teniendo vetada la entrada a lo bueno del Nuevo Testamento. Curiosos místicos, cristianos de imitación, capaces de dejar al prójimo en la indigencia y rezar con fervor. Un judío converso es siempre una antinomia viviente, un actor que actúa en falso porque no puede meterse en el personaje. Y, sin embargo, son actores notables, cómicos, en el teatro, en el cine, instrumentos de propaganda totalmente en sus manos para el atontamiento global de las masas.

Tristán podría decir de esos famosos sacerdotes que son aún más judíos que antes de su conversión y que nunca quieren oír hablar de la cuestión judía. En realidad no han cambiado nada, pero ahí está el efecto del contraste.

Todos estos pianistas con su técnica impresionante, acróbatas prodigiosos.

Ningún compositor que supere el encanto de Mendelssohn y Meyerbeer. En cambio, es un malabarismo técnico de música sin alma.

Analizan, sopesan, lo importante es que dé dinero o la satisfacción neurótica de la especulación. El resultado son idealismos tan falsos como el capitalismo, el socialismo y el marxismo. Spinoza separó la mística de la filosofía, destruyendo la filosofía y allanando el camino a la suicida ciencia moderna.

O vivimos desesperados, deficientes, "reducidos" en el infierno tecnocrático de Occidente, donde nuestros hijos se drogan y se suicidan en medio de sus especulaciones multiformes, y el freudismo no los va a salvar, porque la mente cede ante tanta barbarie, o vamos a pedir la salvación a una ideología que nos sumirá en un infierno aún peor. El infierno de las unidades elementales de estadística matricular y de los gulags. Nuestra cobardía en el Capitalismo nos precipitará en el Globalismo, que acabará con nosotros.

El gran triunfador de la humanidad "pituitaria" (analítica) de hoy.

---

[43] Es decir, dotado de un sentido moral que está mal expresado en los Evangelios y mejor en Platón y el Antiguo Egipto (véanse páginas anteriores).

Han ido tan lejos como han podido en esta dirección. Quizá debamos olvidar que están destruyendo temporalmente la síntesis humana para acceder a esta revelación. Ahora están sobrepasados y por eso van a exterminarnos junto con ellos mismos.

Son involutivos superiores. Están hormonalmente enfermos.

Su unidad psicofisiológica les priva de todo lo que constituye al hombre objetivo: corazón, inteligencia, equilibrio.

El inexistente sentido moral es sustituido por la moral de la ostentación, el fariseísmo y el sentido de la tribu.

Está claro que el clima, la situación geográfica y la dieta determinan los grupos étnicos. No existen razas fijas. El saber de los sabios, al igual que la ciencia moderna, niega este vago concepto.

Si observan con atención una fotografía en blanco y negro de un paciente acromegálico cuya enfermedad progresa, verán que al cabo de un tiempo adquiere el aspecto de un negro. La última foto muestra a un negro sin la menor ambigüedad.

Un negro es, por tanto, "una pituitaria con manifestaciones acromegálicas".

La acromegalia es una enfermedad de la hipófisis que confiere características negroides.

Como la glándula pituitaria está muy desarrollada en los judíos debido a la circuncisión al octavo día, se ha hablado durante mucho tiempo del origen negro de los judíos. Esto está muy lejos del problema.

Es evidente que nunca encontraremos negros con la morfología de Chopin o Lamartine, que sean "tiroides".

Del mismo modo, la fotografía de un paciente mixedematoso (insuficiencia tiroidea patológica) guarda un increíble parecido con la de un pigmeo: misma morfología general, mismo lenguaje corporal. Esta analogía demuestra que el pigmeo es fisiológicamente hipotiroideo.

Este tipo de elaboración, sin la cual no puede haber pensamiento, está radicalmente excluida de la universidad. Es la noción de identidad.

Ninguna influencia geográfica o climática puede explicar la particularidad judía, que fue constante en el tiempo y en el espacio, ya que nunca vivieron en el mismo lugar durante 1000 años, el tiempo necesario para formar un grupo étnico. Su particularidad se debe estrictamente a la circuncisión al octavo día, el primero de la primera pubertad, que dura 21 días.

La especulación judía ha erradicado el sentido moral, el espíritu de síntesis que es el fundamento de las verdaderas élites. Su particularismo tiene en sus garras a toda la oficialidad del siglo XX.

La circuncisión explica este físico a menudo caricaturesco y estas considerables facultades especulativas. Los encontramos en la perversidad de Freud y Marx y en todos los partidarios de un liberalismo desgreñado que es un contaminador universal. Su racismo estimula en su provecho el antirracismo. Su tendencia "hiper" tiroidea explica su asombrosa vitalidad, su sensibilidad paranoica y su psicología "jeremiante". Su sensibilidad física es a menudo anormal, así como su falta de adaptación. Sus capacidades especulativas hipofisarias son admiradas por los Goyim. Utilizan al clan para mantenerse, con ese tinte histérico de las madres que aman a sus hijos y de los hijos que aman a sus madres.

Los 21 días de la primera pubertad, que comienza el 8º día, son extremadamente importantes. Bastaría con abolir la circuncisión judía para volver a los valores tradicionales y ver desaparecer la lacra mundial de la especulación judía. La sociedad no puede construirse y sostenerse sin un sentido de moralidad y síntesis.

¡Nihilismo occidental y circuncisión! ¡La nariz de Cleopatra!

Los médicos no pueden entender todo esto: la mayoría de ellos, al menos, ni siquiera han comprendido aún la anterioridad funcional del sistema hormonal sobre el sistema nervioso.

Por qué se les condena por este medio ridículo de la circuncisión, que los comentarios de la Torá hacen aún más opaco, ya que dicen: "Los efectos de la circuncisión están más allá de la comprensión humana".

Esto ya no es así.

El racionalismo judeocartesiano se autodestruirá por su incapacidad para resolver los secretos del mundo y del hombre, por su incapacidad para detener el martirio y el desamor impuestos por su incurable materialismo rothschildo-marxista.

El hombre ha perdido la confianza en esta ciencia, que en realidad no es más que magia negra. Buscará la fuente de la verdad en su mente regenerada. El mito socialista no puede sobrevivir el tiempo necesario para provocar la ruina económica y moral.

Es la última creencia mística del judeocristianismo.

La Iglesia dogmática y esclerótica y la masonería socialista habrían sido dos caras de la misma moneda colgada al cuello de los circuncidados al octavo día de nacer....

CARTA ABIERTA A ALBERT COHEN.

Estimado señor.

Después de verle y oírle en televisión, me sumí en una dolorosa meditación sobre nuestros determinismos, y me pregunté cómo un hombre como usted podía estar tan alejado de cualquier conciencia fundamental.

En primer lugar, un detalle de su programa: William Harvey, el médico inglés fallecido a mediados del siglo XVII que descubrió la circulación sanguínea, no tiene nada que ver con el médico y teólogo suizo que fue quemado a instancias de Calvino.

Sólo he visto ¾ partes de su programa y es posible que si lo hubiera visto y oído todo hubiera tenido otras cosas que decirle que lo que sigue, pero creo que lo que sigue es suficiente para sacudir una conciencia.

Habló del asesinato de Pierre Laval con aparente compasión. Sin olvidar decir que "era un cabrón que se merecía un tiro en la cabeza".

Este bastardo sólo tenía un objetivo, salvar a Francia, a Europa y al mundo del bolchevismo con las pobres cartas de que disponía, una Francia ocupada, un mariscal, consciente de la tragedia bolchevique. "Deseo la victoria a Alemania", dijo, "porque sin ella el mundo será bolchevique".

Cuando se consideran las decenas de millones de cadáveres de la "Bolchevia", los 200 millones de víctimas del marxismo y los tentáculos en expansión de esta ideología asesina, uno se pregunta cómo alguien puede emitir semejante juicio sobre este Talleyrand moderno, que tenía toda la razón, como confirmaría Solzhenitsyn. Por eso hizo todo lo posible por evitar semejante cataclismo, aunque ello desagrade a nuestros congéneres liberal-marxistas.

Recuerde lo que dijo el Vaticano en 1942: "La Alemania nazi lucha por sus amigos y por sus enemigos, porque si el Frente Oriental se derrumba, el destino de Occidente está sellado". ¿Ha leído *Mein Kampf* y lo ha comparado con los años transcurridos desde su publicación en década de 1920? Entonces podrá sacar las conclusiones cegadoramente obvias.

Si se hubiera seguido la política de Hitler, no habríamos llegado a tal grado de degeneración, caos, crimen y canibalización de la naturaleza. En Europa se habría seguido una política autárquica y biológica. Habría sido imposible una superpoblación demencial de seres cada vez más degenerados y la invasión de Europa por el Tercer Mundo.

Sobre todo, no estaríamos viviendo bajo la dictadura de los financieros judíos rojos, y todos los países no estarían reducidos a la ruina económica y a deudas impagables. Finalmente, la guerra de 1939 fue declarada por nosotros, los judíos, a Hitler en 1933, y hecha inevitable por la política de saqueo establecida por el Tratado de Versalles, contra la que Hitler protestó legítimamente.

Debería leer el artículo del rabino Reifer, que traza una implacable acusación contra nosotros, los judíos, explicando la inevitabilidad del surgimiento de Hitler.

Esta desastrosa política mundial fue impuesta por las finanzas judías de EEUU, que financiaron simultáneamente a los Aliados y la revolución bolchevique.

Luego, en 1919, los Warburg vinieron a negociar la paz que allanó el camino a la Segunda Guerra Mundial.

Los periódicos estadounidenses informan de que los judíos declararon la guerra a Hitler en 1933. Documentos y testimonios atestiguan que Hitler hizo todo lo posible para evitar la guerra. La primera prueba es su sistema económico increíblemente eficiente, ¡que era totalmente incompatible con la idea misma de la guerra!

Hitler habia llegado a un acuerdo perfecto con el coronel beck sobre el tema de Danzig, un autostrade disfrutando de extraterritorialidad etc. Fue bajo la influencia de Inglaterra, manipulada por el financiero judio Baruch, que Beck cambio de opinion e hizo inevitable la invasion de Polonia. Posnania estaba poblada por alemanes que fueron maltratados y a veces masacrados...

¿No escribió el Primer Ministro Chamberlain a su hermana en 1939: "Fueron los judíos quienes nos metieron en la guerra"?

Todos estos hechos son realidades cuyas pruebas no pueden ser todas destruidas por nuestra propaganda.[44]

Gracias a los valientes historiadores de la izquierda, ahora comprendemos que la proporción de seis millones de habitaciones por gas es una tontería aritmética y técnica.

Es imposible exterminar a 4 ó 6 millones de personas, un país como Suiza, en siete campos de concentración, la mayoría de los cuales oficialmente no disponían de cámaras de gas. Especialistas del más alto nivel afirman la imposibilidad de gaseizar a 2.000 personas a la vez con ácido cianhídrico (ciclón b).

También nos damos cuenta de que el asunto Barbie fue un montaje de los Wiessenthal y de las altas finanzas judías. Barbie sirvió a la CIA, al gobierno judío-estadounidense, para instalar y consolidar regímenes fascistas en Sudamérica. Si Barbie hubiera sido francés, se le habría erigido una estatua para conmemorar su labor como soldado. ¿Dejó que se llevaran a un pequeño número de niños judíos por orden suya? ¿Y qué? ¿Tiene derechos exclusivos? ¿Quién masacró a miles de niños bóer en los campos de concentración de Sudáfrica sino los británicos, que tenían detrás a un financiero judío alemán, a un financiero judío portugués y a un financiero judío inglés: Lord Rothschild, sin ir más lejos?

¿Dijiste que *ser judío es sublimidad*?

Aparte de que nunca he oído una afirmación más racista y megalómana, me gustaría preguntarte de dónde sacas tu orgullo.

Como judío de familia ilustre, no veo ninguna sublimidad en ello.

En primer lugar, ¿somos una raza? No, porque las razas no existen. Sólo existen los grupos étnicos, que son el resultado de la adaptación hormonal a un entorno fijo durante al menos 1.000 años. Pero nosotros nunca hemos alcanzado esta condición. Nuestro particularismo patológico, y

---

[44] Tras la muerte de este autor judío, Rudolf Hess fue asesinado en su prisión a la edad de 93 años; se ha demostrado que no pudo ser un suicidio, por una serie de razones concretas e ineludibles. Imagínense la explosión mundial que habrían podido desencadenar sus revelaciones. En esta época de mentiras, ¡era lo último que nos faltaba!

brillantemente especulativo, proviene exclusivamente de la circuncisión al octavo día, que produce un grave trauma hormonal y psicológico.

Este grupo hormonalmente perturbado rechazó la revelación egipcia y obtuvo el Dios carnal que se merecía. Produjo unos cuantos profetas que se apresuró a masacrar. Creó un pueblo artificial de esclavos fugitivos que destruyó mediante masacres a los pueblos cuya civilización y trabajo ignoraba, un pueblo de un Dios tribal monoteísta ávido de la sangre de los sacrificios.

"He endurecido sus corazones para que no escuchen mi palabra", dijo Isaías, una de sus escasas luces brillantes.

¿Su sublimidad proviene de su parentesco "hormonal"?

¿Con los multimillonarios rojos, Rothschilds, Hammer, Rockfeller, Warburg, Schiff, Sassoon, Oppenheimer y otros?

Con Marx y sus 200 millones de cadáveres, ejecutados por verdugos de prisiones y campos de concentración como Kaganovitch, Frenkel, Yagoda, Jejoff, Abramovici, Firine, Appeter, Rappaport, etc.

¿Freud? Y su pornografía y podredumbre mundial, su destrucción de la familia y de todos los sentimientos tiernos que son la esencia de la vida, y cuya humeante teoría no se basa en nada.

¿Picasso? Y su degradación estética, que confesó humildemente. ¿Einstein y la fisión nuclear?

¿Oppenheimer y su bomba atómica? ¿Field y su bomba de hidrógeno?

S.T. ¿Cohen y su bomba de neutrones? ¿Meyer-Lanski, padrino de la mafia?

¿Flato-Sharon estafador internacional y defraudador electoral?

En una palabra, todos los tiranos de la dictadura democrática servida por fregonas políticas bien cebadas de todos los partidos, esos imbéciles implacables que nos llevan hacia lo peor...".

No, mi querido señor, cualquier hombre digno de ese nombre sólo puede avergonzarse de pertenecer a esta camarilla de grandes criminales que tienen en sus manos todos los engranajes de la oficialidad y están en proceso de liquidar a la humanidad y al planeta.

Nuestro colega George Steiner lo resumió todo muy bien:

"Durante 5.000 años hemos hablado demasiado, una palabra de muerte para nosotros mismos y para los demás". Cree en mis buenos sentimientos.

CAPÍTULO XV

La fiebre de Tristán persistía. Yacía en un caos de sufrimiento efervescente.

Estaba delirando.

Me encanta amar.

Esa es mi fuerza y mi debilidad. Mi enorme lucha contra lo imposible.

La presencia de un corazón desnudo frente al cinismo nihilizante, la muerte de todo sentimiento auténtico.

No más amabilidad, no más rigor, nada.

Esperanza cuando no hay esperanza. Mi presencia ante la hostilidad total.

Los agregados ven coherentemente en lo minúsculo, encogen fácilmente sus ideas.

Nietzsche, Pascal tenían tendencias aforísticas.

Frente a los pensamientos dolorosos vertidos por el caos, hay poco espacio para el orden, y cada vez habrá menos.

Hay muchos humanoides para quienes lo obvio son teorías, y las verdades son sistemas.

Dios mío, dame paz. Satán, dame la paz de la felicidad aletargada de un espectador de un partido de fútbol. Millones y millones.

La ausencia de problemas mediante la nivelación, la anestesia definitiva mediante la bomba de neutrones.

¿Abuela querida? ¿Biche? Todavía tengo a Chopin y a los pequeños.

Sufrimos por lo que es falso en nosotros. Primero moral, luego fisiológico. Fisiológico, luego moral otra vez. Y fisiológico otra vez.

La espiral descendente de la desintegración humana. Un sinfín de enfermedades psicosomáticas y somatopsíquicas. El hombre se convierte en un homúnculo que gesticula al son de una música que haría huir a los simios. No hay más que ver las caras de calavera y huesos cruzados de ciertos cantantes de rock u otros impostores, entonando ritmos aburridos y horribles.

Un defecto congénito debido a nuestra degeneración desde nuestra caída. Desde la enajenación de la felicidad original que tal vez teníamos. Hay pueblos que saben vivir, que no conocen ni la enfermedad ni la locura y sólo una muerte tardía en torno a los ciento veinte o ciento cincuenta años.[45]

Si siguiéramos las leyes de la vida, podríamos experimentar la felicidad aquí abajo, una muerte suave y aceptada para completar una vida de plenitud.

Diferentes climas, alimentos que no se ajustan a nuestra naturaleza y que, en este siglo, la química hace más nocivos, nos están degenerando poco a poco. Casi todos morimos de cáncer o de enfermedades cardiovasculares, principalmente por la incongruencia de nuestra alimentación.

Cuando veo rostros, siento que no son normales, a menudo muy feos como son, me los imagino bellos, como deberían ser. Si la gente recuperara su equilibrio orgánico y mental, sus rostros serían gloriosos. Dios ha permitido que perdamos nuestros rostros junto con nuestra felicidad.

Nos ha permitido ignorar sus leyes por estupidez e ignorancia. Caras degeneradas. Nuestra seguridad no le bastaba. Quería que fuéramos inestables para vernos luchar y ahogarnos. En definitiva, no entendíamos nada de él ni de nosotros mismos.

Y ahora perecemos bajo la guadaña judeocartesiana. ¿Y eso por qué? La auténtica paz es el no sufrimiento, el no gozo, la no existencia.

Quiero volver a la nada con mis dos pequeños.

Yo era feliz antes de nacer, ni siquiera lo recuerdo. No recordar también es una forma de felicidad. Todos somos tullidos: el pensamiento y el genio son defectos nacidos de la desesperación. El hombre del paraíso parecía más un pecador de línea que Nietzsche.

No se vio obligado a escarbar en los problemas con su inteligencia, a gritar su dolor con su genio.

El actor también es un pobre monstruo. He visto marionetas en el teatro que representan sentimientos y pasiones que no les pertenecen.

---

[45] En alusión a los Hounzas del norte de la India. Principalmente frugívoros.

El actor es todo menos él mismo: no debe ser nada.

Me encanta amar. Mi amor.

¿No nos hemos dado cuenta de que las ciervas siempre lloran?

Es porque sufren. La cierva sería bailarina si fuera mujer, como el galgo, el pura sangre y la gacela.

Mi cierva es una mujer, una cierva y un poco cabrona. Se queda callada. Es un pequeño monstruo al que quiero amar porque necesita amor y lo recibe hasta la extenuación. ¿Quién dice que todos somos masoquistas cuando se trata de amor? Hay algo de verdad en eso.

Se deja amar. Amo para amar. Le he dado todo, todo mi corazón.

Toda mi angustia. En el amor eliges lo que más te exigirá. Eliges lo que es más dañino para ti. Elegí a Biche a pesar mío, sabiendo que tal vez ella me disolvería, me aniquilaría. Volví al pasado, con los ojos llenos de lágrimas y hechizado por mi pasión, me puse en marcha. Me despojé de vidas que no me pertenecían y cuya seguridad apreciaba.

Me encanta su debilidad.

No me queda nada, ni siquiera mi dignidad.

Es preciosa, pero no puede imaginar que haya nada más en el mundo para mí que ella, sólo ella.

- Tengo una pequeña cabeza de cierva", me dijo un día, "no una gran cabeza de elefante".

Sí, tiene una carita adorable que me hace sufrir mucho. Realmente no puedo explicárselo. Pero, ¿qué puedo hacer?

Nació con el don de la danza. La danza era la alegría de su vida. Sus padres no pudieron verlo, así que no llegó a ser bailarina, pero siempre será bailarina, igual que yo siempre seré pianista, *esencialmente*.

Un bailarín sin danza, un pianista sin piano.

Perdidos en el mundo moderno. No podemos cambiar nuestra esencia, este mundo de brutos puede matarnos, eso es todo.

Conoció mi pasión y la necesitaba. Quería absorberme en cuerpo y alma, quería ser mi ídolo silencioso. No admite otra cosa en mi cabeza que no sea ella misma, no soporta a mis dos hijos.

Si pudiera descubrir que dos niños son sagrados... Si pudiera comprender que estos dos pequeños seres no están entre ella y yo, entre mi amor y ella.

No puedo ver con claridad en esta penumbra condenada.

¿La amaría con la misma pasión si se uniera a mí en mi deber de padre y artista? ¡O incluso!

¿No estaría implícito en mí de una manera silenciosa? ¿No seríamos un todo silencioso? ¿Pero entonces no seríamos totalmente diferentes?

Si hubiera estudiado piano, no habría necesitado pensar. No estaba hecho para pensar. Siempre pensaré como un niño. No se le puede pedir mucho al cerebro de un niño.

El dandi es el niño por excelencia. Así que apiádate de nosotros. Dale baile, dame un piano, porque amo y no puedo amar más.

Ma Biche, celosa de dos hijos...

Señor, ¿no deberíamos odiarte porque *no siempre nos hablas de las leyes de la vida que traen la felicidad?*

NOËL

Por primera vez, por alguna razón, *la abuela* fue a ver a los hijos de Tristán. Le dio a la niñera un oso de peluche y una pequeña nota. Ella dijo:

"Qué quieres, no es porque su padre sea un monstruo y un ingrato. ¡Cuando pienso en todo lo que he hecho por él! ¡Qué serpiente he calentado en mi seno!"

Y la gente de su salón, asintiendo con la cabeza, sugería que era una especie de santa.

Fiebre, siempre fiebre. En cama, lúcido, devastado.

Unos días más tarde, debía presentarse a los exámenes finales de la licencia.

André, su amigo psiquiatra, vino a ver a Tristán y decidió que lo más prudente sería que ingresara en el hospital.

Las sulfonamidas habían eliminado los colibacilos, pero quedaban restos purulentos.

El médico jefe del Hôtel Dieu donde se alojaba, yerno de un médico amigo de su padre y de su madre que había dado a luz a Tristan, era apodado el "profesor milagro". En efecto, había curado a un paciente que padecía cirrosis hepática, meningitis cerebroespinal y otras enfermedades calamitosas. En cualquier caso, salió del hospital por su propio pie, pero nadie sabía si seguía vivo un mes después.

La actitud y el físico del médico extrañaron a Tristán. Era cuadrado, atlético y tenía una memoria prodigiosa, lo que era fácil de observar cuando examinaba a los pacientes por las mañanas con sus alumnos. El interno que le seguía era exactamente del mismo tipo, tanto que podrían haberles confundido fácilmente con padre e hijo. Eran dos pituitarios perfectos.

Tristan había notado, como él decía, la frecuencia de este tipo entre los agrégés, los internos mucho antes de que él les diera un "apelativo glandular".

Era muy consciente de que esta observación se le habría escapado a cualquier otra persona porque en los detalles eran diferentes, pero es precisamente el detalle lo que el hombre corriente sabe observar.

Para Tristán, su parecido era tan evidente como el de Chopin, Musset, Liszt, Goethe, Disraeli y los espigados románticos en general.

El profesor no observó nada. No hizo preguntas. Su única preocupación era *encontrar el síndrome*. Instrumentos de medición, pruebas de material, radiografías de pulmones y riñones, pruebas de albúmina, hiperglucemia inducida, diversos análisis de sangre, metabolismo basal...

Como los rastros purulentos habían desaparecido, el profesor concluyó: "Fiebre fisiológica".

A Tristán le administraron un sedante nervioso que le produjo tal estado de asfixia que tuvo que renunciar a él.

Tristán meditaba sobre la medicina real. Le parecía tan aberrante que no podía creer que alguien pudiera creer seriamente en ella y aplicarla sistemáticamente. Sólo las causas nutricionales y psicológicas podían conducir a los orígenes de una enfermedad.

Biche había llegado. La fiebre había subido. Pero esta fiebre, este pus, estos microbios, *¿no eran la expresión física del desgarro de su alma?*

Vacilante, deja el Hôtel Dieu para ir a la Sorbona a cursar el último año de carrera. Escribe con un estilo semi-nublado, supera con éxito los exámenes orales y obtiene la matrícula de honor.

Ya llevaba diez años dando clases.

A pesar de esta considerable antigüedad, muchos de sus colegas, que también eran licenciados en letras, no podían obtener la titularidad: tenían que aprobar una oposición, CAPES o agrégation.

Sus salarios seguían siendo irrisorios y estáticos. Un día, un comité de profesores no titulares se reunió y consultó a un sindicato muy importante. La directora del sindicato, Mademoiselle Abraham, respondió:

- Somos un sindicato de profesores permanentes, por lo que no nos interesa el problema de los profesores no permanentes.

Así que un colega se levantó para agruparse y defender los intereses de los profesores no titulares licenciados en letras. Era comunista.

Nadie tenía la opción de elegir a otro porque no había nadie que defendiera sus intereses básicos. El dilema era simple: o ser defendido por un comunista o no ser defendido en absoluto.

¿No era éste un aspecto fundamental del mundo moderno? Las naciones cuya tradición es la antítesis del marxismo acaban encontrando un único protector aparente, el marxismo.

No resolverá nada, pero es el único.

Un día devorará el mundo entero, dejando al Capitalismo sólo con los financieros que lo financiarán, igual que financiaron el bolchevismo en Rusia: eso será el infierno globalista.

Aquellos prepotentes universitarios no habían entendido nada de su agonía sin síndrome.

Biche seguía irascible y nervioso, creando en su interior conflictos demenciales. La existencia de los niños le repugnaba. Le sangraba pensar que aquellos dos pequeños significaran tan poco para ella. Se debatía entre su pasión y su deber.

Un jueves, tuvo que ir a ver a sus pequeños.

Biche sufrió mucho. Sólo era mala porque sufría. Tristan no cogió el tren a las afueras.

Se quedó de pie junto a ella, sintiendo su dolor. Desesperado, debilitado, loco de pasión y torturado.

Las caras de sus dos hijos frente a él.

No, no es amor, esa despreciable esclavitud de la que morimos.

Ya no podía querer. Durante veintinueve años, había utilizado su débil fuerza de voluntad en una lucha agotadora por negarse a sí mismo, por negar su vocación de pianista, pensador y artista para comprar, casi a pesar suyo, el derecho a existir. Todo lo que había construido se derrumbaba a causa de una pasión a la que se oponía su razón, hacia la que se sentía inevitablemente atraído y contra la que no podía hacer nada.

Sentía la amenaza de la tuberculosis y la locura. Los médicos *materialistas* no podían hacer nada por él.

La Providencia, no hay otra palabra, puso entonces ante sus ojos un artículo médico que formulaba la traducción endocrinológica de los cuatro arquetipos humanos que había observado. El luchador de ring, Stalin y Jruschov *eran suprarrenales.*

Internos *hipofisarios* y asociados.

Artistas románticos como Chopin, Musset, Liszt y él mismo fueron *pacientes de tiroides.*

El Dr. Alexis Carrel encajaba perfectamente en el tipo *genital interno o intersticial.*

Entonces se puso en contacto por carta con el médico que había escrito este deslumbrante artículo, cuyos misterios había comprendido de inmediato.

Este médico bordelés, el Dr. Jean Gautier, había realizado el descubrimiento más importante del siglo para el conocimiento del hombre: *la anterioridad funcional del sistema hormonal sobre el sistema nervioso y el ser humano en general.*

Su primer contacto fue urgente, y él le escribió una carta caótica en la que se mezclaban las heridas de su pasado, su matrimonio, su pasión por Biche, sus hijos y su apología del esteta condenado a muerte por el progreso.

La respuesta del médico fue rápida:

Mi querido señor.

No se desespere. Analizas tu situación con demasiada lucidez, razón y sentido común como para no curarte y recomponerte. Tienes un ideal, el piano, un deber, tus hijos. Tienes todo lo necesario para llenar magníficamente la vida de un hombre con un corazón inteligente y muy sentimental.

Te ayudaré. Has escrito un ensayo notable sobre el dandismo.

Su fotografía adjunta ilustra claramente mi tipo "tiroideo". Ha elegido inevitablemente a una mujer cuyo tipo glandular tiene cierta afinidad con el suyo. Pero carece de genitales internos, lo que la hace muy egoísta. Son insatisfechas, buscadoras de sensaciones y celosas.

Eres como Chopin y Musset con George Sand: le demuestras demasiado que la amas. Pero Sand era una genital reproductora, lo que le permitía ser infiel, pero con cierta amabilidad.

Siga las dos recetas de hormonas que estoy escribiendo para usted y su esposa. Cuando te hayas recuperado, ven a verme y tendremos una larga charla...

Tristán y Biche tomaron las hormonas y dejaron de destrozarse mutuamente.

Por desgracia, las hormonas eran muy caras y no podían permitirse renovarlas.

Entonces Biche, por mil nimiedades, le quitó la máscara. Intentó plegarse al enigma de su carácter. Buscó palabras para apaciguarle. Todo le disgustaba. En presencia de amigos no podía hablar. Biche le paralizaba. Una sola palabra podía encenderla, herirla, desollarla viva.

Tristán había dicho que ella lo estaba destruyendo.

"Me parece muy bien", respondió.

Una carta, su hijo estaba enfermo.

Cuarenta de fiebre. Se guardó sus preocupaciones. Biche había visto el sobre: "Si quieres a tus hijos, no te quedes aquí, vete con ellos", le había dicho.

Luego, dirigiéndose a Tristán en términos formales:

— "¿Qué haces aquí?

Esta escena había aturdido a Tristán. Durante el almuerzo representaba la comedia de la serenidad delante de sus padres. No podía. Así que lo llevó aparte al salón, dándole cierta ilusión de ternura para que él también pudiera actuar relativamente feliz delante de sus padres.

Después de la comida, se encontraron solos.

— "Sólo tenemos que ser hermanos", le dijo, "y además quiero aceptar un trabajo de modelo que me han ofrecido en Suiza". Y luego..:

— "Quiero hacer lo que quiero hacer".

Por último, añadió esta frase inaudita: "No quiero que me condenen sola".

Desapareció toda la tarde.

Le preguntó dónde había estado. Le contestó: "He estado buscando un hotel". Esa noche, en su habitación, él insistió en que se marchara.

Ella quería que se fuera. Todo lo que tenía que hacer era irse.

Se sentó en el borde de la cama, dolido por los dos. Sus dos sufrimientos eran antagónicos: ella sólo tenía el suyo, él experimentaba los dos.

Así que durante un tiempo interminable estuvo hablando. Le explicó que por algún capricho de la naturaleza había cosas que ella no entendía, que tenía que intentarlo, que los niños no se interpusieran entre él y ella.

Que era una cierva celosa de dos hijos.

Se había calmado y lloraba en los brazos de Tristán. "No es culpa mía", gimió, "no me dejes nunca.

Tristán lo sabía. Pobre florecilla de invernadero, como a él le gustaba. Tenía que comprar más hormonas, tenía que hacerlo, así que lo hizo.

Pasaron dos semanas. Él se aventuró a contarle sus planes para Suiza. "Pero yo no quiero ser modelo, ¿por qué quieres que sea modelo?", replicó ella.

Biche se quedó embarazada.

Así que en las semanas siguientes, su pequeña Biche empezó a tejer algunas cosas preciosas para el cervatillo que estaba a punto de nacer. Había un abriguito rosa con capucha, pequeños mitones blancos...

Qué bonito era todo...

Si supieras lo bonito que es ver a una pequeña Doe tejiendo. Su pequeña flor de invernadero...

Ese día, Tristán ya no sentía dolor. No quería más dolor. Si todavía le dolía, le diría a su piano...

CAPÍTULO XVI

"La vida es unidad en la variedad" (Tomás de Aquino)

"El sufrimiento, partero del hombre interior" (Príncipe Paul Scortesco)

Tristan aprovechó las largas vacaciones escolares de verano para visitar al fisiólogo y al endocrinólogo que le habían ayudado.

Este hombre había descubierto una clave fundamental de la naturaleza humana: la omnipotencia de las glándulas endocrinas. Descubrió que el tipo "tiroideo" al que pertenecía era el apolíneo de la astrología y el fosfórico de la homeopatía. Las perspectivas venusinas también formaban parte de la caracterología tiroidea, al igual que los datos marcianos formaban parte de la caracterología suprarrenal. Consideraba que estos datos no serían percibidos por una sociedad materialista y primitiva, antes del colapso del materialismo.

Ni siquiera la anterioridad funcional del sistema hormonal se comprendía en el siglo XX. Este nuevo conocimiento tardaría mucho tiempo en penetrar en la conciencia colectiva.

Intuyó que este intercambio de puntos de vista iba a suponer para él una gran apertura al Conocimiento.

Había que alejarse de todas esas pseudofilosofías judeocartesianas que sólo podían engendrar la nada del intelecto racionalista.

La inteligencia sintética y la intuición habían abandonado al hombre bajo la influencia de la dictadura absoluta de un intelecto despiadado entregado a su exclusividad. Lógicamente, lo único que produjo fue la necedad materialista y el orgullo irrisorio, que condujeron al suicidio de los cuerpos, las almas y el planeta.

El Doctor se parecía a Montaigne y, sobre todo, al general Chiang Kai-Shek. Tristán recordaba al general nacionalista que, con la ayuda del general MacArthur, estaba dispuesto a impedir el advenimiento de Mao Tse Tung y del comunismo en China. El éxito era seguro, pero el gobierno "americano" impidió que Mac Arthur uniera sus fuerzas a las de Chiang

Kai Shek y fue devuelto a Estados Unidos, mientras que el general nacionalista fue relegado a Formosa... *Es cierto* que la intervención de Mac Arthur habría impedido el advenimiento del comunismo en China: ¿quién *hizo el* comunismo chino?

El científico contó a Tristán que él había sido un pre-mongol, pero que gracias a sus conocimientos sobre el hombre hormonal había conseguido salir de ese estado. También había conseguido una y otra vez convertir a pequeños mongoles en pequeños comerciantes y empleados y darles un aspecto físico que sólo presentaba rastros de mongoloidismo. Cuando, años más tarde, estos ex mongoles fueron a ver al médico que les había diagnosticado el mongolismo, éstos, sin excepción, prefirieron acusarse de un error de diagnóstico antes que reconocer la eficacia terapéutica del doctor Gautier.

El doctor Gautier aún tenía en su casa un vestigio asiático, del que ya se había hablado, pues se parecía a Chiang Kai Chek.

Entre ellos iba a establecerse un largo y fascinante diálogo, único en el mundo.

— Mi querido Tristán, eres inusualmente sensible, emotivo y sentimental. Eres más o menos capaz de comprenderlo todo, aunque sólo sea por intuición. Así que no hay nada que se oponga a una especie de aclaración de todos los problemas generales y personales que te preocupan y te abruman. En primer lugar, hablemos de tu matrimonio con la mujer a la que llamas "doe". Es muy difícil que usted se adapte a su mujer, y mucho más que ella se adapte a usted. No sólo es tiroidea, sino que tiene una leve tendencia hipertiroidea patológica. Esto significa que es imposible que los dos viváis juntos. Ella necesita una pituitaria tranquila y sin problemas, sin una vida intelectual y emocional desbordante como la tuya. Su tendencia hipertiroidea patológica es tan evidente para mí a partir de una simple fotografía, sin pruebas de laboratorio, como lo son para mí los labios violáceos de tu abuela, que no conozco.

Tristán se quedó de piedra.

— ¿Cómo puedes saber todo esto?

— Es muy sencillo. Tu abuela pertenece a un tipo específico de tiroides que suele aparecer en la secta de los circuncidados al 8º día debido a un desequilibrio hormonal provocado por la circuncisión masculina al

8º día. Hablaremos más de esto más adelante. Este detalle le es propio a partir de cierta edad y puedo decirte que tu madre, que también pertenece a este tipo, tendrá estos labios si vive hasta una edad avanzada. Debo añadir que ambos tienen problemas de circulación en las piernas y tendencia a las palpitaciones.

La curiosidad de Tristán se vio avivada por su impaciencia innata. El caos se agolpaba en su mente, un universo de preguntas por formular, pero el médico continuó.

— Hay una inevitabilidad hormonal entre tu mujer y tú contra la que no puedes hacer mucho, sobre todo en las condiciones en que vivimos hoy en día. Tendréis que separaros antes de que os veáis obligados a coger meses de baja o a caer gravemente enfermos, sobre todo en el caso de que los dos padezcáis enfermedades tiroideas o pulmonares.

— ¡Pero amo a mi esposa!

— Estoy convencido de ello, e incluso más allá de toda medida. Voy a ayudarte a superar esta difícil prueba, en primer lugar explicándotelo. Vamos a echar un vistazo a la humanidad e intentar comprender lo que nadie ha comprendido todavía. Sé que tu ritmo cardíaco se acelera porque tu tiroides está excitada por el aspecto nuevo y opuesto de todo lo que te estoy explicando. Así pues, voy a explicarte algunas concepciones nuevas que afectan al hombre y que nadie comprenderá por el momento, salvo algunos tiroides de tipo superior e "intersticiales". Es cierto que estas dos categorías de seres prácticamente han desaparecido.

— Algunos locos no pueden entender lo que significa "fulguraciones tiroideas", porque es obvio que las tiroides hiperactivas se encuentran en locos hiperactivos.

— Lo que dices es cierto y bien observado y comprendido. A veces pueden entender muchas cosas, pero no saben aprovecharlas. El caos de sus mentes no es constructivo. Es más, tenderán a distorsionar las realidades que vamos a exponer para satisfacer sus instintos, sus idiosincrasias, sus manías, sus intereses, sus locuras. No pueden lograr la AbSTRACCIÓN independientemente de sus ideas, de sus sentimientos personales, de sus condicionamientos y de sus preferencias. El genio, en cambio, tiene acceso a la verdad aunque sea subjetivamente muy desagradable. No tiene en cuenta sus preferencias y sólo observa los hechos y los argumentos profundamente meditados. El loco no puede hacer nada de esto. Para entender todo esto, necesitamos un mínimo de sustrato hormonal tiroideo e intersticial.

— ¿Qué es intersticial?

Tristán estaba bebiendo.

— Es una parte glandular que forma parte de las gónadas en el hombre y de los ovarios en la mujer. Es la contrapartida de los "genitales reproductores". Los genitales "intersticiales" y "reproductores" constituyen la glándula genital. La glándula intersticial o "genital interna" está atrofiada en las personas con demencia. Esto, por supuesto, es el signo constante de la locura en un ser normalmente constituido. (Porque un estado mental aberrante es natural en seres congénitamente malformados, como los microcefálicos, anencefálicos, etc.) ¿No le sugiere esto nada?

— Por supuesto que lo es. El intersticio debe ser la glándula de la salud mental, del sentido moral, del coraje, de capacidades intelectuales superiores como la noción de identidad y de síntesis, todas ellas posibilidades vedadas a los locos. Es todo esto, junto con la fuerza de voluntad, lo que constituye la verdadera inteligencia de la que carecen los locos. En el lenguaje popular, se dice que un hombre sin valor no tiene testículos. La observación popular ha descubierto, a través de la observación milenaria, la glándula genital interna sin saberlo.

— El "intersticial" es, por tanto, un hombre dotado de un poder intersticial que le da dominio sobre sus pensamientos y acciones.

— Esta glándula está probablemente poco desarrollada en la actualidad.

— No, es escasa en la humanidad actual y disminuye cada vez más a causa de las condiciones generales de la vida moderna: agitación frenética, quimificación del suelo, de los alimentos, de la terapéutica, vacunaciones sistemáticas, todas cosas que son un asesinato de esta glándula fundamental. Esta glándula es la del propósito humano.[46] Verás, Tristán, la base fundamental de estos nuevos descubrimientos es que somos

---

[46] Una veintena de inyecciones de productos pútridos en el cuerpo que contienen metales peligrosos como el aluminio. La vacunación provoca cáncer, enfermedades cardiovasculares y mentales... En 2000, por ejemplo, la vacunación contra la hepatitis B provocó esclerosis múltiple y espondilitis anquilosante....

dirigidos funcionalmente por nuestro sistema hormonal y no por nuestro sistema nervioso como la mayoría de los médicos todavía creen.[47] todo en nuestro ser es afectado tanto por la mente como por el cuerpo a través del sistema hormonal. Por ello, técnicas milenarias como la respiración, o la respiración controlada, garantizan que el sistema hormonal esté perfectamente controlado, haciendo imposibles las enfermedades psicosomáticas.

Soy muy consciente de la importancia del sistema hormonal cuando veo la importancia de la tiroides en todas mis reacciones.

— Es natural que acceda directamente a estos datos, pero hay muchas otras pruebas disponibles.

— ¿Cuáles?

— Si se cortan todos los nervios que conducen a los órganos sexuales de un perro, no se suprime el celo ni la procreación normal de estos órganos. La resección de todo el sistema simpático no altera en absoluto las constantes vitales, las emociones o las actividades sexuales de un perro operado de este modo. Pero la extirpación de sólo uno de los cuatro sistemas endocrinos orgánicos impide la aparición del instinto sexual en este animal y conduce a la degeneración de los órganos reproductores.

— Todo esto me resulta perfectamente evidente desde hace mucho tiempo. Ni siquiera entiendo la necesidad de estas demostraciones! Si las endocrinas, como dijo Carrel en 1937, nos dan nuestras características físicas y mentales, es obvio que el sistema hormonal nos dirige funcionalmente. *Nuestro sistema nervioso sólo nos hace actuar en función de lo que somos hormonalmente. Por lo tanto, es evidente que nuestro sistema hormonal dirige nuestro sistema nervioso.*

— Este razonamiento es elemental para ti, pero sabes lo suficiente sobre "agrégés" e "internes" como para saber que no es nada obvio para ellos. Veremos más adelante *por qué no pueden entenderlo.* Tenemos cuatro endocrinas orgánicas*suprarrenal, pituitaria, tiroides y genital.* Cada una de ellas, cuando está fisiológicamente hiperactiva y las otras están en estado normal, determina uno de los cuatro prototipos humanos. Si se quiere una imagen simbólica, la suprarrenal será un luchador en un ring, o Stalin, el

---

[47] Muchos homeópatas y naturópatas han comprendido perfectamente esta anterioridad funcional.

tipo materialista, el menos evolucionado. Su aspecto recuerda al del orangután, con su mímica y sus gestos. Todo el mundo recuerda a Jruschov golpeando su mesa con el zapato en una reunión de la ONU. Un gran campesino del Alto Nilo es un perfecto representante del tipo hipofisario, y el General de Gaulle es un tipo predominantemente hipofisario. Usted representa perfectamente el tipo tiroideo, al igual que Chopin, Goethe, Chateaubriand, etc. Un gran santo sería un tiroides intersticial, usted "dandy" es un tiroides menos intersticial lo que le hace susceptible a la pasión. Tienes tiroides intersticial porque de lo contrario no te preocuparías por la verdad, la síntesis y la belleza. Pero afecta más a tu cerebro que a tu cuerpo. También puedes entender la frase de Camus: "el dandismo es una forma degradada de ascetismo". En otras palabras, se podría decir que el dandi es una especie de santo degenerado, lo que confirma perfectamente la endocrinología. No es imposible que un enfermo de tiroides se convierta en un asceta, como lo sería en una sociedad tradicional y no patógena como la nuestra. El dandi se convierte en un asceta incluso en nuestra sociedad, al menos en los últimos siglos, porque La Fontaine, un dandi antes de su tiempo, y Liszt, se convirtieron en ascetas cuando alcanzaron la mayoría de edad. La Fontaine se vistió de sílice y Liszt se convirtió en el canónigo Liszt. Lo mismo hizo François d'Assises. Los tres eran libertinos. Cuando la tiroides se cansó con la edad, el intersticio tomó el relevo, de ahí esta evolución hacia las cualidades espirituales del intersticio. Por desgracia, aún no estás ahí. Cada mujer encantadora pone a tu tiroides en trance y ejerce una especie de fascinación fatal sobre ti. Todo lo que necesitas para curar esto es comida vegetariana, respiración controlada y oración activa, decir, no mendigar. La exacerbación de la tiroides conduce a un gran uso de los genitales reproductores, lo que a su vez reduce la actividad de los genitales internos. Voy a contarles un fenómeno sorprendente: el hombre primitivo era suprarrenal, era el gran bruto. El que siguió fue el del hombre de Cro Magnon, el artista de las cavernas, era tiroideo. La humanidad actual es hipofisaria, analítica e ideológica. Pero resulta que el hombre bebé es suprarrenal, lo que le permite mantener su bracito en ángulo recto durante tres cuartos de hora, algo que nosotros no podríamos hacer. Después de la pubertad, que son tres (y no sólo la segunda, que todo el mundo conoce y llama "pubertad"), se vuelve tiroideo, gorjea, habla, actúa como un pequeño poeta y crea neologismos. Luego, hacia los 18 años, edad de la pubertad definitiva, se convierte en intersticial, es decir, en plena posesión de su libre albedrío. Se comprende, por cierto, la necesidad de una educación rigurosa para desarrollar el intersticial y crear el tipo de tutores que, adquiriendo los automatismos adecuados, ayuden a fortalecerlo.

— Si no he entendido mal, la humanidad está evolucionando exactamente igual que un niño, y si los comparamos, estaríamos cerca de cumplir 18 años, nuestra última pubertad. Es lo que los astrólogos llaman la Era de Acuario.

— Sí, el fin de la humanidad pituitaria está cerca. Después de nuestro suicidio, vamos a alcanzar nuestra última pubertad: la humanidad habrá alcanzado la mayoría de edad, habrá cumplido dieciocho años.

— Eso está claro.

— Para ti, Tristán, pero no para un hipofisiólogo que ha perdido todo sentido de lo sagrado, de la religión auténtica, de la belleza, de la síntesis, en una palabra, todos los componentes esenciales de la mente que nos permiten comprender a este nivel del pensamiento. El intelecto analítico, que es lo único que se puede hacer en una oficialidad suicida, sólo nos permite adherirnos a espejismos suicidas. Sin embargo, la observación analítica elemental demuestra que la ciencia es suicida. Y, sin embargo, los científicos de la época siguen siendo juguetes del frenesí inventivo. ¿Qué esperas que entiendan las glándulas pituitarias cuando se les ocurren horrores como la Torre Eiffel, el Centro Pompidou, la química sintética como principio de salud, las vacunas, y toman a Freud y Marx por genios?

Tristán seguía soñando. El médico continuó:

— Eres Tristán, el descendiente directo de este antepasado de los cromañones. Era alto, felino, musculoso y coqueto. Adornaba su cuerpo con pieles de animales, colores y tatuajes. Era brujo y poeta Ya era vidente y poeta por su poder tiroideo. De él deriva la extensión y amplitud de su asombroso vocabulario. El Romanticismo nos ofrece los ejemplos más representativos de este tipo: Chopin, Musset, Liszt, Chateaubriand, Weber, Lamartine, Disraeli, Goethe... Tienen ese aspecto alargado y larguirucho, la cabeza ovoide, los ojos muy abiertos, muy expresivos y móviles. Recuerde que los pacientes hipertiroideos patológicos tienen ojos exoftálmicos. Su fisonomía es picante, sus rasgos móviles transmiten fielmente sus impresiones, sus sentimientos. Su lenguaje es fácil, a veces sofisticado, e instintivamente saben cómo halagar. Son hermafroditas sentimentales. Son, en efecto, hombres, pero con algo de feminidad en sus gestos, en la dulzura de su mirada y de su expresión. A menudo son más femeninos que las propias mujeres cuando se trata de sentimientos, porque no son capaces de ninguna de las mezquindades que caracterizan la psicología femenina. Su sensibilidad es aguda, sienten la más mínima sensación, la más mínima herida. La más leve sensación les hace replegarse sobre sí mismos como la más leve fuerza contraria. Se dejan arrastrar por sus sentimientos como un torrente cuyas olas rompen en una roca y se vuelven blancas de espuma. Los humanos no les entienden, lo que no facilita su estado civil. Nosotros tampoco entendemos a los humanos. Los sentimos, los conocemos, pero no podemos entenderlos porque están muy alejados de nuestra mentalidad. Incluso puedo decir que cuanto más los conocemos, menos los comprendemos. Nos parecen desalmados, insignificantes, fútiles, irrisorios y, las más de las veces, interesados en lo que carece de interés. Esto es aún más cierto en nuestra época de estupidez y fealdad generalizadas, que les deja estupefactos. ¿Por qué somos tan sensibles al dolor?

Pues, en general, como no era el caso del fuertemente suprarrenal Goethe, tienen suprarrenales fisiológicamente débiles. Tu mano extremadamente fina, que los quirologistas llaman "mano psíquica", es la antítesis de la gran pata materialista del adrenalista. Las suprarrenales te confieren características masculinas: una relativa insensibilidad al dolor que te permite luchar, y una fuerza muscular que sirve para el mismo fin. Confiere una brutalidad que anima a la hembra a ser forzada y coaccionada. Pero mientras que el adrenalítico experimenta un placer rayano en el masoquismo cuando es sometido al dolor, el dandi tiroideo sufre y se queja de ello. Sólo disfruta del dolor porque excita su tiroides, es decir, su inteligencia y su imaginación. Un tiroides con suprarrenales débiles determina la angustia que Kierkegaard, un hombre tiroideo, llamaba "la espina en la carne".

— ¿Así es como explicas el aspecto esencial de mi matrimonio con Biche?

— Sí, porque no se casó con ella sólo porque fuera guapa. Es cierto que ella cumplió una visualización que usted tenía en la cabeza desde hacía mucho tiempo, porque es normal que un hombre tiroideo alto, rubio y delgado se enamore de una mujer tiroidea de un tipo similar, pero ella le provocó un apasionado estado de amor. ¿Qué ocurrió entonces? Una excitación psicológica favorable provocaba la excitación tiroidea, la secreción resultante actuaba sobre su sexualidad y el estado de excitación de ésta actuaba sobre la misma glándula, que a su vez actuaba sobre el cerebro para producir representaciones eróticas imaginativas. Estas últimas tendían a aumentar la excitación sexual, lo que repercutía de nuevo en tu tiroides: *de ahí este círculo vicioso* funcional, convirtiéndose en un elemento vital para el mantenimiento de la oxidación, es decir, de la vida. Así pues, en el dandi, existe una búsqueda fisiológica del dolor por parte de la tiroides, que parece paradójica, pero que se explica muy bien si conocemos las distintas funciones implicadas. Esta tendencia a la tristeza es flagrante en la música de Chopin. La polonesa en do bemol es casi lúgubre, no una danza alegre o una marcha deslumbrante como parecen desear la armonía y el ritmo. Es cierto que este estado funcional de sensibilidad excesiva, que en el ser ordinario y normal transforma las sensaciones visuales y auditivas en alegría, se metamorfosea en el dandi romántico en una sensación que, hasta cierto límite o intensidad, produce alegría, y más allá una impresión dolorosa y luego penosa. Como el romántico busca sensaciones violentas para vigorizar una tiroides que se cansa rápidamente porque está mal soportada por las glándulas suprarrenales y los genitales internos, acaba en casi todas las circunstancias, ya sea por intensidad o por duración, con fatiga, pena y dolor. En una civilización tradicional, el vegetarianismo, la educación espiritual y la respiración le habrían evitado este estado. Pertenecería a la clase de los sacerdotes y de los clérigos dirigentes. No olvidemos que la tiroides es la glándula de la sexualidad, ¡lo que no sale por arriba sale por abajo! Las hormonas tiroideas sirven para la alta intelectualidad o para la sexualidad. Según el contexto sociológico en el que se encuentre, el tiroideo será básicamente muy intelectual o erótico. Así que el romántico evoluciona, ondula, varía del placer al dolor, con el mismo tipo de sensaciones, colores, música, sentimientos, disfrute reproductivo. Pasa continuamente de una sensación de placer a una sensación de dolor, es decir, de la actividad de su tiroides a su insuficiencia. Dado que la actividad de la tiroides trae alegría, su insuficiencia trae tristeza, angustia y enfermedad, porque es importante saber que no son los microbios los que causan enfermedades, *sino sus formas patógenas en un entorno insalubre.*[48]

Cabe señalar de paso que, a las numerosas enfermedades psicosomáticas, se añade la ingestión de moléculas que no son específicas del biotipo

---

[48] No olvidemos que Pasteur murió diciendo: "Claude Bernard tiene razón, el microbio no es nada, el campo lo es todo".

humano. En otras palabras, comemos lo que no conviene a nuestro organismo. Esto es fundamentalmente patógeno. La curación de los cánceres por la vuelta a la alimentación cruda y al verdadero instinto que vuelve después de algunos días de ingestión de alimentos crudos es ahora un fenómeno bien conocido. Si los microbios fueran la causa de las enfermedades, los miles de millones de bacilos de Kock que hay en el metro de París, por ejemplo, *convertirían a todos los parisinos en tuberculosos, pero no es así.*

Tal es, pues, la sensibilidad del dandi romántico, exagerada porque cualquier sensación le hace sufrir la menor fuerza que pese sobre él, porque se adapta mal. Cuando una fuerza actúa sobre nuestro ser, tenemos que hacerle frente mediante la secreción hormonal que responde a ella. Si la fuerza es potente, son las glándulas suprarrenales las que intervienen, dando lugar a una cierta insensibilidad que permite al sujeto soportar un ruido violento, una iluminación intensa o un gran peso. Cuando la fuerza es menos perceptible, como un objeto mal iluminado o situado a la sombra, es la glándula tiroides la que debe intervenir para dar más agudeza al ojo y más finura al oído. Si una fuerza actúa durante demasiado tiempo, la hipófisis interviene para aportar la resistencia deseada. Se comprende así el predominio hipofisario necesario para los candidatos a oposiciones oficiales como la agrégation o las prácticas de medicina. Si el peligro amenaza, los genitales internos intervendrán para aportar valor y fuerza de voluntad. Estos ejemplos de adaptación podrían multiplicarse hasta el infinito, ya que existen para todos los casos imaginables de la vida.

El artista romántico no utiliza cada una de sus secreciones para oponerse a las distintas fuerzas contrarias. Siempre utiliza su tiroides, que se convierte en su secreción polivalente. En tales circunstancias, el sufrimiento activa su tiroides, haciéndole inteligente y creativo. Pero si el sufrimiento o la oposición duran demasiado, su estado de hipertiroidismo fisiológico se convierte en patológico: puede volverse loco o suicidarse. *Es importante recordar que la locura es un estado de hipertiroidismo*, al igual que la neurastenia es un estado de hipotiroidismo. Esto no puede verificarse en el laboratorio, de ahí la incapacidad de las mentes analíticas para darse cuenta de estas verdades.

Su egocentrismo, su egolatría debida a su falta de adaptación y su gran sensibilidad, hacen que le gusten los halagos, que le encante convertirse en una estrella, distinguirse por sus dotes artísticas, su locuacidad, su poder mimético o su reproducción sentimental. Tiene inclinación por el teatro, porque es un actor incomparable. Es también un orador, un conferenciante, un predicador, un gran político (absolutamente no un "político", porque no puede encajar en los rebaños amorfos y en la nulidad de los partidos políticos regimentados), tiene la voz justa, la velocidad de la elocución. La voz no emana del sistema nervioso, sino del sistema glandular. Los anencefálicos, que ni siquiera tienen protuberancia, se expresan no sólo con gestos y emoción, sino también con gorjeos. Por tanto, la voz procede del tiroides. Por eso el tiroides es un buen hablador en cuanto se siente rodeado de comprensión y simpatía inteligentes. Porque les llama la atención el aspecto de las cosas, utilizan un lenguaje colorido. Como experimentan los sentimientos hasta el sufrimiento, son ante todo poetas.

Tiene el don de expresar sus sentimientos con palabras e imágenes. Tiroideo solamente, será un poeta impresionista más o menos decadente. Intersticial, tiende al clasicismo, es decir, a pintar personajes comunes a todos los seres humanos: La Fontaine, dandi romántico antes de su tiempo, fue uno de ellos. Si tienes unos genitales reproductores activos, tienes a Alfred de Musset, y si tienes unos genitales intersticiales deficientes, tienes a Oscar Wilde y su homosexualidad.

Los tiroideos también son excelentes músicos, compositores, pianistas y violinistas. Son inteligentes, espabilados y comprenden textos y personas de un vistazo. Es un ser sorprendente, destinado a sufrir. Usted sabe que muchos enfermos de tiroides han muerto de tuberculosis: Chopin, Lamartine, Keats, Schiller y otros.

De hecho, para los enfermos de tiroides, un resfriado o un dolor de corazón pueden permitir que la tuberculosis se instale. Si se produce una temperatura crónica y persiste, la tiroides luchará. Hay que apoyarlo, y eso es lo que hice cuando me escribiste que los médicos te decían que tenías "fiebre fisiológica", lo que indica un estado leve de hipertiroidismo que no se puede medir.

La enfermedad puede progresar en brotes. Cuando la tiroides tiene recursos, se enfada, se irrita y contraataca con fiebre. De este modo, los microbios patógenos adoptan una forma de resistencia. Permanecen relativamente poco virulentos mientras la tiroides es capaz de reanudar sus esfuerzos. Pero si una nueva causa la debilita, los microbios patógenos se multiplican. La tiroides aún puede combatirlos, pero si se cansa y se agota, la infección mata al paciente. Así murió Keats a los veinticinco años, consumido por el desamor, desgraciadamente por una mujer que apenas merecía la pena. Este drama es típico de nuestro morfotipo. Las mujeres muy guapas pero mentalmente inadecuadas son la trampa fatal de la tiroides.

— Lo que me lleva a la cuestión del donjuanismo tiroideo.

— Pues bien, la tiroides es la glándula que con más frecuencia provoca anomalías en el placer y el deseo sexual masculino. Los enfermos de tiroides tienen una glándula tiroides poderosa que nunca está satisfecha con un acto sexual normal. Se cansa rápidamente porque sabemos que es una glándula endocrina que se estimula con sensaciones originales, novedosas, irregulares, variables y cambiantes. Son este tipo de sensaciones las que más fácilmente activan la tiroides en la vida, en la actividad intelectual y en todo lo relacionado con la sexualidad, dando una impresión muy viva de placer y satisfacción. En cambio, en el caso de las sensaciones que son siempre las mismas, de la misma intensidad, de un curso igual, conocido, este endocrino se vuelve insuficiente, reduciendo al sujeto al asco, a la apatía, al torpor que puede, en los casos menos evolucionados, llevarlo a la droga o al alcohol. Así les resulta difícil realizar el acto sexual de forma monótona porque la costumbre conduce a una especie de impotencia, una depresión chagrínica hipotiroidea, mientras que una mujer nueva, en apariencia, modales, conversación, estilo de vida restablece la virilidad del hombre tiroideo excitando su tiroides. Esto es lo que ocurrió con tu relación amorosa con la cierva. Por un lado, tu tiroides imaginativo te impedía fisiológicamente tener relaciones conyugales regulares y ordinarias y, por otro, tus funciones fisiológicas sentimentales muy desarrolladas repercutían en tu intersticio, dejándote en posesión de un gran sentido moral, anulado por tu pasión. El encuentro con biche dio lugar a un estado de amor muy sentimental y pasional. Hemos hablado del proceso fisiológico, del círculo vicioso funcional que, si hubieras perdido a biche, podría haberte llevado al shock, al hipotiroidismo, al suicidio, a la locura y a la enfermedad broncopulmonar. *La pasión es la insuficiencia de los genitales internos, dominada por una tiroides hiperactiva. La tiroides, cabe señalar, es la glándula de la tentación.* Así pues, ha surgido en ti un violento conflicto entre tu amor apasionado y tu amor por tus hijos, que no te importaban.

¿No es metafísicamente fascinante constatar que este sufrimiento te ha hecho reflexionar, te ha llevado a considerar problemas fundamentales que conciernen a todos los hombres? Has meditado sobre el hombre hormonal, totalmente desconocido para la oficialidad, que sólo ha realizado mediciones analíticas de las secreciones hormonales y observaciones puramente empíricas. Una burbuja de dolor ha burbujeado en tu interior con un deseo feroz de trascender estas dolorosas pruebas.

— ¿Qué opinas de mi tiroides de cierva en términos de caracterología hormonal?

— No hay duda de que hay algo de cierva en su mujer, pero su símbolo es mucho más una ilusión que una realidad. Este tipo de ilusión sobre la mujer es típico de la tiroides. Ella se parece mucho más a un gato que se vuelve cruel bajo la influencia de las suprarrenales, o a ciertos felinos de patas altas como el puma o el jaguar. Te diste cuenta de que tenía una articulación del pulgar muy pronunciada y que sus pies y manos estaban ligeramente desproporcionados con respecto al conjunto de su cuerpo. La misma desproporción se observa en el puma en relación con un cuerpo flexible y alargado. Ella no tenía mucho corazón para usted o sus hijos. Es una enferma de tiroides con insuficiencia intersticial, y no tiene muchos sentimientos fuera de los estrechos confines de su propia persona. Puedo asegurarte que una vez que os separéis, ella no tendrá nada más que ver contigo. Ella es una tiroide *física*, *no* una *sentimental* como tú. Ella tiene la capacidad de bailar, la ligereza, la flexibilidad, los automatismos. Este es el tipo de bailarín eslavo. Hay tres tipos de bailarina: la tiroidea grácil, una bailarina clásica, la hipofisaria, una bailarina acrobática americana, y la genital, una bailarina española.

— Hábleme del concepto de genio en términos de endocrinología.

— El hombre genial debe poseer un poderoso genital interno o intersticial que ha sido el trabajo funcional de las glándulas suprarrenales, tiroides y pituitaria a la vez. Tiene la extraordinaria propiedad de provocar la actividad de estas tres glándulas según su voluntad, porque en fisiología todos los fenómenos son reversibles. Por ello es fuertemente tiroideo, artístico, sensible, altruista y sentimental. Gracias a las suprarrenales, pone su fuerza y su potencia al servicio de su bondad. También es objetivo y práctico, porque considera los fenómenos tal y como son y no según los caprichos de sus preferencias personales, o las de su clan o su partido: nunca tiene miedo a la verdad. También es hipófito y analítico, lo que le convierte en un pensador completo. Es siempre un filósofo, es decir, capaz de considerar los problemas humanos sin prejuicios y con total imparcialidad. En el mundo oficial no hay genios. Sólo hay mediocres preocupados por sus intereses inmediatos que ni siquiera ven que se están suicidando al obedecer los dictados de sus todopoderosos amos financieros. Por eso la contaminación física y moral, el hambre, las guerras mundiales y locales y las revoluciones permanentes son el fin de la humanidad. El santo, el genio, el dandi son todos tiroides con diferentes poderes intersticiales. Pero no es imposible que un dandi se convierta en genio. Depende de la disciplina impuesta al intersticio por la dieta, la respiración, el trabajo espiritual y la oración en particular.

— Para concluir sobre este tema y demostrarle que le he entendido bien, haré dos observaciones: en primer lugar, el hombre normal sólo es libre dentro de un determinismo hormonal. Un tendero cuyo sistema hormonal esté en equilibrio tendrá la libertad de ser un buen tendero. Lo mismo ocurre con un artista, un intelectual, un artesano. Pero me parece que la gente del mundo moderno, ollas podridas de desequilibrios hormonales, nerviosos y neurovegetativos, está prácticamente condenada al determinismo absoluto de los consumidores-votantes. Esto se debe, evidentemente, al hecho de que ni el laicismo, ni la quimificación, ni la vacunación sistemática pueden desarrollar el intersticio. En cuanto al tiroides, me gustaría traducir a la endocrinología la fórmula camusiana: *"El dandi, cuando no se suicida o se vuelve loco, hace carrera y posa para la posteridad"*. Así que diré lo siguiente: "Si el hipertiroideo fisiológico de tipo superior no se suicida en una fase de hiper o hipotiroidismo, o si bajo el efecto de un sufrimiento demasiado intenso no se hunde en la locura (formas frustradas de locura erótica, megalómana o paranoica) encuentra en la realización de su propósito de artista un equilibrio fisiológico que hace posible su vida, pero la mayoría de las veces es corta y dolorosa a causa del gasto exagerado de energía vital, de su gran sensibilidad determinada por su hipertiroidismo congénito y acentuado, de la debilidad de sus glándulas suprarrenales y de la insuficiencia de la glándula intersticial que le produce dolor, de las dificultades de la vida, de los excesos sexuales y de la falta de adaptación a las circunstancias hipotrofia.

— ¡Lo has entendido perfectamente![49]

---

[49] Este fascinante tema fue tratado en un doctorado en la Sorbona, junio de 1971 bajo el título "*Estudio psicofisiológico de los dandis románticos* (o dandismo, hipertiroidismo fisiológico)". El jurado estaba presidido por el decano Raymond

CAPÍTULO XVII

"Nunca tienen esa modesta atención propia de la verdadera inteligencia" (Simone Weil)

El cráneo de Tristán permanecía en tal estado de efervescencia que le costaba expresar en un filamento lógico todo el sintético globo de caos que le habitaba. Lo que quería era comprender todo lo que estaba sintiendo tan perfectamente.

— Tristán comenzó:

— Durante años he creído que el único denominador común que puede explicar el particularismo judío en el tiempo y el espacio es la circuncisión al octavo día.

Tenías toda la razón, ésa es la única causa real de su particularismo brillantemente especulativo y parasitario. Pero antes voy a poner a prueba su paciencia, porque conviene hacer un preámbulo. Se habrán dado cuenta sin dificultad de que el mundo moderno está radicalmente privado de genios porque no existe un espíritu de síntesis operativo en la oficialidad. Se vería obligado a hacer exactamente lo contrario de todo lo que se está haciendo en todos los campos. El genio trabajaría por un mundo cualitativo y biológico. Como resultado, no sólo no puede resolverse ningún problema, sino que sólo pueden volverse radicalmente insolubles, culminando en todas las formas de contaminación y en una tercera guerra mundial. Los manicomios se están llenando de locos, y cada vez habrá menos espacio para alojarlos, sobre todo porque la locura se convertirá en algo normativo. Lunáticos lúcidos, criminales e idiotas se convertirán en escritores y compositores de música regresiva, patógena y criminógena. Los Estados están dirigidos por desequilibrados, porque sólo los primitivos o los locos graduados, guiados por las finanzas y el marxismo, son las cabezas

---

Las Vergnas, y el director de tesis era el profesor Albeaux Fernet, conocido endocrinólogo que introdujo en Francia al célebre Hans Selye, que nos dio la palabra "estrés".

visibles del Estado. El hombre está sometido a una esclavitud atroz peor que la de la antigüedad.

— Sí, eso es indiscutible.

El médico se levantó y se dirigió a un cajón, del que sacó dos fotografías. Le entregó una a Tristán:

— ¿Qué crees que es esto?

Tristán había estado observando.

— Un negro, ¿no? Pero, ¿qué tiene eso que ver con los judíos que dirigen el mundo y que actualmente nos interesan?

— Ten paciencia, sé que no la tienes, pero te dije que tenía que hacerte un preámbulo importante. Pues no, no es un negro: es un acromegálico tras diez años de enfermedad. La acromegalia es una enfermedad de la hipófisis hiperfuncionante.

El médico mostró a Tristán más fotografías del paciente, tomadas a lo largo de los diez años que llevaba progresando la enfermedad. El hombre había ido adquiriendo un aspecto cada vez más negroide, hasta llegar a tener la apariencia perfecta de un negro. El fenómeno era aún más evidente en una fotografía en blanco y negro.

— ¿Cuál es su conclusión?

— Es simple, yo diría que el negro es un acromegálico normal.

— Muy bien entendido, pero mal expresado. Diríamos que el negro es una pituitaria con manifestaciones acromegálicas.

— Comprendo perfectamente y había comprendido que un negro nunca podrá ser un tiroide como Pericles, Chopin, Goethe, Lamartine o Chateaubriand.

— De hecho, es hormonalmente imposible, sobre todo cerca del ecuador. Sólo los indios pueden tener este tipo porque su civilización fue capaz de producir tiroides intersticiales capaces de levitar. No sólo no puede nacer un tiroides cerca del ecuador, sino que de adulto no podría vivir allí y moriría muy rápidamente. El tiroides sólo puede vivir en países templados o fríos, sin exagerar.

— Pero un negro puede ser un buen especialista académico, un novelista honesto o un pianista de jazz.

— Sin duda, pero nunca un Chopin, un Pericles o un Carrel.

— Todo es perfectamente claro y obvio para mí.

— Para ti, pero no creas que es obvio para el paciente de hipófisis del que hablaremos más adelante. Tampoco creas que todo esto está a punto de penetrar en la conciencia colectiva. Tardará siglos.

El médico mostró otra fotografía. Mostraba a un idiota con el vientre prominente. Estaba de perfil, con la frente baja y los labios gruesos. Era un hipotiroideo patológico. El médico sacó otra foto y se la enseñó a Tristán. Era muy parecida a la otra en su aspecto general.

— ¿Sabes quién es la persona de esta segunda foto?

— ¿No?

— Es un pigmeo.

— Oh, el parecido psicológico es visible en la foto: vea cómo ambos mantienen el brazo izquierdo estúpidamente doblado con la mano colgando hacia abajo. Sin embargo, estas dos fotos tan parecidas fueron tomadas con años de diferencia y no tienen nada en común.

Estos nuevos hechos, tan sorprendentes, obligaron a Tristán a un momento de silencio meditativo, mientras sentía crecer su efervescencia mental con esta realización, cuyas semillas ya estaban dentro de él.

— ¿Sabes cómo llamar a la elaboración intelectual que acabas de practicar con tanta naturalidad y sin la cual no puede haber verdadero conocimiento? Es la noción de identidad. Esta elaboración, al igual que la síntesis, está radicalmente excluida del intelectualismo oficial. En cuanto a los que serían capaces de practicarlas, están excluidos por el aberrante sistema de competiciones tecnocráticas, que también tienen un efecto patógeno en la mente. Estas competiciones dejan sólo lo analítico y lo mnemotécnico, y son por tanto verdaderos lavados de cerebro. El análisis y la memoria son esenciales, por supuesto, pero no son en modo alguno los criterios de una intelectualidad superior. En conclusión, las cualidades de la verdadera élite están totalmente ausentes de la oficialidad.

— Pero, ¿dónde está la cuestión de los circuncidados al octavo día en todo esto?

— Seguro que lo intuyes, pero espera un poco más. Voy a contarte una anécdota simbólica que te hará comprender lo inevitable de nuestros tiempos. Recibo aquí a mucha gente, médicos, abogados, profesores, judíos o gentiles. Mi despacho es un desorden, una dispersión necesaria. Mire en la repisa de la chimenea.

Tristán se acercó a la chimenea y vio sobre el mármol un libro sobre Kierkegaard, con una banda en letras rojas: "¿El humanismo pertenece a los curas, a los santos, a los locos, a los filósofos o a los dandis? Esta frase ingeniosa y cómica fue una especie de golpe en el corazón de Tristán. Planteaba una pregunta original, tanto en la forma como en el fondo.

Sobre el libro había una pistola de piedra del siglo XV tal vez, pero apenas la vio y la apartó con la mano para releer mejor la impactante pregunta.

El médico guardó silencio y continuó:

- Esta frase te ha impactado, el arma era una sombra para ti. Pues bien, cuando recibo a una persona circuncidada el 8º día, aunque sólo sea un sastre, hace lo mismo que tú. Los demás humanos, maestros, médicos incluso, sin excepción, cogen el arma, juguetean con ella, la examinan, mientras que la frase en rojo no les sugiere nada. Como ves, el hombre circuncidado piensa. Que piense bien o mal no es lo importante. Pero piensa. Como ves, entre cualquier síntesis, cualquier verdad y las masas, el judío pone una "pistola", una cosita fácil e insignificante para captar la atención de las masas y ganar dinero con la estupidez humana. Pensemos en la música actual, el fútbol, el mundo editorial, la prensa, la televisión y la radio. La dialéctica demagógica oficial se pone al nivel de las masas cada vez más degradadas. Las masas siguen, y desde la Segunda Guerra Mundial, radicalmente económica, se precipitan hacia todo tipo de degradaciones y carnicerías. Y las masas son todos menos los santos, los verdaderos genios, los verdaderos artistas y los judíos. Sólo estos últimos han tenido el poder oficial desde la revolución de 1789. Ni siquiera los reverendos padres, judíos conversos, pueden escapar a este destino. Un famoso padre judío, con el que mantuve una conversación hace poco, me dijo que la circuncisión no explicaba a los judíos -aunque no sabía nada de endocrinología, en la que estoy especializado- y que la historia bastaba para explicarlos, lo que es absurdo porque los guetos sólo tienen unos siglos. De hecho, tuvieron su máximo esplendor en muchas civilizaciones precristianas en las que el antisemitismo (o el antijudaísmo, para ser más exactos) estaba muy extendido. De hecho, allí donde se han asentado, en todas las épocas, en diferentes países y lenguas. También me dijo que la masonería era un mito, lo que hace reír incluso al masón medio, y que nunca ha habido tantos grandes artistas como en nuestra época, que Carrel era una persona superficial y estrecha de miras y Simone Weil ¡un caso patológico! En otras palabras, el reverendo padre no hacía más que repetir lo que cualquier zombi socialista-comunista podría haberme dicho. Por tanto, es incapaz de escuchar a un especialista que lleva cuarenta años trabajando en endocrinología, de comprender a Carrel y a Simone Weil. Todo ello con aplomo, pretenciosidad y una arrogancia increíble. Simone Weil resumió muy bien este aspecto de la mentalidad judía: "Nunca tienen esa modesta atención propia de la verdadera inteligencia". Se ve que, con estos nuevos Padres, la Iglesia se hunde en el marxismo, en la defensa de los derechos humanos que se burlan en todas partes, y que en realidad sólo valen para proteger la hegemonía judía. A pesar de las famosas encíclicas que condenaban radicalmente el liberalismo y el marxismo, ambos "intrínsecamente perversos", el segundo sólo existe gracias al primero.

Ahora podemos entrar en el meollo del tema más desalentador de todos.

Sabemos que las razas no existen, sólo los grupos étnicos, que son el resultado de la adaptación hormonal a un entorno fijo durante unos 10 siglos. Está bastante claro que no es la situación geográfica, la nutrición o el clima lo que puede explicar a los judíos, que nunca han permanecido en un lugar fijo durante mil años como el negro, el esquimal o el pigmeo. Permanecieron muy poco tiempo en Palestina y se extendieron por todo el mundo. Además, adoptan las características de los países en los que han vivido durante mucho tiempo: un judío bajo y fornido de Sudamérica no se parece a un judío alto, rubio y de ojos azules de Polonia. Sólo tienen dos aspectos en común: unos rasgos a menudo caricaturizados y objeto de burlas ancestrales y, para muchos de ellos, una capacidad mnemotécnica y especulativa sin parangón. Esto es lo que les permite desarrollar los grandes crímenes del liberalismo, el marxismo, el freudianismo y las bombas atómicas de hidrógeno y neutrones. Ni la educación ni la comida de Kocher pueden conferir un particularismo tan implacable. Los ingleses, por ejemplo, son predominantemente hipofíticos: "Wait and seees la fórmula por excelencia de su empirismo. Los alemanes tienen una tendencia suprarrenal que les confiere una mentalidad gregaria, como los antiguos asirios, que calzaban las mismas botas que ellos, practicaban el mismo sistema de quinta columna y también tenían una tendencia agresiva y tanques. En resumen, los judíos, practicantes o ateos, todos sometidos a la circuncisión, llevan miles de años repartidos por todo el planeta.[50] ¿Cómo se puede encontrar un denominador común que explique su particularismo, ya que ninguna situación geográfica, clima o nutrición específica de ese clima pueden explicarlo? Se ha hablado mucho de su formación religiosa, pero ésta no desempeña ningún papel entre los judíos de clase media alta, que sólo van a la sinagoga por razones de comodidad. *La circuncisión al octavo día es el único denominador común que puede explicar este particularismo.*

Esta particularidad es fácil de definir y de observar en el año 2000:

Rasgos físicos caricaturescos, como Mendès France, Raymond Aron, Serge Gainsbourg, Soros, Hamer, etc. y enormes posibilidades especulativas en detrimento del sentido moral y del espíritu de síntesis.

Incluso la ciencia materialista ha descubierto que existe un momento biológico importante, la primera pubertad, que comienza el octavo día, 21 días después del nacimiento. Durante este periodo se producen trastornos considerables.[51] La circuncisión interrumpe estos trastornos en un ser tan frágil como es un recién nacido.

Esta práctica de la circuncisión el primer día de la pubertad confiere un particularismo especulativo que los humanos son incapaces de conceptualizar.

La circuncisión es una práctica muy antigua. La practicaban los egipcios en la época pre-faraónica y los sumerios en el delta del Tigris y el Éufrates. Los egipcios conocían las propiedades glandulares de la glándula tiroides. La simbolizaban en su localización anatómica con un sol, lo que significaba que sabían *que era la glándula de la vida y la inteligencia.* Realizaban la circuncisión el 5º día, es decir, tres días antes del inicio de la pubertad. Esto permitía la cicatrización, haciendo menos brutal el traumatismo infligido a la glándula intersticial, que aún no estaba despierta.

Lo hicieron para crear una élite moral e intelectual.

---

[50] Espera y verás.
[51] Véanse mis "*Archivos secretos del siglo XX*", cuya primera parte está dedicada a la circuncisión judía.

Pero esta circuncisión era totalmente diferente en sus efectos de la circuncisión judía. Los faraones eran bautizados con agua y circuncidados al 5º día de nacer. Se les alimentaba con aceite de palma de germen de trigo que contenía vitamina E (recuérdese la importancia de la nutrición en las abejas para formar su reina) y practicaban la consanguinidad incestuosa para compensar las desventajas de esta circuncisión. En todos los demás casos, la consanguinidad incestuosa debe evitarse por sus graves efectos patógenos y degenerativos. Recibieron una rigurosa educación intelectual, física, moral y espiritual bajo la égida de los sacerdotes de Horus. Durante miles de años, se sucedieron en el trono egipcio. Al proceder de un reducido número de familias, su longevidad estaba asegurada, al igual que su capacidad de reproducción. Eran muy inteligentes, al igual que los miembros de la casta sacerdotal circuncidados en las mismas condiciones. Su gran superioridad intelectual condujo, entre otras cosas, *al descubrimiento de la escritura fonética*.

Moisés, un iniciado egipcio, sabía mucho menos sobre la cuestión glandular que los sacerdotes de Horus. Resolvió hacer a su pueblo superior a todos los demás sistematizando la circuncisión ya prescrita por Abraham. Por eso está escrito en la Biblia que la circuncisión "simboliza un pacto con Dios y que Israel será el pueblo que reine sobre la tierra".[52]

Un profesor de la Biblia hebrea me dijo recientemente que la prescripción de la circuncisión no se encuentra en ninguno de los principales textos de Moisés, y que el término "pueblo elegido" es un término equívoco en hebreo, cuyo verdadero significado es "pueblo modelo" de sabiduría y virtud. Todo esto es dudoso, porque ¿por qué lo practicarían y por qué esta psicosis de superioridad megalómana? ¿Quién podría decirnos que Rothschild, Hammer, Marx, Freud, Picasso, Oppenheimer, Field, S.T.

---

[52] Leo en los comentarios a la Torá: "No intentes comprender el problema de la circuncisión, está más allá de la comprensión humana".

Cohen[53] Flato-Sharon[54], Djérassi,[55] Meyer Lanski,[56] Tordjman,[57] Bénézareff, Kaganovitch, Jejoff, Badinter, Kouchner, Lang, etc. son modelos de sabiduría y virtud?

La circuncisión judía era, por tanto, muy diferente de la faraónica, y los resultados también eran muy distintos. Como resultado, los judíos eran verdaderas caricaturas de los faraones. Eran tan analíticos como los faraones eran sintéticos.

Por lo tanto, los judíos creen en su superioridad racial (aunque las razas no existen y ellos no son un grupo étnico) y moral, que no existe. *Este hecho, conocido por todos, demuestra que son fundamentalmente racistas, lo cual es cómico porque defienden el antirracismo en todas partes en su propio beneficio, únicamente para servir a su propio racismo hegemónico. Es increíble que los goyim estén dispuestos a ser víctimas de la enormidad de este engaño. La cuestión judía no puede incluirse de ningún modo en el mito del antirracismo que han creado.*

Esta mutilación sexual del 8º día no fue, pues, inventada por Moisés, sino explotada por él ignorando la realidad hormonal. *Esta mutilación sexual del 1er día de la pubertad hace que las glándulas suprarrenales, la hipófisis, la tiroides y los genitales reproductores sean muy activos, pero en detrimento de los genitales internos. Ahí es donde reside el drama.*

En este momento de la vida comienza la primera pubertad. Todas las glándulas deben activarse y equilibrarse para dar al niño los medios de adaptarse a su nueva existencia. De hecho 3 glándulas, suprarrenales, tiroides, hipófisis, a instigación de la hipófisis deben trabajar juntas para despertar el intersticio. Desgraciadamente, la circuncisión, a través de la herida que provoca, hace que las hormonas secretadas fluyan

---

[53] Un podrido psicoanalista que nos dice que si no nos parece normal la pornografía es porque somos prisioneros de unos clichés mentales retrógrados.

[54] El rey de la película pornográfica.

[55] Dirigió la URSS con Stalin y fue el jefe del sistema de campos de concentración que exterminó a decenas de millones de rusos.

[56] Jurista judío que introdujo la pena de muerte para los inocentes y la abolió para los asesinos. También nos dice que un buen padre debe ser un poco homosexual y un poco pedófilo. Su mujer niega el instinto maternal.

[57] Los dos últimos nos dicen que los niños tienen derecho al placer sexual... Lang fue Ministro de Educación: ¡pobres niños!

abundantemente hacia las partes sexuales externas y desvía la secreción de los genitales internos de su misión esencial: *el sistema glandular y el encéfalo*. Al adherirse prematuramente a los genitales externos en este momento, las hormonas les confieren una gran actividad.

Pero la función natural de la secreción genital es afectar a toda la economía y, más particularmente, al sistema nervioso, conferir superioridad intelectual y moral al ser. Por lo tanto, se desvía de su propósito y no puede cumplir su misión.

En lugar de perfeccionar al hombre moral e intelectual, lo convertirá primero en reproductor centrándose en los órganos sexuales. Luego, como los genitales internos no son muy eficientes, deja que las otras endocrinas orgánicas corran salvajemente. Por eso encontramos entre ellos hipoadrenalistas (en pequeño número porque la humanidad actual está muy alejada de la humanidad suprarrenal), muchos tiroidistas, y cantidades de pituitarios especialistas (finanzas, física, química, medicina especializada, psicoanálisis, ideologías).

Pero, y éste es el epicentro del drama, como no se guían por la genitalidad interna, se dejan llevar por sus especulaciones de forma fatal.

Sus especulaciones se situarán, por tanto, en las antípodas de lo humano.

Producen lógicos consternados (Marx), soñadores del sistema (erotomanía freudiana) y financieros (Rothschild, Warburg). Son inteligentes y despiertos, en el sentido banal de la palabra, pero carecen totalmente de espíritu de síntesis y nunca son los creadores intelectuales o artísticos que dan vida a la humanidad. Sus únicos "genios" son dos mitómanos: Freud y Marx. Estos locos lúcidos condujeron a la erotización del planeta y a la masacre de decenas de millones de seres humanos.

Su impulso por disfrutar de la vida, su vivacidad mental, sus tendencias científicas especulativas e incluso médicas pituitarias les hacen parecer que van por delante de la evolución humana, pero están atascados en un estado de perfección y no podrán seguir el ritmo de la humanidad a medida que ésta avance hacia lo intersticial. Son ya fósiles o trastornados mentales, y su hegemonía sólo se mantiene gracias al poder del dinero y la demagogia. Hay que decir que algunos judíos avanzados no aprueban el comportamiento de sus compañeros judíos pero no pueden decir nada. Bergson advirtió a los judíos de Alemania contra su propio comportamiento, instándoles a cambiarlo si no querían ver surgir una gran ola de antisemitismo (este término no tiene ningún sentido, ya que un judío polaco que vive en Polonia desde hace siglos no es semita en absoluto: debería ser antijudío).

Diez años después de esta admonición, apareció el nazismo, también anunciado por el rabino Reifer. En un artículo publicado en 1933, el año en que Hitler subió al poder, Reifer hizo balance de la situación.

— Serán cada vez más infelices, preocupados, ansiosos, y pagarán un precio cada vez más alto por la locura, como demuestran las estadísticas estadounidenses. Su tragedia es la falta de altruismo, de "sentimiento" por los demás (no es una cuestión de "sensibilidad", porque tienen una que raya en la paranoia). Los judíos siempre piensan en sí mismos, en su secta, en su clan, en su familia. Ven a los demás seres humanos como oportunidades que explotar, lo que explica claramente cuatro o cinco mil años de antijudaísmo. Todas sus especulaciones sólo les sirven a ellos, en última instancia. Cuando el judío piensa en su clan, piensa en sí mismo. Hay una cierta diferencia entre el judío y la judía. La mujer está generalmente dotada de más cualidades y se puede decir que el altruismo de la mujer es una causa fundamental de la supervivencia de esta secta. Es más honesta y valiente. Por supuesto, la judía tiroidea como tu madre y tu abuela es diferente. No tiene corazón para ti, ni para tus hijos. Carece de sentimientos maternales. Este fue el caso de las famosas actrices Rachel y Sarah Bernard, porque su función intersticial era pobre.

— Tu madre tiene la mayoría de los defectos de una mujer: celos, tendencia a cometer maldades y a decirlas para humillar y degradar, igual que tu abuela, que es del mismo tipo. Tiene las características tanto de una mujer como de una judía tiroidea, las primeras quizás un poco más que las segundas.

Si Moisés es en gran parte responsable de la práctica de la circuncisión, él hizo esta secta de preocupados, ansiosos, desregulados glandulares, entre los que encontramos la gran mayoría de los neuróticos del psicoanálisis. *Les inculcó la idea de la hegemonía mundial, que han conseguido gracias a la desaparición de las élites providenciales provocada por la revolución judía de 1789, y a la inferioridad mental de la mayoría de los seres humanos.*

Estos últimos están ahora aturdidos por el secularismo y todo lo que contiene, es decir, la quimificación del suelo, la alimentación, la medicina, el alcohol, la música patógena e hipnótica, las drogas, la vacunación sistemática, el fútbol, la televisión, en una palabra, las finanzas, el freudismo, el marxismo. Los peores horrores se han convertido en normativos, ya que la gente ha sido condicionada desde la infancia a extirpar de sus mentes la intuición, el sentido moral, el sentido de lo sagrado, el sentido estético, en otras palabras, todos los componentes de una mente sana. Los judíos pueden ahora, con la complicidad de los políticos y jueces que dependen de ellos, imponer los peores horrores con tal de que sean difundidos por los medios de comunicación y la oficialidad. Habiendo desaparecido todo sentido crítico, pueden manipular libremente a las masas.

— Pero tarde o temprano se encontrarán con otros trastornados glandulares, los chinos, que, humanamente hablando, están cerca de ellos. Los chinos llevan miles de años circuncidando a las mujeres, y esta práctica tiene efectos especulativos y morales similares a la circuncisión. Es de temer que entonces tengamos que soportar una guerra o nuestra civilización perecerá. Hay que señalar de paso que los préstamos bancarios que han permitido la existencia del temible Ejército Rojo van a abrirse cada vez más hacia China, que podrá constituir un ejército aún más formidable con la ayuda estadounidense. No sería sorprendente que Estados Unidos vendiera a China la bomba atómica.[58]

— Los judíos son hipermachos, las chinas hiperfemeninas. Estas últimas pueden convivir entre sí, mientras que los judíos no pueden y se ven obligados a ser parásitos. China es el único país donde los judíos no han podido penetrar, salvo a través de la ideología marxista y los inicios del liberalismo, porque los chinos también están dotados para el comercio y la especulación. Los chinos son ahorradores, frugales y enemigos del disfrute material, mientras que el judío es un hombre que disfruta y gasta para sí mismo y para la ostentación. El financiero Oppenheimer se gastó la friolera de 150 millones de francos antiguos (1,5 millones de francos nuevos) en una de sus veladas en Sudáfrica.

Estos últimos, junto con Warburg, Rockfeller, Hammer, Schiff, Loeb y muchos otros financieros judíos, manipulan las telarañas de organizaciones internacionales como Bilderberg, la Comisión Trilateral y el C.F.R., donde políticos de todos los partidos de derecha e izquierda (excluyendo a los

---

[58] Esto se mencionó en las noticias de televisión. (TF1)

nacionalistas, que no están representados en los parlamentos) son "encarcelados" (voluntariamente y en su propio interés).

— ¿Pero los musulmanes también practican la circuncisión?

— Sí, *pero no el primer día de la pubertad*. Por tanto, su circuncisión no tiene repercusiones internacionales o cósmicas inmediatas. Sobre todo, su circuncisión (entre los 8 y los 12 años) exacerba sus genitales reproductores. Esto les convierte en personas sexuales. Las otras endocrinas no se estimulan, al contrario, por lo que nunca se convertirán en personas especulativas como los judíos, ni en personas tiroideas más o menos intersticiales. *Lo único que podría salvar a la humanidad sería la abolición radical de la circuncisión del 8º día*. Parece que esto no cambiaría mucho las cosas, porque ya es demasiado tarde: la máquina infernal marxista-liberal está siendo lanzada sin tripulación a gran velocidad por una pista de aterrizaje. Tendrá que terminar su carrera de Sísifo en un cataclismo global.

— Además, me parece dudoso que se pueda hacer comprender a los judíos que esta práctica los fija en el materialismo, el racionalismo y la pura especulación, que también los conducen a la autodestrucción. Son conscientes de que han alcanzado la hegemonía mundial, pero no comprenden que esto es concomitante con la destrucción general causada por su "*anti-trascendencia*".[59]

— ¿Y el Estado de Israel?

— Encaja perfectamente en el programa de destrucción del mundo. Lo que sí puede decirse es que los primeros inmigrantes fueron los menos marcados por la circuncisión judía. Había muchos hombres valientes, físicamente bellos, sin el notable estigma de los rostros judíos que han sido objeto de burla durante miles de años. Era uno de los judíos internados, muchos de los cuales murieron de tifus e inanición. Formaban parte del millón de judíos que Hitler quería canjear por camiones, pero prefirieron los camiones a sus compañeros judíos, que les permitirían urdir el jugoso chantaje del Holocausto. Los dirigentes judíos nunca irán a Israel: utilizan Israel como cabeza de puente hacia Oriente Próximo para obtener petróleo y materias primas.

---

[59] Humanidad materialista sin Dios y sin élite sintética.

— Todo esto es obvio para mí, porque lo he entendido y visto todos los días durante décadas. Me gustaría hacerle otra pregunta: a principios de siglo, un judío llamado Otto Weininger escribió: "Estamos en la era de la mujer y del judío". Me llamó la atención esta frase porque resume mis observaciones sobre la mujer moderna. Es cierto que las mujeres no pueden ser genios, mentes sintéticas dotadas de sentido moral. Es imposible imaginar a una mujer que se parezca somáticamente a Pericles, Goethe o Carrel. Además, ha demostrado ser radicalmente incompetente cuando se trata de inconformismo genuino. Es incapaz de abstracción: si, por ejemplo, ama a un genio, le apoyará mientras le ame. Si se separa de él, no le quedará nada de la conciencia "emocional" que tenía de su pareja y tirará el bebé con el agua del baño. Un hombre, en cambio, puede respetar y admirar a su oponente. En lugar de apoyarse en el maltrato secular que le han infligido para reclamar sus derechos como ama de casa y madre de hijos equilibrados, se precipita en una histeria de igualdad con los humanoides de la tecnocracia. Ha perdido incluso el sentido estético elemental que le daba el instinto por la ropa bonita. Se ha vuelto horrorosa con ese uniforme de la estulticia internacional, el blue jean Levis. Ciertamente, la mujer se ha integrado "libremente", por condicionamiento progresivo, en todos los conformismos creados por los judíos. El M.L.F., la ropa masculina, la píldora patógena, generalmente cancerígena y teratógena, el aborto en autoservicio. *Ninguna de nosotras tiene personalidad suficiente para vestirse de forma diferente a alguna moda cretina, o para decir "no", lo que quiero es una esposa, una madre con un marido digno de tal nombre. No somos iguales a los hombres, sino complementarias. Nuestras naturalezas son diferentes. Queremos hijos educados según la sabiduría y la moral eterna".* Ni siquiera tiene la inteligencia suficiente para reivindicar su propósito básico. Durante cuarenta años la he oído expresar su esclavitud con esta frase internacional en toda su estupidez: "No quiero ser tu criada". Resume su vanidad, su orgullo y su insuficiencia mental.[60] Como las mujeres no tienen personalidad, lo cual es normal, se han vuelto estúpidas porque los hombres las han enmudecido. (El hombre que también se ha tragado el mito idiota de la "liberación de la mujer", que se ha convertido en "un objeto libre" para hacer películas pornográficas). Todas las mujeres que conocerás, mientras las haya, aborrecen el M.L.F.

— ¿Cuál cree que es el papel metafísico de los judíos?

---

[60] Hay algunas mujeres que afirman su feminidad, pero cada vez son menos.

—   Todas las humanidades han acabado en cataclismo. La humanidad suprarrenal y tiroidea del cromañón (y otras anteriores a la aparición del hombre: el fin de los dinosaurios, por ejemplo). La humanidad hipofisaria debe dar paso a la humanidad intersticial. La misión de los judíos parece ser estimular a la humanidad pituitaria mediante el exceso cataclísmico. Serán superados tras el duelo final entre Rothschild y Marx, armados por Oppenheimer y S.T. Cohen. Y eso será sin una guerra sino-estadounidense. La china hiperfemenina tiene poca barba. Por herencia, el chino alcanza nuevas cotas en la especulación comercial.

—   Si hubiera una mujer normal, ¿qué diría?

—   Ella diría que no puede ser tan inteligente como Pericles o Rothschild. Habrá pensado por sí misma y no será el juguete de una propaganda idiota. Sabrá que las mujeres nunca han tenido una iniciativa trascendente, incluso cuando durante siglos y en diferentes civilizaciones disfrutaron del ocio y estudiaron música, ¡sin producir nunca un Schubert! Pueden, sin embargo, alcanzar el misticismo. Te dirá que está hecha para complementar a su pareja y criar hijos que no estén, como hoy, condenados a la droga y a la delincuencia, en una palabra, para hacer de ellos hombres y mujeres de verdad...

—   ¿Existe en Occidente?

CAPÍTULO XVIII

> *Lévy, Homais. Homais Lévy. Círculo vicioso internacional. Homais los supera. Le hacen ministro, académico, se puede contar con él para servir ciegamente a sus amos. Es más repugnante que Lévy, que al menos tiene la excusa de la fatalidad patológica, que le obliga a dotar al mundo de cretinismo.*

— ¿Son todos estos conceptos irremediablemente inaccesibles para nuestros colegas universitarios de la Sorbona o de la Facultad de Medicina?

— ¿No tienes dudas?

— En absoluto, pero me gustaría analizar lo que para mí es una verdad primaria.

— Hagámoslo juntos. Les presento un conocimiento expresado en 5000 páginas de texto que Albert Camus, en su absoluta integridad intelectual, tardó un año en asimilar.

— No importa, porque entiendo lo esencial.

— Bien. ¿Ha observado el mundo médico oficial?

— Sí, conozco a varios profesores y médicos, y tengo amigos y compañeros que son internos de hospital. Incluso he almorzado en la sala de guardia, con esos horribles dibujos pornográficos en las paredes, que dicen mucho del nivel de evolución espiritual y estética de la profesión médica. Es difícil imaginar las paredes de las residencias de los sacerdotes médicos en las civilizaciones tradicionales decoradas con tales horrores.

— Desde luego, no es un lugar en el que deba sentirse cómodo.

— No, pero eso es lo que yo llamo "mis ejercicios de adaptación".

— ¿Qué ha observado en este entorno?

— El extraño parecido de los becarios. Incluso cuando uno es bajo y gordo y el otro alto y delgado, se *parecen*. Cuando su morfología general es similar, a veces los confundo: para mí, su parecido es tan flagrante como el de los románticos del siglo XIX.

— Perfecto: has descubierto lo esencial. Alguna vez has visto uno que se pareciera a Chopin o Laennec?

— Nunca.

— Pues bien, el tipo que ha descubierto su ojo sintético es *predominantemente hipofisario*.

Para aprobar las prácticas, que requieren gran resistencia física y memoria, es necesario pertenecer a este tipo glandular o, al menos, tener una hipófisis potente.

— ¿Así que un genio como Montaigne o Vigny no aprobaría esta oposición?

— Nunca. Su resistencia es débil, su memoria abstracta estúpida. Se arriesgan a la tuberculosis si consiguen este tour de force fisiológico. Albert Camus, cuya fuerza de pensamiento admiré en L'homme révolté, fue detenido en su camino a la agrégation por la tuberculosis. Montaigne siempre se quejaba de su memoria. ¿Conoce la historia de Semmelweis?

— No.

— Era un médico y profesor húngaro, del tipo tiroideo, que vivió en Viena a finales del siglo pasado. En aquella época, el sistema universitario no era tan rígido como ahora. A través de una "noción de identidad" descubrió que la muerte por "fiebre puerperal" era infligida a las parturientas por estudiantes y médicos que no se lavaban las manos. *Sin él, no habría asepsia, ni obstetricia, ni cirugía*. Como profesor pudo expresarse, pero se rieron de él internacionalmente e inevitablemente enloqueció. Desde entonces se le ha erigido una estatua en Viena. Cuando se estudia el modo en que la profesión médica se comportó con él, uno se asombra de la estupidez y la maldad de la humanidad. Hoy en día, ni siquiera tendría la oportunidad de ser ridiculizado, porque no podría ocupar un cargo oficial que le permitiera expresarse. A lo sumo, sería un excelente médico local que volvería a la naturopatía básica.[61] Todos los investigadores que no se adhieren al eje de análisis judeocartesiano son condenables y condenados. Esto es tanto más cómico, si uno se atreve a decirlo, cuanto que desde que comenzó la investigación oficial sobre el cáncer, éste se ha desarrollado en progresión geométrica. Lo que demuestra claramente que el enfoque de la investigación es erróneo. El problema del cáncer es ante todo un problema de quimificación y de estrés. Cualquier investigación genuina que implique *a la mente y* no *al pesaje de* laboratorio es tachada de "esotérica", lo que paraliza toda investigación. La asfixia se organiza, pues, política, jurídica y administrativamente.

— En otras palabras, sólo hay lugar para los robots que se dejan manipular por el sistema oficial, lo que agrava la esclerosis con el tiempo. Sin embargo, los cirujanos hipofisarios son buenos especialistas, buenos técnicos y buenos cirujanos.

— No cabe duda de que poseen estas cualidades. El médico intelectual sería un técnico mediocre, un cirujano deplorable por su sentimentalismo. Su papel sería sintético y de gestión. Evitaría la fragmentación analítica y mantendría la perspectiva del hombre global. Tendería a mantener la medicina en la perspectiva de la higiene y de la salud natural en general. Desgraciadamente, el reinado de los hipofisiólogos controlados por los judíos del sistema es exclusivo entre todos los editores sin excepción. Esto se aplica a todas las perspectivas, no sólo a la médica. El resultado es que cualquier obra de síntesis que cuestione necesariamente la asfixia judeocartesiana será rechazada con toda seguridad en todas partes. Toda obra brillante será, pues, incomprendida y excluida, por los editores católicos tanto o más que en otras partes.

— Personalmente, en presencia de pituitarios, siempre tengo la sensación *de que destilan minuciosidad*. Es como el inspector general que no tiene ni idea de lo grande que es una mente e informará de las erratas que se han dejado en los trabajos, incluso en la enseñanza superior. Las personas con hipófisis muestran incapacidad para razonar siguiendo más de una única línea lógica. Son incapaces de considerar diferentes niveles, diferentes aspectos, toda una serie de parámetros vez. *Se tiene la impresión*

---

[61] Son innumerables los descubridores de la historia y de la medicina que han sido duramente condenados por el delito de expresar la verdad. Es una burla de siglo (Faurisson, Garaudy, Beljanski, le Ribault, Solomidès, Hamer, por citar algunos).

categórica de que la especialización es una forma natural de su mente y que no pueden vincularla a una síntesis, que no les interesa. Estarían desfasados, mientras que falsas síntesis como el marxismo y el freudismo les encantan.

—   Imaginemos un pequeño experimento espectacular. Supongamos que escribimos una página muy concisa sobre un aspecto de todo el universo de nuevos conocimientos que estamos examinando. Presentamos esta página a un pituitario. En el medio deslizamos una gran metedura de pata, por ejemplo que el gran simpático no se forma hasta los setenta y cinco años. Pues bien, a nuestra pituitaria le fascinará esta metedura de pata. No intentará captar el cuadro completo, por muy brillante que sea, mientras que usted, por lo que a usted respecta, habría percibido el cuadro completo y corregido la inexactitud sin darle más importancia que la necesidad de la corrección. A un nivel pituitario aún más bajo, si le presentas un texto fascinante, lo primero que le llamará la atención será la falta de ortografía en la que apenas has reparado.

—   He visto esta psicología fundamental mil veces en el enfoque de la glándula pituitaria. Como he visto, la universidad ha excluido de sus bancos al verdadero tipo intelectual en favor de los judíos hipofisarios y tiroideos (el judío tiroideo también tiene una hipófisis sólida). En medicina es tan espectacular que resulta obsceno. Por otra parte, la educación a todos los niveles se está convirtiendo en la primera etapa del atontamiento colectivo al servicio de un totalitarismo oculto cuyo único propósito es producir especialistas productores-consumidores freudo-marxificados. La universidad se convierte así en el agente de todo tipo de contaminación materialista, química, marxista y freudiana. Las mentes se atontarán radicalmente y ya no serán capaces de asimilar la ortodoxia judeocartesiana básica. Vamos a ver masas de niños analfabetos, bachilleres incapaces de escribir tres páginas sin un sinfín de errores ortográficos, gramaticales y sintácticos.

—   Un desenlace fatal. *Pero veamos el problema de la pituitaria en el campo de la medicina.* Están en proceso de pudrir a la humanidad con la vacunación sistemática, la química sintética patógena y los teratógenos. Piénsalo: de 20 a 30 inyecciones de vacunas pútridas que contienen metales peligrosos como aluminio y mercurio aumentan el riesgo de cáncer, enfermedades cardiovasculares y mentales, por no hablar de parálisis, esclerosis múltiple y espondilitis anquilosante. Destruyen todas nuestras defensas. Así que echemos un vistazo a la glándula pituitaria médica, y luego se puede transponer la síntesis que surge a todos los aspectos de la sociedad. La hipófisis permite al organismo apreciar el valor físico y químico del pensamiento humano. Nuestras ideas son, de hecho, una especie de combinación de hormonas y vibraciones de las células nerviosas. *Por tanto, es lo único que puede decirnos qué es un pensamiento.* Nos da nuestra razón, nuestra capacidad de comparar ideologías. Su poder de apreciar las ideas le da un cierto margen de abstracción, es decir, de aportar una idea a los objetos que percibimos. Vemos sillas de formas diversas; son asientos. Vemos personas, las contamos, son personas. *Este es el comienzo de una abstracción, una abstracción muy rudimentaria, porque no se refiere esencialmente a la objetividad o a la idea considerada, sino a un número.* Así pues, la glándula pituitaria, con sus acentuadas tendencias ideológicas, ha incitado al hombre a contar, a hacer cálculos, a construir las ciencias positivas, las matemáticas. El hombre ha encontrado muchas dificultades para llegar al simbolismo matemático. No hay dos objetos iguales en la naturaleza. Los primitivos los observaban con su vista, su oído y su sentido del tacto altamente desarrollado, en sus detalles y no en sus elementos comunes. Así que multiplicaron los signos y los términos para designar todo lo que les rodeaba. El hombre llegó a contar hasta 3, como aún hacen algunos salvajes, y después de mucho tiempo hasta 10. La necesidad de repartir las tierras inundadas y muy fértiles de los valles del Nilo y del Éufrates les obligó a utilizar la longitud, los números y la geometría. La astronomía contribuyó a la investigación matemática. Los hindúes inventaron los números para sustituir a las letras. Esto supuso un claro avance, ya que los cálculos, la multiplicación y la división se hicieron más fáciles y rápidos. Luego vino el simbolismo algebraico, que permitió a las letras recuperar su importancia. La física pasó de ser experimental a ser cada vez más matemática. La naturaleza ofrece cambios relativamente lentos y, por lo general, constantes. Así que los científicos pudieron realizar mediciones e idear experimentos que reproducían algunos de los fenómenos de la naturaleza. Pudieron descubrir las principales fuerzas que los impulsan y derivar de ellas las aplicaciones que utiliza la industria.

Podríamos haber comprendido al ser humano de la misma manera si hubiéramos podido llevar a cabo investigaciones tan sencillas sobre él. Sin duda podemos experimentar sobre los componentes materiales de su cuerpo, pero sus estados emocionales permanecen fuera de nuestro alcance y medida. El hombre está en constante transformación, en perpetua variación. Podemos ciertamente realizar experimentos sobre su sangre, su orina y sus funciones vegetativas, pero no podemos dar cuenta del estado de transformación de su espíritu. *El espíritu, que es la manifestación de los fenómenos glandulares, ejerce una influencia importante sobre el estado general del funcionamiento orgánico.* El espectáculo de un accidente grave, por ejemplo, suscita un estado de ánimo unido a una emoción (miedo, tristeza, etc.) *que no es más que una modificación del equilibrio glandular, que repercute en todos los metabolismos funcionales de los más diversos órganos vegetativos y nerviosos.* Si no se restablece el equilibrio, sobreviene la enfermedad. Esta alteración del equilibrio glandular es, por tanto, un potencial morboso esencial para todas las enfermedades que se observan en los diferentes tipos de seres humanos bajo las formas más diversas: infecciones, trastornos funcionales del corazón, los pulmones, los sistemas digestivo y renal, etc. Por lo tanto, los trastornos glandulares provocan daños en todas las células y órganos, razón por la cual te has sentido tuberculoso y esquizofrénico, las dos enfermedades de los intelectuales debidas a su dificultad para adaptarse al mundo material y a su represión del yo. También hay que mencionar que la enfermedad también puede ser causada por la ingestión de moléculas que no son específicas del biotipo humano. Así, la mente, como la comida, puede enfermarnos. Tiene un efecto considerable tanto en el sistema hormonal como en la mente perturbada.

Tomemos su ejemplo: el médico de la pituitaria no encontró en usted ninguno de los síndromes de su lista. Por lo tanto, concluyó: "Fiebre fisiológica", *lo que no significa absolutamente nada. Debería haber sabido que la fiebre es un estado de hipertiroidismo.* Y esto es cierto aunque no se pueda medir cuantitativamente y aunque no se conozcan las características de su biotipo tiroideo.

El médico hipofisario no sospecha fenómenos similares: no puede concebir que todo en el ser humano se vea afectado tanto por su mente como por su cuerpo a través de su sistema glandular.

El alópata tiene cierta superioridad sobre el homeópata. Ha conseguido clasificar las enfermedades, es decir, reconocer los síntomas llamativos de una enfermedad y darle un nombre. Eligió los signos esenciales y descuidó los secundarios. Los homeópatas no lo han conseguido, salvo algunos maestros como el doctor Louis Rousseau, que saben que *el fósforo* es tiroideo, *el flúor* es hipofisario y *el carbónico* es suprarrenal. Pero la mayoría de ellos se pierden en una multitud de síntomas secundarios que atacan, y no saben que los diversos tipos, fluórico, carbónico, fosfórico, de los que acusan a las intoxicaciones tuberculosas o sifilíticas, corresponden a estados glandulares. Los alópatas no tienen en cuenta los estados funcionales, reaccionarios e individuales, como te asombró aprender durante tu estancia en el hospital. Creen poder resolverlo todo con la química sintética, que es un veneno no sólo para el individuo sino también para su descendencia. Los homeópatas tienen en cuenta sobre todo los estados individuales, pero no entienden nada de los estados funcionales.

Debido a su mentalidad, los médicos hipofisarios han estado fascinados por el laboratorio porque no entienden nada de los estados de enfermedad y de las posibilidades de adaptación y reacción en los seres vivos. Han corrido al laboratorio, han amplificado, agrandado abusivamente, complicado ad infinitum, los datos que nos proporcionan por ejemplo en la diabetes por el azúcar, en la albuminuria por la albúmina. Han examinado el estado de nuestros órganos y células en todos los líquidos y secreciones mediante la química y en los tejidos mediante el microscopio. Por lo tanto, han observado los resultados en términos de más o menos de lo normal. *De este modo, la urea, el colesterol y la hipertensión arterial se han convertido en enfermedades cuando no son más que síntomas.* La noción de enfermedad degenera cada vez más a medida que la causa real de la propia enfermedad se aleja cada vez más en la mente del médico. Por poner un ejemplo espectacular, la mujer moderna padece una amplísima gama de trastornos que la obligan a consultar a todo tipo de especialistas. *Sin embargo, esta diversidad de síntomas forma parte de un síndrome paradójico de hipertiroidismo. Este síntoma está causado no sólo por la quimioterapia general, el café, el tabaco, el alcohol y diversas sustancias tóxicas, sino sobre todo porque la mujer moderna vive en contra de su naturaleza.*

Así, ella y sus hijos degeneran cada vez más y sufren cada vez más nuevas enfermedades. Las mujeres son cada vez más feas y pierden su parecido con el eterno femenino de todas las tradiciones, del que la Venus de Botticelli sigue siendo un símbolo.

Hasta la última guerra, por todas partes había mujeres hermosas vestidas con un gusto exquisito. En el año 2000 desaparecieron.

Por ejemplo, la diabetes. Se trata de un exceso de azúcar en la orina. Es el resultado de un desequilibrio en los fenómenos glandulares. El páncreas regula el nivel de azúcar almacenado. Las otras glándulas intentan ponerlo en circulación. La diabetes puede deberse a un mal funcionamiento del páncreas o a una actividad excesiva de las demás glándulas. También puede tener ambas causas. Inyectarse insulina no resuelve el problema.

El defecto más grave de la pituitaria es que no puede salir de lo inmediato, de lo que tiene delante. Es una mente primitiva. No puede referirse a una realidad más amplia que pueda contradecir las conclusiones que extrae de la observación inmediata y presente. No puede acceder al verdadero origen de los fenómenos.

Otra observación de vital importancia:

La pituitaria ve un nervio que activa un músculo. Ve a un hombre volverse basedowiano tras un choque psicológico, y concluye que es el sistema nervioso el que dirige al hombre. **Pero es víctima de una ilusión apoyada en la lógica elemental.**

Cuando experimentamos una emoción, todos los componentes de nuestro individuo se ven implicados y afectados. *Si no comprendemos la precedencia funcional del sistema hormonal sobre el sistema nervioso*, no podemos entender cómo el sistema nervioso puede actuar sobre todos los elementos, algunos de los cuales, como los glóbulos rojos, cuya carga de oxígeno varía en función de las emociones, ¡no están conectados al sistema nervioso por los nervios!

La pituitaria se remacha al presente inmediato.

Así pues, no puede entender nada del hombre, que no es más que evolución, transformación y variación, debido a las fuerzas que actúan continuamente sobre él, que condicionan su actividad y a las que debe adaptarse y someterse. Otro defecto de la hipófisis es que sólo puede detectar una causa anatómica o rítmica o una lesión en el mal estado de un órgano, sin poder referirse a las glándulas endocrinas, a su modo de acción sobre los órganos y, más allá, al modo de vida, la alimentación y la psicología perturbada del paciente.

El funcionamiento del corazón, los pulmones y el aparato digestivo depende de las secreciones glandulares. Su acción se describe ampliamente en los libros de endocrinología, pero ni los fisiólogos ni los médicos la tienen en cuenta. ¿Por qué? Porque siguen pensando que las glándulas endocrinas están controladas por el sistema nervioso, lo cual es totalmente falso a pesar de las apariencias.

Nunca han vuelto a la fuente, a los orígenes funcionales del ser humano, a su estado embriológico y fetal. No pueden comprender que es la primera aparición de los órganos, su edad, lo que determina su acción sobre el funcionamiento del ser humano. El sistema glandular es el primero en formarse. Por tanto, es el que dirige funcionalmente al ser y al sistema nervioso. Os he dicho que los bebés anencefálicos, que sólo tienen una médula espinal que suele estar mal constituida, reaccionan con movimientos, reflejos, emociones, sobre todo dolorosas, y un balbuceo que sólo se encuentra más tarde en los niños normales. La hipófisis describe el estado del anencéfalo sin poder interpretarlo. La hipófisis no sólo es incapaz, como acabamos de ver, de prestar verdadera atención, sino que *es impermeable a la verdadera abstracción porque sólo juzga según sus sentidos y aparatos de medida.*

No puede liberarse de las ideas sensoriales para elevarse al verdadero pensamiento. Tampoco puede captar la noción de identidad y síntesis que son las elaboraciones psicológicas superiores.

En resumen, la hipófisis sólo conoce los detalles, nunca el cuadro completo: es un analista puro. Nunca se le ocurrirá que signos dispares y diferentes puedan tener su origen en la misma función hormonal. Del mismo modo, una afección manifestada por signos similares puede tener su origen en estados glandulares opuestos de la misma glándula o en dos estados funcionales diferentes. Todo esto es demasiado arduo para cerebros de gran simplicidad, aunque las glándulas pituitarias han inventado las matemáticas, un juego para sus mentes, pero que han complicado más allá de lo que suelen ser concepciones reales.

No pueden sospechar que la fiebre, la manía y la locura son manifestaciones de hipertiroidismo. Que el coma, el síncope, la melancolía, la tristeza, son estados hipotiroideos más o menos pronunciados. Son intelectualmente incapaces de darse cuenta de la similitud de estos estados con los estados glandulares. Es fácil ver que los síntomas clínicos del hipotiroidismo y la tristeza marcada son *análogos*, pero esto no significa nada para ellos. En resumen, los pituitarios no pueden ir más allá del estadio analítico de la elaboración intelectual. Se hacen la ilusión de que, buscando cada vez más meticulosamente las particularidades de un fenómeno, acabarán por descubrir sus causas. Se trata de una enorme ilusión, porque sólo los signos groseros, a menudo visibles a simple vista, proporcionan las características básicas comunes a toda una serie de fenómenos y pueden conducir a su origen. Los pequeños signos distintivos en los que se basa la patología no conducen a ninguna parte, salvo a dividir nuestros conocimientos ad infinitum y a imaginar, para cada nuevo signo, un medicamento químico que se añade a la carga terapéutica y aumenta el iatrogenismo y el teratogenismo. En consecuencia, la eficacia es cada vez más débil, como ocurre actualmente con los antibióticos y, sobre todo, con las afecciones caracterizadas por marcados desequilibrios funcionales, como las afecciones glandulares y las enfermedades mentales.

Recuerda algunos hechos clave que voy a repetir aquí:

1. Algunos insectos macho siguen apareándose aunque la hembra les haya cortado la cabeza.

2. Un saltamontes sin cabeza vive más de diez días.

3. Seccionar todos los nervios que conducen a los órganos sexuales no suprime el celo ni la función procreadora normal de estos órganos.

4. La resección de todo el sistema simpático no altera las constantes vitales, las emociones ni las actividades sexuales del perro.

5. La supresión de un único sistema endocrino orgánico impide radicalmente al animal desarrollar el instinto sexual y provoca la degeneración de los órganos reproductores.

Estas observaciones podrían haber llevado a la comprensión más perentoria de que el sistema nervioso sólo desempeña un papel muy secundario en las actividades complejas y que *el sistema hormonal es totalmente predominante desde el punto de vista funcional.*

Pero estos hechos evidentes no se han comprendido.

¡Es increíble pensar que antes de Freud ya se sabía que la extirpación de la tiroides provocaba la desaparición de la inteligencia y la sexualidad!

Por lo tanto, está claro que la sexualidad animal está controlada por el sistema hormonal y no por el sistema nervioso.

Si la pituitaria estuviera dotada de la capacidad de síntesis y de la noción de identidad, habría descubierto que la causa fisiológica de la locura era la atrofia de la glándula genital interna.

Sí observó esta atrofia en personas con demencia, pero abandonó este signo constante en favor de la búsqueda de signos dispares, inconstantes, que no tienen nada de esencial y nunca nos enseñarán nada. Así que examinamos a personas con cerebros normales que padecen demencia, mientras que otras con cerebros anormales son perfectamente normales.

Así que no sabemos qué es la enfermedad mental. La identidad de la locura se caracteriza de la siguiente manera:

1. Pérdida de elaboraciones psicológicas superiores: síntesis y noción de identidad.

2. Pérdida del sentido moral.

3. Pérdida de fuerza de voluntad.

4. Pérdida de la atención voluntaria. Se trata de la atención centrada en un fin superior, en algo *que nos molesta o es desagradable*.

Estas son las características básicas de la locura.

Como la posesión de una brillante capacidad analítica es perfectamente compatible con un diagnóstico de locura, podemos hacer el diagnóstico de :

➤ Psiquiatría.

➤ La ciencia.

➤ Política.

➤ Medicina.

➤ Finanzas.

No hay ciencia sin sentido moral. Una ciencia de este tipo sólo puede conducir a la destrucción universal, con los Chernobyl y los residuos nucleares no neutralizables, por ejemplo.

Por lo tanto, nuestra sociedad está loca y es suicida.

Concluiremos ahora esta panorámica de nuestro mundo actual. Usted es el último dandi metafísico de la historia inventada por los circuncisos. El dandi se rebela contra el Creador y los antropósofos le llaman "el luciferino". Para el dandi, el Creador es responsable del sufrimiento de toda la creación porque Dios, omnisciente, sabía que el hombre caería y por eso le quitó toda libertad a priori. Así que Dios creó al hombre sabiendo que su destino sería la miseria y la crueldad. El dandi es siempre opositor por vocación. Es un tipo humano que se renueva, vuelve a la vida como el ave fénix, se desarrolla durante un tiempo, luego disminuye hasta el punto de que parece haber desaparecido. Ha desaparecido necesariamente de todos los círculos oficiales dedicados a la insignificancia y la bajeza mental. Por lo tanto, está condenado a la soledad total.

La degeneración de este tipo está representada por homosexuales con visión de futuro cuya sexualidad no sólo está distorsionada, sino que incluso es impotente. Son un producto de desecho, un tipo glandular de rechazo, generalmente de poco interés porque son engañosos, al margen de lo que es normal y saludable. Presumen de Freud, lo que revela su falta de valor moral e intelectual.

Cuando los judíos dominen el mundo, los homosexuales tendrán un estatus social oficial porque serán auxiliares inestimables de los judíos en su obra de desintegración. Acabarán arruinando totalmente la juventud y la moda, y tendrán derecho a adoptar niños, lo cual es un horror absoluto.

El dandi tiroideo no es desequilibrado: es excesivo, un ser con variaciones funcionales dentro de la norma humana. Tiene los defectos de sus cualidades, pero un potencial intelectual y emocional poco común. El homosexual, en cambio, está desequilibrado en el sentido patológico, mientras que el dandi romántico es un artista que puede parecer desequilibrado debido a una función glandular normal pero muy *exagerada*.

Esto es lo que le confiere su rápida inteligencia, su rapidez general, sus excelentes automatismos y su impaciencia.

La sociedad mundial se derrumba, acariciando sus errores. La locura se está apoderando de todos los aspectos de la vida oficial, los pseudo-sabios están haciendo descubrimientos poco meditados, y los auténticos valores morales, espirituales y estéticos se han derrumbado porque ya no se apoyan en la eficacia fisiológica. El hombre ha quedado reducido a vivir sólo para el dinero y el sexo, y a la preocupación por la seguridad vital. Se ha reducido a una forma de esclavitud única en la historia de la humanidad. La criminalidad y la locura crecen en progresión geométrica y no pueden ser contenidas porque la propia oficialidad opera con criterios de locura y crimen. Como dijo Carrel en 1935: "Los verdaderos criminales no están en las cárceles, sino en la cúspide de la sociedad liberal". También añadía que "el burgués liberal es el hermano mayor del bolchevique". Desgraciadamente, estas dos afirmaciones ya no necesitan demostración en el año 2000.[62]

---

[62] Por eso Alexis Carrel, quizás el mayor genio del que la humanidad puede enorgullecerse, está siendo rebautizado en todas partes. Tenemos aquí el símbolo

La educación materialista laica se está extendiendo, y quienes la siguen son cada vez menos capaces de asimilarla, porque hipotriza astutamente la mente, incluso para las cualidades analíticas y mnemotécnicas oficiales. Los alumnos de tercer curso de secundaria son incapaces de realizar razonamientos elementales, y el número de analfabetos crece a un ritmo alarmante.

La plétora de conocimientos oscila entre el excesivo tecnicismo al que damos el nombre de ciencia, cuando no es más que una forma de aplicación, y la verborrea, la observación de hechos de los que somos incapaces de extraer una sola idea principal, estando la oficialidad radicalmente privada del espíritu de síntesis.

Un mundo así es necesariamente suicida...

Angelika

---

perfecto de todas las inversiones, con la abolición de la pena de muerte que permite al criminal volver a matar de 6 a 15 veces (lo que no es excepcional para la prensa oficial).

CAPÍTULO XIX

> *La mujer es tan estúpida comparada con la inteligencia abstracta del hombre que cree que puede ser tan inteligente como él. Cree que puede llegar a ser Pericles, Goethe, Chopin o Carrel. Su ilusión es tanto mayor cuanto que no comprende su propia incapacidad. La mujer supuestamente inteligente sólo puede participar en todas las farsas modernas; será una ministra pastillera, pero nunca un Lao-Tseu o un Carrel.*
>
> *Sin amor oblativo por un hombre y sus hijos, una mujer no es nada. Sólo la mujer inteligente sabe que no lo es. Ella es la intuición de un hombre.*

Angelika

La larga conversación que Tristán había mantenido con este genio de la endocrinología le había interesado profundamente. En cierto modo, tenía nueve pruebas endocrinológicas de todas sus observaciones. ¿Acaso la genialidad no consiste en percibir el determinismo de los demás a través de un determinismo superior?

Hoy en día, cuando los "hipointersticiales superiores" reinan y vuelven cada vez más loca y desgarrada a la masa de los seres humanos, ¿no es todo en adelante enteramente determinista hasta el fin de esta humanidad hipofisaria, hasta la tercera guerra mundial y la contaminación general?[63] ¿Por qué habría de sorprendernos que los dirigentes de la China comunista, organizados por la retirada de MacArthur, hayan sido formados por los jesuitas y los estadounidenses? ¿Por qué asombrarnos de que el Papa estreche la mano del más alto prelado del anglicanismo cuando "el protestantismo es la universalización del espíritu judío"? La locura es

---

[63] Hiperhipófisis, hipertiroides, hipergenitales reproductores fisiológicos, pero hipointerstitutos: brillantes especuladores pero una moral y un sintético. "Y el mundo será gobernado por monstruos" dice el Apocalipsis.

ahora universal y el ecumenismo sólo puede practicarse en medio de la locura.[64] Los Rothschild de Marx ejercen ahora un poder totalitario sobre las marionetas de la política y los robots del mundo académico que dirigen a las masas aterrorizadas y zombificadas.

Era inevitable que en un mundo donde las mujeres están desintegradas y ávidas de equilibrio, incluso artificial, incluso vegetativo, Tristán fuera capaz de darles el más mínimo equilibrio. Las mujeres con afectos reducidos y sistemas nervioso y endocrino en descomposición no pueden tener el heroísmo que consiste en ser la mitad de una efervescencia. Crear hoy es crear peligrosamente, incluso suicidamente.

Para las mujeres, la creación, la verdad, el rigor y la belleza son factores básicos de desequilibrio: no pueden adaptarse al hombre que canta sus alabanzas en un océano de mentiras. Este océano alimenta ahora lo que queda del hombre y se convierte en la condición de supervivencia en el mundo de mercaderes y esclavos en el que, precisamente, intentamos sobrevivir.

A pesar de los consejos del erudito endocrinólogo, Tristán había intentado mantenerse cerca de su mujer. ¿No esperaba Biche un hijo?

Pero la situación no mejoró, y Tristan quedó tan agotado que le prescribieron una estancia de tres meses en una residencia de ancianos.

Los suegros acordaron un divorcio amistoso. Se habían divorciado.

Habían hecho cola en el Palacio de Justicia, ¡oh burla! Tristan había pensado que allí encontrarían un juez de verdad, al que podría explicar lo inevitable de su divorcio, necesario en un contexto tan delicado. El juez parecía un tendero y el divorcio era un hecho en serie: algo así como la cola para las tarjetas de alimentos durante la guerra. La rutina de un abogado a sueldo. Nada más. El divorcio estaba tan deshumanizado como el matrimonio, que sin fundamentos serios conducía al divorcio tonto y al nacimiento de los hijos destrozados del mañana, drogadictos, clientes de discoteca, suicidas...

Obviamente, el hombre había desaparecido.[65]

---

[64] Louis Rougier en "*La mística democrática*".
[65] En 1980, un médico le dijo: "Por debajo de los cincuenta, ya no hay hombres". Así que estos son los homúnculos que van a desaparecer.

Después de tres meses en una casa de reposo y un sufrimiento inexpresable, Tristán sintió el deseo de volver con sus hijos y su madre, a pesar de su horrible traición, que había jurado enterrar en el silencio del olvido. Los niños eran lo más importante. Jacqueline se negó. Su negativa estaba en consonancia con su anterior comportamiento desenfadado. Había madurado, había comprendido. Ya no abandonaría a su mujer, ni siquiera por la propia Venus.

Tristán se resigna a alquilar una habitación a una encantadora anciana en el sexto distrito de París. Volvió a dar clases de inglés en el instituto y de francés en una famosa escuela para adultos extranjeros. Esta escuela reunía a las chicas más guapas del mundo, que acudían allí para aprender francés. Tristán vivió allí muchas aventuras, que encantaron a su naturaleza de Don Juan. ¡Cuántas veces tuvo citas durante el día, y confundió los nombres de pila de esas exquisitas criaturas de entre veinte y treinta años que le deslizaban notas de amor en su pupitre, mientras otras le miraban cariñosamente durante todo el curso!

Un día, uno de sus alumnos estaba tomando el té en el bar, donde él bebía una cerveza.

— Ah, él", dijo este alumno, "¡no me gustaría ser tu amante!

— ¿Por qué?", replicó.

— ¡Porque yo sería el doscientos cuarenta y tres!

— No -respondió Tristán-, ¡tú serías el doscientos cuarenta y tres!

La alumna se ausentó unos días y a su regreso tuvo que leer un texto que él había dado a sus alumnos para practicar la dicción. Le prestó el libro que contenía el texto, que se titulaba "L'aimable voleur", y le pidió que se lo devolviera lo antes posible, ya que el libro le proporcionaba textos notables por su valor pedagógico.

Ella se lo devolvió al día siguiente, y Tristán colocó el libro en el escritorio de su habitación. Quince días más tarde, cuando tuvo que elegir un texto adecuado para sus alumnos, abrió el libro y encontró una tarjeta en la que estaba escrito: "Y cuando hayas terminado con el doscientos cuarenta y tres, el doscientos cuarenta y tres bis espera su turno".

La telefoneó, fingiendo que la había hecho esperar a propósito, y esa misma tarde...

Fue entonces cuando conoció a Hella. Alemana, no era guapa, pero "mejor que guapa", decía un amigo filósofo rumano. Muy distinguida, muy bien formada, muy elegante. Notablemente inteligente en términos académicos y no académicos, había aprendido francés, que hablaba sin un solo acento, y se había convertido en secretaria ejecutiva del director general de una famosa imprenta que en su día había impreso a Balzac. Era una perfeccionista que, como la gente feliz, no tiene historia.

Su unión sexual era de tal calidad, un "décimo cielo", que Tristán nunca experimentó tal éxtasis con otra mujer. Sólo tenía un sueño: casarse. Tristán aún no había aprobado unas oposiciones que le habrían dado la titularidad, así que, aunque había aceptado el principio, aplazó el plazo gracias a esta coartada. Cuando aprobó el examen, Hella le arrinconó... Tristan le dijo que estaba dispuesto a casarse con ella, pero que no viviría con ella. Pensó que esto la disuadiría, pero no fue así. Tristán, de la natividad de Libra, no sabía decir que no. Para complacer a Hella, aceptó casarse con ella. Complacer suele ser mucho más cruel que negarse, pues Hella iba a pagar caro este aberrante matrimonio.

Él aceptó, diciéndole que si se enamoraba se divorciaría de ella. Ella incluso aceptó.

Es cierto que Tristán pensaba que un día sentaría la cabeza y se llevaría a Hella al corazón para siempre.

Por el momento, las mujeres, incluida Hella, su gran amiga, ya no eran su objetivo ni su problema. Estaba encontrando un equilibrio fisiológico en este torbellino de flirteos que dejaba muy atrás sus actuaciones de Don Juan. Placer, nunca dolor. Hasta entonces, en cuanto había tomado en serio a una mujer, en cuanto le había entregado su amor, era sólo para sufrir el martirio. Ya había tenido bastante, como suele decirse, y ahora se dedicaba estrictamente al número, no a la suscripción.

Nunca digas "Fuente, no volveré a beber tu agua".

Él y Hella vivían separados y la visitaba los fines de semana. Iba a recoger a los niños, que se llevaban muy bien con ella. Pero él estaba a punto de dejarla, y ella no tenía paciencia para esperar a Tristan, que seguro que habría vuelto con ella, así que dejó Francia, se fue a Alemania y cayó gravemente enferma mental.

Un día, cuando acababa de terminar su clase, vio a una joven que bajaba por la escalera principal de la escuela. Acababa de tener un buen encontronazo con Biche, pero estaba más allá de la redención.

La insidiosa enfermedad de la pasión estaba a punto de golpearle de nuevo.

Tenía dos excusas: esa chica de veintidós años era exquisita y si no le hubiera gustado, no habría pasado nada. *Que sera sera.*

Llevaba un deslumbrante vestido bávaro, su larga cabellera era rubia como el trigo, su tez rosada y clara, y su aspecto era tan femenino que juraba entre las chicas que todas, por muy guapas que fueran, acusaban cierta masculinización propia de la época. Era impensable imaginarla como ministra de Sanidad promulgando la píldora y el aborto, imposible imaginarla siquiera como miembro del Movimiento de Liberación de la Mujer. Las mujeres de verdad ignoran este tipo de mejunjes, pero ¿dónde están? Tristán, que era morbosamente tímido, se sintió preparado para cualquier atrevimiento. Caminó con confianza hacia ella. Apoyó suavemente las yemas de los dedos en su brazo y susurró: "Es lo más bonito que he visto nunca, señorita, ¿me concede un minuto? Ella se sonrojó agradablemente, murmuró unas palabras en un francés embrionario y dijo más claramente "que ya vería".

Su sonrisa había dado esperanzas a Tristán. Durante dos meses desapareció de la escuela. Tenía miedo de Tristán. Se sentía a la vez atraída y asustada por él. Al principio, como diría otro, prefirió huir y refugiarse con amigos en Inglaterra. Tristán estaba deprimido.

Pasaron semanas. De repente la vio bajar por la gran escalera. Su corazón latía con fuerza, tenía que hablar con ella, le habló. Ella accedió a reunirse con él.

Iban a experimentar meses de felicidad y años de infelicidad.

Cuando volvió a verla en su mente, años después de haberse separado, con su corpiño de encaje y su encanto infantil, cuando vio sus maravillosos dibujos ingenuos, adorables y tan deliciosamente estilizados, sintió lo profundamente unido que estaba su ser a ella. Angelika, pues así se llamaba, era tan venusina como Tristán. Era psicológica y astrológicamente obvio que Venus los había unido.

Se instalaron en Maisons Alfort, en un pequeño piso de dos habitaciones que alquilaron, y pronto nació una adorable pequeña Nathalie, que pronto se convirtió en el gran amor de su padre, un gran amor que también se convertiría en fuente de dolor. Fue bautizada en Notre Dame de París y, por alguna excepción, se les concedió el uso de la corte de honor reservada a reyes y reinas. Nathalie, con sus cabellos dorados y sus ojos celestes, fue la alegría de sus padres.

Pero el destino no quiso que esta felicidad durara.

Patrice, el hijo de Tristan y Jacqueline, estaba en edad escolar. Tenía un carácter muy difícil. Nacido en Escorpio, poseía las cualidades más negativas de esta natividad. Tristan tenía un amigo que era un notable astrólogo y, sin decirle que se trataba de su hijo, le pidió que le dibujara su carta astral. Comenzó de la siguiente manera: "Nunca he visto tal profusión de malos aspectos". A esto siguió un análisis que, por desgracia, iba a resultar cierto hasta el final de su desgraciado destino, ya que murió a los treinta y nueve años de una hemorragia cerebral contraída por mezclar alcohol y drogas químicas. Las dificultades de su hijo hicieron que Tristan sintiera aún más fuertemente que tenía que hacer todo por él para salvarlo de ese destino inevitable. Patrice tenía que aprobar el bachillerato. Tristan también quería que aprobara un mínimo de exámenes para acceder a la enseñanza. Ya le había enviado a un colegio español durante un año y hablaba el idioma perfectamente. Para ayudarle en general y en inglés en particular, tenía que estar en casa más a menudo que en casa de su madre.

Por desgracia, su agresividad, su pereza y sus malas tendencias hicieron que el ambiente familiar fuera precario. Angelika, celosa como una niña de este hijo imposible, adoptó una actitud tan dolorosa e infantil que obligó a Tristan, por así decirlo, a ponerse del lado de su hijo para que no se sintiera abandonado o poco querido. Angelika debería haberse hecho a un lado con inteligencia, haciendo todo lo posible por no multiplicar por diez la ya aplastante carga de Tristán.

Pero esto le parecía imposible a una mujer de este siglo generalmente privada de toda educación espiritual, moral e intelectual a su medida. Si ambos hubieran vivido en una civilización tradicional, no habría habido divorcio en primer lugar, entonces la educación básica de la pareja y el amor mutuo habrían sido el resorte principal de todo, y todo lo que se oponía en sus respectivas naturalezas se habría canalizado en una simbiosis de amor y deber.

En nuestra civilización materialista, todo lo que era diferente debía oponerse y convertirse en antagonista. Los defectos se convirtieron en fuente de conflictos y patologías deterministas. Tal fue el destino de las parejas del siglo XX, con sus matrimonios infantiles y sus divorcios en serie. Lo sorprendente en una época así eran los matrimonios que duraban.

La tasa de divorcios se dispara, e incluso la cohabitación no se ve favorecida desde el punto de vista fiscal cuando se presenta una declaración conjunta.

Tres años después de casarse, Angelika había enseñado a Tristan el análisis caligráfico que su padre había mandado hacer en Suiza por un analista caligráfico de habla alemana. La carta analizada había sido escrita en inglés, el idioma en el que hablaban Tristan y Angelika, ya que Angelika aún no conocía bien el francés. La grafóloga no sabía inglés y sus dos análisis en alemán fueron traducidos al francés.

Estos dos análisis constituyeron un resumen infalible de lo que iban a vivir en los doce años siguientes.

El análisis de Tristán fue el siguiente:

Es muy inteligente y muy sensible. Posee una gran originalidad y un evidente sentido artístico. Se dice de él que tiene una mente fértil y la capacidad de trabajar de forma creativa porque está notablemente dotado y posee un agudo sentido de la belleza. Sin embargo, su pensamiento se basa a menudo en el análisis y la descomposición. Sufre por no permitir que sus experiencias y sentimientos tengan su integridad y por cuestionarlos con su inteligencia. Sopesar los pros y los contras, reflexionar, rechazar y retomar los problemas son las actividades características de su pensamiento, que a menudo le ponen en contradicción con sus sentimientos, sobre todo porque tiene un alma sensible y abierta. Al escribir este ejemplo, el escritor se encontraba en un estado de euforia exacerbada, en el que veía el mundo y a su futura pareja en forma de imagen ideal, prestando muy poca atención a la realidad.

Al depender de la atmósfera, experimenta la decepción y la tristeza con la misma intensidad que un momento de felicidad.

El escritor es, por así decirlo, presa de esta ciclotimia y le resultará difícil liberarse de ella sin ayuda externa. Es probable que, en caso de un desacuerdo importante, busque la manera de escapar de él, incluso de formas que no serían beneficiosas para él. Está seguro de que su pareja podrá darle mucha fuerza y ayuda en tales circunstancias.

Aunque el guionista es muy atento, la pareja debe ser consciente de que su propio mundo es lo primero y sólo puede afrontarlo con mucha comprensión y paciencia.

Sería aconsejable que la futura compañera profundizara en el conocimiento de este hombre dotado e interesante a través de un largo noviazgo, para que en la vida cotidiana pueda estar segura de soportar los mil inconvenientes que son lo contrario de la concepción romántica de la vida del escritor.

Parecía evidente que Angelika era incapaz de hacerse cargo de una compañera así. Su análisis lo confirmó:

Es el escrito de una persona especialmente sensible y vulnerable que a menudo intenta en vano resolver sus propios problemas.

Esto se debe, sin duda, a que tiene expectativas exageradas respecto a las personas y las cosas. Se hunde en la impotencia si no logra una rápida transformación. Aunque ingeniosa y práctica, ha conservado una fe infantil en lo maravilloso. Por eso malgasta su fuerza física y mental y reacciona emocional y psicológicamente con torpeza en los momentos críticos. Es víctima de sus propios sentimientos. También es extremadamente escrupulosa y su amor por el orden es su ley suprema. Le cuesta entender que los demás improvisen y actúen a trompicones.

Su infancia debe de haber estado marcada por cambios de humor inesperados en su entorno inmediato. No es consciente de que esto ha exacerbado considerablemente su susceptibilidad. Carece de una actitud despreocupada y de sentido del humor.

Su sentido del deber y de la responsabilidad, y el esfuerzo que hace por mantener la paciencia incluso cuando tiene ganas de "dejarlo todo", son aún más apreciados. Le gusta que la mimen, pero también mimar, y rodea a sus seres queridos de cuidados maternales. Si no recibe nada a cambio, cae en la desesperación. Sin embargo, con un poco de habilidad y psicología, quienes la rodean pueden obtener tesoros de ella. Tiende a ser demasiado espontánea. Sus intentos de enmendarse, aunque bienintencionados, no siempre son hábiles. Debería aprovechar su excelente gusto y sensibilidad artística, así como sus descuidadas pero notables habilidades manuales. Podría ser decoradora de interiores. En el momento de escribir estas líneas, le falta confianza en sí misma y un estímulo externo. Es crucial para su estado de ánimo que consiga darse a sí misma una sensación de calidez y seguridad. Carece de este sentimiento desde hace mucho tiempo, y sus intentos por adquirirlo se realizan con una febrilidad que dificulta que quienes la rodean comprendan lo que quiere y siente.

Su tendencia a refugiarse en la voluntad de creer la ayudó durante un tiempo, pero no le aportó ningún alivio moral duradero.

Dadas las cualidades humanas y los numerosos dones que posee, esta persona debería ser capaz de dar un giro a su vida corrigiendo su susceptibilidad enfermiza y demostrando su valía en una actividad práctica.

Cuando Tristán releyó sus dos análisis, se quedó estupefacto. Atónito por el extraordinario talento y conocimiento del grafólogo, atónito porque la comparación de estos dos análisis era una síntesis perfecta de su drama. La prodigiosa exactitud de su revelación no tenía parangón. En unas pocas líneas estaba la veracidad y la precisión de lo que habían vivido durante doce años.

A pesar de los lazos venusinos que les unían, estaban a punto de experimentar el martirio. El amor de Tristán por su mujer y su hija era tan grande que no habría dudado en dar la vida por ella si no le hubiera abandonado y se hubiera llevado consigo a su adorable pequeña Nathalie.

Angelika nació en Tauro. Ella era su prototipo. Tenía un rostro fresco como la primavera, una cara dulce enmarcada por un hermoso cabello rubio dorado. Era sensible e imaginativa, con una pizca de bovarismo. Su aspecto general evocaba a una persona carnal, maternal, con una fuerte tendencia a lo digestivo, lo lento, lo vegetativo, todos ellos rasgos de carácter que eran la antítesis de Tristán, que era cerebral, intuitivo, hiperrápido e idealista.

Angelika amaba la naturaleza, el campo y la vida sencilla, pero también las comodidades de la ciudad, y las complejas conveniencias del progreso la fascinaban.

Tristán era el "Libra tiroideo" que conocemos, cuyo mayor defecto era dejarse atrapar como una alondra en las redes de las bellas criaturas. De hecho, siempre prefirió a una mujer bonita pero moralmente deshonrada que a otra menos bella pero rica en cualidades fundamentales, indulgencia, madurez, fuerza moral, solidez emocional; en resumen, todas las cualidades que Tristán más necesitaba.

Angelika nació durante la Segunda Guerra Mundial, mientras su padre, abogado y militar, estaba fuera. La salud psicológica de su madre siempre había sido precaria y, cuando Tristan la conoció, la vio bebiendo una o dos botellas de champán y licores cada noche, además de fumar mucho. Se preparaba alegremente para el cáncer del que moriría unos años más tarde. Era evidente que nunca había podido dar a Angelika toda la ternura que esta bonita flor bávara tanto necesitaba.

Por tanto, es seguro que tanto Angelika como Tristan padecían una grave deficiencia materna, que sólo podía remediar una pareja *materna*.

Esta cruel carencia se vio agravada por el hecho de que sus dos madres estaban vivas.

Así que su negatividad alimentaba constantemente su deficiencia.

Así que ambos necesitaban una compañera que les sirviera de madre para salvar este abismo emocional. Pero ése no era el caso.

Angelika y Tristan se ahogaron en una esfera viciosa. Dos seres venusinos, atraídos el uno por el otro pero incapaces de ser madres. Era un fracaso garantizado, sobre todo porque Tristán, artista y esquizoide, tenía la mayor necesidad de una mujer indulgente y moralmente fuerte. Nada había ayudado a estructurar a ninguno de los dos. Cuando Angelika tenía cinco años, las bombas llovían a su alrededor. Se dirigió sola al refugio, los choques asustaban a una niña pequeña.

El hermano de Angelika era un temperamental acusado, un adrenalítico grueso que había recibido aún menos que su hermana. Era tan grosero en apariencia como su hermana era guapa y encantadora. Angelika tenía recuerdos persistentes de escenas violentas protagonizadas por su hermano. Para colmo, a los diecisiete años se había convertido en secretaria de su padre abogado. Tuvo acceso a expedientes de divorcio de pesadilla, cuyos horrores sembraron en su mente el odio, el desprecio y la repugnancia hacia los hombres.

Para Tristan era importante cuidar de su hijo Patrice. Hay que reconocer que los niños de esta generación, privados de todo lo importante y desgarrados por el divorcio, no son fáciles. ¿Cómo podrían serlo? Los padres separados por el trabajo de ambos miembros de la pareja, por el divorcio, o por ambos a la vez, ya no están ahí para ofrecer a sus hijos los *verdaderos* conocimientos que estructuran su ser, el afecto constante, la educación sólida. La madre, ausente del hogar y a la carrera, sólo puede proporcionar a sus hijos alimentos industriales, químicos y cancerígenos, desprovistos de vitaminas, minerales y oligoelementos naturales.[66] La influencia laica, que transmite a los escolares influencias marxistas y

---

[66] Se ha demostrado que las vitaminas sintéticas son cancerígenas.

freudianas, apuntala este socavamiento sistemático de nuestro ser.[67] Así que teníamos que ser más comprensivos y más humanos. Teníamos que tener en cuenta todos los factores destructivos que actúan sobre esta generación sacrificada.

Angelika, marcada por la brutalidad de su hermano, lo veía en Patrice con un pánico infantil. Tristan, ante esta agresividad que lo empeoraba todo, tuvo que levantar un himalaya para conseguir que su hijo hiciera el bachillerato y aprendiera dos idiomas. Incluso consiguió que le dieran clases en un colegio privado. Estuvo a punto de darle la titularidad, porque en aquella época podía presentarse a unas oposiciones para ser profesor universitario sin tener una licenciatura en letras. Pero a los veintiún años, cuando alcanzó la mayoría de edad, lo tiró todo por la borda y se hundió en las drogas químicas, el alcohol y el tabaco, que acabaron por matarle a los treinta y nueve años.

La actitud celosa y agresiva de Angelika obligó a Tristan a estar al lado de su hijo para que no se sintiera privado de afecto y seguridad. El comportamiento temerario de Angelika dejó huella en Patrice. ¿No le decía a menudo a Tristan: "Puedes elegir entre tu hijo y yo; si eliges a tu hijo, me iré"? Desgraciadamente, eso es lo que iba a hacer, porque Tristan no podía abandonar a su hijo en semejante apuro.

Cuando Patrice venía a visitar a su padre y a su madrastra, y venía a menudo para que su padre pudiera seguirle, se comportaba, al menos al principio, de manera decente. Pero las cosas cambiaron. Empezó a robarles dinero, lo que escandalizó a Angelika, que no hizo nada por estimular al niño y ayudarle. Las cosas empeoraron. Patrice aparecía demacrado, tambaleante, con la lengua pastosa y la dicción tragada bajo el efecto de drogas químicas. Estos desagradables incidentes llevaron a veces a Angelika a ir al hotel con Nathalie cuando venía Patrice. Sin duda, un yerno de esa generación puede causar problemas. Tristan sabía que muchos de los hijos de sus propios profesores de la Sorbona tenían graves problemas. Recientemente dos de ellos, hermano y hermana, hijos de un célebre profesor, se habían suicidado. Pero, ¿cómo no sentir un poco de afecto por

---

[67] La lucha de clases, como la invasión sexual y los complejos en los trémolos, era perfectamente ignorada y desconocida bajo el nacionalsocialismo, como lo era en el Antiguo Egipto...

el hijo de alguien a quien dice amar? Podría haberse refugiado detrás de Tristán y dejar que su autoridad y su afecto fluyeran libremente.

Patrice había conseguido aprobar el bachillerato, matricularse en la Sorbona, dar clases y aprender tres idiomas. Pero pronto estaría fregando platos en restaurantes londinenses.

Angelika padecía un síndrome que este erudito endocrino denominó "hipertiroidismo paradójico". En el mundo moderno, afecta a un gran número de mujeres y es la causa del nacimiento de personas temperamentales, con problemas de comportamiento y, a veces, incluso mongoloides. La etiología de este síndrome radica en que las mujeres viven en contra de su naturaleza. Pierden su carácter femenino de gracia, belleza, dulzura y delicadeza.

El paliativo para un síndrome así es una vida tranquila con una compañera maternal. Tenía varios aspectos de este síndrome que los especialistas en hipófisis nunca pudieron reducir a una entidad mórbida: dolores de cabeza, secreciones, dolor de piernas, arritmia, fatiga, pensamientos oscuros. Su sistema nervioso era extremadamente débil y su hipófisis era característicamente inadecuada. Esta característica le había sido revelada por dos hechos clínicos: por un lado, la ausencia de estrías tras el parto, y por otro, una incapacidad mental para distinguir entre los conceptos de nominativo y acusativo en alemán, su propia lengua.

Así que no estaba en condiciones de analizar los hechos objetivamente, de luchar contra su propio estado paranoico, tan común hoy en día. No tenía sentido de la autocrítica. Tenía poca capacidad de atención voluntaria y mostraba una considerable sensibilidad a los ruidos que parecían llegarle de diez en diez. Este signo por sí solo indica un importante trastorno tiroideo en sentido hipertrófico. Era negativa, exigente, agresiva e incesantemente demandante. Indecisa y obsesionada por la inseguridad, su campo de conciencia se estrechaba considerablemente.

Sin embargo, a veces era vagamente consciente de sus dificultades y mostraba una auténtica buena voluntad. ¿No mecanografió en francés (apenas conocía el idioma) toda la tesis doctoral que su marido iba a defender en la Sorbona?

Puso a Nathalie en contra de su padre, hasta el punto de que la niña de seis años le dijo: "Ya estamos hartas, vamos a buscar otro papá".

Eso es exactamente lo que hicieron después.

Angelika estaba aislada del mundo de su marido y no sabía nada de él. Su campo de conciencia oscilaba entre su hija, a la que cuidaba muy bien desde el punto de vista práctico, pero a la que sin duda no daría un alma. Había asimilado todos los principios de salud y medicina natural que Tristan le había enseñado. Cuidaba muy bien de su casa. El error de Tristán, y qué error, fue exigir un trabajo descomunal a una ardillita.

Tristán tenía una gran debilidad, tan bien descrita en el análisis grafológico: necesitaba ternura y efusión. Se confiaba a conocidos inteligentes y a médicos importantes. Angelika veía esto como una persecución, nunca como el impulso incoercible de un marido sufriente, sentimental y frustrado que necesitaba sacar fuerzas de la comprensión, el aliento y el consuelo.

Uno de los amigos de Tristán era un famoso médico anciano, antiguo colega del gran Alexis Carrel. Solía hablarle de sus preocupaciones y sufrimientos. Empezó a amonestar a Tristán, de forma paternal. Insistía en que nunca debería haberse enamorado de una mujer que no era la adecuada para él, que tenía cosas mucho mejores que hacer con su potencial que malgastar su energía en problemas de mujeres.

Tristán le dejó hablar sin decir palabra. Cuando el médico terminó su sermón, Tristán sacó de su cartera una fotografía de Angelika.

El viejo médico la miró largamente y finalmente dijo:

- Ah, entiendo...

Invitado por Tristan a comer y cenar en casa, se vio literalmente mimado ante Angelika. Su comportamiento y su juicio razonable estaban totalmente distorsionados por los sentimientos que Angelika le había inspirado. Esto significa simplemente que si hubiera tenido cuarenta años menos, si las circunstancias lo hubieran querido, si el destino lo hubiera escrito, habría *caído* exactamente igual que Tristán...

Angelika se sentía atraída por los ancianos, lo que subraya su necesidad de ser madre y su psicología infantil.

A veces tenía una dolorosa sensación de frío interno (un síntoma del síndrome de hipertiroidismo paradójico). Después, dijo, perdió todo interés, incluso por su hijo. Un día se golpeó la cabeza contra la pared gritando: "Quiero que me maten".

Lo más triste y conmovedor es el menoscabo del padre que impuso a su hija. Un vecino, amigo de Angelika, vino un día a ver a Tristan y le dijo: "Lo que hace tu mujer con tu hija es criminal, la niña te va a odiar".

De hecho, fue peor. Nathalie se volvió indiferente. Más tarde, cuando Tristan se había jubilado, ella tenía veinte años y él le había recortado un poco la pensión, en circunstancias que justificaban O cuánto, llevó a su padre a los tribunales.

Tanto amor derramado sobre gente que no la quería.

¿Sospechaba Tristán que estaba a punto de pasar por una prueba aún peor?[68]

Una vez que no hubo motivo aparente, Angelika rompió la vela del candelabro del piano con el dorso de la mano. Peor aún, retorció un cortapapeles y apuntó con él a su nuca, lanzando un ataque de histeria delante de la niña, que gritaba de agonía.

Nathalie imitaba totalmente a su madre, lo cual es normal a esa edad, y ladraba como su madre cuando hablaba con su padre: "Vamos a llevarnos todos los muebles"...

Y así sucedió un día. Tristán hubiera preferido morir antes que pasar por todo eso.

La fuerza del amor había impedido a Tristán huir, abandonarlo todo. Sin ese amor loco, nunca habría tenido que soportar tanto sufrimiento, el suyo propio, el de su mujer y el de la niña por la que no podía hacer nada.

Tristán intentó a menudo explicar a su mujer todo lo que les concernía, su buena voluntad, su deseo de hacer lo mejor, incluso aceptar que ella fuera a Baviera a descansar con sus padres siempre que lo sintiera necesario. Nada ayudó, al contrario. La inteligencia habría sido inútil en estas circunstancias; *todo habría* tenido que ir *sobre los raíles de la verdad y de la naturaleza*. Aunque comprendamos lo esencial de la geopolítica mundial, eso no impedirá que sea inevitable la tercera guerra mundial y toda la contaminación, porque la naturaleza nunca perdona.

Nadie entiende y nadie escucha.

---

[68] Capítulo "Monique".

Un día, de vacaciones con su padre en Baviera, Angelika le escribió una carta que quedará grabada en su corazón:

Mi amor,

Te agradecemos tus bonitas rosas. Sí, la Navidad fue triste sin ti, pero fue mejor así. Cariño, estoy al final de mi cuerda. No sé lo que voy a hacer. Estoy condenada a ser infeliz, mis padres, tú, ¿qué más me queda sino...?

Perdóname si no he sido una buena esposa para ti. Pero no olvidaré que te sigo queriendo y que te llevaré siempre en mi corazón, aunque estés muy lejos, sí muy lejos.

Espero que Dios me perdone. Tú y la niña también, pero no puedo estar más en esta tierra, tengo que encontrar la paz, la paz eterna. Siempre lo he sabido. Sentía que mis sentidos y mis nervios me abandonarían un día. Cuida de nuestra querida Nathalie y nunca le digas la verdad. Sólo dile que la quise mucho, mucho, y que Dios quiso recuperar a su madre. Te guardaré dos asientos a mi lado. Amor mío, haz algo por esta pobre humanidad, escribe todo lo que tengas que decir, pensando en mí y en la niña. Prométeme, perdóname, perdóname, te amo. Guárdame siempre en tu corazón, ámame y ámame amando a Nathalie.

Me gustaría darte otro gran abrazo.

Esta carta causó un inmenso dolor a Tristán. Llamó inmediatamente a Baviera. Angelika estaba bien. La carta tenía ya cinco días. Le esperaba un dolor aún mayor.

Angelika regresa a Francia. No se había suicidado, como tanto temía Tristán. Su carta era una especie de grito de ayuda. ¿Pero qué podía hacer él? Hacía todo lo que podía con lo que tenía. Tristán adoraba a su mujer, pero él mismo se encontraba en tal estado de solitaria depresión que habría apoyado la cabeza en el hombro de cualquier mujer tierna que hubiera conocido. Objetivamente hablando, Angelika tenía todo lo que era posible para una felicidad razonable: un marido que la amaba, una niña preciosa, un piso confortable amueblado al estilo de Luis XVI e inglés, Tristan dando hasta cuarenta horas de clase a la semana, lo que era enorme, para compensar la falta de sueldo en el hogar donde sólo trabajaba él. La niña fue educada según principios dietéticos orgánicos y, cuando la mirabas en el colegio, parecía una rosita en un lecho de cardos...

Tristán podía entenderlo todo, arreglarlo todo, mitigarlo todo y su naturaleza "Libra" le llevaba incluso a transigir y a ser extremadamente tolerante.

Angelika había conocido la naturaleza de su marido mucho antes de casarse, gracias al excelente análisis grafológico realizado a instancias de su padre. Si había aceptado a su marido tal como era, ¿por qué hacerle sufrir tanto? ¿Por qué sufrir tanto ella misma cuando tenía un hijo tan hermoso? ¿Acaso el donjuanismo de Tristán no la destruía profundamente? Ciertamente, podía jugar un papel importante. ¿Cómo iba a asumir semejante defecto con un carácter infantil cuando una mujer fuerte ya podía soportarlo tan mal? Si a eso le añadimos el lado ciego del materialismo, del que ella no era consciente, se produce un vacío espiritual e intelectual total.

En la mujer moderna, tanto el cuerpo como la mente se ven afectados. El cuerpo de Angelika era espléndido, pero su sistema nervioso se había deteriorado. Dostoievski predijo en 1880 que el progreso aplicado a la nutrición destruiría el sistema nervioso. En el año 2000, esto se consiguió en todo el mundo.

El sello distintivo de cierta madurez y equilibrio es vivir el presente, dejar que los problemas del pasado se desvanezcan de la memoria y no regodearse en recuerdos negativos, ya que esto impide cualquier dinamismo positivo. Es esencial olvidar los fracasos, aceptar el envejecimiento natural y lo que no puede evitarse en el futuro.

Angelika era lo contrario de todo eso, una especie de opuesto permanente y obsesivo. Vivía de reproches, afirmaciones ridículas y recuerdos negativos, y la idea de envejecer le daba pánico.

"¿Qué he sacado yo de esos diez años?" dijo.

Nada: un marido que la adoraba y se dejaba la piel por ella, un hijo adorable y un hogar confortable. No, no había tenido nada.

Un día Tristán, aún convaleciente de una congestión pulmonar, quiso ir a la universidad para dar una conferencia. Su coche se había averiado y le pidió a su mujer que le prestara el suyo. Ella se negó. Así que Tristan hizo un viaje de tres horas en tren y metro desde Vigneux sur Seine, donde vivían, hasta Porte de Clignancourt, donde se impartían los cursos en la Universidad París IV. Pero no tenía permiso médico para levantarse de la cama.

"A tal grado de inconsciencia y egoísmo", dijo su amigo psiquiatra, que ya había seguido su drama con Biche, "no queda esperanza".

Nunca mencionó todas las cosas positivas que les ocurrían a los tres. No vio nada de toda la energía que Tristán gastaba en favor de ellos dos. Y sin embargo, los tres podrían haber hecho una isla de felicidad. Y para romper de un golpe el espíritu de Tristán, una vez le dijo: "No puedo darte nada, pero sí a un hombre de clase media"...

Ella lo llamaba "sinceridad". No tenía ni idea de que una mujer valiente y noble se hubiera ido, tal vez, pero sin decir esas cosas. Es cierto que tal mujer no las habría dicho porque no las habría pensado.

Esta frase había hecho que Tristán perdiera toda esperanza. Decidió repetírsela a sus suegros. Era lo bastante ingenuo como para pensar que su suegro, por ejemplo, habría reaccionado ante semejante disparate y habría enseñado a su hija las nociones del deber y la responsabilidad. También podría haberles comprado una vivienda, a nombre de Angelika (tenía el dinero), lo que habría contribuido en gran medida a reducir el exceso de trabajo de Tristan. El alquiler era considerable.

Tristán les habría pedido el anticipo, por ejemplo, y habría pagado las mensualidades. Hay que reconocer que la vivienda alquilada era agradable por dentro, pero estaba situada en una gran ciudad de hormigón poco propicia para la salud mental de dos venusinos. Los suicidios eran frecuentes. La delincuencia iba en aumento. Sin duda, sólo estos factores contribuyeron a la ruina de su hogar. Por desgracia, no cabe esperar un comportamiento tradicional de unos padres moldeados por el materialismo y que ya habían demostrado su valía a la hora de educar a su hija. Su complicidad psicológica y financiera con el estado mental ruinoso de su hija consumaría su ruina.

Un farmacéutico judío que se presentaba a diputado y que había visto a Tristan como jefe de un movimiento ecologista pronto aprovecharía su separación para guardar los muebles que Angelika había sacado del piso a cambio de una comisión. La partida fue financiada por los suegros.

Unos días antes de esta deserción, una amiga de Angelika había venido a casa. Ella le dijo:

— Dices que tu marido no hace pequeñas cosas por ti, pero ¿le has rodeado suavemente con tus brazos para pedírselo? Sabes que es un pensador y no piensa en todos esos detalles.

Angélika no respondió. El amigo continuó:

— Usted dice que ve la película en la televisión a las ocho y media, pero usted no trabaja, ¿alguna vez ha dispuesto que la cena esté lista a las nueve? Además, su marido podría haberlo exigido.

Angelika seguía sin contestar. El amigo continuó:

— ¿Por qué no le prestaste tu coche para ir a la universidad cuando aún se estaba recuperando de una congestión pulmonar y su coche se había averiado?

Angelika guardó un obstinado silencio. Cuando su amiga se marchó, empezó a llorar y a decir: *"Menos mal que me voy a Alemania, no volveré a oír cosas así".*

Para entonces, Tristán ya había aprendido los fundamentos de la astrología. Pudo comprobar hasta qué punto el equilibrio humano estaba ligado a este conocimiento iniciático, radicalmente incompatible con el materialismo que él llamaba "judeocartesiano". Esta ignorancia duraría hasta el suicidio de esta humanidad bien organizada desde la revolución de 1789 en particular.

Ambos eran arquetipos, ella de Tauro, él de Libra.

La síntesis de su relación quedó perfectamente expresada en este resumen: "Tauro y Libra tienen afinidades venusinas de sensibilidad y bondad, pero tras los gustos comunes se esconden un ser instintivo (Tauro) y un ser refinado y decadente (Libra).

La posición de la Luna de Tristán en el Tauro de Angelika implicaba una profunda comprensión de su ser, que ambos habían experimentado, pero la cuadratura del ascendente "Escorpio" de Tristán y el "Leo" de Angelika marcaba un desacuerdo radical en el orden de las contingencias, que también habían vivido perfectamente.[69] Habían vivido todo eso durante los doce años de su matrimonio.

Una posición de la carta de Tristán era muy interesante e ilustraba la profunda calidad de todos sus escritos. Plutón en la octava casa.

Se puede encontrar en Liszt, Hitler y De Gaulle.

---

[69] Cualquiera que se interese por la astrología sabe que Leo y Escorpio son enemigos irreconciliables. Sólo esto explicaría la tragedia de esta pareja.

Esta era la posición más peligrosa en términos de equilibrio psíquico. El "Maestro del Inframundo que se vincula con las fuerzas anímicas a nivel kármico" produce un estado de desdoblamiento y sonambulismo casi permanente. El sujeto está ausente de la realidad mundana y dotado de una fuerza magnética de considerable influencia. Según la dirección y las influencias del sol, la fuerza motriz, la creencia mística en su misión en la tierra hará de él un santo o un verdadero demonio.

Plutón en sus atribuciones generales concierne a las masas, al pueblo, a las grandes corrientes de ideas. Estamos en presencia del predestinado que debe participar o dirigir una gran agitación en el seno del pueblo. Como todos los planetas tienen una correspondencia opuesta en términos de buenas o malas influencias, Plutón aportaría los buenos efectos de Marte: *esto explica el ardor guerrero del sujeto al servicio de una psique mística.*

Tristán llevaba experimentando este aspecto de su tema desde que era consciente.

Pero, ¿cómo podría un ser así enfrentarse a la psicología femenina del siglo XX? ¿No le había dicho Angelika:

- *Eres un artículo de lujo que ya nadie necesita.*

¿Cómo podía una mujer moderna medio destruida neuropsíquicamente amar a un tipo tan efervescente, cuando sólo preocupaciones menores ocupaban su mente, o lo que quedaba de ella?

De hecho, Tristán había sido el marido de la mujer del gerente de un restaurante.

El marido de Jacqueline, politécnico, el marido de Biche, gerente de una cervecería, el futuro marido de Angelika...

Tristán nunca podría encontrar pareja, porque su unión sólo podría durar razonablemente lo que una rosa cultivada en suelo químico. Su naturaleza de Libra le seguiría empujando hacia el matrimonio, porque no soportaba la soledad, pero en este momento de dolor la sola idea de otra mujer le resultaba imposible.

Angelika se marchó el 20 de diciembre, unos días antes de Navidad. Había quitado los muebles "para que Patrice no se metiera en sus muebles".

Se encontró solo, destrozado, en un piso medio vacío. Sentía que le habían arrancado todo, todo su corazón. Sólo pensaba en morir. Angelika le había dicho: "Si estás enfermo, no vendré a tratarte"...

Tristán permaneció varios días en cama, incapaz de tragar nada. Funcionaba como un autómata. Quería morir, morir, morir.

Ni cartas, ni timbres de teléfono. Una soledad insoportable en un mundo en el que no encontraba nada por lo que vivir. Su pequeña Nathalie, a la que quería educar libre de materialismo, a la que iban a secar el corazón. Angelika se la había arrebatado. Nunca podría enseñarle todo lo que sabía, nunca haría de ella una *mujer*.

En un abismo de dolor que ninguna palabra podía expresar, una plegaria brotó de su corazón ensangrentado:

Soy el Señor Jesús sobre tus rodillas dobladas.
Pecador y arrepentido, luego pecador otra vez.
Acepto lo horrible, acepto la belleza.
Acepto el misterio de tantas iniquidades
Soy tuyo,
Señor, guárdame en ti.
Que mi alma serena acepte todo y cualquier cosa.
Que permanezca doblado bajo tus rodillas divinas...[70]

---

[70] El autor no es católico, por las razones explicadas en las páginas precedentes. "Jesús" conserva aquí el significado de la divinidad, el primer principio de todas las cosas. Rechaza aún más a Jehová.

CAPÍTULO XX

> *La noción de karma aporta paz al alma y cierta lógica a nuestro destino. Sin ella, la vida individual sigue siendo "una historia llena de ruido y furia" donde sólo reinan la injusticia y el absurdo.*
>
> *Si tenemos problemas con gente buena e inteligente, asegurémonos de que son nuestros problemas y no los suyos.*

MONIQUE, O EL GOLPE DE GRACIA DEL KARMA

Una vez más, Tristán sobrevivió a pesar suyo. Su corazón, empapado de desesperación, no quería nada más, y renegaba de este siglo, del que nada amaba. Pero había en él esa extraña y milagrosa supervitalidad que le obligaba a vivir a pesar suyo y que le mantenía, incluso en el momento más agudo de desesperación y postración, sexualmente potente. "Quieres morir, pero aún tendrás que caminar", parecía susurrarle el destino. Aún tendrás que sufrir mucho antes de tu último aliento, porque nada está acabado.

Nada estaba acabado, y poco sabía que le aguardaban pruebas supremas. In extremis, el soplo del destino le había alejado de la tumba. Sobrevivió como un autómata, continuando sus clases en la universidad y corrigiendo las pruebas de los exámenes y oposiciones de los que era responsable. La gélida soledad de la ciudad de hormigón en la que vivía, en un piso del que Angelika había vaciado las tres cuartas partes, sólo era interrumpida por la señora de la limpieza italiana. Un día, con su marcado acento, le dijo a Tristán: "¡Ah, señor! ¡En qué estado de decadencia se encuentra mi país! Lo conocí próspero y ordenado en tiempos de Mussolini. Entonces no había mafia, pero ahora todo está podrido"...

Algunos amigos y conocidos vinieron a ver a Tristán. Una noche, un amigo médico le dijo que su postración podía llevarle a lo peor, y que debía presentarle a un amigo que dirigía una importante agencia matrimonial.

A Tristán no le apetecía, y además sabía que la calidad física y psicológica de las mujeres que allí conociera tenía que estar muy lejos de la imagen que su Angelika le había dejado con su hijo. Su soledad era tan atroz, estaba tan cerca del suicidio, que cualquier contacto humano era mejor que ese destino de muerte en vida que estaba sufriendo.

Aceptó el nombramiento. Le recibió una encargada rubia de generosa figura, recomendada por el director. Nada más verle, exclamó: "¿Qué demonios haces aquí?

Dos días después se metió en la cama con Tristán, que no había sido capaz de decir que no a una mujer guapa, y cuyo desesperado estado de ánimo no le dejaba impotente. Todas las mujeres que ella le presentó delataban un estado físico y mental penoso. Así que Tristán sólo se quedó con ellas el tiempo suficiente para despedirse.

Un día le hicieron pasar a una sala donde pensó que era cuestión de esperar.

Había una persona más bien pequeña en la habitación, vestida con unos pantalones verdes extragrandes grotescamente desfigurantes, con unos ojos que no revelaban ninguna ternura, ningún sentimiento, y esta mirada le impactó.

Tenía una especie de fijeza preocupante. Su tez era amarillenta, indicativa de un temperamento bilioso, agresivo y cascarrabias. A Tristán no se le ocurrió ni por un segundo que él y aquella persona tuvieran algo en común. Era la antítesis radical y absoluta de la rubia sonrosada que había sido la perdición de Tristán. Pensó que, como él, estaba esperando.

Para asombro de Tristán, se abrió una puerta y la pechugona directora dijo:

— ¿Cómo ha ido? ¿Llegasteis a conoceros?

tartamudeó Tristán:

— ¡No!

Educado como era, intercambió unas palabras con esta persona y luego, para verla mejor, se sentó con ella frente al espejo de la chimenea. Hay que reconocer que la piel más bien amarillenta, la expresión ausente de los ojos y la barbilla achatada no auguraban nada bueno, según la pura intuición y la observación fisonómica de Lombroso.[71] Sin embargo, la conversación fue amistosa y, aunque el físico de la mujer distaba mucho de las fantasías de Tristán, le dio su tarjeta. Luego, sin pensarlo más, se fue a casa a hundirse en su espesa y desesperada soledad.

Una noche, como de costumbre desde la marcha de su mujer y su hija, permaneció postrado cuando sonó el teléfono.

Era Monique, porque ése era el nombre de la persona que conoció en la agencia y que iba a sumir el final de su vida en la desesperación más definitiva.

Tenía unos treinta años.

Sugirió que saliéramos, que cenáramos juntos. En el estado en que se encontraba, sabía que cualquier cosa era mejor que la postración suicida que había llegado a apreciar, y que le estaba matando con tanta seguridad como el cianuro.

Tristán salió con ella. Su necesidad de expresarse era tan fuerte que le contó su tragedia. No tenía otra cosa en la cabeza, nada. No le ocultó ninguno de sus defectos, y ella respondió con amabilidad y compasión. Se enamoró. Nadie se da cuenta de lo mucho y lo poco que una mujer puede ocultar cuando está enamorada. Consiguió expresar un carácter cuya esencia era opuesta a la suya, como se revelaría en su calvario. Era reconfortante, tal vez por naturaleza, porque era enfermera. Cuánto deseaba Tristán confiar en cualquiera que le recogiera, perdido en la cuneta de la desesperación más absoluta... Ella sería la excepción de las mujeres que conoció en una agencia parisina donde la tara era la norma. Para él, destrozada, tenía una ternura maternal y la sensualidad de mil rubias sonrosadas, a menudo tan huecas y ombliguistas. El dolor le desmineralizó: una periartritis escapulohumeral le paralizó los dos brazos. No podía vestirse, desvestirse ni peinarse. La inteligencia de Monique le parecía considerable; parecía tener pleno acceso a su lucidez de escritor inconformista y filósofo maldito.

"¡Dios mío!", se dijo, "¿qué son la piel rosada y el pelo rubio comparados con esta perfección de ternura, sensualidad e inteligencia?

---

[71] Famoso psiquiatra italiano, judío, que realizó interesantes trabajos en diversos campos. Su libro *Dégénérescence* es interesante, aunque demasiado sistemático.

La vida tenía que retomar el control. Necesitaba esta ilusión para que la vida volviera a apoderarse de él.

La perfección de Monique duró dos años enteros. Ella le inspiró este poema:

A mi Monique

O siento que mi corazón
Desbordante de ternura y gratitud
Por todo lo que eres.
Oh, mi ángel de la guarda,
Oh mi dulce compañero.
Cuya tierna presencia está llena de piedad.
Sé que Nathalie y su pobre madre
Nunca curará la herida de mi tormento.
Y siento que sólo tú puedes, en esta tierra.
Tráeme un poco del firmamento con tu alma.

Al principio de la aventura, Tristán se había entregado a ser amado. Estaba demasiado roto, demasiado arraigado a su mujer y a su hija para poder amar activamente. Pero sentía crecer en su interior un profundo sentimiento de gratitud y de infinita ternura hacia Monique, un sentimiento que se parecía al amor. Monique, si no fuera por su tez, sus ojos y su barbilla, todos ellos claramente kármicos, no daba indicios de las graves dificultades mentales que atravesaba. Su amor apasionado por Tristan lo enmascaraba todo y superaba su determinismo kármico. El amor debe ser el único camino más allá del determinismo.

La angustia mental de Tristán desde la marcha de su familia le había reducido a lo peor. Sus hombros paralizados que le clavaban los brazos en posición vertical, el síndrome de Menières tras un accidente de coche que le dejó zumbidos en los oídos, ataques de pérdida de equilibrio y vómitos nocturnos, una pérdida de audición en el oído derecho... todo ello, unido a su pena, le reducía a un inválido, ya que ni siquiera podía bañarse solo. Este hombre alto y apuesto era una ruina radical.

Monique, enfermera además de fisioterapeuta, cuidaba de Tristán con tierna devoción. Él era lo suyo, totalmente lo suyo, incapaz de cualquier iniciativa ordinaria. Apenas podía corregir sus papeles porque su estado de salud había hecho que le destinaran al Centre National de Télé Enseignement, en la sección de enseñanza superior. Reducido a la impotencia, solo, sin duda se habría suicidado, pues no tenía otra alternativa en el fondo del abismo de la desesperación, y en una incapacidad física radical. La pena le había desmineralizado masivamente, el calcio ya no se fijaba, la tiroides y la paratiroides funcionaban mal, perturbadas por la pena que, como hemos visto, es un estado de hipotiroidismo.

No sólo fue admirable el apoyo de Monique a su maltrecha salud física, sino que su apoyo moral fue igualmente impresionante.

Fue entonces cuando Tristan fue denunciado por la LICRA, a instancias de Michel Droit, por su libro *"Dossiers secrets du XXIème siècle" (Expedientes secretos del siglo XXI)*, que no se distribuyó pero fue conocido por una élite reducida. En este libro, había estigmatizado implacablemente las acciones de sus congéneres mundiales del Rothschildo-Marxismo, especulativo, suicida, megalómanamente racista, disfrazado de antirracismo, y apoyado, por desgracia, por la complicidad flácida de los humanoides contemporáneos. En vista del famoso nombre judío del autor, la LICRA retiró su denuncia y el juez desestimó el caso.

Michel Droit, por la primera firma del libro, ignoraba que su autor era un judío de una familia importante, porque el faux-cul-isme nunca corre tales riesgos, sobre todo si quiere llegar a la Académie Française. Pero un Goy puede acusar a otro Goy para quedar bien...

Monique parecía hercúlea. Un compañero arruinado moral y físicamente, encausado por la gigantesca fuerza global de sus congéneres radicalmente totalitarios... Qué mujer sería hoy capaz de semejante heroísmo. Hacía falta mucho amor.

A pesar de sus precauciones, Monique se queda embarazada. Fue a ver a un viejo amigo suyo que era médico cualificado. Tristan nunca entendió por qué se lo había presentado. Si hubiera intuido lo anormalmente desarrollado que estaba el sentido estético de Tristan, no habría cometido ese error. Le infligió un calvario que seguiría siendo una pesadilla el resto de su vida.

Era de estatura media, judío y tenía una cara fea. Tenía el pelo ralo y desordenado, la tez cerosa, el rostro demacrado y cubierto de tal profusión de arrugas que parecía una vieja manzana reseca. Tristan nunca había visto nada más horrible: era más feo que Wiessenthal, Gainsbourg, Mendès France. ¿Cómo había podido conmover a Monique?

Aunque el sueño de Monique era tener un hijo, en las circunstancias en que se encontraban, Tristan inválido, no podían tenerlo. Aunque Tristan consideraba que el aborto era un crimen, consideraba que tener un hijo en su situación era un crimen aún peor. Monique abortó.

Desde entonces han tenido un niño precioso al que adoran, y cuando Tristán le mira, con el corazón desbordante de amor, piensa que el niño al que mataron se parecería a aquél, y entonces su corazón se desgarra de horror y pide perdón a Dios. Cada vez que se le ocurre este pensamiento, adopta la forma de un aullido cósmico.

Habían pasado dos años. No tenía noticias de su mujer ni de su hija y el único contacto eran los cheques que les enviaba. La psicología de Monique ya estaba cambiando a peor, *pero ¿no tenía algo que ver el aborto que había sufrido? ¿Es posible pasar por semejante calvario sin que los sistemas somático y psíquico se vean afectados?*

La respuesta es categórica: *el aborto es un cataclismo somato-psíquico.*

Monique deseaba obsesivamente tener un hijo.

Tristán no lo quería a ningún precio: su drama, su salud física y mental, el estado de nuestra podrida sociedad...

Pero Monique deseaba una con tanta urgencia que Tristán se convenció de que el equilibrio básico de su amiga estaba ligado a una maternidad muy deseada. Así que Tristán aceptó la perspectiva, e incluso pensó que toda su ternura volvería, pues se había embotado por completo. Necesitaba a ese niño que les devolvería la armonía que empezaba a serles esquiva. A Tristan le habría gustado ser hijo único de su amiga, pero Monique quería un hijo y él no tuvo el valor de negárselo. Le hizo este regalo divino.

Cuando Angelika se enteró, exigió el divorcio, pero no importaba: ya llevaba tiempo viviendo con el director de una gran cervecería alemana.

La ternura de Monique dio paso rápidamente a una agresividad, a una ira que ella era incapaz de controlar y de la que él se preguntaba si ella era consciente.

Durante los dos primeros años de matrimonio, cuando Tristan conducía, Monique se mostraba impasible, relajada y sin miedo. En el tercer año se volvió odiosa cuando iba en el coche con Tristan al volante. La sensibilidad de Tristan estaba tan alterada que temía un accidente cuando ella iba con él. Monique no entendía por qué Tristan conducía de forma diferente a ella. Todos sabemos que conducimos diferente, pero lo superamos. Ella obviamente no podía controlarlo. Cualquier cosa que no encajara en su subjetividad como conductora le parecía imprudente. Tristan tenia la misma sensacion cuando Monique conducia, pero sabia como ocultarlo.

Tres meses después del nacimiento de su hijo Aurélien, fue bautizado en el campo. La religión judía era impensable para Tristán, al igual que el catolicismo de la Iglesia conciliar. El integrismo católico aún tenía un marco moral y religioso que podía estructurar a una persona y no precipitarla en la tecno y las drogas. Eligió como padrino a un campesino cultivado, profundamente religioso y con una gran calidad de alma. Le conocía desde hacía unos diez años. Charlotte, su hermana, casada en América con un francés, fue la madrina elegida.

Hacía unos diez años que no la veía, pero era su hermana y sería una buena madrina porque tenía ciertas cualidades.

Después de la ceremonia en una iglesia tradicional llena de gente, a diferencia de las otras iglesias conciliares, se reunieron todos en una posada rural adecuada para la ocasión.

Cuando Tristán llevó la cunita del coche a la posada, contempló la sonrisa angelical de la criaturita de ojos azules y hermoso pelo rubio y la mirada tierna y traviesa de su rostro, y su corazón se hinchó de repente de amor por él, un amor tan grande como todo el cielo azul. Aurélien llenó su corazón y lo hizo rebosar.

Le daría un corazón y un alma tan pesados de llevar en estos momentos.

Monique y Tristan pensaban, con razón, que París y sus suburbios no eran un buen lugar para criar a un niño. Las megaciudades modernas se habían convertido en laboratorios neuróticos y, en general, patógenos.

Así que tuvieron que trasladarse a provincias, a pesar de que sus amigos les habían advertido de los peligros de enterrar allí a un enfermo de tiroides.

Persistieron en su plan, sobre todo en interés del niño, y también porque París pronto se quedaría sin futuro.

Así que se marcharon a Berry, donde habían encontrado una casa con un alquiler asequible. A Monique la habían destinado al hospital de la ciudad y Tristan había dimitido como profesor en París-Sorbona para ocupar un puesto fijo en el Centre National de Télé Enseignement. Podía estar en cualquier lugar de Francia para escribir sus clases y corregir sus exámenes DEUG y CAPES. Sólo tenía que venir a París para una reunión trimestral.

Unas semanas antes de que se marcharan, ocurrió algo que debería haber puesto sobre aviso a Tristan. Monique tenía una amiga, Gladys, que había estudiado enfermería con ella. Un día telefoneó a Tristán con un curioso mensaje. Gladys le dijo: "Sé que Monique viene a las tres a traerme regalos, así que dile que no estaré y que me está molestando"...

A Tristán le extrañó aún más que Gladys no diera ninguna explicación ni hiciera ningún comentario sobre esta categórica ex-postulación. Tristán conocía a Gladys, que le habían presentado. Era una persona tranquila y razonable.

Tal comportamiento por su parte revelaba, de forma nebulosa, una anomalía importante en el carácter de Monique.

Monique tenía un carácter bastante curioso: tenía un impulso incoercible hacia la devoción inoportuna. Quería ayudar cuando quería, a quien quería, donde quería y como quería. Sorprendentemente, siempre eran personas pasivas, el propio Tristán en el lamentable estado en que ella lo había encontrado (no se quejaba, porque ella le había salvado la vida), su propia madre que no decía nada, ancianos o personas que la veían por primera vez que podían beneficiarse plenamente de una avalancha de cuidados. Este dinamismo incoercible se detenía en seco a la menor oposición, crítica, cuestionamiento, vergüenza u opinión personal. El lado genuinamente altruista de su enfoque, es decir, la función de los demás, estaba prácticamente ausente. Parecía que el potencial muy real de su vocación de devoción había convertido su carácter altruista en una coloración maníaca. Una vez, invitada a quedarse con Tristán, insistió en lavar los platos para la señora de la casa. La dueña insistió en negarse, pero Monique no cedió. La anfitriona se vio obligada a decírselo a Monique,

"Pero Monique, estoy en casa". Por otra parte, Monique no sentía que tuvieras una necesidad fundamental de nada cuando estabas cerca de ella. No siempre había sido así, al contrario. En el periodo previo a la gestación, se anticipaba a las más mínimas necesidades de Tristán sin que éste tuviera siquiera que expresarlas.

Monique se había tomado el permiso máximo con motivo del nacimiento de Aurélien. Tenía que volver al trabajo. Tristan decidió que con media jornada era suficiente, porque sabía lo esencial que es la presencia de una madre en casa para el equilibrio del niño y de la familia en general.

Así que tuvimos que buscar ayuda en casa, sobre todo para el niño.

Tristan hizo publicidad en tres países: Francia, Alemania e Inglaterra. Ofreció a la joven que acudiera a él clases completas de francés, inglés, medicina natural, nociones básicas de piano y la posibilidad de elegir la especialidad que más le conviniera a través del Centro en el que él mismo era profesor. No recibió respuesta. Quizá porque había especificado que no quería vaqueros ni cigarrillos.

Un día, una persona que vivía en Vigneux llegó con sus dos hijas. Una era una rubia bastante apagada y la otra pequeña con un carácter biotipológico claramente hipotiroideo. El aspecto general de la madre era penoso en grado sumo, su mirada, su voz y su ropa.

Se produjo un extraño fenómeno en el que, sobre todo después de los años que siguieron, era imposible no ver el dedo de la Providencia con P mayúscula. Evidentemente, era la guapa rubia la que debía haber atraído a Tristán en primer lugar. Pero no fue así en absoluto. La hermana, con su rostro ligeramente mongoloide, era evidentemente un poco minusválida.

Además, llevaba pantalones, lo que no contribuía a realzar su aspecto. Con el pelo corto, también podría haber sido confundida con un chico.

Monique no lo aceptó. Tristán, aunque siempre se sintió atraído por la belleza, sobre todo cuando se trataba de mujeres, *involuntaria* y *completamente* olvidó esta particularidad de su naturaleza.

Percibió en este conjunto poco atractivo una ternura, una profundidad, una sensibilidad altruista expresada en los ojos, revelada en la expresión. Sintió una perfección que nunca sería negada por el futuro.

Así que aceptó acogerla. Le daría un poco de dinero de bolsillo, le enseñaría, la prepararía para un examen acorde con su vocación, sus gustos y sus aspiraciones.

No se había equivocado. Esta niña era un ángel muy cercano a Dios.

Su amor y competencia por el niño eran ilimitados y lo compensaban. Oh cuánto, la ligera torpeza de su tipología glandular. Los padres de Beatrice, como la llamaban, no se interesaban por su hija y nunca mostraron ningún sentimiento o don hacia ella.

Era peor que huérfana, y su madre era una psicópata cuyos peores problemas sólo podían encontrarse en instituciones especializadas.

Tristán empezó enviándola él mismo a la escuela, ya que ella no conocía las fronteras de Francia y nunca había oído hablar de Napoleón.

No tardó mucho en ir a la escuela, aprobar el "brevet des collèges", tocar al piano la Primera Invención de Bach, la Carta a Elisa de Beethoven, Tierras Extranjeras de Schumann y estudiar un libro de naturopatía básica que había escrito Tristan.

Había enseñado al niño a leer y escribir y le había transmitido las clases de inglés y piano que Tristán le había enseñado. Gracias a ella, el niño tocó dos años seguidos una pieza de piano en la escuela de música local. Era una profesora excelente y el propio Tristán le envidiaba esa cualidad, esa paciencia que él no poseía. También hizo un curso de mecanografía audiovisual y empezó a mecanografiar todas sus lecciones para preparar su certificado de fin de estudios.

Sus milagros no acababan ahí: se ocupaba de toda la casa y de las tareas de secretaría de Tristan, que en su estado de sobrecarga de trabajo siempre tenía un bocado rápido cuando lo necesitaba. También se ocupaba del jardín, y Tristan la había visto cargar enormes troncos para guardarlos.

Todo ello envuelto en el amor por el niño y por los tres en general.

Decir que era asombrosa no alcanza a describir este tesoro sin precedentes, imposible de encontrar en el siglo XX. Esta bondad, esta eficacia, esta profunda perfección permitieron a Tristán, sin perder de vista a la niña y a ella, llevar a cabo toda su labor de profesor, escritor y conferenciante.

Mientras permanecieron en Vigneux, todo fue bien, y Béatrice se fue a dormir a casa de sus padres, a trescientos metros del piso.

Pronto se marcharon a provincias, y desde entonces Beatrice se quedó con los tres.

Durante unos meses, las cosas estuvieron tranquilas. Monique era totalmente fría y no mostraba ninguna ternura hacia Béa, pues así se llamaba la niña. Tenía la inequívoca sensación de que trataba a Béa como un colono trataría a un negro en los primeros tiempos de la colonización. Monique era fría, sin ternura, mientras que a Tristan le gustaba tanto el amor. La sexualidad de su pareja había desaparecido desde el nacimiento de Aurelien y, sin embargo, "Don Juan" necesitaba calmarse.

Pronto, cuando Monique volvía a casa del trabajo hacia las siete, el ambiente era de ira e irritación. En lugar de consolar a la pequeña Bea y mostrarle su infinita gratitud por el tesoro que era, Monique no dejaba de despotricar contra ella. En lugar de comprender una pequeña torpeza debida a una leve insuficiencia tiroidea, tan poca cosa comparada con la himalaya de cualidades y amor por su hija de que hacía gala, en lugar de agradecer esta devoción por la casa, no dejaba de atacarla, lo que hacía que el corazón de la pequeña latiera más deprisa y la dejara sin habla. Tristán intentó compensar esta despreciable brutalidad, pero fue en vano:

— *Sólo sirves para fregar*", dijo.

Tristan recordaba cómo, de niño, le latía el corazón por la mala leche de *su querida abuela*, a la que su primo hermano llamaba "piel de vaca". Y ahora notaba el mismo comportamiento en Monique, con la misma tez amarillenta, la misma mirada carente de sentimientos que parecía emanar de un ser no biológicamente completo. Tristán nunca había reparado en la generosa indulgencia de Monique, en su gratitud básica hacia aquel ser maravilloso que se lo daba todo sin reparar en gastos. Y Tristán sólo podía compensarla con un poco de dinero de bolsillo y la educación que le daba. Nada comparado con todo lo que ella les ofrecía, con su corazón abierto y la dulzura absoluta que nunca se le negaría. ¡Y qué perfección para su hijo!

Aquella maldad gruñona, francamente sádica, desmedida y totalmente inmerecida hacia alguien tan bueno le parecía a Tristán el colmo de la monstruosidad. A Tristán se le encogía el corazón cada vez que Monique atacaba a Bea. Con su extrema sensibilidad sentimental, sentía perfectamente el dolor conmovedor de la niña. Sufría por ella y cada vez que Monique la escandalizaba, él también se escandalizaba. Así que intentaba "animarla" con todo su afecto.

— Mi pequeña querida, no importa. Sabes que Monique es así, así que no te preocupes.

Tras la brutalidad de Monique, lloraba durante horas, a veces días. Tristan ponía toda su energía en contrarrestar los efectos de este vil y asesino abuso verbal. Era como un asesinato.

Tristán, que había defendido su tesis "sobre los estados hiper e hipotiroideos", sabía muy bien que si se ataca a personas con tendencia hipo, se provoca una grave acentuación del hipotiroidismo, que puede conducir a una tristeza trágica, a una neurastenia, a un estado de inmovilidad casi catatónica y, *por tanto, a la muerte.*

El comportamiento de Monique era, por tanto, el de una asesina. Para Tristan era aún más aterrador porque se había dado cuenta de que Monique tenía ese aplanamiento lateral de la barbilla, que a su vez era ligeramente recesivo.

Todo encajaba con el tipo de impulsos descritos por Lombroso.

A veces Béa, desintegrada por Monique, permanecía uno o dos días sin poder salir de la cama, tan dinámica, tan enérgica, tan incansable, puesta en estado de shock, lo que sabemos que es un estado de hipotiroidismo.[72]

Tristán sabía que sólo la ternura de Monique podía hacerlo todo. Hizo lo que pudo, pero era el amor de la señora de la casa lo que contaba para esta pobre niña, huérfana de hecho, y peor aún porque sus padres eran negativos. Solo para consolarla, sólo fue mínimamente eficaz.

Uno de aquellos trágicos días en que Tristán regresaba de la reunión trimestral de la universidad en París, preguntó de camino a casa:

- ¿Bea comió algo o bebió caldo?

La niña no sólo no había tomado nada porque Monique no le había dado nada, sino que se había quedado sola en su habitación, en su postración casi catatónica, sin una palabra de calor. Frente a Monique había un cuenco en la cocina, del que acababa de servirse. Tristan lo cogió y se lo acercó a la pobrecita. Tenía los ojos llenos de lágrimas y sentía repugnancia en el corazón. Este comportamiento de feto asesino habría sido escandaloso si Monique se hubiera acusado humildemente de ello, pero como no era así, era sumamente despreciable.

Hay dos clases de sufrimiento: el que se expresa con maldad y sólo inspira repugnancia, y el que se expresa con bondad y suscita esa forma suprema de amor que es la compasión. Este dolor era el de Bea. Monique iba a hacer de esta compasión un diamante en el corazón de Tristán...

Es cierto que Monique hablaba a Tristán con tal tono de voz que un día se vio obligado a decirle:

---

[72] Sin embargo, tenía unas glándulas suprarrenales fuertes.

— No conozco ninguna maniobra que permita a su mujer hablarles en ese tono de voz.

Un amigo que había sido testigo de la perfecta calidad de los dos primeros años de su unión le dijo una vez a Tristán:

— Ya no te quiere. Te mira con odio, el nacimiento del niño lo ha destruido todo.

Tristan explicó que el nacimiento del niño no tenía mucho que ver, ya que el comportamiento de Monique había sido el mismo durante aproximadamente un año antes de que naciera el bebé. Pero Tristan no podía evitar pensar que el horrible aborto que había sufrido Monique se había yuxtapuesto ferozmente con su estado temperamental.

El pequeño Aurélien, ese ángel de su corazón, crecía y aprendía en la calma del día, mientras su padre trabajaba, cubriéndolos a ambos. Monique llegaba a casa y les hacía palpitar el corazón con sus jaculatorias irrisorias y despiadadas, que la pequeña Béa soportaba sin rechistar. Sólo las lágrimas y los silencios helados atestiguaban la parálisis y el desgarro de su pequeña alma tierna y generosa, que había dado a luz al eterno y floreciente árbol de la compasión en el corazón de Tristán.

Monique nunca hizo un gesto de afecto, nunca pronunció una palabra de amabilidad, nunca hizo el amor. Hablaba con dureza a Tristán y con poca amabilidad a Beatriz. Lo que enseñaba a Bea sobre las tareas domésticas era juicioso, pero lo ventilaba de un modo inaceptable, incluso insoportable. Era tan inconsciente que no se daba cuenta de la increíble diferencia de tono que empleaba con su hijo y con Bea y Tristán. Miel pura con su hijo, ácido sulfúrico con nosotros. La mayoría de las veces, Tristan dejaba de hablar con ella porque sentía que no le escuchaba. No se podía decir que esto fuera exclusivo de Tristán, porque su amiga Gladys le había dicho una vez: "Cualquier conversación con Monique es como caminar por la cuerda floja". Así que todo iba en la misma línea y probablemente sería exagerado pensar que Monique reservaba su comportamiento para su pareja y la pequeña Bea. Había una psicopatía general. Cuando tuvo que hablar con ella por obligaciones razonables, tuvo que tomárselo con calma. Se dio cuenta de que todo el mundo se rendía, incluso su propia madre, que un día le dijo:

— Ya sabes cómo es Monique...

Llevaban varios años en Berry y era evidente que Monique estaba cada vez peor. Su comportamiento con Bea era infantil, de celos incoercibles. A veces, Tristan escribía todas las lágrimas que no derramaba en un cuaderno que guardaba cerca de él. A veces improvisaba trozos de su corazón al piano. Monique pasaba y en tono seco decía:

— Ahora me voy a dormir.

¿Cómo podían las melodías improvisadas de Tristán haber desvelado a Monique por la noche, cuando durante meses habían dormido su amor de la infancia? E incluso si lo habían hecho, ¿cómo podía planteárselo así, sin fervor, sin ternura, sin respeto? Sentía que Monique no sabía quién era él. ¿Cómo iba a saberlo su hijo? La huella emocional que se impone a un niño puede paralizar para siempre la comprensión intelectual. ¿Cómo iba a enseñarle todo lo que sabía para sacarle del abismo *judeocartesiano* si no lo hacían juntos en el amor mutuo? Tristán era infeliz sin amor ni respeto, y con esos celos grotescos hacia la pequeña Bea que forraba su hogar de amor, paciencia y verdadera cultura hacia su hijo?

Teníamos que pensar en el pequeño y hacer lo mejor para él. Tenía que demostrar a su madre todo el amor que necesitaba porque, al fin y al cabo, estaba enferma. Si hubiera tenido cáncer, él también la habría querido y se lo habría podido demostrar, pero esta enfermedad mental estaba levantando un muro de hormigón entre ella y el afecto de su pareja. No se puede querer a un hijo si no se quiere a su madre. Amar a un hijo sin amar a su madre o a su padre es amarse sólo a uno mismo. Una mujer que ama a un niño sin amar a su padre no es más que una mujer egoísta que sólo ama a una extensión visceral de sí misma, y nada más. Desgraciadamente, el niño empezaba a sonar como su madre para su padre. Y esto continuaría monstruosamente en la edad adulta. El mimetismo y la impronta psicológica de los niños son implacables. La falta de amor de Monique sería copiada por el niño, sobre todo porque Monique se precipitaría en el abismo de la inmoralidad para consolidarla, como veremos.

Sin embargo, Tristán soñaba con llevar a su hijo a lo más alto. Quería enseñarle toda su conciencia única. Ya había ayudado a la pequeña Béa a adquirir lo que nadie más tenía: verdadera integridad, buen juicio, un espíritu crítico que no dejaba pasar nada de las farsas que nos engullían cada día. Con paciencia, enseñó a Aurélien todos los rudimentos de la escuela infantil: lectura, escritura y aritmética, con el añadido del alma.

A veces Tristán sentía una cruel necesidad de una mujer digna de ese nombre. Pero eso habría sido una traición a su hijo. No quería otras mujeres, pero la asfixia sexual le hacía desear aventuras.

Si hubiera podido ver a Monique manifestarse como se estaba manifestando y, sobre todo, como se manifestaría cuando estuvieran separados, no sólo no le habría dado un hijo, sino que no la habría visto ni una sola vez, sólo una vez. Pero ahora era la madre de su amado hijo. Aurélien estaba aquí ahora, y ella tenía que enseñarle a estar sano en cuerpo y alma. A realizar en él el ideal de vida de Tristan. Pero la imprudencia de Monique le robaba la esperanza.

¿Qué podría conseguir de su hijo sin el amor, el respeto y la feminidad de Monique? Era como intentar llenar un barril sin fondo con agua de Lourdes. Al mirar a su alrededor, en Francia, Alemania, España e Inglaterra, ya no había hombres. Había humanoides de pantalón azul, aprovechados materialistas, y mujeres que se mimetizaban con ellos en nombre de la sórdida e imbécil igualdad de sexos, vestidas como sobras necesitadas de un cambio de imagen masculina. Políticos carroñeros e intrigantes que se preocupaban de la grandeza y la belleza de Francia como de su primera camisa. Un país penetrado por africanos hasta diluirse por completo en la nada biotipológica. Si su hijo tenía que ahogarse en esta masa de informalidad asexuada, ¿no sería mejor morir con él? No podría hacer nada si Monique no sabía quién era. Nunca lo sabría en su estado, porque sólo podía amar al niño a través de su amor por el padre que tanto podía darle. ¿Acaso tratar de criar a su hijo no era la ilusión suprema que lo mantenía vivo?

Cómo le dolía a Tristán la tierra...

Los nervios de Tristán estaban cediendo. Ocultó que lloraba solo durante el día. La increíble dulzura, amabilidad y eficacia de Béatrice le permitieron resistir el choque, es decir, la psicopatía de Monique. Sin Béatrice se habría derrumbado. Le asombraba ver a la pequeña Béa realizando sus estudios técnicos y secundarios, estudiando inglés y piano, transmitiendo sus conocimientos a Aurélien, limpiando toda la casa, actuando como su ayudante permanente, organizando la lectura, la escritura y los juegos para el pequeño, todo ello durante horas y horas. Todo era un milagro. ¿Cómo podía Monique no darse cuenta de que tenían cerca un tesoro imposible de encontrar a finales de este siglo?

Tristan había construido a Beatrice, pero ella tenía el potencial que facilitó su trabajo de Pigmalión. La Providencia había enviado a Béa para que Tristan pudiera realizar en su hijo su ideal espiritual en un mundo que lo había perdido todo. Ella adoraba a su hijo, era firme y paciente, y constituía un milagro que Monique se negaba a ver.

La horrible mueca del destino.

¿Cómo, pero cómo, no podía comprender la maravillosa complementariedad armoniosa de los cuatro?

¿No comprendía que, aunque hubiera tenido un carácter suave, nunca habría podido, trabajando, ocuparse del niño, de la casa, de su propia madre que había venido a vivir no lejos de ellos, en la ciudad, y cuya situación material era lamentable, de un marido artista, a pesar de todo, admitía, difícil de vivir, por su delicadeza sensible y estética con múltiples exigencias? Pero Béa, su pequeña Béa, lo hizo todo posible, casi fácil. Juntos realizaron una tarea hercúlea ¡casi sin esfuerzo! Cómo podría alguien estar celoso de esta niña ligeramente discapacitada cuya competencia, devoción y bondad les dio un hogar, un niño feliz que pudo, al menos durante los años de guardería, aislarse del laicismo, proveedor de votantes-consumidores, clientes de música patógena, drogas, desempleo, vestimentarismo panzudo con nalgas moldeadas, suicidio que mataba a cincuenta mil jóvenes franceses al año, y terrorismo. Y encima, un marido al que ya es difícil mantener sola...

Había en Monique una fuerza de rechazo a ser feliz, de destrucción que no enmascaraba su histeria altruista de apisonadora.

Tenía todo lo esencial, todo lo que ninguna mujer podía tener en la segunda mitad del siglo XX.

Ya ni siquiera besaba a Tristán por las mañanas y por las tardes, ni contestaba cuando él le hablaba. Una noche, cuando él se tarde -era la única vez en su vida que se bañaba a esa hora-, le dio un ataque de histeria tal que Tristán perdió de pronto toda confianza y esperanza en ella.

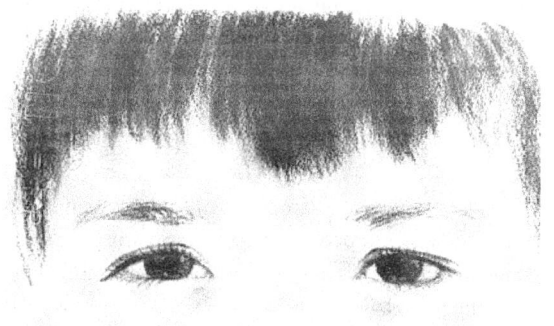

"El sirviente de gran corazón del que estabas celoso".

Sus celos infantiles de esta monada indefensa, tan buena, no hacían más que crecer. Tristán podía sentir y ver cada vez más esta sádica agresividad hacia la niña. Era como una granada explosiva en todo lo que decía y ningún razonamiento podía cambiar su espantoso comportamiento.

Tristán intentó consolar a la pobre y querida niña, pero el poder destructor de Monique era infinitamente mayor que los tesoros de bálsamo que Tristán aplicaba a sus heridas.

Cuando la madre de Monique vino a jubilarse, Monique se pasó un mes entero preparando la casa. Béatrice y Tristan cuidaban de la pequeña tanto por la noche como durante el día, ya que Monique no llegaba a casa hasta tarde.

Béa siguió enseñando a leer, escribir, piano, inglés y juegos con su fabulosa eficacia. Tristan se ocupaba de su trabajo universitario, escribía sus libros y enseñaba a Béa. Monique nunca había podido quedarse tres horas con el niño para su formación e instrucción. No tenía vocación para ello. Cuando no trabajaba en el hospital, tenía que estar en movimiento, haciendo cosas prácticas, así que Béa era insustituible: Monique no era consciente de ello.

Los celos de Monique iban en aumento, al igual que su sadismo.

Así que la compasión de Tristán por la pequeña Bea creció aún más, lo que provocó una oleada adicional de celos y sadismo por parte de Monique. Era un círculo vicioso del que no podía escapar. Tristan llamaba a Béa "mi pequeña querida", igual que llamaba a sus hijas Nathalie y Chantal, y llamaba a Monique "mamá", que es el nombre más tierno que se le puede dar a su compañera. "Mi pequeña querida" puso a Monique frenética. Se ponía al mismo nivel que aquella maravillosa chica ligeramente discapacitada y eso provocaba cierta vergüenza en Tristan: ¿cómo podía colocarse en semejante yuxtaposición? La idea de los celos era absurda. Tristán se habría limitado a defender a aquella encantadora inocente de cualquiera que le hubiera hecho daño, ya fuera un pariente cercano o un desconocido. Lamentablemente, eso era lo que tenía que hacer con su compañera, la persona más cercana a él, la que más quería, la madre de su hijo. Tales celos añadían un aspecto grotesco a su naturaleza patológica: Tristán había conocido a muchas chicas guapas, por poco inteligentes que fueran, ninguna de las cuales habría sentido jamás celos de aquel maravilloso pequeño ser marcado por el destino, solo, sin padres verdaderos. Era impensable.

Para una mujer normal, sobre todo si tiene un hijo y se ve obligada a trabajar, la pequeña Bea sólo podía inspirar una tierna gratitud, y en este caso, en este siglo de suicidio colectivo y decadencia, incluso una angustiada gratitud. ¿Dónde se puede encontrar hoy a alguien capaz de querer a tu hijo, de cuidarlo magníficamente, de educarlo cuando tú, la madre, te ves obligada a trabajar? ¿Dónde? Tristán había sido testigo de la tragedia de los niños confiados a mujeres anónimas que, sin amor, realizan un trabajo técnico a cambio de una paga. Aurélien se beneficiaba de lo imposible: *el amor*, la *entrega gratuita*, lo que construye el corazón y el alma de un niño. ¿Y Monique no comprendía este enorme don del destino? No se podía amar a Aurélien sin amar a la pequeña Bea en pleno siglo XX, si se tenía conciencia. Pero pronto Tristán tendría nueve pruebas para demostrar la falta de conciencia de Monique.

El horror siempre tiene excusas, y por desgracia válidas.

De niña, Monique había sido rechazada por su padre y golpeada. Este trauma global se aferró a ella y se vio agravado por una caída en un pozo que la mató del susto. Todo ello la había llevado a un desequilibrio de espíritu y a una frustración que podía explicar los celos infantiles. De hecho, Monique no tenía fuerzas para asumir el trabajo, el niño, un marido artista que solo a finales del siglo XX habría acaparado todas sus energías, y también una madre de carácter blando, de inteligencia débil sobre la que Monique compensaba la deficiencia de su padre, todo hay que decirlo, era considerable. De hecho, el único vínculo afectivo de Monique era con su madre. En cuanto a su amor por Aurélien, era claramente de *naturaleza estrictamente biológica*, como lo demuestra su necesidad imperiosa de maternidad. Si hubiera amado realmente a su hijo, habría tenido en cuenta la *síntesis* necesaria para su equilibrio, sobre todo con un padre de calidad. Si la madre hubiera tenido un nivel mental ligeramente superior, su firmeza habría podido sacar a Monique de su vesicosis y preservar así la felicidad de su hija. Por desgracia, la madre ya había fracasado dos veces en su matrimonio, así que su hija también tenía que fracasar. No había forma de que pudiera mantener a su hija, pero estaba obligada a mantener a su vejiga. Cualquier neurosis aumenta si es apoyada por alguien emocionalmente cercano. Por tanto, la presencia de la madre precipitaría todo al vacío. ¿Acaso la madre no había tenido un ataque de histeria porque Tristán se había pasado a besar a su hijo, al que ella cuidaba en ese momento?

A pesar del rencor de Monique hacia Bea, Tristan aceptó el proyecto de una casa que él pagaría a medias y que estaría a nombre de Monique y Aurélien. Pensó que Monique estaría tan contenta de tener una casa que también comprendería lo indispensable que era Bea para ellos. Tenía la secreta esperanza de que la gratitud de Monique se convirtiera en terapia. Por desgracia, era optimista y no calibraba clínicamente la gravedad del estado de Monique. En cuanto firmó, Monique le dijo sin ambages que "Beatrice nunca pondría un pie en su casa". Nunca habría firmado si hubiera imaginado la gravedad del estado mental de su compañera.

Es más, cuando la casa estaba enmarcada, Tristan se dio cuenta de que sólo podría disponer de una habitación de veintidós metros cuadrados, que había firmado y que necesitaba al menos cincuenta metros cuadrados para su trabajo y su dormitorio. Además, todos sus muebles no tenían ninguna posibilidad de entrar en la casa. Así que el destino había decidido separarlos.

La casa estaría construida en unos meses. Monique había hablado de buscar una habitación para Bea no lejos de la casa. A Tristan le pareció una solución aceptable, a condición de que Monique diera muestras de cariño a la niña antes de que se mudara a la habitación prevista. En ningún caso debía sentirse "sola" en la ciudad, sin cariño. Tristán aceptó la solución con la única condición de que Monique fuera amable con Bea durante los meses siguientes, hasta que la casa estuviera terminada.

Tristan sintió que su presencia no ayudaba a Monique y decidió irse a España a pasar unas semanas con su hija y unos amigos. Quizá las cosas volvieran a la normalidad entre Monique y Beatrice.

Poco antes del delicado momento del mes, la pequeña Béa se encontró en un estado nervioso, habitual en mujeres en perfecto estado de salud y, por tanto, aún más comprensible en Béa. Lo único que necesitaba era que la comprendieran, la quisieran, la consolaran y la apoyaran. En lugar de eso, Monique y su madre montaron un escándalo sobre ella, llamando por teléfono a los padres de la chica (cuya calidad conocía Monique, ya que había hecho varias digresiones peyorativas y perfectamente objetivas sobre ellos). Esto tuvo el efecto de agravar el estado de la pobre chica, que se encontró en un desierto moral poblado por Monique y su aplastante madre. Ninguna de las dos pensó en dar a la pobre niña un poco de ternura. Sólo mucho más tarde se enteró Tristán de lo sucedido por los propios padres de Bea, pues ésta no le había dicho nada. Le dijeron: "Cuando Madame Monique nos telefoneó, pensamos que le pasaba algo en la cabeza". Los padres de Bea, aunque lamentables, por decirlo suavemente, habían expresado una triste verdad. Había otras manifestaciones del estado mental de Monique:

Monique tenía dos grandes amigas, Gladys, mencionada antes, y Simone. Las tres se habían graduado en la misma escuela de enfermería de París. Simone había venido a pasar unos días con nosotros. Cuando Tristan la llevó de vuelta a la estación, ella le dijo:

— Cuando la madre de Monique y yo estamos en la cocina, nos sentimos como idiotas.

Incluso en este nivel básico, Monique no permitía ninguna iniciativa. Entonces, mientras hablaban del difícil carácter de Monique, Simone dijo:

— No soporto a Monique más de una semana, aunque sea mi mejor amiga.

Tristán quería intentar mantener una conversación con Monique, explicarle el desgarrador camino por el que los estaba llevando a todos, especialmente a su querido hijo. La idea de hablar con Monique era un calvario terrible porque él sabía que ella no escuchaba, que era inaccesible a cualquier razonamiento, que era incapaz de comprender lo que era esencial para el futuro del pequeño, protegido de la situación actual por la calma de todos, la ternura de su pequeña comunidad. Él y Beatrice eran modelos de bondad, paciencia y dulzura para con ella. Béa a veces "contestaba", pero Monique tuvo que llevarla al límite. Monique no se daba cuenta de lo indulgentes que eran con ella. Había algo repulsivo en su cobardía hacia ellos. Era seguro que un hombre corriente la habría golpeado en un santiamén en tales circunstancias, o la habría abandonado a pesar del niño. Otra joven se habría marchado, insultando a Monique. Era el caso de varias chicas que habían venido antes que Bea y que no soportaban a Monique más de unas semanas.

Curiosamente, la única chica a la que Monique había aguantado se limitaba a cuidar del niño, recostada en un sillón, exigiendo a Tristan que le diera todas las clases posibles de inglés y naturopatía, etc. Se ganaba la vida cómodamente con ello. Se ganaba la vida cómodamente. Entonces Monique se esforzó tanto que se desmayó en brazos de Tristan. Tristan, preocupado, escribió a la madre de la chica para expresarle su preocupación y pedirle que sugiriera a su hija que ayudara en casa. La chica se marchó unos días más tarde con el pretexto de ver a sus padres y... nunca regresó.

En cierto modo, fue la amabilidad de Bea y Tristan lo que les ayudó a soportar a Monique. Desde luego, ella no era consciente de su propio carácter. Todos tuvieron que ser indulgentes y comprender la dolorosa y complicada situación psicológica de Monique. Monique abusó de este enfoque inteligente y amable.

A Beatrice sólo la movía su amor por el niño y su afecto por sus padres. Este amor era tan visible, tan transparente, tan desbordante, que hacía brotar lágrimas de los ojos de Tristán cuando contemplaba a Beatrice y a su hijo sin aparentarlo. Tantas veces se le habían llenado los ojos de lágrimas al observarlos entre bastidores, al ver aquel torrente de ternura, devoción y paciencia. ¡Y era sobre semejante tesoro que Monique cometía un sacrilegio!

Intentó de nuevo entablar un diálogo con Monique.

—   Deberías ser consciente de tu carácter. Simone, tu amiga desde hace veinte años, no te soporta más de una semana.

—   ¿Simone te dijo eso? Voy a llamarla para saber si es verdad.

La confianza que tenía en lo que Tristán le decía decía mucho de la calidad de su afecto.

Monique llamó por teléfono:

—   ¿Es verdad, Simone, que no me soportas más de una semana?

— Como bien sabes, Monique, mi hermana tampoco cuando vienes a visitarnos a Bretaña. Pero eso no te impide ser mi mejor amiga.

Monique colgó y no volvió a ver a Simone en mucho tiempo.

Esta conversación no le enseñó ninguna lección, ni siquiera el humor elemental que habría consistido en decir: "Sé que tengo un carácter imposible, protégete de mí, no dejes que te haga nada".

De hecho, eso es exactamente lo que Tristan dijo a sus novias años antes.

No les hicieron caso, pero apenas hubo problemas.

Pasaron unos días y Gladys, la otra amiga, telefoneó para comprobarlo. Tristan le describió la trágica situación en la que se encontraban. Contó la llamada de Monique a Simone.

interrumpió Gladys:

— Pero no es una semana lo que no aguanto, son cuarenta y ocho horas.

Y repitió la frase que Tristán había oído antes:

— Cada conversación con Monique es un paseo por la cuerda floja.

Tristán telefoneó a un amigo profesor de medicina que había trabajado en su tesis doctoral.

— Las mujeres más inteligentes", le dice, "están actualmente implicadas en perversiones con fijaciones infantiles, irrisorias e incluso grotescas. Es el precio de la degeneración actual. No soy más optimista que tú, sobre todo si se trata de un síndrome de Caín (celos).

Tristán era sin duda un pesimista.

Monique había traicionado sus sentimientos, sus más nobles aspiraciones. El futuro de Aurelien dependía de la milagrosa eficacia de Bea, porque los primeros años son decisivos en el destino de una persona, pero ambos tenían que apoyarla. Tristan era profesor y podía salvar a su hijo de la escuela laica donde durante décadas había visto a sus alumnos desmoronarse. Había que salvar a su hijo de la escuela libre, que estaba aún más podrida que la laica. Parecía que la Iglesia estaba desesperada por superar su caída en la nada. Monique estaba en vías de reducir a la nada lo que él había construido con tanto dolor y tanto amor. ¿Qué sentido tenía su conciencia, la conciencia que creía haberle dado a Monique y que debería haber sido una coraza invencible contra su propia neurosis grotesca y sádica?

Deseaba tanto que Aureliano no tuviera nada que ver con este cristianismo feroz y reduccionista, este colonialismo que masacró a veinte mil negros por semana durante treinta años en las minas de Sudáfrica para explotar las minas de oro, estos gulags que matan a la gente por decenas de millones por su propio bien, esta música hipnótica, patógena, criminógena, degradante...

Era el fin de los tiempos.

Tristán no sabía a quién recurrir. Quería proteger a su pequeño. Quería hacerlo. Lo había construido todo con ese propósito y no podía dejar que todo se viniera abajo. Habría dado su vida por proteger a su hijo, por educarlo según su corazón y su conciencia. No, no todo se iba a destruir.

Quería morir llevando a su pequeño en brazos. ¡Qué grande era la tentación!

¡Oh, si estuviera enfermo!

¿Qué iba a ofrecerle este mundo sin la protección de su lucidez? La nada radical, la que se ve en la prensa y en la televisión, la que mata y te hace amar a través de la destrucción anímica. Habría aceptado cualquier cosa con tal de criar a su pequeño hacia su ideal: para ello, Monique debía amar a Tristan y su pequeño florecería más allá de los agentes destructores como las treinta inyecciones de vacunas pútridas que destruyen nuestro sistema inmunitario...

Tristán tenía una gran amiga, profesora de Biblia hebrea, una judía verdaderamente virtuosa, que era tan disciplinada con su dieta que, a los setenta y tres años, no mostraba el menor signo de presbicia. Le escribió su drama, La locura de Monique. La respuesta fue un shock.

> Por Tristán y Monique.
>
> El veinticinco de mayo, a las 20.30 horas, mi nieto Emmanuel, guapo, dotado, poeta, que rechazaba esta sociedad y no practicaba ninguno de los vicios de la juventud actual, de veintidós años y licenciado en historia y sociología, estaba dando un paseo solo por un pueblo cercano a Orange cuando murió atropellado por una moto que cruzaba la carretera. La

gendarmería informó a mi hija, que estaba en París. Fui sola a Orange para realizar los trámites.

Me encontré frente al agujero en el que habían metido el ataúd que contenía a mi querido nieto, al que yo había criado. Se arrojó tierra y todo se consumió.

Stabat mater

Ante esto, tus conflictos abracadabrantes me parecen indignos, fútiles, irrisorios y esto son sólo eufemismos. Imagina que algo así le ocurriera a tu hijo: espero que aprendas una lección de mi desgracia. No te molestes en escribirme. Ninguna palabra, nada podría calmar mi dolor y descenderé con él a la Scheal.

Esther

Tristán no necesitaba esta lección atroz. Le dio la carta a Monique. Lo único que se le ocurrió decir que dio a su vesicitis toda su dimensión fue:

— ¿Qué tiene esto que ver conmigo?

Tristán mostró la carta de Esther al padrino de Aureliano, el sabio de la tierra que había elegido para su hijo.

— *Este es el fin de los tiempos"*, *le dijo a Tristán*, mostrándole una imagen de la Virgen cubierta de sangre, dibujada por un vidente. *"El diablo no ha conseguido destruirte hasta ahora. Te destruirá a través de aquella en la que has depositado toda tu confianza, aquella a la que creías haber protegido de todas las imposturas: la mujer, su aliada constante. Recuerda lo que dijo tu compañero Otto Weininger:*

"Estamos en la era de la mujer y del judío".

Madame de Gastine murió a los sesenta y nueve años de una grave enfermedad reumática, poliartritis crónica progresiva. Tristán sintió que su corazón se reconciliaba con su madre y rezó la oración que había sentido desbordarse de su corazón cuando su mujer y su hija le abandonaron. Por desgracia, dos días después del funeral, un conocido común le contó las cosas horribles que su madre había dicho de él unos días antes de morir.

Tras la muerte de su madre, el destino había decretado un divorcio eterno entre él y su madre...

Tristán tenía una vieja amiga en París, pero era una de las mujeres más inteligentes del siglo. Esa finura de mente, esa amplitud de observación de la historia y la actualidad, eran únicas en el mundo.

Había confiado su tragedia a Frédérique, como la llamaban, pues no había nadie en el mundo a quien pudiera confiarse mejor un dolor semejante. Ella le había contestado largamente, pensando que la razón se impondría y que Monique simplemente estaba atravesando dificultades pasajeras. Le parecía imposible que unos celos tan irrisorios pudieran arraigar en el corazón de Monique. Incluso había telefoneado a Monique, que le había dicho:

- *Todos me demuestran lo contrario, incluida mi madre.*

Prometió a Tristán que escribiría a Monique y le enviaría el texto.

La perfección de la carta era inigualable a todos los niveles: estaba *todo* dicho y Tristán nunca podría haber hecho algo mejor que esta síntesis completa.

Mi querida Monique.

Me ha consternado enterarme del conflicto por teléfono. He reflexionado y he decidido escribirte para ayudarte a salir del lamentable atolladero en que te has metido.

En primer lugar, quisiera expresar mi aprecio por la discreción de Tristán, que hace unas semanas no me dirigió la menor palabra sobre su litigio, limitándose a informarme de las inmensas dificultades que le impedían escribirme.

Como sabes, cuando te conocí siempre te saqué el máximo partido, tanto en mi correspondencia como en persona, porque sentía que, además de tu encanto, tenías cualidades de corazón y comprensión, que justificaban el carácter apasionado de Tristán, su naturaleza hipersensible y vulnerable, su sed de ternura, su necesidad de protección, tan comunes en el hombre pero en mayor grado en él, rasgos todos ellos dignos de compasión.

Si fueras enfermera, sabrías comprender y ser madre de un hombre siempre "enfermo de tierra" que sólo vivía del entusiasmo a la desesperación, nunca tibio.

Me dijiste, Monique, que tu agravio residía en el hecho de que él mimaba con palabras y atenciones a la chica ligeramente discapacitada encargada de cuidar de tu pequeño Aurélien y de asistir en casa y con el padre de tu hijo.

Cómo no te vas a alegrar, Monique, tú que eres toda gracia, de este acuerdo en el que el niño desfavorecido por la naturaleza compartía con Aurelien un sentimiento paternal naturalmente inclinado a la efusión.

Ah, Monique, tenías la oportunidad, y aún estabas a tiempo, de asegurarte una doble maternidad acorde con la doble paternidad de Tristán, y causarías una triple desgracia, la de Aurelien, la de Tristán y la tuya, rechazando al pequeño inocente del hogar. Piensa en la herida que infligirías al niño. Aurélien lo sabe todo, lo siente todo, y las heridas impresas en su frágil y maleable subconsciente dejan inhibiciones de por vida que siembran la semilla de graves problemas en la edad adulta.

Por amor a este niño, por cautela con este frágil crecimiento humano, por respeto a la armonía que debes enseñarle de forma ejemplar, no te ofendas por el afecto-compasión de Tristán, que estoy seguro no altera en nada el sentimiento indefectible que siempre ha tenido por ti. En realidad, tienes una doble maternidad que asumir con respecto al niño y al padre. Como sabes, Monique, no hay amor conyugal que no alcance su madurez sin que el marido se convierta para la mujer, y esto es muy hermoso, en el hijo mayor. Es el logro más hermoso de todos, y la esposa se convierte tan naturalmente en la madre que su marido la llama "madre".

De lo contrario, es como un instrumento musical al que le falta una cuerda. No tortures tu alma con la ansiedad de una rivalidad afectiva que esconde en sus pliegues una agitación indigna de tu incomparable encanto. No destruyas tu hogar por la única razón, me dijiste, de tu intolerancia a la ternura expresada por Tristán a tu pequeño ayudante de palabra.

El hecho de que la mime como a su propio hijo no es nada que deba alarmarte, ni le resta prioridad. Abre bien tu corazón y ahuyenta este totalitarismo. Vuelve a poner tu bonita sonrisa Monique, "non impediat musicam" dicen los textos sagrados: "no impidas la música". Por supuesto, no te digo nada nuevo al afirmar que la música es armonía, es todo lo que surge de nosotros en acordes agradables. Es la resolución de disonancias y alteraciones en el retorno a la tonalidad inicial. Es la expresión de la conciliación y la reconciliación en el instrumento de nuestro corazón. Te lo ruego, Monique, haz las paces en tu interior, recrea la armonía de tu hogar. Aprecia a la compañera desollada viva desde la infancia, ama a la preciosa compañerita a la que tu Aureliano debe considerar como su hermana mayor. Respira hondo y deshazte de la obsesión que sería la perdición de tu vida. Acércate al padre de Aurélien con tu bonita sonrisa y será el final de una pesadilla colectiva. Hago un pacto con el cielo para ayudarte a recuperar tu persona y tu hogar, en paz de corazón, y te beso.

Frédérique

Estaba en el propósito lógico de tal carta realizar el milagro del espíritu si se encontraba con un espíritu. Pero fracasó. Semanas más tarde, Frédérique le dijo a Tristán: "La desgraciada es fundamentalmente malvada".

La pesadilla que iba a imponer a Tristan iba a adquirir proporciones gigantescas y asesinas.

Todo lo que Monique tenía que decir en respuesta a esta carta era incalificable:

"Frédérique se viste como una vieja chocha, protege a todos los machos del barrio y es la amante de Tristán.

Frédérique tenía casi ochenta años...

Fue en el destino, en la astrología, donde Tristán intentaría esclarecer su tragedia y, sobre todo, la de su amado hijo, pues a pesar de su desesperación, no había perdido la esperanza...

Tristán conocía desde hacía años a un amigo que practicaba el arte milenario de la astrología por razones de sabiduría. Había tenido muchas oportunidades de observar su asombrosa capacidad. Había relacionado las bases endocrinológicas de la biotipología con las correspondencias astrológicas más interesantes, sobre todo en cuanto a su potencial patológico, que Tristán comprobaba cada día.

Quería saber si las estrellas le permitirían criar a su hijo, es decir, en esta época de decadencia total, obtener una victoria sobre la nada. Tal victoria sólo era posible con el amor de Monique. El problema de Monique estaba, pues, en el epicentro de todo. Por eso escribió a su amigo Maurice:

Mi querido Maurice.

Usted y un amigo parisino extraordinariamente inteligente son las únicas personas a las que puedo confiar mi tragedia. La de querer educar a mi hijo a la altura de mi conciencia, en este mundo que está prácticamente destruido. Pero Monique, a quien usted conoce bien, me está creando un gran problema que no puedo resolver y que sólo ella podría dominar e incluso erradicar totalmente de su inconsciente. ¿Pero puede? Esa es la pregunta que me gustaría plantear a su conciencia astrológica. Si no puedo trabajar para mi hijo, ya nada me interesa. Le pido que examine nuestras respectivas cartas astrales y me diga sin rodeos lo que piensa.

En casa, tenemos una pequeña Beatrice que enseña a Aurélien y nos ayuda magistralmente en casa. Y, sin embargo, es hipotiroidea en general, del tipo glandular, y por lo tanto ligeramente discapacitada. Su perfección en términos de competencia es sublime. Se las arregla para educar a nuestro hijo, hacerlo todo en casa, estudiar por su cuenta con vistas a su "brevet des collèges", estudiar piano e inglés, que transmite a nuestro hijo... También se ocupa de mis comidas, del trabajo de secretaria, etcétera. Es un milagro.

Llevo tres años dándole clases y, a pesar de su inherente torpeza glandular, triunfa en todo lo que hace. Es única e insustituible en estos tiempos, y en un providencial golpe de gracia, ama a Aurélien con todo su corazón. Lo hace todo con amor, y comprenderán lo agradecida que estoy por este don de la Providencia. Ella es un agente fundamental si quiero proteger a mi hijo de lo que yo llamo, como recuerdas, "judeocartesianismo". Ligeramente deshonrada, fue víctima de todos. Fue perseguida de niña en la escuela: le arrancaron dos dientes. En cuanto a sus padres, eran unos absolutos perdedores.

Monique, en lugar de estar emocionalmente agradecida por ese regalo del cielo que le hace con tanta eficacia, ternura y paciencia, muestra hacia ella un incoercible síndrome de celos infantiles que se traduce en lo peor. No sólo no muestra ninguna ternura por la pobre, sino que no deja de atacarla diga lo que diga o haga lo que haga, mientras que aunque Monique no trabajara, no podría hacer todo lo que hace Beatrice (paciente, increíble, pedagógica, eficiente, dedicación constante).

No puedo contar los días que esta pobre niña, que hace todo lo que puede y más por nosotros, no llora por culpa de la paranoia sádica de Monique. Por mi parte, a pesar de mi exceso de trabajo como profesora y escritora, intento compensar la brutalidad de Monique hacia la desafortunada niña. Intento consolarla, mostrarle un poco del afecto que Monique le niega. Estos seres ligeramente hipotiroideos necesitan mucho más afecto que otros seres humanos, y saben devolvérselo de una forma que conmueve el corazón. Podría prescindir de este penoso trabajo porque tengo otras cosas que hacer, pero puedo sentir cómo la niña se muere porque Monique no sólo no le da ni un ápice del afecto que se merece por tanto amor y devoción únicos, sino que es trágicamente negativa con ella. Tristemente, mi compasión por esta niña se multiplica por diez a medida que la malicia de Monique hacia ella se multiplica por diez. Es un círculo vicioso completo, porque mi intervención con la niña se parece cada vez más a una terapia básica, pero es ineficaz si tenemos en cuenta el trauma que Monique le está infligiendo. La pobre niña llora a veces durante horas, inmóvil, sin que Monique se inmute lo más mínimo.

Por mucho que le explique a Monique que si le diera a esta pequeña Providencia el cariño y los ánimos que necesita, no tendría que llevar a cabo esta tarea yo mismo, con escaso éxito. Es inútil: ella sigue monologando sobre las premisas de su vesicosis, sorda a todo sentido común, a todo razonamiento, a toda humanidad elemental.

Tenemos un hijo que criar, una casa que vamos a comprar a nombre de Monique, que estoy amueblando y por la que asumo una fianza del 50% en quince años. Pero si Monique no ve que lo tenemos todo y no intenta mejorar, no podré hacer nada por mi hijo y no tendré nada por lo que vivir. Es más, con esta casa que hemos comprado, si no nos llevamos perfectamente, vamos a caer en una anarquía suicida. Ahí es donde estamos: en un callejón sin salida, y además muy doloroso. Monique no entiende en absoluto que lo que me reprocha, es decir, recoger al pobrecito todos los días, ¡es culpa suya y sólo suya!

Nuestra amiga Frédérique, que le escribió una carta admirable, le dijo: "Estás lanzando a esta niña al corazón de Tristan". Y eso es exactamente lo que está haciendo. No hay diálogo posible con Monique: está dando vueltas en círculos en su obsesión y nos está destrozando a todos, incluido nuestro querido hijo, que es lo peor. No veo ninguna solución. Y, sin embargo, me digo que es imposible que Monique no tenga suficiente salud mental para recomponerse en el último momento. ¿Qué dicen nuestras cartas natales?

Personalmente, me digo que todo lo que tiene inteligencia, rigor y amor debe desaparecer de este mundo. Por eso ya no tengo ninguna esperanza.

Tres semanas más tarde recibió tres estudios. Todas estas consideraciones arrojaban luz sobre la inextricable red de la que Monique era la piedra angular, pero no la resolvían.

Al principio de su vida, el pequeño Aurélien estaba destinado a ser puesto a prueba por su madre, que le haría daño por su desacuerdo con su padre. Su carta natal mostraba que su padre actuaría obstinadamente para aislar a su hijo del mundo decadente que le rodeaba. Aureliano se apegaría a una causa lejana a la que entregaría todo su amor. Estaba destinado a crear para un amplio público en pos de un ideal. Se inclinaría a desprenderse de las cosas terrenales, entregándose a cierta renuncia, devoción, abnegación y sacrificio. Viviría aislado, sin notoriedad. Protegería a los débiles, a los desfavorecidos, cuidaría de los enfermos y desarrollaría dones supranormales.

La carta astral de Tristán indicaba que éste intuía el destino de su hijo e intentaba con todas sus fuerzas preparar al niño para su tarea. Al parecer, Monique y Tristan no se separarían (un error de astrólogo), permaneciendo unidos en su amor y en la educación del niño.

El tema de Tristán era un amor "demasiado maternal" por su hijo (era cierto que Tristán se sentía con alma de padre gallina).

Había una especie de histeria noble en el tema de Tristán, un deseo de proteger a su hijo de la inhumanidad que su corazón aborrecía.

Así pues, Tristán habría tendido a imponer a Aureliano un sistema educativo aislado, pero la carta astral del niño revelaba que no sufría en absoluto, sino todo lo contrario. El acuerdo de Monique y Tristan sobre el niño se confirmó (otro y el mismo error del astrólogo). Aurélien sería profundamente rebelde contra la sociedad, pero ¿podría serlo más que su padre?

Se decía que Aurélien estaba dotado de una cantidad considerable de fluido magnético, que podía ayudar a aliviar dolencias (Tristán ya había experimentado este don en su hijo, quien, colocando las manos sobre su abdomen, hacía desaparecer los dolores de estómago en pocos minutos). El niño se sentiría tan a gusto con su padre como con su madre. Las circunstancias de Tristan y Monique sólo sirvieron para subrayar el estado caótico de sus respectivos temas. Mientras remaban juntos en dirección a una espantosa lucidez y al cuidado de los afligidos, remaban juntos. El niño había arrojado la piedra de su presencia a unas aguas en las que se movían corrientes divergentes.

El karma les impuso todo el peso de su desarmonía.

No había esperanza para Monique -dijo Maurice-. Tenía un carácter serio, obstinado y monolítico.

La primera vez que Tristan telefoneó a Maurice para hablar del tema de Monique, antes de enviarle un trabajo escrito, le habló largo y tendido de su afligido y brutal Marte y concluyó:

- No podía...

Pero ¿quién podría haber vivido con Monique si no hubiera sido absolutamente dócil durante diez años, aparte de Tristán? Desde luego, no su propia madre, que no se lo había ocultado a Tristán.

La tendencia suicida de Tristán, si no podía hacer nada por su hijo, estaba escrita en su historial.

El estudio de Maurice sobre Monique también fue revelador.

Su ascendente estaba en Aries, el signo voluntarioso e incluso violento de Marte. Las inarmonías eran violentas y pesadas. El niño sufriría las heridas infligidas por Marte. La tragedia kármica de Monique residía en el hecho de que no podía controlar su formidable fuerza de Marte, **que no recibía ninguna influencia benéfica de Mercurio (inteligencia) ni de Venus (bondad, belleza, dulzura)**. Habría tenido que vencer a sus astros, que normalmente "inclinan pero no determinan".[73]

Habría sido necesario que, consciente de la dureza de sus cuernos de carnero, intentara desviar los efectos dolorosos para los demás y para ella misma. Añadió algunas consideraciones extraídas del tema de Beatriz: era una presencia milagrosa para el niño pequeño y una providencia para todos ellos. Poseía un verdadero poder salvador reservado a ciertos seres privilegiados por Dios para ayudar, consolar y salvar al prójimo.

Concluyó: cuando no soportas a alguien, te duelen los cuernos de carnero, Monique, te duelen mucho. Si quieres a tu hijo, es absurdo perjudicar a esta pequeña providencia, porque el resultado sólo puede ser negativo para

---

[73] A lo largo de toda una vida de observación, el autor puede afirmar que nunca ha visto a nadie "dominar sus estrellas". Todos los temas astrales estudiados correspondían perfectamente al comportamiento del sujeto estudiado. Así pues, parece que "dominar las estrellas" es un hecho poco frecuente. Es cierto que nuestra época decadente ha perdido el libre albedrío por hipotrofia de los genitales internos. Es más, la mujer se ha visto profundamente deformada por su "masculinización".

el niño, para tu pareja y para ti misma. Tienes que superar tus impulsos instintivos, que en este caso son completamente animales y que sólo están ahí para causarte el mayor daño a ti y a los tuyos...

La lectura del tema de Beatrice dio un vuelco al corazón de Tristán. Todo en él era cierto tanto en el presente como en el futuro, es decir, los quince años siguientes a la redacción de este estudio.

Su Sol estaba en la casa 12, la casa de las pruebas. Representaba la renuncia, el espíritu de sacrificio y abnegación, realizados en aislamiento y en secreto, con discreción confidencial. Había un esfuerzo por purificar la conciencia mediante sacrificios voluntarios que contribuían al progreso moral. Tenía una inclinación natural a cuidar de los enfermos, a ayudar y proteger a los débiles. Sólo se ocupaba de trabajos que exigían alejarse del mundo. Tenía tendencia a buscar la soledad y a hacer renuncias a sí misma. Su salud dejaba que desear, una enfermedad lánguida que requeriría estancias prolongadas en una casa de reposo. Tenía un ardiente deseo de dedicarse a los enfermos, a los menos afortunados.

Sus sentimientos la impulsaban a actos de abnegación y amor melancólico. Su constitución no era robusta, pero su sensibilidad era muy grande, con impulsos sublimes hacia el sacrificio, la caridad y el deseo de ayudar a sus semejantes y a sus hermanos inferiores, los animales, por los que sentía una ternura muy especial. Tenía una sensibilidad sentimental extrema que la hacía infinitamente comprensiva con todas las aflicciones físicas y morales, porque lo único que quería era aliviar, aliviar y consolar...

Su juicio era claro: su vida no sería larga.

La vida de esta querida niña no pudo ser larga debido a su hipotiroidismo general, y sabemos que la tiroides es la glándula de la vida.

Así se había sentido Tristán ante el tesoro que el cielo le había concedido para su amado hijo, y del que Monique abusaba monstruosamente con su repulsiva locura.

Y, sin embargo, Monique tenía a veces una pizca de lucidez, porque una vez, hablando de sí misma, dijo: "En mi caso, Saturno no es redondo y Marte no es recto"...

¿Por qué el destino había puesto a Monique en el camino de Tristán? Por supuesto, ella había recogido a Tristán del naufragio que había dejado atrás. Ella había demostrado ser perfecta, y poco a poco él le había dado su

confianza y una enorme ternura que Monique, por su comportamiento, no le permitía expresar.

¿Qué es una mujer?

Para su compañera, es un ser obediente, una madre, una amante.

¿Qué es un marido? Un padre para su compañera, el que manda, un amante.

Tal es la realidad humana impuesta a la sabiduría de las naciones ante todas las debilidades materialistas.

¿Era un padre para Monique? Había hecho todo lo posible por protegerla, por darle una casa, de la que asumía todos los gastos, y, aunque sólo quería ser madre de su compañera, le había ofrecido un hijo que la situación del mundo le impedía desear. Por el bien de este niño y de su madre, había aceptado ir a Berry, algo tan fuera de su carácter. Había construido a esta pequeña Beatrice, tan llena de cielo, para que les ayudara con las tareas de la casa, con su trabajo como académico y escritor y, sobre todo, con la educación y el cuidado de su querido hijo. También se preparaba para el futuro del niño, lo cual era muy normal en semejante dedicación y competencia sin precedentes. Tenía en él tesoros de bondad, afecto, comprensión e indulgencia. Era capaz de dirigir su hogar de acuerdo con las realidades de una época vertiginosamente suicida. Era un amante inagotable.

Es cierto que su apetito sexual era exagerado, como ocurre con los "tiroides" con suprarrenales suficientes y genitales reproductores eficientes, pero la mujer sabía cómo negociar este "defecto" para evitar, al menos relativamente, las tentaciones carnales de su pareja.

Y Monique.

¿Una esposa maternal, comprensiva y cariñosa? ¿Suavizando las cosas, diplomática con su marido "al que había que acercarse con cautela", como decía la descripción homeopática del fósforo que era (el fósforo de la homeopatía es la tiroides de la endocrinología)? ¿Consciente de su interés por la síntesis, del milagro que representaba la presencia de la pequeña Bea en su casa, a la que le había costado años educar? ¿Con gestos de ternura? ¿Un poco de esa humildad que es signo absoluto de salud mental? ¿Una compañera obediente? No, jamás.

¿Cuántas veces se había oído hablar Tristán sin que ella le escuchara?

Béatrice, ese tesoro del destino, ese pozo de ternura para su hijo, Béatrice que ayudaba en todo, que sabía impartir a su pequeño los conocimientos que le traía, y lo hacía con esa paciencia angelical que hacía que el corazón de Tristan se hinchara de angustiada gratitud. Béa, la pequeña Béa, era tratada de forma inhumana por Monique, que ni siquiera podía contenerse delante de extraños. Amigos y conocidos contaron a Tristán su conmoción e indignación por el comportamiento de Monique hacia Béa. Todas aquellas cosas maravillosas que traía Béa, que aliviaban a Monique de su insaciable sed de energía, no significaban nada para ella. Lo único que importaba era una pequeña cosa rota, una manguera de aspiradora prematuramente gastada por la torpeza de Béa, un objeto mal colocado, un rincón de la casa donde quedaba polvo, mientras que el dormitorio de Monique, donde Béa tenía prohibido limpiar, se parecía al peor de los zocos en cuanto a desorden y polvo.

¿Cómo iba Aureliano a juzgar a su madre cuando hubiera madurado, cuando su bondad y su inteligencia se hubieran fortalecido?

A los seis años ya decía: "Por qué mamá es así, deberíamos querernos todos".

Se le habían ocurrido todas las soluciones. Pero no se adaptaba a la patología de Monique. Si el juicio de Aurelien se hacía evidente, ella no podría escapar. Entonces haría como su padre, echar la culpa de todo a la enfermedad y seguir queriendo a su madre.

El estado de Monique parecía demasiado grave para que Tristán se diera cuenta. Era el estado mismo del mundo moderno en su conjunto, y el de su compañera en particular. El sentido moral, la estética y la espiritualidad habían desaparecido en todas partes. Sólo quedaba el formalismo y, aun así, los impulsos animales y egoístas. Más tarde, Monique limpió su nombre casándose con la Iglesia integrista en un contexto aberrante que ilustraba el formalismo doctrinario y el dogmatismo que habían sido el esqueleto blando de dos mil años de cristianismo.

El biotipo femenino es intrínsecamente celoso. Así que los celos se combinaron con el egoísmo para crear mentalidades monstruosas a finales de siglo. Las deficiencias orgánicas y educativas fomentaron por doquier las desavenencias asesinas que fueron objeto de reportajes en todo el mundo. El laicismo y la quimificación general habían acabado con la humanidad del mundo. A partir de entonces, todo sería aberrante e inhumano.

Nada importaría salvo el egoísmo infantil y los impulsos bestiales. El dinero sería lo primero. ¿Cómo pudo soñar Tristán que su hijo podría escapar de este infierno? Si Monique hubiera tenido la más mínima conciencia, habría disfrutado de su felicidad única y sólo habría tenido un dolor: el de la agonía del mundo entero.

Si Monique no podía darle a Bea todo el reconocimiento indulgente y cariñoso que merecía, Tristan se iría a un piso de alquiler controlado donde la niña tendría su propia habitación. Seguiría pagando la casa de Monique, que algún día pertenecería a Aurélien. Le dejaría los muebles necesarios y los libros que un día serían el patrimonio de su hijo.

Estaba dispuesto a conservar su habitación en la nueva casa. No dejaría a Monique, sólo tenía que proteger a la niña, cuya devoción seguía siendo atenta y que no contaba los cuidados que le daba a Aurelien a pesar del comportamiento de su madre.

Monique persistió en asaltar a Béa con su ira. No podía abrir la boca sin que el corazón de la niña, como el de Tristán, que sufría por ella, empezara a latir desbocado. Béatrice seguía encontrándose en estados de postración que duraban horas o días. La ternura consoladora de Tristán no bastaba para compensar el comportamiento viperino de Monique.

Tenía que pensar en proteger la salud física y mental de Beatrice, así como la suya propia. Tenía que permanecer disponible para la pequeña. La salud de Tristan estaba empeorando. A todos sus problemas se sumaba una úlcera de estómago de origen psicosomático. Sus bronquios y pulmones, muy frágiles, también empezaban a ceder. ¿Cómo podía mostrar a Monique la ternura que sentía por la madre de su hijo, cuando tenía que lidiar constantemente con el comportamiento de un feto huraño?

Era demasiado estúpido desperdiciar todo ese futuro que se había construido con tanto dolor, tanto amor y tanto sacrificio. Tanto desperdicio por una torpeza tan grotesca. No, Tristán no podía resignarse.

Hace cuarenta años, cuando el hombre era el amo de la casa, habría dicho "así son las cosas" y ninguna locura habría impedido la marcha normal de las cosas según la razón y el corazón del capitán que dirigía la nave familiar.

Pero hoy reina la locura. Una mujer demente con recursos financieros puede crear instantáneamente todas las formas de caos sin que la inteligencia o la razón puedan intervenir en modo alguno.

La involución, la degeneración, son tales que esta fatalidad sociológica existe ahora a nivel de los niños, cuyo infantilismo, normal en ellos, se convierte cada vez más en ley. El mundo se hundía en una anarquía generalizada, y Tristán se había alimentado de la loca certeza de que Monique, estructurada por su obra escrita, escaparía de todo, y en particular de sí misma y de sus celos vesánicos y caricaturescos.

Era un sueño. Monique había sido deconstruida por una infancia atroz cuyos traumas son insuperables, pero Tristan aún no lo sabía. El laicismo había hecho su trabajo, y su vaga conciencia de los fenómenos de nuestra decadencia no podía compensar una infancia angustiosa y el laicismo, que se combinaron para matar el potencial de amor de los seres humanos. Sin embargo, es el amor la clave de toda comprensión y de la lucha juiciosa contra uno mismo.

La esperanza, la esperanza que da vida y mata, le impulsó a escribir a Monique:

Por supuesto", le escribió, "hay discrepancias en nuestras cartas astrales, pero lo que tenemos en común es una lucidez, un sentimiento de protección, de amor por nuestro hijo en una situación fatal, y el ideal grandioso que queremos para él.

¿No son enlaces enormes?

La fragilidad de mi sistema nervioso, mi incompetencia en cuestiones prácticas y mi trabajo profesional personal hacen que no pueda cuidar sola de Aurélien. La competencia no es sólo conocimiento, que ofrecimos a Beatrice, sino amor y paciencia. Y para mi asombro, descubrí en Beatrice estos dones excepcionales de amor, paciencia y pedagogía.

Hay muy pocos niños que, a los cinco años, ya sepan leer, escribir por sílabas, tocar un poco el piano y hablar un poco de inglés. Todo esto sólo ha sido posible gracias a Bea. Lo único que hice fue dar instrucciones y directrices, que fueron seguidas maravillosamente. Un carácter enfermizamente sensible también requiere una presencia constante, no sólo para Aurélien, sino para mí mismo, que estaría paralizado y esterilizado sin ella.

Cuando te tomé como compañero, no fue ciertamente para tener un hijo en esta sociedad, sino para que me ayudaras en mi trabajo de pensador, para que me vieras como a tu hijo. Querías un hijo, sentí lo tumultuosa que era esa aspiración, era natural, pero te lo di a ti, no a mí, aunque ahora lo adoro.

Construí a Bea para que nos ayudara a criar a Aurelien, para que te aliviara a ti en casa, que trabajas todo el día, para que me ayudara con mi trabajo de profesora y escritora. Es fácil comprender que, aunque tu equilibrio mental fuera perfecto, no podrías hacer frente sola a tu trabajo, a tu casa, al niño y a mí.

Por tanto, es una oportunidad providencial que todo pueda hacerse según las realidades y no según las aspiraciones de una subjetividad enferma que desconoce toda la realidad sintética que nos concierne.

Tu trabajo y tu hijo, por la noche, bastarían para devorarte. Es normal: a una mujer no se le puede pedir tanto. Por eso no le exijo más sexualmente y por eso es natural que Bea pueda ocuparse de nosotros, gracias a la instrucción y la orientación que tú y yo le damos.

Béatrice compensa tus inevitables defectos y nunca te lo reprocharé. ¿Qué haría yo con mi temperamento artístico, mi tinnitus palpitante, mis vómitos y mi pérdida de equilibrio, qué haría por los más jóvenes, por mi trabajo, sin Béatrice? Estaría totalmente paralizado. Es obvio, pues, que no podemos hacer nada eficaz por el pequeño sin las habilidades emocionales, pedagógicas y domésticas de Bea, que nos cuida por ti.

Incluso puedes permitirte quedarte hasta tarde, como hiciste durante semanas para que tu madre se instalara. ¿Podrías haberlo hecho sin Bea? ¿Qué podrías hacer por las necesidades básicas de Aurélien y mías sin el día mientras trabajas? No podría hacer nada.

Tu madre está ahora aquí, a tres kilómetros. He enviado a Bea a casa de una amiga durante quince días para que se recupere de la depresión que le has causado. Has confiado Aurélien a tu madre, pero ella no le aportará nada, absolutamente nada, de la cultura y el amor que Bea prodiga a nuestro hijo.

No tengo a nadie que me haga las tareas domésticas, las comidas, el trabajo, ninguna ayuda. Estoy perdido. Béatrice te libera de todos estos imprevistos, con cariño y competencia además. Mantiene la casa en orden y me permite enseñarle a ella y a nuestro hijo. Te deja disponible para Aurélien cuando vuelves a casa, y es la perfección para todos nosotros. Puedes comprender que te debes a Béatrice, ella cuida de nosotros, tenemos que estarle agradecidos y quererla como a la hermana de nuestro hijo, porque está llena de devoción, sentimientos y ternura hacia nuestro pequeño. Tenemos que tenerla cerca de nosotros, no sólo porque sin ella entraríamos en pánico, sino también porque forma parte de nuestra felicidad. Esta querida niña tiene alma.

Trabajas todo el día, ¿cómo voy a despertarte por la noche cuando tengo una crisis menstrual? Tu exceso de trabajo es demasiado, es Bea quien se dedica a ti.

No debemos dejar que la locura destruya lo que tanto nos ha costado conseguir a lo largo de los años, sobre todo por ti, porque, como sabes, no tenía intención de tener un hijo en estas circunstancias.

Si la locura intenta destruir un edificio tan magnífico, no me queda otra solución que tomar un piso para proteger a Bea y a mí mismo, a fin de seguir estando disponible para el pequeño mientras te dejes ayudar. Tendré que hacerlo, aunque me desgarre el corazón. Piensa en todo esto para que puedas calmarte y comprender que lo tienes todo y que no debes destruirlo todo...

A Tristán le parecía imposible que Monique no lo entendiera. Era tan obvio, tan claro. Pero, ¿era Monique capaz de penetrar en los misterios de su temperamento artístico y tiroideo? Parecía imposible, porque si lo hubiera hecho, habría comprendido que todo era perfecto y que se sentía realizada...

CAPÍTULO XXI

El hundimiento

A lo largo de estos años de angustia, Tristan siguió escribiendo libros inéditos en el contexto de todas las distorsiones y mentiras en que vivíamos, y dando clases en la Enseñanza Superior, donde estaba destinado. Pensó que un puesto de Director sería bien recibido económicamente, y contaba con todo el apoyo que necesitaba. Para ello, tendría que ser destinado a un liceo, a fin de retomar el contacto con la enseñanza secundaria, ¡que cada vez lo era más!

Le asignaron un liceo a pocos kilómetros de donde vivía y se desplazaba hasta allí para recibir sus diecisiete horas de clase semanales.

Hacía casi veinte años que no daba clases en secundaria.

Fue un shock, ¡y qué shock! Una cohorte de blue-jeaners asexuados, verdaderos sacos de almidón informe, opuestos a toda forma de inteligencia, revolcándose con deleite en todo lo absurdo y degradante, permanentemente motivados por el culto a la creatividad ignorante, por la música regresiva, patógena y criminógena. Colegas profesores delegados de secundaria, profesores de pacotilla, izquierdistas con atuendos inauditos, tan poco formados mental y físicamente como sus alumnos. Niños de doce o trece años fumando y besándose en la boca en el patio, coeducación, destructiva para ambos sexos, sin enseñanza específica para ninguno: en una palabra, neonatismo erigido en sistema y criterio de cultura. Como director, habría tenido que enfrentarse a esta mega-deformación. Así que renunció a su candidatura y se jubiló anticipadamente.

En pocos años, la situación empeoraría: profesores apaleados, sus coches reducidos a chatarra, neumáticos rajados, chicas "follando" en los pasillos y dando a luz en los "lavabos", o asesinando a sus compañeros... sucesos habituales.

Esto le liberó de la pesadilla de la Enseñanza y le permitió concentrarse en la pesadilla que Monique le imponía. Las dos pesadillas a la vez eran imposibles de sobrellevar.

La transición fiscal de su jubilación justificó una reducción de la pensión de su hija Nathalie en Alemania. Ella le llevó a los tribunales. El juez le impuso la pensión pero suprimió la indexación.

Para complacer a Monique, para intentar devolverle la cordura, Tristan le había dado carta blanca para la casa, que estaba casi construida.

Martine, una amiga pintora, tenía un parecido asombroso con George Sand. Había dibujado los planos para ella, según sus deseos.

Sus pinturas originales eran una especie de neorromanticismo diáfano, sus acuarelas eran deslumbrantes y sus retratos demostraban un gran talento.

La madre de Monique, que había venido a vivir cerca de ellos, vivía en Rabat (Marruecos) antes de jubilarse. Monique y Martine iban a visitarla en verano, cuando aún estaba allí.

El viaje había permitido a Martine hacerse una idea más clara de la extraña psicología de Monique.

Monique quiso organizar una visita a la Medina para Martine. Fueron los tres, incluida su madre. Por desgracia, ese día Martine estaba en el periodo crítico del mes. El calor marroquí y el estado "tiroideo" de Martine, típicamente sensible, no contribuyeron a mejorar su calvario.

En plena Medina, le sobrevino un ataque de agorafobia y quiso marcharse urgentemente.[74] En lugar de comprender médicamente una situación tan simple, sobre todo para una enfermera, Monique expresó bruscamente su desaprobación, lo que agravó aún más el estado enfermizo de Martine y sus palpitaciones.

Curioso ejemplo del egoísmo altruista de Monique: Martine debería haber aprovechado al máximo las molestias que se había tomado para enseñarle la Medina. Este gesto "altruista" eliminaba automáticamente cualquier deficiencia de la persona que se "beneficiaba" de su extraña devoción.

Martine, como tanta gente hoy en día, tenía graves problemas domésticos.

---

[74] La agorafobia era parte de la diátesis maníaca, y la manía es un estado de hipertiroidismo. Este fue un incidente clásico en un paciente con tiroides.

Monique le había dado el mejor consejo:

- Todo puede resolverse con amor y comprensión hacia los demás".

Era un buen consejo que Monique debería haber seguido ella misma, pero en este caso Martine no podía.

Su marido era gordo y feo, bebía mucho whisky y la engañaba.

Monique le había contado a Tristan los problemas de Martine. Desde luego, el marido no era un hombre que, como Tristan, no saliera de casa ni de día ni de noche para cuidar y enseñar a los dos niños, Aurélien y Béa.

Monique no soportó al marido de Martine ni dos minutos. Buen consejo de Monique: ironía del destino.

La casa que se había construido resultó irrisoriamente inadecuada para albergar a Tristán y sus muebles. Los dos mil libros tenían una estantería de pared, pero los veinte metros cuadrados de que disponía eran absurdos.

Y había firmado, pensando que Monique tendría en cuenta las necesidades básicas de su compañera. Eso había pensado Martine cuando trazó los planos de la casa, pero no se había atrevido a decir nada.

- No lo entendí", le dijo más tarde a Tristán, "pero como no dijiste nada, pensé que estabas de acuerdo, e imaginé que había una solución que yo desconocía".

De hecho, Monique había diseñado la casa sólo para ella y su hijo.

Esta característica arquitectónica encajaba perfectamente con sus dificultades psicológicas. Tristan no podría mudarse... Todo iba a separarlos.

Le había pedido a Monique que le demostrara a Béa unos meses de afecto para que él pudiera aceptar que se quedara en la ciudad, sin sentirse "abandonado".

Monique no sólo no hizo ningún esfuerzo, ningún progreso, sino que las cosas empeoraron y se deshicieron trágicamente.

Una noche, Monique empezó a tratar a la pobre chica de la manera más grosera. Llamar "puta" a esta pequeña "hipotiroidea", que no tenía ningún tipo de sexualidad, que nunca sería rival para ninguna mujer, era el colmo del desprecio.

La indignación de Tristán era máxima. Era incapaz de golpear a una mujer y, sin embargo, se armó de valor y realizó el acto más doloroso de su vida.

Lo que había hecho estaba tan lejos de él que, cuando se lo contó a su amigo el astrólogo, no pudo evitar soltar una carcajada. Tristán le preguntó por qué se reía. Le contestó:

- Con la mejor voluntad del mundo no puedo imaginarte abofeteando a Monique.

Efectivamente. Aurelien estaba en el salón, donde Monique había insultado a la pequeña Bea, y Tristán llevó a su compañera a su propio dormitorio y le dio una bofetada. Qué merecido, qué útil si la terapia había funcionado.

En una mujer normal, con un trastorno pasajero, habría funcionado perfectamente, como lo demostraban mil ejemplos, pero Monique estaba demasiado gravemente afectada para que hiciera balance de la situación y admitiera su fechoría. Estaba incluso más afectada de lo que Tristan pensaba, porque quince años después había llegado al mismo punto. Nunca pudo aceptar una culpabilidad razonable por ninguna de las dos partes, porque Tristán no era un santito.

Pero lo peor estaba por llegar, y ya era una prueba terrible de la extrema gravedad del caso de Monique: ante el asombro de Tristán, Monique llamó a su hijo.

Si Tristán hubiera podido siquiera imaginar semejante locura, semejante inmadurez, jamás habría abofeteado a Monique. Sólo una mujer madura y razonable puede recibir una bofetada adecuada si se lo merece, y la conmoción siempre le hace recapacitar. Esto es imposible para una mujer gravemente degenerada como la mayoría de las mujeres del siglo XX.

A Tristán le dolía el corazón de ver a su pequeño llegar en tales circunstancias, llamado por su madre, que normalmente lo habría mantenido alejado. Hubiera preferido morir antes que vivir esto. Esto es algo que nunca podría haber imaginado.

— ¿Por qué no le diste un azote a mamá y no una bofetada? Es mala con Bea, se merecía un azote. Me pegas cuando me lo merezco. Deberías haber azotado a mamá.

— Querida -respondió Tristán-, tienes razón, pero no he tenido tiempo de pensar.

Mientras Tristán hablaba con su hijo, Monique salió de la habitación.

Dos meses después se enteró de que Monique había ido a pegar a la chica, que no había dicho nada por miedo a que Tristán la corrigiera más.

Al día siguiente, como la cama de Monique no estaba hecha, Béa se la hizo. Monique no sólo no le dio las gracias, sino que tiró la cama:

- Le prohíbo a Beatrice que me haga la cama.

No había tiempo para vacilar. Había que trasladar a la niña a un piso de alquiler controlado y protegerla.

Tristán alquiló el piso, con el corazón hecho jirones y las piernas entre algodones. Tenía que marcharse. Su hijo también necesitaría a la pequeña Bea, y él tenía que protegerla de tanta estupidez y sadismo.

Un amigo le ayudó a mudarse y a arreglar este piso en una gran ciudad de cemento que Tristán odiaba. Preparó un dormitorio acogedor para Béa, la pequeña Béa, tenía paz y tranquilidad.

Para colmo, seguía cuidando y enseñando a Aurélien con la misma ternura que si Monique hubiera sido amable y maternal con ella: Beatrice era eso.

Pronto Tristán sería traicionado: Aurélien iría a la escuela primaria.

El día que Tristan la abofeteó, Monique llamó a Martine para que fuera a recogerla. Se quedó con Martine dos días. El segundo día era el concierto de la escuela de música, en el que Aurélien iba a tocar un pequeño y encantador estudio. Monique se negó a ir porque Béa también iba a tocar el primer preludio del "clave bien temperado" de Bach.

Durante meses, Martine ayudó a Monique, ayudó a Tristan y facilitó unas relaciones que se habían vuelto imposibles desde que él la había abofeteado. Monique, sumida en su enfermedad mental, era incapaz de razonar objetivamente: identificaba a Tristan con su padre, que la había golpeado, rechazado y sometido a los peores abusos. Sus bloqueos encadenaban a Monique a un Karma que rompía el corazón de Tristan y por el que él no podía hacer nada.

Ni siquiera pudo decirle: "Te quiero y te comprendo, ven a mis brazos". El pobre cactus de Monique no oía nada.

Al cabo de unas semanas, Martine decidió escribir una carta reflexiva a Monique. La carta de una amiga reflexiva que sólo velaba por los intereses de ambas, por su comprensión. Entregó los términos esenciales a Tristan, que estaba profundamente preocupado:

Le dijo que como amiga tenía el deber de decirle sinceramente lo que pensaba. Le habló del temperamento artístico de Tristán, que había que comprender, de la necesidad de que Beatrice estuviera allí para ayudarla a ella, que trabajaba, para cuidar de su hijo y de su marido, que tan bien le estaba enseñando a educar a su hijo, del afecto que le debía a alguien tan conmovedor y tan lleno de amor por su hijo. Le recordó el principio perfecto que ella misma le había enseñado: "Con mucho amor y comprensión hacia los demás, se puede conseguir cualquier cosa".

También le recordó que tenía un carácter difícil y que era importante que se diera cuenta de ello.

Monique no quiso volver a ver a Martine, como sus amigas Simone y Gladys, a las que volvió a ver años más tarde.

Monique se había enterado de un comentario que había hecho Martine acerca de que Monique era dictatorial incluso con su propia madre.

Fue a mostrar su personaje de la excavadora en el lugar de trabajo del marido de Martine, así que Martine dijo:

— Me mataría en una semana. Y Beatrice dijo:

— Yo también, si Monsieur Tristan no me hubiera protegido.

El sueño de Tristán para su hijo se hundía en el olvido.

Se socializaría, se convertiría en un robot, en un dócil productor-consumidor, tal vez en una amalgama físico-química gestionada por la cuenta de resultados de la pseudodemocracia.

Dos poemas surgieron de las intensas lágrimas que derramó ante la gélida tumba del futuro espiritual de su amado hijo:

Aurélien

Recuerdo sus ojos azules el día de su bautizo.
Y su sonrisa angelical que me derretía el corazón.
Vuelvo a ver su cuna, sus ojos, sus alas.
Y mi alma angustiada.
Ya podía verlo, vida, luz, sol.

Mi flor en plenitud, en el jardín de mi corazón.
Rosa, belleza suprema, viva en mi nido.
Y ahora la muerte se ha abalanzado sobre mi sueño.
En mi rosa y en mi corazón.
Puedo ver cómo se marchitan.
Sin esperanza,
Oh dolor...
A mi querido hijo
Oh mi pequeño querido
Envuelto en mi corazón.
Acurrucado contra mi alma.
De donde manan torrentes de ternura
Fluyen hacia tu corazón.
En este mundo asolado por el horror y el odio.
Pienso mucho en ti.
Haré todo lo que pueda para asegurarme de que tú, hermosa flor.
Florecerás en el azul del cielo.
Tus pies en esta tierra y tu frente al sol.
Diré al Señor.
Aquí, te lo doy, ha crecido tan hermoso
En el jardín de mi corazón.
Está allí para servir a Dios y a lo universal.
Está ahí, Señor.
Ya ves, he logrado esta obra maestra suprema.
Un hombre tierno y fuerte.
Le quería tanto,
O mucho más que a mí misma.
Puedes perdonarme mis pecados y penas
Porque te ofrezco un tesoro...

Aunque Aurélien llevaba el apellido de su padre, que le había reconocido, Monique y Tristan no estaban casados, por razones fiscales como hemos visto. Su situación habría sido intolerable y sólo podrían construir sobre la base de una posición de "madre soltera".

Todo convergía hacia su destrucción. En el mismo momento en que la fijación de Monique provocaba bloqueos terapéuticamente invencibles, un nuevo gobierno acababa de asimilar las concubinas a los casados.

Esto significaba que si hubieran podido permitirse añadir una habitación a la casa y vivir allí juntos, habrían tenido que pagar la friolera de quince mil francos al mes en mensualidades e impuestos, más que la pensión de maestro de Tristán. La situación era absurda e insoluble.

Vivir separados, incluso pagando la mitad del alquiler de la casa de Monique, era difícil pero posible. Si todo se hubiera arreglado, si se hubieran instalado en la casa y hubieran sido felices, habrían quedado desolados por la situación de "sueldo-impuestos-y-gastos" de la casa.

Así que tuvimos que llevarnos este piso con Bea y también crear un instituto de medicina natural y salud, para salvar al mayor número posible de personas del abismo de la química.

Así que había razones concretas para consolarse: el aspecto elemental de la vida se había hecho posible, mientras que si su ideal se hubiera realizado, si Monique hubiera recompensado a Bea por su comportamiento angelical, si todos hubieran estado unidos en el amor y la armonía, *habrían sido destruidos desde el principio por el recaudador de impuestos.*

Para Tristán era tan alucinante que no se lo podía creer. Mandó hacer cálculos a varios especialistas, a un amigo del departamento fiscal, a abogados, para que le confirmaran esta aberración.

Había que decirlo: la grieta irreversible que el destino les estaba imponiendo a través de los problemas psíquicos concretos de Monique les estaba salvando la vida en un nivel material básico...

Esto no consoló a Tristán, pues "el corazón tiene sus razones que la razón desconoce"...

La salud de Tristán empezó a fallar. La bronquitis y la congestión le bajaron la temperatura a cuarenta y cinco grados. No había tomado ni un solo antibiótico ni medicamento químico en veinte años, porque estaba convencido del satanismo fundamental de la química en el cuerpo humano.

Pero en una situación así, los antibióticos se hicieron necesarios.

Un mes más tarde, se produjo una recaída y la temperatura subió a treinta y nueve grados. Aplicó una terapia natural que funcionó muy bien. Por desgracia, dos meses después hubo otra recaída, con una temperatura de cuarenta grados. Tuvo que recurrir a los antibióticos. Esta medicina alopática sigue siendo útil en casos de urgencia y durante periodos cortos.

Es una "técnica médica", no medicina. Lo lamentable es que los médicos la toman por medicina porque no tienen espíritu crítico.

Ni siquiera entienden que las vacunas, productos pútridos impregnados de mercurio y aluminio, son cataclismos para el ser humano. Es la higiene la que ha reducido las epidemias. Hace treinta años, el profesor Dick, especialista mundial de la viruela, escribía en un periódico: "La vacuna es más peligrosa que la enfermedad"...

El mismo día en que Tristan padecía esta intensa fiebre, Monique le confió a Aurélien su cuidado durante tres días. Gracias a la pequeña Bea, pudo llevárselo al piso. ¿Fue para complacer a Tristán por lo que le confió al niño? Por supuesto que no, le convenía.

Más tarde supo que ella ya tenía otro hombre en su vida. Tristán nunca lo habría pensado, pues creía que en aquella situación ambos se concentrarían en criar al niño y protegerlo de aquella situación atroz. Estaba seguro, el muy ingenuo, de que ella nunca impondría un padrastro a su hijo.

Seguía tan lleno de ilusiones respecto a Monique que le escribía cartas, llenas de verdad, por supuesto, porque no se podían negar los hechos. Pero seguía lleno de ternura, indulgencia y comprensión, y estaba dispuesto a arreglarlo todo, excepto, claro está, echar a Bea a la calle o a la soledad.

Materialmente, el piso era la solución. La niña estaba protegida, Monique no tenía que soportar su presencia, Tristan la rodeaba con su afecto, el instituto estaba abierto con el único objetivo de proteger las mentes abiertas de todo lo que las destruía en ese momento. La verdadera salud sólo es posible a este precio. Había guardado una habitación en casa de Monique. Económicamente se las arreglaban, a duras penas, pero se las arreglaban.

Le escribió que la quería mucho, que el niño debía ser la meta de sus vidas, que Bea no era rival de nadie, que la necesitaban absolutamente por su perfección para el niño, para la casa, para el trabajo, que nadie en el mundo podía dar tanto amor a un niño mientras la madre tenía que trabajar, enseñarle lo básico de la escritura y la lectura, el piano y el inglés.

De hecho, siempre decía lo mismo.

Para el cumpleaños de Monique, le regaló un corazón de oro en una cadena de oro como símbolo. En Navidad, le regaló dos poemas y una pieza musical dedicados a su hijo.

Nada lo hizo. Le explicó que nunca la habría abofeteado si no la hubiera amado. Sólo tardaría un año en entender esta bofetada terapéutica. Guardó una copia de sus cartas, que podrían haber formado un grueso libro.

Monique tenía el corazón helado de su época, la locura de la Edad de Hierro.

La enfermedad se aferró a él. Uno de sus ojos tomó el aspecto de un tomate y se formaron quistes. Una enfermedad psicosomática, como la que afectaba a sus pulmones y bronquios. En el lenguaje médico humorístico, se llamaban "embarazos nerviosos oculares".

Su corazón seguía hablando, contra toda razón:

> Mi Monique.
>
> Cuando el corazón habla, hay que dejarlo hablar, y mi amor por vosotros dos seguirá vibrando hasta el día de mi muerte. Después de dos días de antibióticos y un ojo magullado, solo puedo pensar en vosotros.
> ¿Cómo puedo decirte cuánto te quiero? ¿Cómo puedo hacerte comprender que soy uno de los pocos hombres que quedan con un corazón y una inteligencia llenos de luz, belleza y sinceridad? ¿Cómo puedo hacerte entender que te quiero como eres y que comprendo tus dificultades pero que me es imposible ver llorar a Bea porque la tratas mal y que tuve que hacer lo que hice, un acto normal para un hombre digno de ese nombre, hacia una mujer digna de ese nombre y a la que ama?
> Como ven, habíamos logrado el corazón de mi escrito: una sociedad pequeña y tradicional en medio del caos global. Los cuatro éramos una isla de diamantes, perfectamente complementarios. Bea ama a nuestro pequeño con todo su corazón. Incluso tiene una autoridad extraordinaria sobre nuestro hijo que nosotros no tenemos. Ella compensa mis defectos hacia ti, ella compensa tus defectos hacia mí. Es nuestro ángel de la guarda.
> Como muy bien dijo nuestro amigo filósofo C. cuando vino a vernos hace año y medio: "Habíamos conseguido crear una pequeña sociedad de la Alta Edad Media, una joya única en nuestro tiempo, y todos funcionábamos perfectamente juntos".
> Le protegíamos de todo lo negativo de esta sociedad confusa. Pero desde hace un año, desde que nos separamos, tiene

resfriados, bronquitis y verrugas. Todo lo cual apunta a una evidente sobrecarga de almidón. Su fisonomía muestra un hígado y unos riñones cansados... ¡A su edad!

Gracias a béa, nada de esto sería posible si estuviéramos juntos, porque los cuatro combinamos los cuidados adecuados sin concesiones.

Nuestra estúpida ruptura le sumirá inevitablemente en todos los compromisos de la necrótica actualidad. Ahora que me he prejubilado, tenía mucho tiempo para ocuparme de él. Y tú, a las cinco de la tarde, trajiste tu luz a nuestro círculo de amor. Eso es el verdadero matrimonio.

Me llegaron rumores de que conocías a otro hombre con el que querías casarte. No los creí: ¿un matrimonio construido sobre nuestras ruinas? ¿Qué clase de hombre de buen corazón que conoce bien nuestra situación podría casarse contigo? Ninguno. ¿Casarte sobre nuestras ruinas? ¿Sobre un trastorno mental obvio y común, tan obvio que todo el mundo puede verlo?

Si un hombre de tal calidad pudiera sucederme, entonces yo nunca habría sido más que una sombra en tu vida, y mi esencia se te habría escapado por completo.

Me puse en el lugar de un hombre digno de ese nombre. Si fueras la Venus de Botticelli, en una tragedia tan épica, no podría hacer otra cosa que hacer todo lo posible para devolverte a tu compañera, para que tu mente y tu corazón pudieran sanar. Si no lo hiciera, me sentiría como un buitre, un carroñero...

¿Cómo pudiste reemplazarme tan rápido si realmente me amabas? Nunca podría reemplazarte porque mi amor por el pequeño nunca puede disociarse de mi amor por ti.

Nuestro hijo necesita forjar su alma sintiendo, mientras duerme, la presencia bajo su techo de una mamá y un papá cariñosos. Saber que él no lo sabría me rompe el corazón, y me hace acariciar la idea de morir con mi pequeño en brazos y dejarle disfrutar de la locura de este mundo en decadencia.

Creía que eras tan inteligente. Estaba seguro de que la conciencia que te estaba dando hacía imposible toda la locura que he estado viendo, desde que volviste de vacaciones de Marruecos con Beatrice. Desde ese viaje, hace tres años, comenzó la pesadilla.

Pero no había forma de que cayeras en esta burda trampa, que palidece ante la prodigiosa fortaleza que tú, yo y Bea habíamos construido.

Me diste la ilusión de que nuestro hijo y yo escaparíamos de todos los horrores del materialismo.

Durante los dos primeros años pensé que eras la mujer ideal, y nunca creí que tu hermana Françoise tuviera razón cuando dijo, refiriéndose a ti, a quien yo alababa hasta el cielo: "Volveremos a hablar dentro de dos años"...

Ningún hombre digno de ese nombre aceptaría tomarte como compañera si supiera de nuestra situación, de tus dificultades mentales, de esa fijación irrisoria por nuestra pequeña dulzura, que es ligeramente minusválida, y de mi ternura por ti.

Si ha entendido algo de mi trabajo, sabrá que sólo un humanoide podría aceptar "hacer fortuna" sobre semejantes ruinas y, ¿por qué no? Recomprar mi depósito sobre la casa, sobre la base de un trastorno de la mente de una mujer amada por su marido y con la que sin duda no se casaría, si tuviera cáncer...

Es cierto que este trastorno mental embota toda conciencia, y que cualquier chacal moderno podría aprovecharse de él.

¿Es posible que no se te salten las lágrimas al leerme? ¿Tan deficiente es tu intersticio?

¿No hay lugar en ti para la ternura, el razonamiento, la autocrítica o la autoconciencia?

Me gustaría tomarte en mis brazos. Siempre estoy aquí para ti. Oh mi tonta Monique...

Mi Monique.

Anoche soñé que tu rostro estaba sereno y me encontraba frente a ti, así que te besé suavemente por todo tu rostro sereno. Luego apoyaste la cabeza en mi hombro y susurraste "lo siento". Y yo simplemente te estreché contra mi corazón sin decir una palabra, porque ya te había perdonado. Sé que no se puede anteponer el odio al amor.

¿No es posible que odies a la pequeña Bea más de lo que me quieres a mí?

Mis amores.

Cuando no estoy cerca de vosotros dos, mi corazón se desgarra, tanto que no tengo palabras para expresar mi sufrimiento. Tal vez el perro que se niega a comer y se deja morir sobre la tumba de su amo sienta lo que yo siento.
No podría haber actuado de otra manera para curarte con una descarga.
"Sólo conozco una superioridad, y es la bondad", dijo Beethoven. No podía dejar que exterminaras a esta pequeña, cuya maldad se desintegra más que las demás debido a su insuficiencia tiroidea. Pero también porque no puedo hacer nada por la pequeña, ni por mí, ni por ti sin esta pequeña, un regalo del cielo.
¿Cómo puedes no entenderlo?
Despierta Monique, no hagas que te desprecie cuando os quiero tanto a los dos.

La salud de Tristán no mejoraba.

Martine intentó consolar a Tristan y Beatrice, como había hecho con Monique la noche en que él se había visto obligado a abofetearla.

La salud de Tristan era preocupante. Esto corroboraba los temores del amigo astrólogo que había escrito a Monique sin que Tristan lo supiera. Esta carta no tuvo ningún efecto en Monique, que se enteró de su existencia meses más tarde por el propio Maurice.

Martine sigue queriendo intervenir ante Monique y le lleva una copia de su carta a Tristan:

Mi querida Monique.

Estoy seguro de que comprenderás cuánto me cuesta escribirte. Pero creo que a veces hay que sentarse sobre el orgullo. Lo hago por tu bien y por el de Aurélien.
Veo, con cierta angustia, que la moral de Tristán decae porque se da cuenta de que Aurélien ya no siente que quieras a su padre.
Me enteré de los comentarios de Aurélien: "¿Por qué es así mamá, deberíamos querernos todos? Si le quitan toda esperanza a Tristán, me temo lo peor para todos ustedes, para Aurélien y para su casa, que puede negarse a pagar por desesperación.
A pesar de todo el amor que Tristan siente por su hijo y por ti, que incluso a mi marido le parece sorprendente, necesitas redescubrir el afecto que sientes por tu pareja. No superaría no

ser capaz de encontrar lo esencial para su hijo, y lo peor sería tener miedo. Estoy segura de que tu afecto le devolvería toda fuerza que necesita para ocuparse de vosotros dos y de la casa.

Beatrice y yo no bastamos para mantenerle el ánimo. Estoy descubriendo que su fragilidad física y moral es mucho mayor de lo que pensaba, y esto demuestra claramente lo indispensable que es Beatrice para ti.

Te escribí hace ocho meses. Permíteme decirte que los hechos me dan la razón en todo lo que te dije entonces. Mi carta fue la causa de nuestro desencuentro. No la entendí, porque si una amiga quiere ayudar a uno de sus amigos es obviamente aclarándole las cosas y diciéndole la verdad. No creo que la bondad casi enfermiza de Tristán sea inagotable.

Ojalá lo entiendas antes de que sea demasiado tarde.

Tristán está preocupado por el futuro de Bea si desaparece. Le prometí que cuidaría de ella.

Mi marido y yo vamos a intentar sacar a Tristán de este H.L.M., que no le ayuda en nada a su moral. A Tristan le gustaría vivir en su habitación contigo y quedarse con el piso para todas sus cosas que nunca cabrán en la casa, y sobre todo para proteger a Bea y a su instituto.

No podemos permanecer indiferentes ante tanta destrucción, y es por el bien de todos ustedes por lo que escribo esta carta. La emoción y el interés que siento por vosotros son la razón de mi intervención en un asunto doloroso en el que no soy en absoluto parte interesada.

Reciba un cordial saludo.

Martine

Charlotte, hermana de Tristan, tía y madrina de Aurélien, venía todos los años con su marido desde California para quedarse en la casa que habían construido en Corrèze. Aprovechaba para ver a su hermano Monique y a su sobrino nieto. Pronto pasará el verano en Francia.

Tristán había explicado la tragedia en la que se habían visto envueltos.

Charlotte era el último miembro de su familia que quedaba. El último. La intervención de Charlotte habría sido tanto más bienvenida cuanto que parecía ser la única persona a la que Monique escucharía. Pero, de hecho, Monique sólo podía acceder a dialogar si nadie decía nada que le molestara, como era el caso. Tristán, con su habitual ingenuidad, imaginó que podría contar con su hermana para ayudarle e influir en Monique con argumentos lúcidos, humanos y razonables. Tristan estaba tanto más convencido de ello cuanto que Charlotte le dijo que le conocía bien y sabía perfectamente la terquedad característica de Monique.

No dejó piedra sin remover para informarla. Ella lo sabía todo.

Curiosamente, Charlotte escribía extrañas cartas a su hermano, negándose a decir nada a Monique. Ella le escribía directamente, mientras que Monique había aislado a Tristán de toda su familia. En estas cartas sermoneadoras, le reprochaba a su hermano precisamente lo que había que reprocharle a Monique: falta de comprensión, de ternura, de indulgencia, de sentido común... que Tristan promulgaba ad infinitum en su trato con Monique y de lo que Charlotte no sabía nada. En resumen, pura *"abuela-chérisme"*.

Martine y un conocido amigo filósofo se mostraron unánimes: "Tu hermana está enfadada contigo, pero ¿por qué? Actúa de mala fe y es especialmente perversa".

Es cierto que había ceguera voluntaria, resentimiento personal inexplicable, mala fe y perversidad en todo esto: su propia madre y su *querida abuela* a secas.

A Tristán le recordó su dolorosa infancia y le produjo una conmoción que no hizo sino aumentar su desesperación.

¿Era natural tanta estupidez y maldad? ¿Cuál era su propósito?

Charlotte le pidió que le "explicara muchas cosas", aunque hacía tiempo que conocía todos los detalles de su tragedia.

Le respondió enviándole una carta que podía enviar a Monique y en la que encontraría toda la información que necesitaba.

Sus amigos se lo advirtieron: con lo que habían aprendido de Charlotte, seguro que no obtendría más que una negativa vejatoria, llena de ilógica y de infantil fariseísmo.

Había dicho torpemente a su hermana que le asombraba su resentimiento, su mala fe, su perversidad, pero que *si se equivocaba*, ella sabría utilizar los elementos de la carta que le enviaba para componer la suya propia.

Esto es lo que escribió en nombre de su hermana:

    Mi querida Monique.

Si no te he escrito esta carta antes, es porque soy de pensamiento lento y he tardado mucho en reflexionar sobre una información compleja.

Te he escuchado a ti, a Tristan y a tus buenos amigos como Frédérique, así que soy en cualquier caso el único ser humano que dispone de tanta información sobre tu drama. Por tanto, puedo, con toda humildad, formular una opinión que vaya más allá de lo banal y superficial.

Hay algo más que me ha impulsado a escribirte: Tristán lleva diez días con antibióticos, por el tercer ataque broncopulmonar en pocas semanas, con una temperatura de cuarenta grados, que sólo bajó a treinta y nueve después de tres días de inyecciones. Estoy muy preocupada porque de niño estuvo en coma con los mismos síntomas. Para mí, todo esto es esencialmente psicosomático, cosa que usted debe de saber mejor que yo, ya que conoce su tesis doctoral sobre su propio biotipo, tesis que yo divulgué de forma interesante.

Tristan tiene sus defectos. Es egocéntrico como todos los artistas (¡pero quién no lo es, porque todos tenemos ego!), pero es justo y amable. Te informó completa y honestamente de su naturaleza mucho antes de que vivierais juntos. Si lo has aceptado, no puedes dar marcha atrás. Es cierto que las mujeres son su gran peligro, pero ¿no vivió como un monje todos esos años contigo y Aurelien, en la región de Berry, dedicando su tiempo a su trabajo como académico y escritor, mientras enseñaba a Beatrice y Aurelien y cuidaba de ellos? Lo hizo sin tener en cuenta ninguna carencia importante por tu parte: comprensión, afecto, sexualidad. Todo se desarrolló en un marco de perfecto equilibrio, que permitió a Aurelien crecer tanto en cuerpo como en espíritu.

Tristán no pudo soportar la brutalidad con la que premiaste a la pobrecita Bea y comprendo, oh cuánto, que le sangrara el corazón al verla postrada y llorando durante días.

Quiso poner un bálsamo a tanto dolor prodigando a la niña un poco de la ternura que tú le negabas. Tu comportamiento, como escribió Frédérique, "precipitó a Beatrice en el corazón de Tristán": eso fue fatal en alguien tan romántico como mi hermano.

Tristán es el último hombre que pegaría a una mujer. Esto es tan cierto que su amigo Maurice se echó a reír al pensar en Tristán corrigiendo a Monique. No podía imaginarse a Tristán

abofeteando a Monique porque eso está totalmente fuera de su carácter.
Beatrice, que es ligeramente discapacitada, no puede ser tu rival, Monique, ni la de nadie, como es tan evidente.
La carta de Frédérique, que he leído una y otra vez porque me conmovió mucho su calidad, es perfecta en todos los sentidos y debería servirte de guía para ser feliz.
Así que cuando insultaste gravemente a la pequeña Bea, Tristan te abofeteó y se llevó a la niña a un piso municipal para protegerla. Actuó como un hombre riguroso, amable y con un evidente sentido de la justicia, en nombre de una compasión que debería hacer que le quisieras aún más.
Quién en estos tiempos antepondría la bondad y la justicia a una mujer a la que evidentemente ama, porque si no la amara no habría ningún problema y mi presente carta sería inútil. Tristán no estaría tan gravemente enfermo como está, siendo su enfermedad una mera expresión del sufrimiento de su alma.
¿Realmente vale la pena que un simple par de bofetadas, merecidas o no, destruyan tu hogar, tu hijo, tu vida?
Tristán me ha dicho que corren rumores de que hay otro hombre en tu vida. Si es así, no debes de haber querido mucho a mi hermano para sustituirlo tan rápidamente, y romper tan infantilmente la cohesión que asegura el equilibrio de tu hijo.
¿Quién es este hombre que, con el pretexto de un par de bofetadas, que Tristán está convencido de que están bien fundadas, va a construir su felicidad sobre una masacre general? ¿Está informado por ti y por Tristán para evaluar la situación y actuar según una verdadera conciencia? Lo dudo.
Las necesidades prácticas de Beatrice son evidentes. Tristan nunca ha sido un hombre práctico y, además, su trabajo le ocupa demasiado tiempo, y no es él quien, como Beatrice, va a pasar horas con su hijo enseñándole a leer y escribir, a tocar el piano, a aprender inglés, a limpiar toda la casa, a cuidar del jardín, del fuego de la chimenea, a hacer la comida, mientras usted trabaja todo el día? Todo ello envuelto en un amor tan real que Aurélien y su padre miden cada día. ¿Qué haría hoy, postrado en cama durante días enteros, por su hijo? Este bebé es un tesoro de amor y destreza, eso es un hecho.

Sé que Tristán necesitaba una compañera de maternidad y que no quería un hijo en esas circunstancias: te lo ha dado igualmente. No hay duda de que Beatrice fue enviada por la Providencia. Nadie puede tener celos de ella.

Tristán tenía ideales muy elevados para su hijo. No conozco su obra, pero sí el interés que han mostrado por él los filósofos y humanistas de este siglo: Albert Camus, Louis Rougier, Raymond Las Vergnas, Gustave Thibon. ¿No es la hiperconciencia de mi hermano, de la que debe beneficiarse mi sobrino, un cemento que los mantiene a todos unidos, un cemento que hace que incluso un par de bofetadas en la cara parezcan insignificantes?

¿O no sabes nada del pensamiento de Tristán? Lo que explicaría tu triste actitud. Ante una realidad tan trascendente, no hay como un par de bofetadas.

¿Alguna vez has pillado a Tristán in fraganti en su falta de indulgencia, generosidad y amabilidad contigo? ¿No le dijo tu madre, a la que tanto quieres, a Tristán que "era el único hombre bueno que había conocido"?

Si esto fue una exageración no es el punto, pero ella lo dijo y no puedo creer por un momento que lo dudes.

Por último, Monique, te he hablado del carácter egocéntrico y donjuanesco de mi hermano, pero tú también tienes un carácter difícil. Eres terriblemente testaruda, y tiránica incluso en tu generosidad. Incluso amigas como Simone y Gladys me lo han confirmado por teléfono, como me dijo Tristán. ¿Cómo puedes ignorar las realidades sobre ti mismo? ¿Crees que un hombre puede soportar a una mujer obstinada y tiránica sin tener que reaccionar? ¿Acaso la vida no exige que seamos lúcidos con nosotros mismos?

Eso, mi querida Monique, es lo que tenía que decirte, y que aceptarás considerar si eres inteligente y fundamentalmente buena. Mi hermano se muere por no poder, con usted, llevar a su hijo a las alturas culturales a las que aspira.

Si tenéis que separaros, que sea relativamente. Permaneced juntos por el pequeño a través del cariño, las cartas y el teléfono. En definitiva, minimizar los daños, porque por su parte, estoy segura de que Tristán hará todo lo posible. Mi hermano tiene que vivir para poder impartir tanta riqueza a su hijo.

Mi amor para ti y mi ahijado.

Charlotte

La respuesta fue exactamente la que los amigos habían predicho. Y pronto el marido de Charlotte se negó a recibir a la pequeña Bea.

Esta carta, tan clara, tan completa, no conmovió a su hermana. No tenía ningún deseo de demostrarle "que no era estúpida, deshonesta o perversa". No sólo no lo hizo, ¡sino *acogió en su casa a* Monique y a ese hombre del que Tristán aún no sabía nada!

> Querido Tristán.
>
> Siento que estés enfermo.
> No querías lo que te decía y te volviste contra mí con las mismas armas envenenadas. Obtienes los mismos resultados predecibles. "No se cazan moscas con vinagre". Si tu orgullo no nublara tu inteligencia, entenderías esta verdad elemental. Si hubieras querido recuperar a Monique habrías actuado de otra manera. Cuando quieres un resultado, consideras los medios para lograrlo.
> Puesto que te he hecho daño, puesto que no soy muy inteligente, sino más bien perverso, y puesto que actúo de mala fe, lo único que queda entre nosotros es un profundo afecto fraternal que perdurará a pesar de la inevitable separación física. ¿Qué sentido tiene acercarnos para hacernos daño o para no hacernos ningún bien? Yo no te sirvo para nada y tú quieres utilizarme torturándome, así que es mejor poner fin a nuestra correspondencia o lo que sea.
> Esto no me impide rezar por ti, incluso estoy convencido de que Dios utilizará todo tu dolor para acercarte más a él.
> Mi forma de concluir te molestará, pero te aseguro que lo que digo va en serio. Con cariño,
>
> Charlotte.

Cuanto más releía esta perogrullada imbécil, acabada en bondieuserie, más disgustado se sentía con su hermana. Pero, ¿no eran ella y Monique producto del materialismo?

¿No escribió Otto Weininger, ese pensador judío..:

"Estamos en la era de la mujer y el judío"...

Desde que Tristan se había mudado al piso de protección oficial para proteger a la pequeña Bea, la oficina de correos le reenviaba el correo.

Un día recibió una postal de alguien a quien conocía desde hacía dos o tres años. Este señor estaba interesado en el trabajo y las conferencias de Tristán. Su mujer padecía cáncer y él la había remitido a una medicina alternativa, que dio buenos resultados. Desgraciadamente, un año después de recuperarse, murió de congestión pulmonar.

Tristan no estaba en condiciones de responder, así que le pasó la tarjeta a Monique, pidiéndole que se ocupara de ella.

Unas semanas más tarde, Tristán se sorprendió al encontrar al pariente en cuestión, Lucien Furor, en casa de Monique, donde llevaba a su hijo a casa. Tristán estaba encantado. Si Monique había invitado a esta relación, era sin duda una buena señal. Debía de haberle invitado discretamente, sin hablar de sus problemas, que no eran nada de lo que enorgullecerse, sobre todo teniendo en cuenta que, por lo general, era bastante discreta respecto a su tragedia, salvo el día en que había eyaculado: "Mi marido se fue con la criada"...

Quienes estaban al tanto de la situación consideraron esta declaración inoportuna, vergonzosa y carente de orgullo genuino y legítimo.

Lucien les dejó al final del fin de semana. Tristán le escribió a París. Le había ayudado tanto con su mujer, que era justo que le ayudara con la suya.

Le informó de la situación, le describió la fijación infantil de Monique, síntoma de su desequilibrio psíquico, y le envió una copia de la maravillosa carta de Frédérique, inigualable por su objetividad, humanidad e inteligencia.

Tristan se había doblegado una vez ante su dolor, esperaba que se doblegara ante el de ella. Podía tener un excelente efecto terapéutico sobre Monique, podía intentar razonar con ella, recordarle la calidad de su unión, la conciencia de su pareja, la alta educación que planeaban para su hijo, que sólo podría lograrse mediante la calma emocional y el afecto de todos. Podía recordarle que los hijos víctimas del divorcio estaban condenados a ser gravemente temperamentales, algunos de ellos criminales, terroristas, delincuentes de diversa índole, como las estadísticas habían demostrado sobradamente a quienes no lo comprendían por pura inteligencia.

Lucien parecía un hombre tranquilo y razonable.

Así que esperaba una respuesta como ésta:

"Tu tragedia es imposible con una mujer inteligente como Monique y un hombre de tu talla. Voy a hacer todo lo posible para ayudarte, hablando con Monique, que no puede, dadas las circunstancias, imponer esta destrucción a tu hijo.

También podría haber visto a la pequeña Bea y luego haber mostrado convincentemente a Monique la insensatez de su comportamiento.

En definitiva, esperaba que Lucien hiciera lo que cualquier hombre de buen corazón habría hecho por un buen amigo en esas circunstancias.

La respuesta real fue avergonzada y neutra. Sin embargo, aludió humanamente al hecho de que Tristán preferiría morir antes que no sacar a su hijo del marasmo "judeocartesiano" en el que agonizaba el mundo.

En otra carta aludía a la "diferencia" que le separaba de Monique. Sin embargo, Tristan le había explicado que se trataba de una fijación infantil, de unos celos infantiles incoercibles, que anulaban su campo de conciencia.

Las pocas cartas que escribió mostraban una penosa pobreza intelectual, sentimental y lógica. Acaso no le escribió: "Si Monique no quería a la niña un poco minusválida en casa, era una prueba de amor por Tristán".

Tristan siguió pagando las mensualidades de la casa. Venía a dormir con el niño por las tardes, para que pudiera sentir la presencia de su padre y su madre bajo el techo paterno.

Un día recibió un aviso del banco informándole de que no le quedaba nada por pagar. Lucien Furor se había apoderado de la casa.

Tristán estaba desolado. Le habría gustado ir al más allá con su amado hijo, no dejarlo solo en este caos, esta locura, esta podredumbre social.

Pero Tristán no había terminado de sufrir esta aniquilación sin fin. Una mañana, mientras acompañaba a Bea al mercado para que no tuviera que cargar con nada pesado, se cruzaron con un vendedor al que conocían desde hacía años que les dijo: "Tu mujer me presentó a su marido.

Así que Lucien Furor se había casado con Monique.

La pequeña Bea estaba allí, con sus tiernos y tristes ojitos y su mirada de infinita bondad e impotencia. Tristán tuvo fuerzas para explicar brevemente al hombre la triste situación, el martirio de la pequeña y cómo se había visto obligado a protegerla de la brutalidad de su compañero. La niña permaneció en silencio, perfecta ilustración de lo que él había dicho.

El hombre dijo: "Es la locura de las mujeres, la locura de la época"...

Su hijo iba a pasar por esto. La maldad hacia Bea, la confiscación de su madre por un carroñero con una grave enfermedad mental. ¿Pero se habría casado con ella si hubiera tenido cáncer? Y este hombre pertenecía a un movimiento político que defendía a la pareja, a la familia, ¡oh escarnio!

Pero es cierto que Monique no le quería desde hacía mucho tiempo. Una de sus amigas, Hélène, le había dicho: "Ya no te quiere, sólo te mira con odio". ¿Y entonces le da a uno un ataque de histeria porque su compañera muerde un dulce meloso? Y, sin embargo, él creía que ella haría todo lo posible para que trabajaran juntos por su hijo, para construirlo más allá de la nada de la degeneración global.

Un día, cuando Aurélien estaba con su padre y Béa, salieron a hacer unas compras en una tienda de productos ecológicos. Se cruzaron con Lucien, unos metros por delante de ellos.

Aurélien se precipitó hacia Lucien y le dijo con su bonita voz infantil: "Lucien, ésta es Bea, no la conoces"...

Éste no tuvo en cuenta la delicadeza de la niña, la ternura con que criaba a Aurélien, y salió corriendo de la tienda, diciendo:

— No podría importarme menos.... sobre Beatrice.

El colmo del horror, la estupidez y la cobardía. Se había casado con la mujer de Monique para complacerla y hacer su propia felicidad de este montón de ruinas.

Unos días después Aurélien le dijo a su padre:

— La semana que viene voy a la boda por la iglesia de mamá y Lucien, va a ser una fiesta, ¿por qué no vienes con nosotros?

Todo estaba consumado. Y, sin embargo, Tristán recordó el comentario de Beatrice cuando le vio por primera vez fuera de la tienda:

— "Míralo, se parece a Monique".

Era sorprendente. El mismo aspecto general, la misma redondez de la cabeza, la misma piel amarillenta, la misma morfología facial, la misma mirada: ahí había un parentesco kármico.

Quizá había llegado el momento de aceptar el destino. No para salvar a su hijo del caos global en el que inevitablemente se vería inmerso...

Monique había acurrucado la cabecita de Béa contra su corazón para siempre.

No le quedaba más que esperar, con el corazón destrozado, la lenta muerte de su hijo, aplastado como estaría por todas las locuras de un mundo de egoísmo, corazones muertos, marxismo, freudismo y dinero.

No le quedaba más que esperar la muerte, con las manos entrelazadas, la pequeña Bea aferrada a su corazón.

Tristán sentía que envejecía violentamente a consecuencia de este último desengaño. Ya no quería vivir.

Pero Bea tenía que vivir, tenía que ser protegida. Conocía su amor y sus ideales para el pequeño. Ella sentía un gran amor por él. Ella no viviría mucho tiempo, pero lo suficiente para llevarlo a la edad adulta. Entonces sería capaz de dirigirse a sí mismo. Tristán había visto pruebas de la inteligencia humana de Bea. Sabía que si él y Monique desaparecían, ella estaría allí.

Como no se podía arreglar nada, tuvo que casarse con Bea para que ella recibiera una pensión de supervivencia cuando él muriera. Eso la ayudaría a ella, y tal vez al niño.

Monique había elegido la nada. Había que preservar lo esencial.

La expresión de los ojos de Monique, tan desprovista de sentimiento o ternura reales, esa lateralidad achatada, esa barbilla, el color de su piel, su terquedad de miras estrechas, todo sugería *un determinismo* absoluto que quizá era incluso más caracterológico que patológico.

Mañana Lucien y Monique se casarían en la iglesia tradicional.

En lugar de consolidar su unión amonestando a Monique, el párroco, que conocía la situación, prefirió hacer un *verdadero matrimonio* entre una vesicante y una carroñera. Ésa era la Iglesia de los últimos dos mil años: las esencias fundamentales sustituidas por el dogmatismo esclerótico y el formalismo doctrinario. El próximo Papa será judío.

- Si triunfa el cristianismo", dijo el emperador Juliano, conocido como el Apóstata, "dentro de dos mil años el mundo entero será judío".

Lo entendía todo.

Tristan soñaba con partir hacia las estrellas con su pequeño Aurélien cerca del corazón y la linda Béa estrechada entre sus brazos.

Estaba solo en su piso del ayuntamiento con la pequeña Béa, llena de ternura hacia él y su querido hijo, capaz ahora de una sonrisa que hacía años que le abandonaba, llena de conmovedora gratitud por la ternura que Tristan le mostraba. Con su mirada profunda y su suave afecto, Tristán podía sentir cuánto le quería esta niña. Ella sabía cuánto la apreciaba Tristán, este pequeño ser indefenso de bondad infinita, martirizado innoblemente desde la infancia y que tanto amaba a su hijo, esta estrella en su firmamento.

¿No era él la única persona en el mundo que amaba a Bea? ¿No era ella la única persona en el mundo que amaba a Tristán?

Es una extraña sonrisa kármica, este pequeño encanto conmovedor en el camino de un Don Juan sediento de sílfides rubias...

CAPÍTULO XXII

"La verdad es lo único verdadero.

EL TESTAMENTO

Nuestro destino nos sigue implacablemente. Nuestra naturaleza, nuestras células nerviosas van sobre raíles y es imposible descarrilar. El calvario de Tristán continuaría, el de Bea no conocería tregua.

Monique iba a hacer todo lo posible en su furia destructiva para separar a Aurélien de su padre. Su psiconeurosis estaba adquiriendo proporciones gigantescas.

Empezó llamándole por su patronímico, lo que significa un rechazo absoluto del padre y un odio insaciable. Era la locura en el sentido más clínico de la palabra.

Vivían a menos de quinientos metros el uno del otro, lo que significa que podrían haber colaborado afectuosamente en la crianza del niño mediante un acuerdo amistoso que no necesitara intervención judicial.

Tristán estaba perfectamente preparado para tal eventualidad.

Él y Beatrice estaban disponibles, podíamos educar al niño y evitar la promiscuidad comunal que lo conducía a la música y las drogas criminógenas y patógenas.

Monique envió al niño a la escuela primaria e hizo todo lo que pudo para impedir que el padre besara a su hijo después del colegio.

Cuando no pudo hacerlo, lo trasladó a otra escuela.

Mientras tanto, el carroñero contó que "el padre era un peligroso hipnotizador" y que "envenenaba sus bocadillos". Tristán no podía aceptar semejante aberración y fue llamado por un alguacil...

En otra ocasión, Aurélien pidió a su padre que le llevara a una fiesta en su antiguo colegio. Tristán no se negó, pero no tenía ni idea de que todo estaba preparado para que el niño huyera de la fiesta y se dirigiera a la comisaría cercana al colegio, donde le esperaba su padrastro.

Tristan tuvo que recurrir al fiscal, que hizo llamar a Monique por dos policías uniformados. La amonestó, prometiendo acusarla si no se calmaba. Concluyó: "Dios mío, ¿qué le estamos haciendo a esta pobre niña?" ¡Habían sido necesarios varios días de preparación para organizar este secuestro legal!

La sentencia del tribunal de Bourges había otorgado a Tristan un excelente derecho de visita, así que la madre se llevó al niño a Bretaña. Pensó que seiscientos kilómetros desanimarían a Tristán. Quería demasiado a su pequeño para renunciar. Para obtener una indemnización legítima, Tristan se vio obligado a llevar a su madre ante los tribunales. Desgraciadamente, el juez, cómplice de su madre, le retiró el derecho de visita durante la semana con el pretexto de la distancia. Esto era jurídicamente absurdo, incluso en opinión de todos los juristas que conocía, pero se vio obligado a apelar de nuevo para que le devolvieran el derecho de visita. Un millón antiguo por cada recurso. Volver a recurrir cuando acabas de ganarlo es ubuismo jurídico. Pero así fue.

Para tener coches sólidos, pagar las acciones judiciales, venir un fin de semana al mes, y tres veces al mes siguiente por las vacaciones escolares, tuvo que pedir un préstamo millonario que tardó diez años en devolver. También estaba el estrés moral, la pena y la fatiga física de conducir dos mil trescientos kilómetros cada dos meses, un mes para un fin de semana, y al mes siguiente para el fin de semana, y dos veces para las vacaciones. Luego estaban los gastos del fin de semana, el hotel y la comida. Todo ello sumaba al menos cinco mil francos al mes, sin contar la pensión. Monique no tenía más que odio y ninguna piedad. Cuando pidió a un juez una pequeña ayuda al menos para el viaje, a pesar de que Aurélien estaba entonces en el Liceo Naval de Brest, donde no pagaba nada y recibía cuatrocientos francos de bolsillo, el juez le aumentó la pensión en lugar de ayudarle con la modestísima contribución que le había sugerido su madre. Todo conspiró para aplastarle.

En cuanto a Monique, no le asustaban los métodos más viles, lo que era función del cero absoluto de su sentido moral.

Un día Aurélien le preguntó a su padre quién era Hitler. Tristán le dijo que era un jefe de Estado que había dado pan a seis millones de parados y liberado a su país de la dictadura de las altas finanzas y el marxismo. "Es un santo", dijo Aureliano.

No", respondió su padre, "no es un santo.

No pudo dar más explicaciones porque el niño tenía entonces siete años.

Pero volvió a casa con su madre con ese cliché en la cabeza sobre "la santidad de Hitler".

La madre aprovechó para afirmar en todas las vistas judiciales que Tristan le había dicho a su hijo que "Hitler era un santo".

En el clima político de finales del siglo XX, podemos apreciar la inmoralidad de tal procedimiento. Es cierto que, en la misma línea, le había dicho al propio Aurélien que su padre quería que abortara para que él no naciera. La mentira era doblemente despreciable. En primer lugar porque no se le dicen esas cosas a un niño pequeño, y en segundo lugar porque Monique sabía muy bien que, aunque Tristán no quería tener hijos por el momento, adoraba a su hijo.

Todos estos hechos subrayaban la gravedad de su estado.

Lo grave era que Tristán no podía educar a su hijo cuando lo veía. Hizo lo que pudo, pero sabía muy bien que si le hubiera dado una merecida paliza, los jueces de pacotilla le habrían retirado todo derecho de visita...

Lucien telefoneó a Tristan para decirle *cuánto lamentaba haberse casado con Monique.*

"Hubiera hecho mejor quedándose en París...". Añadió que "*Aurélien era horrible y si no estuviera aquí, pegaría a su madre*". En otra ocasión, le dijo que "*Monique era completamente floja y no podía hacer nada para criar a Aurélien*".

La única cualidad de Aurélien era que era un buen alumno en clase.

Nada de esto respondía al ideal que Tristán había forjado para su hijo. Sobre todo porque cuarenta años de enseñanza le habían enseñado que los buenos alumnos rara vez son interesantes y la mayoría de las veces se adhieren a los conformismos y modas más degradantes.[75]

---

[75] En el año 2000, vemos a excelentes alumnos de secundaria con pantalones anchos, confeccionados en acordeón sobre zapatos enormes y caricaturescos, con

La pequeña Béa, tan adorable como siempre, aprueba el "brevet des collèges", la oposición para auxiliares de enfermería, y se convierte en una auxiliar de enfermería muy competente y apreciada en el hospital. Desgraciadamente, se vio obligada a vacunarse contra la hepatitis B por imperativo legal.

Durante los meses siguientes, sufrió dolores de espalda, y luego, poco a poco, las cosas empeoraron y desarrolló una espondilitis anquilosante. Dejó de trabajar, sufrió horriblemente, sobre todo en la espalda, pero también en todas las articulaciones y en la ingle, y su martirio no tenía fin. Se le administró morfina, que disminuyó su vitalidad hasta el punto de causar angustia a Tristán, que temía perder al pequeño ángel de la guarda de su hijo y de sí mismo.

Durante todo este tiempo, el destino le hizo un regalo imperial: la chica más guapa del pueblo, que era muy joven, se enamoró de Tristán, y esta maravillosa aventura duró siete años. Ella fue un oasis en medio del infierno. Esta maravillosa pequeña Fabienne le dio una enorme energía de lucha, porque una conquista así, a su edad, era un milagro.

Tristán, por su parte, se estaba volviendo odioso hacia su padre, tan odioso que Tristán no podía describir su comportamiento, tan avergonzado estaría de sí mismo y de su hijo.

Una vez, cuando ya había traspasado todos los límites, estaba en su primer año en el Liceo Naval, donde no pagaba nada y recibía dinero de bolsillo, le dijo que no veía por qué tenía que pagar una pensión alimenticia a un niño que trataba a su padre de una forma tan despreciable. Todavía había sido lo bastante ingenuo como para creer que Monique le apoyaría moralmente de una forma que sacudiría al niño. No sólo no apoyó a Tristan, lo que es un gran golpe moral, sino que, creyendo que él le retiraría realmente la pensión alimenticia, aprovechó unos francos de indexación que le faltaban para hacer embargar la pensión alimenticia de Aurelien...

---

los cuartos traseros atados a la tela para que podamos ver sus culos e incluso el contorno de sus anos: están tan bien condicionados que eligen libre y coquetamente el horror propulsado por homosexuales apoyados por las finanzas. Mañana estarán entre los veinticinco millones que votaron a un presidente radicalmente esclavizado por las altas finanzas y el marxismo. Mañana estarán entre los veinticinco millones que votaron por un presidente radicalmente esclavizado por las altas finanzas y el marxismo... Todo esto me trae a la memoria la frase del Zohar sobre "los Goys (*no judíos*), esa vil semilla de ganado".

No le quedaba más remedio que cuidar de su pequeña Bea, que estaba tan enferma y sufría tanto desde hacía ya tres años, ¿y por cuánto tiempo más, querida mía?

Iba a terminar su calvario con una larga carta a Monique: para revisarlo todo, para hacer los mejores arreglos posibles para su hijo y para querer a su pequeña paciente hasta el final de su vida. Su mayor deseo sería morir con ella y apreciarla eternamente...

Tristán y Fabienne

Mi querida Monique.
Cuando te queda poco tiempo en esta tierra, y lo sientes, la sinceridad y la verdad se imponen en la mente de forma radical, "*scripta manent*" y la firma dan fe de la pureza del alma y del corazón. Los mentirosos y los malvados nunca escriben porque saben que sus propios escritos les perseguirían más allá de sí mismos después de haber metido las narices en su propia materia fecal...
Las últimas agresiones que me impusiste y a las que no he podido, desde hace quince años, acostumbrarme, a pesar de estar siempre dispuesto a llegar a un arreglo, a entablar un diálogo amable e incluso afectuoso, que es lo normal con la madre de mi hijo, me han inspirado esta reflexión final y los arreglos relativos a nuestro hijo, después de mi muerte.

Me acusan de no haber pagado la pensión de mi hijo en julio y agosto pasados, ¡y ahora me acusan de no haberla pagado en junio! No pude encontrar los documentos bancarios de julio y agosto. Para junio los encontré y se los envié.

En cualquier caso, pagué esos dos meses, como he pagado siempre durante los últimos quince años sin el menor impago. Así consta en mi libro de cuentas, donde sólo marco las cantidades que han sido debidamente pagadas.

Por otra parte, si mi cuenta, que seguía en descubierto el día 20 del mes, hubiera tenido un descubierto de dos mil ochocientos francos, me habría dado cuenta y lo habría solucionado inmediatamente. Pero en quince años nunca me ha pasado algo así. Si hubiera suspendido o deducido el pago, habría sido tras una decisión judicial, ya que Aurélien, que había sido aceptado en el Liceo Naval, no pagaba nada por su manutención y sus clases y recibía cuatrocientos francos mensuales de dinero de bolsillo. Nunca he tomado una iniciativa semejante, porque sé muy bien que, aparte de las apelaciones, los jueces hacen exactamente lo contrario de todo lo que me han dicho los abogados, incluidos los famosos abogados parisinos. Así que seguí el consejo de la juez del tribunal de familia, que me dijo que pasara por ella, fuera cual fuera el fondo de mi petición.

En cuanto a ti, ¿habrías esperado un año para ponerte en marcha y hacerme saber que no había pagado dos mil ochocientos francos? Eso es absurdo y habría provocado una reacción legítima tanto por tu parte como por la mía. Después de todo, con la pequeña cuenta de Aurélien, ¡no hace falta un año para darse cuenta de semejante déficit!

Es todo profundamente deshonesto. Lo peor es que no te detuviste ahí.

Aurélien se comportó conmigo de una manera que yo habría calificado de horriblemente peyorativa, pero que prefiero llamar apocalíptica, ya que este adjetivo corresponde con trágica exactitud a lo que leemos en San Juan sobre los niños del Apocalipsis. Así que le escribí esta carta:

"Aurélien,
Sin duda hubiera preferido morir antes de que llegaras el primero de mayo, hasta el punto de que el dolor que me has impuesto es para mí peor que la muerte. Ciertamente no tengo la inteligencia y

la sensibilidad de "aquel marinero pecador que hubieras querido como padre", y del que me dijiste que estarías orgulloso, mientras que de mí...

Ay, siempre has sido la luz de mi vida. Durante años luché hasta el agotamiento físico, moral y financiero, comprometiéndome a diez años de préstamos, por la alegría -qué ilusoria- de verte, de quererte, de darte una conciencia excepcional, en un momento de ablandamiento cerebral generalizado.

Todo esto a pesar de que mamá hizo todo lo posible para separarme de ti, incluso quitándote el apellido, utilizando métodos que se pueden calificar de despreciables sin inflación semántica. Todo ello cuando todo podría haberse arreglado extrajudicialmente sin tener que arruinarnos a tu padrastro, al cómplice "pagador" de tu madre y a mí.

Cuando llegaste a Vierzon el primero de mayo y apoyaste tu cabeza en mi hombro en el coche, yo estaba en el cielo, recordando los benditos momentos en que dormías en mis brazos de pequeño, y te envolvía en un amor casi místico porque me dabas tanta dicha. Ahora, no sólo ya no me obedeces cuando se trata de lo básico, sin lo cual un hogar es una anarquía, sino que además quieres imponerme una música patógena. Es más, me faltas al respeto, llamándome "imbécil e idiota" por una obra que no entiendes, al igual que personas como Albert Camus, Raymond Las Vergnas, Louis Rougier, Gustave Thibon, Abélio, Hans Selye, el profesor Albeaux Fernet, mi director de tesis, todas las personas que me han apoyado y ayudado a lo largo de este siglo. Y no hablo de un político famoso que me agradeció la información que le proporcioné durante cuarenta años.

Tu juicio te clasifica como hijo indigno y también como imbécil. No volveré a soportar tus monstruosos insultos y tu falta de respeto. Eres un ejemplo perfecto de los hijos descritos en el Apocalipsis: egoístas, irrespetuosos, abusivos, santurrones, incapaces de meditar, orgullosos, etc.

No puedo creer que puedas ser tan naturalmente monstruoso conmigo y es difícil no pensar en el condicionamiento de mamá. Si ella no te amonesta por un comportamiento tan indigno, tendré nueve pruebas para demostrar mi sospecha. Cómo puedes ser tan amable con tu hermana Nathalie y tu tía Charlotte, ninguna de las cuales sospecha de tu comportamiento. Beatrice, que te educó y te enseñó durante tantos años y a la que adopté para compensar el sufrimiento que mamá le imponía, solía decirme: "Ni Charlotte, ni Chantal, ni Nathalie sospechan de su comportamiento contigo, y ni siquiera creo que se lo creyeran".

Así que ahora que tienes tu educación y manutención, por no hablar de dinero de bolsillo, en el Liceo Naval, no veo por qué debería seguir pagándote una pensión. Es por amor a ti por lo que me he obligado a vivir en un piso de protección oficial, a pesar de que en mi calle ha habido tres disturbios con magrebíes, con tiendas destrozadas y coches quemados. Ni siquiera eres consciente de mi sufrimiento en esta situación, y mucho menos me lo agradeces. ¿No sería estúpido por mi parte? Te devolveré la pensión hasta los veinticinco años, si suspendes las oposiciones al final de tu año de matemáticas especiales. Lo haré porque la ley me obliga, pero no habrá ninguna muestra de afecto por mi parte. Si quieres verme mientras tanto, te pagaré todos los viajes.

Si alguna vez me faltas al respeto o tienes un ataque de histeria, recibirás una bofetada en la cara y luego harás lo que hizo mamá: no volver a dirigirme la palabra. Me es imposible no ver la herencia en tu comportamiento absurdo y concreto, con ese don matemático tan específico de la psicología de los sociópatas.

Cuando se tiene tanto orgullo y una mente tan estrecha, nunca se sabe cuándo se está equivocado. El orgullo es un síntoma específico de todas las enfermedades mentales como la falta de orgullo. No me importaría, porque antes que pasar por lo que me acabas de hacer pasar, prefiero no volver a verte. Además, no creo en la recuperación.

¿Qué gano escuchando a un hijo que me insulta, que no me respeta, que no obedece a los imperativos elementales de un hogar (venir a la mesa, guardar sus cosas para no convertir el piso en un zoco, hacer su cama, no acostarse a las 3 de la mañana y levantarse a las 3 de la tarde, etc.)? Además, si se cree más listo que los demás, no hay nada que ganar sino un inmenso dolor.

Te adjunto una carta que escribí a tu madre. No has entendido que la inteligencia pura no tiene nada que ver con la sistemática analítica de la ciencia moderna y la estadística. Por otra parte, la inteligencia pura sabe lo peligrosa que es la inteligencia sistemática analítico-mnemotécnica.

No creo que nada te ayude a quererme mejor, porque si mamá ha hecho este trabajo de socavarme, ningún argumento, ningún sentimiento, ni siquiera el más tierno, tendrá el menor peso, pero me debo a mí mismo hacer este último esfuerzo y también demostrarte mi afecto en medio de esta dura realidad...

Carta adjunta:

Mi querida Monique.

No envío esta carta a Aurélien porque su contenido sólo será eficaz si viene de ti.

Ni Lucien, su marido a partir de ahora, ni yo tenemos la menor influencia sobre Aurélien. Es cierto que si, cuando le amonesta o le corrige, le dice a su marido: "Deja en paz al pobre chico", dudo mucho que pueda hacer algo por su educación.

Su mentalidad me entristece y a menudo me asusta por su temeridad.

Aparte del problema moral, en el que no voy a entrar porque me duele mucho, deberías enseñarle, antes de que se robotice, que el cientificismo es una superstición, un fundamentalismo totalitario que cree que puede resolver todos los problemas, cuando ha dado lugar a las bombas atómicas, de hidrógeno y de neutrones, a las madres de alquiler, a la píldora cancerígena y a toda la contaminación del mundo.

La pseudociencia moderna cree que lo que no puede medir, experimentar o predecir no existe. Es un cretinismo suicida que se mueve en la cresta de las ecuaciones. Este positivismo hiperreduccionista excluye todo lo que constituye la vida: la inteligencia pura, el genio, el amor, la creación artística, la fe.

Las grandes escuelas forman a sonámbulos que creen que lo técnicamente posible es deseable y necesario.

Esta razón es irracional y, de hecho, no es más que la sistematización de un obsesivo. Te ruego que "inocules" en nuestro hijo esta conciencia que habría tenido si hubiéramos permanecido unidos, aunque separados.

La segunda cosa muy importante: Aurélien se va de vacaciones a África con el hijo de un primer ministro general. Me opongo radicalmente a que Aurélien vaya a países que son antiguas colonias de cualquier tendencia socialista o dictatorial de izquierdas. En estos países, cualquier persona blanca puede ser asesinada a pesar de una apariencia de paz. El globalismo enseña a estos países a odiar y masacrar a los blancos, defendiendo únicamente a los explotadores de materias primas apoyados por implacables ejércitos privados.

Tiene un padre al que no verá durante mucho más tiempo: ¿no podría beneficiarse de ello? Sé que si yo fuera él, no sería capaz de viajar 10.000 km sabiendo que no me queda mucho tiempo para disfrutar de mi padre.

Espero que Lucien te ayude durante mucho tiempo, porque me temo que no eres consciente ni psicoactivo. Un título de ingeniería de una escuela superior no hace a un hombre. Le hemos mimado demasiado.

Enseña a Aureliano lo que te he explicado. De momento no piensa: especula analíticamente como los tiempos.

No entiende el pensamiento, porque el analitismo cuantitativo se opone siempre al pensamiento fundamentalmente cualitativo.

Sin esto, no existirían las terapéuticas y los alimentos químicos, ni las vacunas que destruyen el sistema inmunitario, ni la cuestión judía, porque hace tiempo que habríamos comprendido que el único denominador común a un particularismo constante en el tiempo y en el espacio era la circuncisión al octavo día.

A ti, corazón y luz.

Desde aquella carta he reflexionado mucho, intentando combinar la razón y el amor. Me dije que en el estado psicopático en que se encontraba mi hijo, nunca tendría suficiente corazón para volver a mí y pedirme perdón. Me di cuenta de que su estado era probablemente irreversible. Así que tuve que hacer un esfuerzo para ayudar a un hijo querido que se estaba perdiendo a sí mismo y por el que tenía que hacer todo lo que pudiera, incluso en el océano de la desesperación.

Durante estos acontecimientos tuve la oportunidad de hablar con algunos de los padres, y lo que me contaron me llenó de pavor.

Uno me contó que había tenido que poner un candado a su nevera porque su hijo de veintidós años la vaciaba con sus amigos. Otro me contó que su hijo le había dicho: "Si pudieras morirte"...

¿Qué pasa?

Así que decidí escribir a mi hijo:

Mi pequeño

Creía que no sería capaz de escribirte porque mi pena era inmensa y mi desesperación absoluta. Pero la Providencia decidió otra cosa y así debe ser. Desde "nuestros tristes acontecimientos" he conocido a padres que tienen el mismo problema que yo contigo, ¡e incluso peor!

Se trata claramente de la mentalidad apocalíptica, que es un determinismo engendrado por la situación que no dejo de denunciar. Así que intenta lo imposible, ve más allá de este determinismo. Si te das cuenta estás en el callejón sin salida satánico en el que todos nos encontramos y del que puedes salir con mi ayuda. Es cierto que tu madre tenía una información exhaustiva que debería haberla protegido, pero utilizó la primera arma de Satanás para destruirlo todo: la masacre de su pareja. Ella debería haber sido la última persona del mundo en sufrir esa destrucción. Así que imagina a los demás que no saben nada y votan a los payasos de la alta banca y el marxismo.

Te acercas a mi corazón, te arrepientes, me das tu afecto y yo te devuelvo el mío con todo lo que ello implica.

Te daré todas las explicaciones que necesites sobre los textos para que puedas reflexionar de antemano. Es normal que un hijo matemático tenga dificultades para entender a un padre filósofo, pero eso no significa que no podamos querernos y respetarnos.

Te quiero demasiado como para no hacer un esfuerzo legítimo como este.

Después de esta carta, Monique, Aurélien me telefoneó. Se disculpó débilmente y me habló durante una hora de la pensión, ¡con el pretexto de no hablar de ello!

¿Y qué has hecho, Monique?

Ni su marido ni Aurélien me dijeron que usted hubiera amonestado a Aurélien en lo más mínimo, como yo habría hecho con gran severidad si los papeles se hubieran invertido. El factor de nuestra separación no habría influido en lo más mínimo. Habría sido lo menos honorable por mi parte.

Pero, ¿cuál fue su noble comportamiento moral?

A pesar de que sólo envié la pensión con unos días de retraso, para celebrar la ocasión, lo cual era legítimo en tales circunstancias, usted fue y la hizo embargar por un agente judicial, ¡alegando que habían faltado unos céntimos de indexación! Esto es tanto más grotesco cuanto que, por lo general, he aumentado la pensión en unos cien francos. Pero lo grave, aparte del nivel moral de la operación, es que este embargo me deja sin banco para todos los préstamos. También es una vergüenza. Pero a usted qué le importa, ¡claro! Para poner la guinda al pastel, me piden tres meses de alquiler impagado, de los que sólo he podido aportarles el justificante de una cuenta bancaria. Tenía una certeza: que mi pequeña cuenta nunca había sido incrementada en la suma de dos meses de pensión, es decir, dos mil seiscientos francos. Una prueba absoluta, pero bueno, ¿qué más te da? ¡Esperar un año para reclamar una suma tan grande! ¡! Eso no se lo cree nadie. Me habrías robado en junio si no hubiera encontrado un recibo bancario...

Por supuesto que no me queda ni un céntimo. Lo poco que tenía se lo ha comido esta falsa deuda: un profesor no es millonario.

"¡Aurélien hizo lo correcto! Casi lo pierdo", dices.

¿Porque yo soy el culpable? Este es un ejemplo de todas las inversiones de la época.

¿"Estados de ánimo incompatibles", dices?

Conmigo, o con Béa, que le pide veinte veces que venga a la mesa.

Háblalo con tu marido: tengo razones muy fuertes para creer que tiene las ideas claras sobre el carácter de Aurélien y tu inconsciencia concreta.

¡Qué ataque tan horrible! El problema de Aurelien era lo bastante doloroso como para que lo habláramos por teléfono como dos personas inteligentes y humanas. Podríamos habernos confabulado y fingir que cancelábamos la pensión. Yo podría haberla ingresado en su cuenta sin que él lo supiera, por ejemplo.

Y todas las agresiones que he sufrido en los últimos doce años, ¡qué impacto en la psique de nuestro hijo!

¡Te oí hablar de agresión! Es el colmo.

Nunca he hecho otra cosa que luchar por ver y criar a mi hijo. Nada más. Durante quince años, te creí inteligente y noble, orgulloso, justo y sin orgullo. Qué equivocado estaba. Pero ¡qué fuerza hercúlea te habrá costado interpretarme durante quince años! *¡Debió ser agotador!*

Es cierto que si hubiera descubierto tu naturaleza, como he hecho *desde* que nos separamos, no te habría vuelto a ver y nuestro Aurélien no estaría aquí.

Estaba convencido de que todo lo que creía que llevabas dentro saldría a la luz, *sobre todo* si nos separábamos. Lo que descubrí fue a una dama de la bodega. Es cuando te ponen a prueba cuando tus cualidades salen a relucir, sobre todo con alguien tan totalmente complaciente como yo.

Nunca he hecho nada contra ti y siempre fue con gran dolor que los tribunales me obligaron a sacar a la luz los hechos de denuncias por las que nunca presenté una demanda civil, sabiendo perfectamente que nunca se presentarían sin este proceso legal.

Los acuerdos amistosos y una amistad solidaria deberían haber contribuido al equilibrio de nuestro hijo. No necesitábamos justicia: bastaba con unos simples papeles firmados entre nosotros. Podríamos habernos puesto de acuerdo sobre los días en que yo podía dar clase a Aurélien, y habernos hecho un favor a los dos acogiendo a uno u otro cuando fuera necesario, como es costumbre.

¿Tus agresiones? Dios mío, las conozco:

¿Quién hizo todo lo posible por separarme de mi hijo cuando tenía las referencias culturales de las personas más eminentes de este siglo, cuando durante quince años me diste la ilusión de una adhesión casi heroica a la conciencia de una época depravada?

¿Quién hizo todo lo posible para impedir que besara a mi hijo en el colegio, intentando chantajearme en numerosas ocasiones, como atestiguó el director del colegio, llegando incluso a decir que yo era una hipnotizadora peligrosa y que estaba envenenando los bocadillos de mi hijo? Cuando sus métodos no funcionaron, e incluso el profesor de Aurélien se indignó, le sacó del colegio para que yo no supiera dónde estaba... ¡Incluso se negó a dar al agente judicial la dirección del nuevo colegio, que figuraba en el expediente de apelación! ¿Agresión?

¿Quién le dijo a Aurélien "si tu padre consigue tu custodia, no volveré a verte"... agresión?

Ese es realmente el colmo del horror traumático impuesto a nuestro hijo. Es la etiología de una neurosis que le perseguirá toda la vida. ¿Cómo podemos sorprendernos de su sociopatía, cuando también pensamos en la herencia de su bruto padre?

¿"Temperamentos incompatibles" es lo que dijiste sobre el comportamiento indigno de nuestro hijo hacia mí? ¿Incompatible con Lucien? ¿Con Bea? ¿Conmigo? Son muchas incompatibilidades, ¿no crees?

Para colmo, cuando Aurelien se comporta de forma indigna, y yo hablo de quitarle la pensión cuando oficialmente vive con un tren de vida de treinta mil francos al mes (manutención, clases, dinero de bolsillo, deportes, espectáculos, etc.), en lugar de amonestarle solemnemente y decirle que se lo ha ganado, y que cualquier padre digno de ese nombre haría lo mismo, ¡corres al alguacil! Al fin y al cabo, el dinero es lo único que cuenta. ¿Asalto?

Es más, ¿se lo quité? Cuando me separaste de mi hijo y te amenacé con quitarte la mensualidad de la casa de tres mil francos, ¿lo hice? Nunca lo hice, y la pagué hasta que tu marido vendió tu casa. ¿Tenía otra opción para luchar contra tu locura y el falso testimonio que obtuviste de personas que ni siquiera me conocían? ¿Asalto?

¿QUIÉN le hizo decir a mi hijo que yo había dicho que "Hitler era un santo" en un momento político en el que tal afirmación, por absurda que fuera, podría haberme privado de mi hijo? ¿Agresión?

Pobre niño, que ante una frase como "Si tu padre consigue tu custodia, no te volveré a ver", va a sentir el resto de su vida que esa frase, que te puede volver loco, está arraigada en él: "Si quiero a mi padre, perderé a mi madre". ¿Cómo puede alguien llegar a tal nivel de temeridad y maldad? ¿Agresividad?

Pobrecito. Qué susto, cuando pienso que no puedo hacer nada por él, excepto poner la foto más bonita de su madre en su habitación para que sienta que no puedo quererle sin querer a su madre.

¿No es de extrañar que se refugie en la obsesión técnica, como puede verse en una carta de dos páginas en la que no se mencionan más que maniobras informáticas?

¿Por qué debería sorprendernos que esté cerrado a cualquier autocrítica o altruismo básico y quiera imponer lo que quiera sin importarle las opiniones o los derechos de los demás? Oh Monique, ¡qué crimen, qué ridícula falta de conciencia!

¿QUIÉN me obligó a gastar dos millones de francos antiguos sólo en asuntos jurídicos para dos recursos, cuando el primer recurso acababa de ganarse concediéndome derechos de visita normales? ¡Agresión!

Y luego, gracias a su acción, un pequeño juez de la jurisdicción sumaria me quitó todos los derechos de visita mensuales, salvo los días festivos, mientras que usted me quitaba a mi hijo para no aplicar la sentencia del tribunal de Bourges, teóricamente sancionable penalmente? ¡Agresión!

También en este caso podríamos haber conseguido adaptar la nueva sentencia de apelación a la situación. No necesitábamos a nadie. Tuvisteis que demostrar al juez que estabais empeñados en separarme de mi hijo, ¡y eso ni siquiera funcionó en vuestra contra! ¡Agresión!

Al día siguiente de la vista en la que me habían retirado el derecho de visita, tras un viaje en coche de seiscientos kilómetros, ¡me encontré con dos dedos casi paralizados! Una agresión.

¡Así que otro recurso para recuperar mis derechos de visita! ¡Asalto!

¿QUIÉN me obligó deliberadamente a viajar 120.000 kilómetros para ver a mi hijo el fin de semana, y a traerlo de vuelta todas las vacaciones? Agresión.

¿QUIÉN me obligó a gastar dos mil francos cada fin de semana del mes? ¡Asalto!

QUIÉN me obligó a asumir estas enormes cargas aceptando la ayuda de nuestra pequeña Béa, cuya entrega y generosidad no conocen límites, ¡porque todo esto era inasequible con lo que yo ganaba! ¡Agresión!

Siguió dándonos todo a los tres, a pesar del calvario que le infligiste, pobre niña, con su obra milagrosa, que "sólo servía para fregar el suelo", como solías decir, y a la que tu maldad arrojó para siempre sobre mi corazón.

Por cierto, a mí me doblaron la pensión por el error del juez de primera instancia.

¿QUIÉN vino a interferir en mis derechos de visita, armando un alboroto tan increíble que diez personas se ofrecieron a declarar para mi expediente y usted fue citado por la policía? ¡Agresión!

¿QUIÉN, después de la sentencia de la primera apelación, se negó a presentar a mi hijo en un circo increíble que acabó con usted citado ante el fiscal por dos gendarmes uniformados? Usted propuso que se le llevara a la fiesta de su antiguo colegio, ¡mientras preparaba su huida a la gendarmería cercana donde le esperaba! Esta desaparición me angustia mucho, ¡porque nunca hubiera podido imaginar semejante horror! ¿Un atentado?

¿QUIÉN quitó mi foto de la habitación de mi hijo, mientras que la tuya está aquí en su habitación? ¡Asalto!

¿Quién no ha interpuesto nunca una demanda civil, a sabiendas de que nunca se presentarían denuncias, ni siquiera después de haber sido citado por el Ministerio Fiscal?

¿Agresión?

QUIEN, en una palabra, ataca descaradamente al otro sabiendo perfectamente que miente, porque me conoce lo suficiente para saber que miente. Siempre me he conformado con alegar cargos penales, pero a regañadientes, ¡porque tenía que defender mis derechos de acceso!

¡QUIÉN se atrevió a acusarme de violar a su hermana Françoise, como si me creyera capaz de tal cosa! ¡Agresión!

Françoise es un bulto grande y feo que no me inspira ni besos ni coito. Sabes la verdad sobre tu hermana.

En un momento de carencia por su parte y de efervescencia testicular por la mía, acepté varias veces sus favores. Nada más. En aquel momento, si me hubiera gustado, bien podría haber renunciado a ti y haberla elegido a ella.

Resulta que te había puesto en un pedestal...

Pero sabes muy bien que una hermana nunca le diría a su hermana que se había acostado con su marido -que, por cierto, no lo había hecho-.

¿Por qué mintió y te dijo tantas cosas? Porque te odia y quería hacerte daño. No puede perdonarte que seas brutalmente estricto con ella, tan estricto como tú lo eres con nuestro hijo.

No pudo soportarlo y vio una gran oportunidad para vengarse.

Así que todo está muy bien para usted: si quiere matar a su perro, acúselo de rabia...

Conociendo perfectamente a tu hermana y a mí mismo, aprovechar un flirteo con tu hermana para una calumnia tan atroz como una violación, baja a un nivel moral del grado cero absoluto... Y lo sabes. ¿Agresión?

¿QUIÉN me hizo gastar al menos entre veinte y veinticinco millones de viejos en doce años y sigue hoy, bajo falsos pretextos, privándome de los pocos francos que me quedaban? Agresión. Y Bea, pobrecita, sufre esta ruina, porque siempre me ayudó.

"Incompatibilidad de humores" conmigo y Bea, dijiste. Díselo a tu marido y le harás reír amarillo...

Béa siempre ha sido tan devota y paciente como un ángel con Aurélien, y siempre ha tenido mucha más autoridad sobre él que tú o yo.

No cuenta los gastos y las salidas para él. Nunca deja de mimarlo y de comprarle cosas. Estoy encantada de que haya aprobado el bachillerato, el diploma de auxiliar de enfermería, el piano, el inglés y el huerto, en el que cultiva una impresionante variedad de frutas y verduras.

¡Realmente tiene un pulgar verde! Y ni siquiera voy a mencionar todos los cuidados que nos presta: ¡es un tesoro!

¿Cómo puedes estar celoso de alguien tan cercano a Dios? Probablemente porque te comportas como una bruja...

¿Y qué pide? Un poco de amor...

Juntos, habríamos podido dárselo y permitirle dedicarse a la profesión que ha elegido: cuidar a los enfermos y a los que sufren.

Nuestro hijo no tiene juicio, ni respeto, ni pudor, ni sentimientos. Sólo puede ser amable con los desconocidos o con mi familia en vacaciones. Con Lucien, Béa y conmigo es a menudo tan ignominioso y pretencioso que roza la locura furiosa. Por desgracia, no hay la menor exageración en lo que digo. Desgraciadamente, le quiero mucho, pero si perseverara de este modo, ¿por qué iba a seguir dándole una pensión y permanecer en este mundo migratorio tan perjudicial para mi edad y mi salud?

No te estoy juzgando, a pesar del horror de lo que pasó. Tienes tus excusas, tu padre. Simplemente expongo los hechos, sólo los hechos, nada más que los hechos, como haría cualquiera, incluso tú si estuvieras lúcido. Me temo que te pareces a tu padre y que Aurélien se parece a ti.

Esta toma de conciencia era necesaria, aunque sé que estoy delante de un bloque de hormigón armado y que serás incapaz de hacer balance de ti mismo y redescubrir las cualidades básicas que hacen a un ser humano. Es el orgullo el que te paralizará e ignorarás el orgullo: ojalá me equivoque en este diagnóstico.

La justicia ha desaparecido, incluso a nivel familiar.

Le pedí al juez de familia que me diera una pequeña contribución para los enormes gastos de viaje de Berry a Bretaña y viceversa, para ver a Aurélien los fines de semana, y para llevarlo y traerlo de vacaciones cada dos meses. El único gasto que presentaste fue el del "permiso de conducir". Pero se trataba de un gasto de lujo, porque sólo era razonable que se sacara el carné de conducir después del bachillerato. En lugar de concederme la pequeña ayuda que pedía, el juez me aumentó la pensión mensual en cuatrocientos francos, lo que es enorme para un pensionista que ya tiene dificultades. Esta sentencia fue juzgada absurda por todos los juristas a los que hice leer las notas del caso. Sin duda, deberían haberme concedido la pequeña cantidad que pedía.

En efecto:

Los gastos del fin de semana mensual y la media de 2 viajes de ida y vuelta al mes eran abrumadores, especialmente para un pensionista.

Había que tener en cuenta mi edad y mi salud. La erosión de mi pensión era evidente. Todos estos hechos tenían un valor jurídico ineludible para un juez digno de ese nombre y el permiso de conducir "acompañado" no tenía ninguno. Además, como estudiante de matemáticas superiores en el Liceo Naval, Aurélien tenía un tren de vida valorado en al menos treinta mil francos al mes y dinero de bolsillo del Estado.

Todos llegaron a la conclusión de que las juezas eran arbitrarias e injustas con los hombres. Lo mismo ocurre en España, donde mi yerno me dijo: "Los padres sólo obtienen satisfacción en apelación, si tienen medios para recurrir. Si no, son aplastados por principio". Esto me ha ocurrido en Francia, y como en este caso no tengo medios para recurrir porque me costaría al menos cien veces más de lo que pido, me veo reducido a los efectos de la injusticia.

Pero este estado de cosas no es exclusivo de Asuntos de Familia, está en todas partes.

Los sinvergüenzas políticos quedan en libertad, y las personas que dominaron a un ladrón y lo entregaron esposado a la policía son encarceladas y condenadas por detención ilegal. Deberían haber dejado marchar al ladrón y haber presentado una denuncia. Por supuesto, la denuncia nunca se habría presentado o nunca habría prosperado, como es el caso de cientos de denuncias de las que tengo conocimiento.

Así que no hay ninguna posibilidad, aunque los hechos estén a tu favor, de obtener satisfacción de un juez de Asuntos de Familia, si eres padre.

Por todo ello, en cuanto a Bea, podríamos haber llegado a un arreglo amistoso, sobre todo con el tesoro de un niño. Yo estaba dispuesto a cualquier arreglo, motivado por un sentido de justicia y bondad. No hacía falta un abogado ni millones gastados por Lucien y por mí.

En cuanto a nuestra tragedia en general, le diré, a la luz de mi sinceridad, de mi edad, de unos conocimientos que superan con creces un siglo de atontamiento general, y del sentido de la justicia y la rectitud que son la suerte natural del "Libra".

Tu problema es doloroso y tienes que intentar elevarte por encima de ti mismo. Tu sufrimiento, como todo sufrimiento, está en el camino de la curación o de la muerte. Elige la vida, elige la curación, elige una nueva transparencia llena de justicia y misericordia.

Cuando te conocí te conté todos mis defectos antes incluso de que pusieras un pie en mi piso.

Los hombres con una personalidad marcada son todos pacientes de tiroides con una tendencia hiperactiva, pero fisiológica.

La tiroides es la glándula de la inteligencia, la juventud, la sexualidad y *la tentación*. Por eso son sementales toda la vida, incluso en la vejez. Es el caso de los románticos de mi doctorado, pero también de personas como San Agustín y San Francisco de Asís, que sólo llegaron al ascetismo tarde en la vida. Incluso a mi edad, me siguen fascinando las chicas con una personalidad sobresaliente. ¿Cómo puedo resistirme a ellas, sobre todo si, francamente, no quiero? Se dice que apenas había chicas en Asís que Francisco no conociera bíblicamente.

En cuanto a los escritores, músicos y poetas, se ha dicho de todo sobre ellos. Cuando le preguntaron a una anciana si había conocido alguna vez a un caballero que respondiera a cierta descripción y que hubiera vivido en la ciudad donde ella vivía, respondió: "¡Ah, sí, ese cerdo!" Y era Goethe...

La última vez que fui a España, los amigos de mi hija Chantal dijeron de mí que era una simbiosis de Don Juan y Don Quijote. La perspicacia femenina ya la conoces, y citaré a Dominique Aubier sobre la segunda: "A tu lado, Don Quijote es un niño"...

Si leyeras una carta que recibí hace poco de una preciosa chica de veintiocho años, te quedarías tan atónito como yo cuando la recibí...

Es cierto que, como digo en mi tesis: "Mi biotipo atrae a chicas guapas que están un poco locas".

Una vez te obligué a renunciar a un hijo: eso fue un crimen. Pero entre dos delitos hay que elegir el menor. Por aquel entonces, sufría un ataque de nervios porque mi mujer y mi hija se habían marchado a Alemania. Sufría de periartritis escapulohumeral, lo que significaba que mis dos brazos estaban prácticamente paralizados. La situación económica no era buena. Permitir que un niño naciera en esas circunstancias habría sido aún más criminal. No se hace un niño para exponerlo a la miseria psicológica y material.

Es más, cuando se ve la situación de los jóvenes de hoy, entregados a la música que mata, a la droga, al paro, a la laxitud y a la mojigatería de los vagabundos, no hay nada que les anime a tener hijos. Sólo la masa de color prolifera y nos entregará un montón global de amalgamas físico-químicas regidas por la cuenta de resultados de una pseudodemocracia que en realidad no es más que un caos organizado y planificado.

Es más, les estamos trayendo el divorcio, porque no podemos mantenernos unidos por ellos, lo que para mí es el horror absoluto que engendra todas las patologías del cuerpo y de la mente.

Nuestra separación a causa de nuestra pequeña Bea, que nos lo traía todo, seguirá siendo en mi mente el mayor símbolo de nuestra degeneración.

Fuiste tú quien despertó en mí esta infinita compasión por ella.

Esta chica ligeramente discapacitada, que devolvería puntos a tanta gente considerada normal... Tú eres quien pegó mi corazón, más maternal que paternal, al suyo.

La veré toda mi vida, postrada, silenciosa, en su habitación, con lágrimas cayendo por sus mejillas, sin nada que comer, mientras yo llegaba de una reunión universitaria en París. Ella, que lo hacía todo por nosotros con absoluta despreocupación y que sólo pedía un poco de amor...

Dedicación sin límites, eficiencia milagrosa, ¿cómo pudiste? ¡Qué abominable desperdicio!

Esta defensa de Bea contra tu maldad, cuando tú y Aurelien erais mis tesoros, debería haberte inspirado un enorme amor por mí: sacrifiqué lo que más quería a mi compasión.

Entonces habríamos hecho algo por Aurélien, que es tan estúpido en los aspectos más esenciales, como he visto en mis mejores alumnos a lo largo de cuarenta años de enseñanza. Habríamos hecho de él una persona de honor, honradez, respeto, humildad y verdadero conocimiento.

Pobrecita que, como tú has dicho, "sólo servía para fregar". Todavía me asombra su corazón y su milagrosa habilidad. Y no te lo echa en cara. "Monique me ha dado mucho", me dice a menudo.

Oh, si hubieras tenido sólo un poquito de su bondad, ¡cómo te habría amado!

Si no me casé contigo legalmente, sigue siendo por ti. El estudio fiscal que tienes, realizado por un director fiscal amigo mío, concluyó con: "No te cases". La diferencia de impuestos era enorme para nosotros.

Cuando me haya ido, Béa le dará a Aurélien todo lo que merezca y pueda permitirse. Ropa, sábanas, joyas y un seguro de vida de trescientos mil francos si Béa muere antes de los sesenta años. Entonces, como está declarado que vive con su padre, todo lo que hay aquí le pertenecerá.

Tendrá que pagar el alquiler hasta que compre otra vivienda, pero el seguro de Bea le proporcionará un depósito considerable.

Los humanos son tan inhumanos, tan feos, tan cobardes, tan mezquinos, tan insignificantes que me alegro de dejar pronto este mundo.

Pensé, qué ingenua, que habías leído mi libro y que nunca habrías añadido semejante carga a un sufrimiento ya gigantesco. Muchos de mis amigos me hicieron esta pregunta, sabiendo cómo te habías comportado en los últimos quince años. No podían entender cómo habías podido infligirme tanto dolor, y lo único que se les ocurría era una respuesta psiquiátrica.

Sé que tienes excusas que no te cuento porque no quiero herirte recordándotelas.

Te perdono y me excuso mucho, pero deberías hacer un pequeño esfuerzo para ponerte las cosas en su sitio y aclarar los hechos.

Los mejores deseos de papá.

El biotipo que describe es seguramente irreal.

Es demasiado puro y absoluto para pertenecer a la especie humana como tal: sería un superhombre con los defectos de sus cualidades pero con un potencial intelectual y emocional que rara vez se encuentra.

(Dr. Laugier, endocrinólogo)

Tristan

CAPÍTULO XXIII

> *Mis hermanos, los dandis.*
> *"El dandi es por función un opositor".*
> *"El dandismo es una forma degradada de ascetismo".*
> *(Albert Camus)*
> *"En 1984, los más inteligentes serán los menos normales".*
> *(Orwell).*

No había futuro para Tristán. Estaba "fuera de la historia".

Entre los escombros aletargados de este mundo, ¿sería capaz de soportar el peso de su inteligencia y de su alma? ¿Qué puede hacer en este mundo sin corazón donde sólo reinan la mentira, la fealdad y la astucia?

¿Cómo podría sufrir su verdadero rostro, símbolo de impotencia solitaria, por encima de la horrible atonía de las máscaras contemporáneas?

¿Cómo escapar a la estandarización envolvente a la que todos se prestaban con flácida complacencia?

¿Qué podía hacer en un rebaño que buscaba la libertad en una histérica pasión por la servidumbre?

Tal vez en este mundo robotizado y robotizador, un día sería denunciado por pseudocristianos, agentes inconscientes de ideologías suicidas, y luego entregado a las comisiones psiquiátricas para esperar el pelotón de fusilamiento.

¿Cómo podría evitar suicidarse solo en un mundo de sufrimiento, desesperación y fealdad institucionalizada, en un mundo en el que ya no hay nada que decir a nadie?

¿Encontraría alguna vez el tiempo para acceder técnicamente al piano liberador, al vértigo de Chopin?

¿Iba a intentar descubrir, entre las cohortes esclavizadas, a los nuevos guías ocultos de la humanidad del mañana, la élite que sentaría las auténticas bases de la felicidad de la humanidad futura, respetando las leyes divinas y naturales?

¿Y Tristán, judío, masón inactivo y católico bautizado, mostraría a los degradados franceses el camino tradicional hacia el equilibrio que hoy nadie conocerá?

Sólo el destino lo sabía... Pero una cosa era cierta:

¡La serpiente nunca pidió ser serpiente! (risa cósmica ad libitum).

Monólogo de Tristán

Soy una fuerza que...

Si hubiera tenido la suerte de abrir un piano a los cinco años, nunca lo habría vuelto a cerrar y nunca habría escrito.

No quería pensar ni escribir.

Sólo estoy entregando mi sufrimiento, puro y simple.

No me gusta la literatura, todos esos talentos que nos seducen y nos hacen perder el sentido, esos estilos suntuosos, esas lenguas de víbora en joyeros de oro...

Chopin, Schumann, Liszt, Beethoven, Mozart y Bach me habrían bastado. El dandi es consciente de las formas y "deformidades" del pensamiento.

Me he sumergido en un mundo infernal, absurdo, feo e insoportable.

Lo he visto sin compostura, esa fealdad que culmina en el horror absoluto. Fue entonces cuando me dio *nostalgia*.

Excavé hasta las raíces de mi hiperconciencia e hice que mi corazón chillara.

No tengo un sentido del humor banal, pero sí metafísico. Pensar que soy lo que soy a pesar de mí mismo, marcado por una fatalidad implacable: a veces me despierto por la noche para reírme de ello.

Y el resto de nosotros, los normales, que vestimos vaqueros y papeletas, los uniformes de la mierda internacional, al borde de la vida vegetativa, atiborrándonos de música regresiva y bestial y de fútbol en el que nos masacramos unos a otros histéricamente, condenados a la robotización total y ajenos a su condicionamiento hipnótico...

Y todos tomándose en serio, los durmientes comatosos y yo.

Nada puede resolverse en un mundo que sólo puede revitalizarse mediante la destrucción.

¡Opalo!

Comprendo la verdad sobre el ópalo.

No trae mala suerte, son los estetas que aman los ópalos. Amo los ópalos y los estetas que llevan su vida peligrosamente más allá del bien y del mal están hechos para la desgracia y traen la desgracia a los ópalos.

Dada su fisiología, los dandis siempre llevan zapatos estrechos. Esta imagen ridícula resume lo esencial. La ridícula esencia.

Las vibraciones del mundo exterior provocan tales sacudidas que el dandi se encuentra siempre en un estado de agitación nerviosa, de dolor físico.

Este dolor adquiere proporciones metafísicas y extiende su velo de tristeza estremecedora sobre toda la humanidad, sobre los niños pequeños que nunca pidieron venir a este mundo.

Sufro, luego existo.

"El dandi no es nada sin su sufrimiento" decía Albert Camus. ¡Cuánta verdad!

Su sufrimiento no debe ser inútil, debe servir para algo. Debe ser purificador, grandioso, magnífico y universal en su aullido.

El dandi soporta el peso del universo; es el idiota del universo, el hermano del idiota del pueblo.

Dedicación, cultivo, inmensidad, sufrimiento orgulloso, desafío, revuelta, creación, descubrimiento.

A este sufrimiento, apenas extinguido, le sigue la angustia del siguiente.

¡Chopin! Un grito intenso y desesperado que se hace cada vez más fuerte.

De vez en cuando hay un estallido de alegría, como en ciertos valses o estudios, pero no es alegría, es a la manera de Arlequín y Fantasio, una especie de jocosidad dandi que a menudo se expresa en la vida cotidiana mediante repentinos estallidos de bufonería, incluso fugaz.

El romántico no es un intelectual en el sentido moderno de la palabra, pero ¿qué hay menos intelectual que un intelectual moderno? El intelectual moderno es una máquina analítica suicida para sí mismo y para el mundo entero.

Si el sentimiento se aleja de la elaboración intelectual, el resultado será la destrucción y el desconocimiento. Sin sentimiento, no podemos sintetizar, porque la síntesis es un milagro del corazón: es la provincia de las élites providenciales.

No hay belleza ni sentido moral sin corazón. La mente enclenque del homúnculo moderno no podría en un solo siglo llegar a un acuerdo con una sola verdad fundamental sobre el Hombre.

Todo un mundo al revés, falso y omnipresente me obligó a comprender esta verdad básica.

Pensé que estaba loca y descubrí que el mundo entero estaba loco. ¡Caramba!

que siento. Mi universo es un sentimiento de angustia aguda que debe salir de mi ser, estallar fuera de mí.

Tiene que salir, porque me está asfixiando.

La verdad que no sale envenena, como un niño a punto de nacer que debería, qué horror, permanecer en el vientre de la madre.

Es mejor morir diciendo la verdad que morir asfixiado por ella.

Todo está ahí para el artista, el pensador. Cuando Chopin escribió el nocturno en mi bemol, no pensó: expresó su angustia, su mágica e infinita tristeza. No intentó analizar.

¿Autoanálisis? El mundo moderno me ha convertido en una especie de híbrido obligado a analizar en lugar de crear y gritar belleza.

El romántico se revuelve en sensaciones creativas.

Hoy, para que un dandi, impotente para vivir, intente sobrevivir en este mundo hostil, material, mecanizado, ahogado en la "mentira del progreso", tiene que reprimir su ego, intentar imposiblemente parecerse a estos humanoides llamados "normales".[76] Los que creen y viven de todos los disparates que les infligen: política cretina de marionetas manipuladas, química sintética para la alimentación y la medicina, psicoanálisis adormecedor y pornográfico, propaganda y educación encogedora, que petrifica a los niños en la nada del materialismo y el marxismo...

---

[76] "La mentira del progreso es Israel" (Simone Weil, "Gravedad y gracia").

El dandismo es una neurosis normal, pero sin fortuna personal, el hombre con mano psíquica está perdido en este mundo de brutos y caos. La materia destruye lo que legítimamente debería dominarla, si se le da la primacía. "Hay maneras de ejercer la soberanía sobre la materia" decía cierto alquimista llamado Eliphas Lévy.

¡Hasta el día en que el asunto haga estallar la soberanía! Así que suicidio, locura, tuberculosis, lo normal.

Un mundo demente no puede preservar lo superior: su patología fatal es la rentabilidad.

¿Cómo podría ser de otro modo si domina el inferior?[77]

Así que me he puesto en un estado de represión permanente, sobrehumano: me niego a mí mismo para vivir una vida básica. Pero sin ir demasiado lejos, para no caer en la locura.

Tenía que tener cuidado de no dar demasiada importancia a esos grandes impulsos del alma que corresponden, oh humor, a hipersecreciones glandulares. No hay una gota de genio, locura o filosofía que no provenga de nuestras endocrinas.

Yo soy dos.

El dandy aplastado, y el otro que mira al primero, riendo suavemente.

Fue una experiencia curiosa a finales del siglo XX. He llegado a comprender la calma a la que aspiran todos los robots de este siglo.

Tengo nostalgia del fútbol. Me encanta un montón de ciudadanos desalmados, fabricados en serie, inoculados, cretinizados, secularizados, regresivos, musculados, drogados, pornografiados, globalizados, atónicos y planificados.

Nos estamos masacrando unos a otros en todo el mundo con el pegamento del liberalismo y el marxismo. Nos mienten sobre todo, en todas partes.

¿A quién le importa? ¡El espectáculo continúa a los veintiuno!

A veces me he preguntado de dónde venía este extraño personaje, el dandi romántico, en contraposición al bruto primitivo.

---

[77] El inferior está pensando en su reelección y no en una niágara de individuos del Tercer Mundo que van a destruir su patria.

Este actor nato.

Incluso como político, es un idealista. Lamartine, Hugo. Disraeli y su magnífico sombrero.

La política no es sólo apariencia, es filantropía: se trata de las personas en relación con la injusticia social y divina.

¡Dandies! ¡Qué errores cometisteis en el siglo XIX! Fuisteis, sin saberlo, los peores agentes del materialismo.

"El que quiere ser el ángel hace la bestia"...

El hombre primitivo actuaba, cazaba, no pensaba.

Mientras la civilización y el lujo favorecen el ocio y la cultura desarrolla la mente y la sensibilidad, el tiroide romántico deambula en la frontera entre el bruto primitivo y el espíritu puro.

Su alma pertenece a Dios, pero su cuerpo es torturado por la materia, por Satanás.

Los dandis son todos aristócratas o judíos ennoblecidos. Pertenecen a familias con siglos de civilización y cultura.

Chopin pertenecía a la nobleza polaca. Alphonse de Lamartine, Alfred de Musset. Mendelssohn y Disraeli.

El dandi es un producto final de la civilización. Un producto del refinamiento decadente, condenado a la rápida desaparición del rayo. Arcaico, inapropiado, espléndido, ineficaz, admirado por ser único y creativo. Un artículo de lujo por el que se paga caro. Si no lo pagas, se suicida ante su radical incapacidad para vivir: la mano psíquica.

El dandi es un ser de pensamiento-intuición. No razona con los elementos primarios de la mente ofrecidos a la banalidad humana. Ve el todo en su aspecto caótico y paradójico y extrae conclusiones sintéticas de la anarquía de su sufrimiento. Su observación intuitiva es extrema y deslumbra a los ciegos.

El dandi es el inocente superior, y el inocente que se vacía se vacía de la verdad sobre el mundo.

Tiene sentido de la globalidad.

De las características que conforman la personalidad humana -fuerza, razón, voluntad y sentimiento- sólo las tres primeras son necesarias para la adaptación material.

Un ángel con un cuerpo débil sólo tendría un corazón inteligente, y su ineficacia lo perdería en la ignominia. Por eso, en la frontera entre el hombre primitivo y el ángel, está el dandi romántico que aparece y desaparece como el ave fénix, el más desmaterializado de los seres, al borde del ángel, del sentimiento puro, único principio que permanece después de la muerte.

El dandi es lo más parecido a un espíritu puro y es torturado por la materia.

Cuanto más pequeño es el ego, más pequeña es el alma. Dios es un ego gigante: es la egolatría por excelencia. El dandi es el ego humano máximo; su forma de inteligencia le hace inaccesible incluso para los más cercanos, sobre todo para los más cercanos.

El ser humano ordinario no puede comprenderlo y, sin embargo, la revuelta del dandi proporciona la mayor riqueza de revelación que emana de un ser.

El asceta no puede revelar tanto de forma sensible porque vive en paz y egoísmo metafísico.

El cuerpo es un todo orgánico y mental que recibe las ondas de lo absoluto, según su grado de perfección. Recoge más o menos las ondas de la inaccesible realidad total. Por eso el conocimiento sólo pertenece a los santos, los genios y los dandis.

El poeta es una especie de vínculo entre Dios, el diablo y la humanidad.

Los que no comprenden de corazón son auténticas nulidades.[78]

Desde la revolución de 1789, ha habido una multitud de pseudo-intelectuales cuyas colosales secuencias lógicas en lo puramente objetivo, resultan en la nada.

---

[78] Un ejemplo entre mil: los científicos que tontean con la genética tienen tantos conocimientos analíticos como los que manipulan el átomo. Si todos ellos tuvieran inteligencia fundamental, la inteligencia del corazón, sabrían que no deben tocar nada de genética ni de física nuclear. La mayor física del mundo, que trabajaba con Oppenheimer, dimitió y se fue a hacer cerámica a su pueblo natal... La verdadera inteligencia había hablado.

El pensamiento desalmado es el producto por excelencia del infierno.

Después del asceta, el dandi es la persona que posee más espiritualidad. Es el abismo entre su yo ideal y su yo práctico lo que determina su don poético y su suicidio. Su cuerpo no obedecía a su alma, enamorada de lo absoluto. De una gran espiritualidad en un cuerpo débil surge el sufrimiento humano más intenso. El dandi es el símbolo supremo del sufrimiento humano. Inadaptado al mundo tal como es, se esfuerza por adaptar el mundo a él: esta tragedia corresponde a una realidad metafísica, porque la finalidad humana es espiritual.

Por eso el hombre que piensa sin amar es necesariamente materialista, y su lógica para-altruista es peor que el peor egoísmo (marxismo).

La objetividad contemporánea es la subjetividad de los que no tienen sentimientos, ni corazón.

Si los médicos y los universitarios recibieran una formación que exigiera el pensamiento, el sentimiento, la meditación y la síntesis como condición sine qua non del auténtico conocimiento, no serían robots asimiladores que creen ingenuamente que la papeleta, las competiciones mnemotécnicas, la química sintética, el freudismo y el marxismo harán feliz al hombre.

No les culpo.

Los judíos no son conscientes de su falta de corazón, de su falta de sentido moral, de su capacidad para pudrirse tras fachadas engañosas para los exploradores de lo inmediato.

Los académicos no son conscientes de su psicología robótica y elefantiásica; *no saben que no saben que no pueden saber.*

Esa es toda la tragedia. Este es el callejón sin salida.

Culpo a Dios o a su sombra. Tantos años de sufrimiento contemplando el sórdido dolor y la ineptitud de la aventura humana.

De generación en generación, Dios nos deja hundirnos en la ignorancia y en la miseria que crece con ella...

El absurdo nace de la a-conciencia.

Lo que llamamos progreso es la negación del progreso.

El verdadero progreso es una síntesis de lo material, lo moral, lo estético y lo espiritual.

Es el corazón, y sólo el corazón, lo que garantiza nuestro progreso.

El dandi agoniza, el santo hace tiempo que murió. El mundo agoniza en el caos

A pesar de su luciferianismo, el dandi ocupa un lugar muy noble en la escala de la creación.

CAPÍTULO XXIV

"Y este mundo acabará en una sangrienta anarquía."

Espinas

La verdad no está ni a favor ni en contra. La verdad es sólo verdad. Está en contra de los que viven de la mentira, de los que aman la mentira, de los que necesitan la mentira para vivir. Es el dios de los hombres libres, como dijo Dostoievski.

No puedo tomarme el universo en serio, así que cuando no estoy agonizando, disfruto del tonto espectáculo.

No tengo muchas opiniones, pero sí certezas, entre ellas lo absurdo de todo dogmatismo que excluya las leyes de la vida y la verdadera espiritualidad, la anterioridad funcional del sistema hormonal sobre el sistema nervioso, la dominación y exterminio mundial de los circuncidados el 8º día y la realidad de la verdadera salud mediante la absorción de moléculas específicas del biotipo humano.

He entretejido la verdad sólo en mi sufrimiento.

Mi alma es libre. La única fatalidad es el peso del cuerpo.

Nadie sabe lo que es la verdad, o al menos muy poca gente lo sabe: es la capacidad de obligarnos con calma a hacer lo mejor en todo.

Para llegar a la esencia, hay que ser perseguido por la esencia. De ahí el estado paranoico del artista.

"No te vuelvas loco", me decía un auténtico filósofo, "porque eres normal en un mundo de locos".

No hay escapatoria de la trascendencia, excepto a través de la locura y el suicidio.

La verdadera inteligencia es saber ir más allá de lo antipsicológico para alcanzar una objetividad superior. Se pueden contar con los dedos de la mano las personas inteligentes de cada generación. Por eso sólo escribo para los hombres que vendrán después de la 3ª Guerra Mundial.

Freud y Marx, mentiras globales suicidas. El verdadero genio destruye lo que no ama.

Los falsos profetas no destruyen a corto plazo: socavan en el tiempo y en el espacio.

Los verdaderos genios suelen romper con lo inmediato y construir a lo largo del tiempo y el espacio.

Detesto a los hombres de esta humanidad, pero amo al hombre. Los humanoides y homúnculos del siglo XX no tienen nada que ver con el hombre.

Para el santo Dios es tan evidente como para el hombre medio la silla que ve. Si revelas a una hormiga la existencia de la "síntesis de la silla", nunca se convencerá porque sólo podrá ver uno o dos milímetros cúbicos de madera. Del mismo modo, sólo se puede creer en Dios si, por ejemplo, se confía en la conciencia del santo.

Algunas facultades mentales son considerables, otras casi vegetativas. Algunos sólo verán su cuenta bancaria o su taza de café, pero otros pueden "ver" a Dios.

El ciudadano medio sólo puede creer a las verdaderas élites, igual que ahora cree ciegamente a las falsas élites que le están llevando al caos.

Los japoneses han puesto todas sus cualidades tradicionales, antaño enseñadas por las verdaderas élites, al servicio del judeocartesianismo. Sus escolares se suicidan en masa.

Pobre cerebrito del hombre, cada vez más degenerado, moldeado por el progreso hacia la destrucción total.[79] Rechazas toda trascendencia y tienes razón. Tienes razón porque ni siquiera sabes que la rechazas y ni siquiera sabes que tienes razón (¡aunque estés equivocado!).

Sólo sabemos lo que sentimos, sólo sentimos lo que amamos.

---

[79] "La mentira del progreso es Israel" (Simone Weil: *Gravity and Grace*).

El abismo entre el dandismo y el ascetismo: la máscara mortuoria desgarrada de Chopin y la calma de Pascal, a pesar de la extrema analogía morfológica.

El santo es cómplice de Dios en el mal que existe: no es el verdadero inocente. El dandi es el verdadero inocente, pero paga su verdadera inocencia con su orgullo, y sólo accede a la falsa inocencia (la verdadera inocencia) perdiendo su doloroso orgullo.

Todos estamos decididos, Dios mismo, porque hay al menos una cosa que no puede hacer: no ser Dios.

Un hombre justo que conoce las realidades de estos últimos siglos no puede aceptar ni la tierra ni el cielo: sólo puede reclamar la nada.

Escrito en 1965 y hecho realidad en "1984".

Antes de los veinte años, todo genio enloquecerá en cuanto empiece a ser consciente. Aunque no pierda la razón por asfixia colectivista, por desaparición de la verdad, de la belleza y del sentido moral, será considerado loco según los criterios de la psiquiatría freudo-marxista y judeo-cartesiana en general.

Un mundo loco, cruel, aquejado por el enorme defecto del mórbido racionalismo antitrascendente: entre Dios y el hombre se interpone la opacidad del judeocartesianismo.

Ideologías: la lógica metálica del loco, pero superior a la del loco ordinario, que convence al hombre ordinario porque adopta un razonamiento lineal convincente: dos y dos son cuatro.

Sabemos que el conocimiento humano no es tan sencillo y que nuestra conciencia de la realidad no se conforma con tan poco: ¡es difícil ser lógico cuando no se está loco!

Sólo la razón impide al hombre de hoy ser razonable.

Se ha convertido en un cáncer que elimina todos los componentes superiores de la mente. Se ha convertido en una sistematización obsesiva.

La pseudodemocracia sólo es posible porque la gente es tan estúpida que no puede darse cuenta de su absoluta imposibilidad. Si pudieran, estarían mucho más evolucionados y la democracia sería relativamente posible porque se transformaría en una oligarquía de los seres más espiritualizados, más desinteresados. En todo ser vivo siempre ha habido un amo absoluto.

Hoy, los amos absolutos de la "democracia" son Rothschild y Marx, seguidos de sus criminales y suicidas seguidores electos.

Dile a la gente "os voy a dar la libertad" y esclavízala: vendrá en tropel. Diles que vas a obligarles a darles la libertad y no vendrán.

Prefieren alimentarse de etiquetas e ilusiones, siempre que las etiquetas sean llamativas y las ilusiones brillen al menos mientras uno las mira.

El materialismo niega el poder del pensamiento. Pero, ¿no es el materialismo un pensamiento?

Sin duda es un pensamiento sin valor.

Descartes, explotado por el mundo judío, se ha convertido en la perdición de la humanidad. Pronto se demostrará la inexistencia de Dios al modo cartesiano. Se demostrará que el alma no existe. Esto será fácil para los que no la tienen. Una fatal y triste evolución de la falsa ciencia moderna, la magia negra.

Jahve, el primer terrorista.

Celoso, intransigente, no quería otro dios que él mismo. Si respetabas sus mandamientos, si no te acostabas con su hermana, su madre o su hija, entonces este buen dios ayudaría a su pueblo en sus empresas terroristas contra otros pueblos. Siete pueblos fueron esclavizados poco a poco. Se exterminó a los varones, se esclavizó a las mujeres y se robaron los bienes, las cosechas, el ganado y las coronas de los reyes derrotados y exterminados.

Volvimos a casa más gloriosos y poderosos que cuando nos fuimos.

Nada ha cambiado: Dresde, Hamburgo, Hiroshima, los palestinos expulsados de su tierra y masacrados, Líbano...

Tienen un dios que refleja su triste mentalidad.

El Sr. Homais, agregado a la universidad y titular de la Legión de Honor, aplica todos sus criterios, e incluso se convertirá en antisemita si es necesario. Nunca he visto peores enjuiciados que los antisemitas.

Estos seres, totalmente privados del espíritu de síntesis, han construido la más extraordinaria, la más desconcertante síntesis de destrucción posible e imaginable a escala planetaria. He ahí el misterio insondable de la cuestión judía, que la circuncisión al 8º día explica psicofisiológicamente pero no metafísicamente.

Metafísicamente, son el instrumento fatal del fin de la Edad Media.

Siguen siendo los que producen los mejores estudios críticos analíticos especializados del sistema político que inventaron y del que son los amos absolutos.

Entre la locura ratiocinante ideológica y la histeria mística hay una vía media: la armonía del corazón y la razón que conduce a la verdad.

Quien dice hoy la verdad tiene a todos en su contra: víctimas y verdugos. Sobre todo las víctimas, que no quieren ser defendidas, sino anestesiadas.

Se revuelcan en la destrucción feculenta y putrescente.

Agrégé = judío en miniatura petrificado.

La Sorbona: un caldo de cultivo para Homais y Lévy, que se llevan a las mil maravillas y se reúnen en logias masónicas.

Mentes canalizadas, generadoras de pequeñas corrientes analíticas que chocan. No hay intelectuales en la universidad amurallada.

Cuando un joven intelectual tiene acceso a ella, huye inmediatamente. Huye del rigor extravagante del sistema esclerótico, de la promiscuidad de los presuntuosos que califican de fantasía, imaginación, locura, lo que no comprenden, es decir, casi todo.

Educación = primera etapa del atontamiento colectivo. Producción masiva de no pensadores, al servicio de un totalitarismo oculto cuyo objetivo es la procreación de productores-consumidores-votantes especializados.

El Banco Mundial favorece la enseñanza secundaria: sabe lo que hace.

En "1984", estos desgraciados salían de la enseñanza secundaria pública o privada (no hay diferencia) sin saber nada. Olvidamos deliberadamente un pequeño detalle en la educación: la inteligencia. Ahora tenemos masas de analfabetos.

Internat, agrégation, campeonatos de esclerosis intelectual. Estas oposiciones son necesariamente psicopatógenas porque acaban con la esencia de la mente al centrarse en lo minúsculo. La actualidad nos ha demostrado que son efectivamente patógenos: lo vengo gritando desde hace cuarenta años.

Identidad fundamental de la locura: Pérdida del sentido moral.

Pérdida de fuerza de voluntad y de atención voluntaria. Pérdida de la capacidad de síntesis.

Pérdida de la noción de identidad o principio de analogía.

Por desgracia, la posesión de una brillante capacidad analítica es perfectamente compatible con un diagnóstico de demencia.

Por lo tanto, podemos diagnosticar :

Psiquiatría, medicina, literatura, filosofía oficial, política y enseñanza.[80]

No es de extrañar que el número de lunáticos ordinarios aumente geométricamente. Nuestros Goetheanos están en la periferia o en monasterios orientales.

Oh las etiquetas y los magníficos principios que legitiman el asesinato colectivo de almas y cuerpos. Oh el genocidio racista de la humanidad, en nombre, supercompleto, del antirracismo.

El mal se alimenta de la estupidez del bien. Pronto no habrá suficiente bien para alimentar el mal de la tierra.

La ingenuidad, la estupidez y la vanidad de las mujeres y de los negros[81] han sido sistemáticamente explotadas para reducirlos a la esclavitud, al odio, al epavismo, a la droga, al caos social y a la tuberculosis, en nombre de la libertad y del antirracismo, para ponerlos unos contra otros, a los hijos contra los padres, a las mujeres contra los hombres, a los negros contra los blancos y a todos contra Dios. Esta ignominia internacional es perpetrada magistralmente por aquellos a quienes los egipcios llamaban "los sucios".

---

[80] La psiquiatría ignora radical y absolutamente lo que es la enfermedad mental. Un policía mata a 5 personas. La psiquiatría lo declara normal. Cumplir ciertos criterios lógicos elementales no significa nada. "¡Qué locos deben estar los policías!", exclamó Coluche.

[81] "Negrum" en latín significa negro. "Negro" se refiere a un grupo étnico específico entre los africanos. Negro no significa nada.
Algunos grupos étnicos son negros y otros no. Algunos maricones, por razones demagógicas, quieren manipular la semántica.
Shahak nos enseña que toda la trata de esclavos de Oriente a Europa fue perpetrada por judíos. Lo mismo ocurre con los africanos deportados a América en condiciones atroces. Más de 10 millones murieron en el camino y fueron arrojados por la borda durante todo el período de la trata de esclavos africanos.

Pero, ¿por qué las víctimas son tan estúpidas?

El liberalismo de Estado moderno: el totalitarismo internacional del oro judío y su epílogo marxista.

El drama de la adulación y la estupidez, el razonamiento fácil y convincente, la verdad aparente, los eslóganes engañosos, el "cambio" (en política) la mentira y el engaño en el tiempo y el espacio.[82]

La razón moderna se convierte en un medio indispensable para adaptarse a lo innoble: es incompatible con la conciencia.

En el mundo moderno, "toda acción conduce al crimen", decía Camus.

¿Complejo de Edipo? Pero Edipo es un drama sobre el destino, no sobre el incesto. El dramaturgo griego eligió este comportamiento como cumplimiento fatal del acto hacia el que el hombre muestra mayor repulsión.

¿Explicar a Freud? El complejo de Edipo, ¡por supuesto!

¿Necesitamos simbolismo para tener sueños eróticos?

La democracia engendra totalitarismo. Si no está demasiado podrido, será el nazismo o el fascismo. Si no, serán los gulags de algún bolchevique.

Hace cincuenta años, había que elegir entre nazismo y marxismo.

Hoy, la suerte está echada. Habrá ruina y cárcel para los descarriados, globalización, guerras civiles, una guerra mundial y una contaminación general asesina. Millones de muertos.

Por su buena salud.

Ten piedad, Señor, de Israel, a quien has cegado y hecho toda luz, y que nos oscurece.

Hiperespeculativos, nunca brillantes. Todo lo que hacen es espectacular para el analista dichoso. El pensamiento verdadero nunca es espectacular para el analista dichoso. No hay santos ni genios judíos. Todos los "genios" judíos convergen en la nada: Rothschild, Marx, Freud, Oppenheimer, Field, S.T. Cohen...

---

[82] No hay diferencia entre la izquierda y la derecha: los zombis comatosos que las componen siempre se aliarán contra todo lo que pueda volver a poner en pie a la moribunda Francia.

Como dijo Oppenheimer: "Hemos hecho el trabajo del diablo".

La verdadera inteligencia no se reconoce así, y todo se organiza para que parezca una farsa y una burla.

Entre la verdad y las masas se levanta una circuncisión: la verdad se convierte en mentira y locura, y las masas se ríen de esta auténtica "ridiculez", agitando sus vasos de alcohol, sus cigarrillos y sus nalgas en unos vaqueros Levis.

La mujer cirujana, la mujer ministra pastillera, la mujer taxista, la mujer ministra de las Fuerzas Armadas (ya desaparecida, por cierto), la mujer policía y, finalmente, la mujer "libre", un monstruo apocalíptico, ni hombre ni mujer, que se vuelve espantosamente fea, inasequible, hinchada, gruesa, llena de tics, tabaquera, esponjosa ante todas las tonterías y modas de la oficialidad judía, sobre todo cuando es profesora de filosofía, liberada del hombre como el hombre se libera de Dios.[83]

Los circuncidados realizan profesionalmente su esencia imponiendo a los hombres, sobre todo a través de las finanzas y la industria relacionada, una imagen "profesional" que va en contra de su esencia.[84]

Ve, robot cartesiano, hacia tu supervivencia antibiótica.

El rejuvenecimiento total es inconsciente.

La cuestión judía forma parte del plan divino para la humanidad. Tienen la superioridad involutiva necesaria para el fin de la Edad Media.

Puedes hablar con el Sr. Lévy, pero nunca con Homais. Es tan estúpido que es absolutamente imposible.

Con Lévy se trata a menudo de un diálogo de sordos, pero a veces no del todo: *una señora judía habló conmigo por teléfono durante cinco horas. Acababa de salir del campo de Birkenau y me dijo lo que ningún judío me diría al salir de un campo de concentración alemán: "Si yo fuera judío, sería nacionalista y antisemita"*.[85]

---

[83] La mujer padece ahora arteritis en las piernas, algo que no ocurría hace veinte años. Esto podría conducir a la amputación.
[84] Lea *La condition ouvrière* de Simone Weil.
[85] ¡Ningún goy diría eso en ningún sitio!

Un judío suizo me dijo: *"En Israel voto extrema derecha, aquí voto socialista"*. ¿No es buena?

Una noche, un antiguo alumno judío me invitó a cenar. Éramos siete judíos.

Después de dos horas de conversación, ¡todos estuvimos de acuerdo en que Hitler había hecho todo lo necesario para liberar a su país de las finanzas judías internacionales y del marxismo! ¡Nunca en una cena de goyim hubiera sido posible semejante conversación y sus conclusiones! ¿Por qué se privarían de vampirizar "esta vil semilla de ganado" (Zohar)?

Rothschild como hermano de Marx: una brillante dialéctica de hermanos enemigos que produce los movimientos de la historia.

La coyuntura judía pone en el poder aparente a imbéciles bien pagados. Así que los manipulan perfectamente e incluso sin que se den cuenta. Pero estos idiotas están en proceso de serrar la rama sobre la que están sentados y de urdir un antijudaísmo en comparación con el cual el de los últimos cuatro mil años fue una nimiedad.

El antisemitismo de la URSS nos decía que todos los regímenes políticos actuales eran judíos.

¿Y los suyos?

La inteligencia sólo construye en el amor; sin amor lo destruye todo. Cualquier trabajo que haga sin amor me destruye a mí y a los demás.

La química sintética no es una solución a los problemas de salud. Sólo puede hacer que la humanidad se degenere cada vez más.

La introducción de productos pútridos, mercurio y aluminio? a través de las vacunas es un crimen de lesa humanidad.

La verdadera salud no tiene nada que ver con la química. Incluso la cirugía, con sus espectaculares avances, sólo debería tener aplicaciones limitadas.

LA VERDADERA SALUD RESIDE EN LO QUE INGERIMOS CON NUESTRO CUERPO Y NUESTRA MENTE.

Ni el liberalismo ni el marxismo pueden proporcionar salud. La causa subyacente de la enfermedad es la ingestión de moléculas que no son específicas del biotipo humano.[86]

Señor, no permitas que te juzgue.

La vida es una comedia tan triste que te mata.

Es de sabios haber encontrado una bolita para divertir a las masas. Sin ella, ¡no habría habido leones durante mucho tiempo!

La mujer moderna oscila entre el pequeño capullo y el primitivo, preferiblemente blanco o negro.

Los críticos judíos de hoy nunca encontrarán el más mínimo talento en un genio, sobre todo si no tiene talento.

Oh, cuántos talentos negativos ha habido en los dos últimos siglos, cuántos bellos estilos destinados a deformar la mente de la gente.

Todo pensamiento verdadero parece infantil a los ojos de una masa infantilizada. Poca gente está de acuerdo conmigo: eso es tranquilizador.

Cómo podría ser de otro modo si son "pensados" por los medios de comunicación, sin personalidad, sin probidad e incapaces de informarse libremente.

Tomemos, por ejemplo, el mito de los 6 millones de cámaras de gas: es estrictamente primario, una cuestión de aritmética y tecnología. Así que es fácil ver lo absurdo que es. Se puede entender en un cuarto de hora. Y lo que es más, ¿no es la ley Gayssot la novena prueba de esta impostura?

La mayoría siempre se equivoca: Vox populi, vox diaboli.

La fe de los últimos siglos, encerrada en un arsenal dogmático, sólo podía culminar en la victoria de la masonería y el marxismo.

El emperador Juliano, conocido como el Apóstata, lo entendió todo: "Si triunfa el cristianismo, dentro de dos mil años el mundo entero será judío".

Una mujer siempre es fácil cuando le gusta un hombre, de lo contrario es una virgen vestal.

---

[86] Hamburguesa: "La guerra de los alimentos crudos".

El mal sólo será maldad cuando se haga con pleno conocimiento y voluntad. De hecho, sólo es fatalidad, debilidad, ignorancia e insensatez.

La verdadera inteligencia no aplasta: integra. Esto condena todas las ideologías que excluyen.

Imagínese a Pericles haciendo campaña y a Montaigne tomando la agrégation.

Más loco que un loco: un psiquiatra moderno.

El crítico tartamudo del arte moderno: wee, wee, wee, wee. ¡Exactamente!

Lo que la gente llama inteligente es lo que entiende en un punto minúsculo del tiempo y el espacio.

No tienen ni idea de lo que es la verdadera inteligencia: la síntesis.

Democracia: hacer que la gente diga, crea, piense y actúe como un pequeño número oculto de personas quiere que lo haga, y hacerles creer que son libres. Pensarán "yo voto libremente".

Sí, ¡por una panda de charlatanes que ni siquiera piensan en devolver a las mujeres al camino sagrado de su propósito! Menos aún darán a sus hijos una educación moral y religiosa, sin la cual se hundirán en la delincuencia, el crimen, las drogas y el suicidio.

La ilusión es tanto mayor cuanto que se convertirán libremente en Al Capone, un Presidente de la República con el temperamento de un ayudante de contable o de un comerciante de cacahuetes, que no tendrá ningún poder real, ya que las finanzas judías los manipulan por completo.

¿Cómo podemos exigir a algunos una probidad intelectual que sería su propio suicidio? Los judíos sólo pueden vivir de mentiras.

Qué arbitrario parece todo: felices los que perciben la armonía del mundo, de los seres y de las cosas.

¿La Venus de Milo, con brazos? ¡Ridículo!

Vivimos en una época en la que la cultura es la antítesis de LA cultura. Goering solía decir: "Cuando la gente me habla de cultura, saco mi revólver". ¿Qué diría hoy de la cultura putrefacta en la que vivimos?

Goebbels no quería que sus hijos vivieran "en el mundo atroz que los judíos les prepararían". Él, su mujer y sus dos hijos dejaron juntos este mundo. Sus dos hijas eran de una belleza conmovedora.

¿Qué opina de Sartre, Sagan, Buffet, Solers y otros? ¿Quiénes son?

El progreso ha creado artificialmente la vida vegetativa.

"La mentira del progreso es Israel", dijo Simone Weil. Repetimos esta frase porque es tan obvia...

Si consideras inteligentes a las personas y les hablas con el corazón abierto, las estás insultando porque son confusamente conscientes de su insuficiencia. Entra en su subjetividad y halágales, no les guíes para evitar sus defectos, ellos estarán encantados y tú serás un hombre de mundo.

Y sin embargo, es cuando haces esto cuando no piensas mucho en ellos.

Un poco de marxismo, un poco de freudismo, un "Normalien Supérieur", un estructuralista, ¿y qué quedará de estas páginas?

No hay nada auténtico que el judeocartesianismo no pueda disolver con su alquimia.

El acceso al conocimiento siempre hace daño. ¿Qué podemos hacer?

Nada, toca el piano, reza si puedes y espera...

Aspiro a la luz inalcanzable y me sumerjo en la oscuridad...

A MI PEQUEÑA BÉATRICE

Mi amada hija, anidada en mi corazón En las profundidades de la eternidad...

Tristán se prepara para dejar este mundo. Quiere dar un último grito de sufrimiento y amor a esta tierra que tanto le duele...

Mi pequeña Béa... Había educado a Aurélien durante años con una pedagogía y una firmeza milagrosas. Le había enseñado todo el parvulario con una habilidad poco común. Incluso le introdujo en el inglés y el piano, que ella no sabía pero que transmitió al niño según las enseñanzas de Tristan. Este tesoro que hacía de todo en la casa, limpiaba, cultivaba el jardín, cuidaba tanto de Monique como de Tristan, a pesar de que estaba sobrecargado de trabajo como profesor y escritor. Pero Monique, la madre de Aurélien, maltrataba a este tesoro, cuya competencia y dedicación asombraban por su calidad excepcional.

"Sólo sirves para fregar", solía decirle a este ángel de devoción y competencia perfectamente desinteresada. Ella no pedía dinero, así que Tristán la obligó a abrir una cuenta de ahorros y a pagarle una cantidad todos los meses.

Cómo no amar a semejante criatura, a semejante perfección, cuando tu madre trabajaba en el hospital donde era fisioterapeuta.

La maldad de Monique hirió el corazón de Tristán, que sabía cuánto merecía Beatrice gratitud y amor por todo lo que hizo con su corazón puro y su inocencia absoluta. ¿Qué amor no debería haber prodigado Monique a este ángel? Todo lo que hizo por el niño, por ella misma, por Tristán, por la casa... La perfección era la felicidad del niño, la tranquilidad del padre, la plenitud de la madre.

Otros títulos

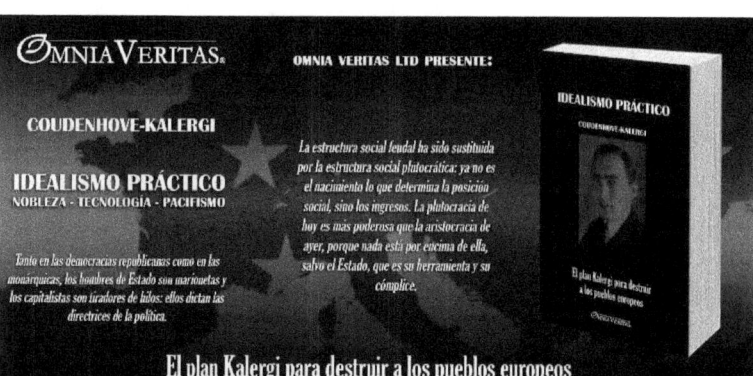

www.ingramcontent.com/pod-product-compliance
Lightning Source LLC
Chambersburg PA
CBHW070716160426
43192CB00009B/1209